日本社会变迁研究 第四卷

中国日本史学会 东北师范大学东亚研究院 编

纪念中国日本史学会成立四十周年论文拔萃

江苏人民出版社

图书在版编目(CIP)数据

日本社会变迁研究:纪念中国日本史学会成立四十周年论文拔萃.第四卷/中国日本史学会,东北师范大学东亚研究院编.--南京:江苏人民出版社,2021.8
ISBN 978-7-214-26488-6

Ⅰ.①日… Ⅱ.①中… ②东… Ⅲ.①社会变迁-研究-日本 Ⅳ.①K313.07

中国版本图书馆 CIP 数据核字(2021)第 162084 号

书　　　名	日本社会变迁研究——纪念中国日本史学会成立四十周年论文拔萃 第四卷
编　　　者	中国日本史学会　东北师范大学东亚研究院
责 任 编 辑	王保顶
装 帧 设 计	许文菲
责 任 监 制	王　娟
出 版 发 行	江苏人民出版社
地　　　址	南京市湖南路 1 号 A 楼,邮编:210009
网　　　址	http://www.jspph.com
照　　　排	江苏凤凰制版有限公司
印　　　刷	苏州市古得堡数码印刷有限公司
开　　　本	718 毫米×1 000 毫米　1/16
印　　　张	118　插页 16
字　　　数	1 732 千字
版　　　次	2021 年 8 月第 1 版
印　　　次	2021 年 8 月第 1 次印刷
标 准 书 号	ISBN 978-7-214-26488-6
定　　　价	398.00 元

(江苏人民出版社图书凡印装错误可向承印厂调换)

文集编委会

主　　编：杨栋梁　韩东育
执行主编：程永明　董灏智
编辑委员：汤重南　宋成有　张　健　周颂伦
　　　　　徐建新　李　卓　胡令远　王新生
　　　　　郑　毅　张跃斌　江　静　宋志勇
　　　　　胡　澎　刘岳兵　王铁军　张晓刚
　　　　　戴　宇　毕世鸿　赖正维

目 录

战犯审判、历史认识、民族和解　宋志勇 ……… 001
战后初期美国主导下的日本拆迁赔偿计划　徐康明 ……… 010
论战后日本农地改革　邹有恒 ……… 024
苏美在对日媾和问题上的矛盾与二战后日苏关系　安成日 ……… 042
试论日本自民党政权　王振锁 ……… 062
日本自民党"一党优位制"初探　徐万胜 ……… 076
战后日本的行政改革及其推进措施　鲁义 ……… 091
战后日本公务员制度的形成　田桓 ……… 105
战后日本中央集权下的地方自治　熊达云 ……… 121
论政治腐败对战后日本政局的影响　张跃斌 ……… 134
安倍政府"战败束缚总清算"：法制保障与战略重构　李秀石 ……… 148
战后日本产业结构调整的进程与政策　刘天纯 ……… 175
石桥湛山的经济思想及其在战后日本的影响　张健 ……… 191
社会政策视域下的日本农村振兴路径　周维宏 ……… 199
政府的比较优势变化与日本经济的长期萧条：一个宪政转轨的政治
　　经济学分析　莽景石 ……… 220
日美核能合作的历史缘起(1945—1955)　尹晓亮 ……… 231
经营环境影响下中日韩企业的变革　程永明 ……… 253

从"增长型社会"到"成熟型社会":平成时代日本社会的转型、困境与
　　应对　胡　澎 ……… 264
一战后的德国与今天的日本　汤重南 ……… 291
靖国神社·英灵祭祀·国家物语:近代日本战争记忆的生成与固化
　　郑　毅 ……… 296
战后日军残留山西始末　叶昌纲 ……… 312
战后初期日本报界的战争责任观　孙继强 ……… 326
驳日本右翼南京大屠杀"伪造论"　张宪文 ……… 350

战犯审判、历史认识、民族和解

宋志勇

第二次世界大战结束已经 65 年了,敌对国家之间早都实现了关系正常化,但民族和解的进程却进展各异。欧洲基本实现了民族和解,但在东亚却举步维艰,迟迟实现不了民族和解。

继 1995 年"村山谈话"之后,2010 年 8 月 10 日,日本首相菅直人就日本在 100 年前吞并韩国、强制实行殖民统治表示道歉和反省,并承诺返还韩国贵重的王室资料。日本政府的这一表态和行动,得到了韩国政府的肯定。8 月 15 日,考虑到亚洲受害国人民的感情,菅内阁成员无一人参拜靖国神社。日本新政府在历史问题上的这些姿态,对东亚的民族和解具有积极意义。

东亚民族和解的重要前提之一是对战争和历史的正确认识。二战结束后,由于战时统治者的欺骗宣传和冷战的影响,日本没有对发动侵略战争进行彻底的清算,没有形成全体国民共有的新的正确认识。虽然战后日本部分知识分子、舆论界曾对战争责任进行过反省,但没有形成社会主流。战后日本保守政党长期执政,而这些政党的领导人中就有不少人参与了日本对外侵略战争的策划、领导和实施。他们没有受到惩罚,甚至没有经过反省侵略战争的"洗脑"就重掌日本政治大权。本来,战后日本的国家和政党领导人应该扮演引导、带领国民反思侵略战争,树立正确的历史观的角色,但相反,他们成了日本反省侵略战争的障碍,成为东亚民族和解的绊脚石。

第二次世界大战结束后,反法西斯盟国分别在纽伦堡和东京组成国际军事法庭,对发动和领导了侵略战争的德、日主要战争罪犯进行了审判和惩罚。对于这两场国际军事审判的主要内容和意义,学界研究较多,在此不再赘述。但两大国际审判结束后,德、日两国对两大国际审判的态度迥异,对继续追究战争责任的做法迥异,表现出两国在历史认识上的巨大差异。德国站在全人类的立场上看待战争犯罪,而日本则是站在本国狭隘的立场上看待战争犯罪。两国的不同态度,反映了两国在民族和解道路上的走向。

一、德国的战犯政策与历史认识

二战后,反法西斯盟国组成了纽伦堡和东京两个国际军事法庭,审判了一批罪大恶极的战争主犯,惩罚了战争犯罪。但是,国际大审判过后,德、日政府和两国社会对审判的认同及对侵略战争的反省却大不相同。

纽伦堡审判后,取代德国纳粹政权执政的新德国政府以及战后的德国社会,在国际社会的督促、监督下,经过艰苦的思想斗争,比较彻底地扭转了战前错误的价值观和历史认识,彻底否定战前纳粹政权建立的政治、思想、法律及文化体系,不仅接受纽伦堡审判的判决,也接受纽伦堡审判的思想和精神,承认自己侵略战争的历史,并决心以实际行动反省历史,重新赢得国际社会的信任。

德国政府和人民在战后采取了许多实际行动,反省侵略战争,防止历史悲剧重演。

1. 自主进行战犯审判。纽伦堡审判结束之后,根据盟国管制委员会法第10条的规定,1946年5月至1949年4月,美军占领当局又单独在纽伦堡设置军事法庭,对185名在押的德国战犯进行了"后续审判"。审判按12个案件进行,被告包括22名政府部长或政府高级官员、26名高级军官以及党卫军军官、法官和医生。审判的结果,有24名被告被判处死刑,20名被判处无期徒刑。此外,其他反法西斯盟国也分别对德国战犯进行了审判。据统计,在战后的纽伦堡审判和其后的盟国军事审判中,共有5025名战犯被判刑,其中 806 人被判处死刑(实际执行 486 人)。① 除盟国的审判外,德国还基于民族自觉,自主对纳粹战犯进行追捕和审判。为追讨战犯,德国检察机关在 1958 年设立了专门追讨战犯的路德维希堡纳粹罪行侦查中心,搜寻纳粹战犯。联邦议会也多次修改追诉时效,直至 1979 年完全废止了追诉战犯时效,使漏网的战犯永世处在被追讨之中。据路德维希堡纳粹罪行侦查中心统计,从 1945 年至 1975 年的 30 年间,仅联邦德国(西德)就对 3 万多名嫌疑犯进行立案侦查,其中 6411 名被法庭认定有罪。②

2. 深刻反省历史,真诚向受害者道歉。战后,在盟国及国际舆论的压力和引导下,德国人民经过反复、痛苦的思想斗争,对德国发动侵略战争给世界人民带来的巨大灾难进行了深刻的反省。德国政府也顺应历史潮流,代表人民的意志,向全世界表达了彻底反省战争罪行、绝不允许历史悲剧重演的决心,并将其付诸行动。战后以来德国政府领导人,一直明确表示承认德国犯下的侵略战争罪行。1970 年 12 月 7 日,当时的德国总理勃兰特访问波兰时,在向全世界直播的电视镜头面前,跪在华沙犹太人受害者纪念碑前,向遭受屠杀的犹太人谢罪。

为了让年轻一代不忘历史,1994 年,德国议会还进行了立法,通过了《反纳粹与反刑事犯罪法》,严格禁止任何宣传纳粹思想、使用纳粹标志的行为;德国教育法明确规定,历史教科书必须包含足够内容的纳粹时期的历史,特别是集中营和大屠杀的内容;德国中小学经常组织学生到集中营旧址参观,并让学生利用假期到那里担任义务讲解员。

战后 60 年,德国长期不懈地真诚反省和悔罪,得到了国际社会的广泛谅解,也与当年的受害国实现了民族和解。但德国人民并不满足,而是以实际行动告诫后人,历史的教训不可忘记。2005 年 5 月 10 日,在纪念第二次世界大战结束 60 周年的时候,德国政府斥巨资兴建的位于德国首都柏林政

---

① 李乐曾:《战后对纳粹罪行的审判与德国反省历史的自觉意识》,《德国研究》2005 年第 2 期,第 5 页。
② 野村二郎:《纳粹审判》,讲谈社 1993 年版,第 95 页。

治中心的欧洲受害犹太人纪念碑林正式落成、揭幕。① 德国在自己的政治中心,专门建立一座庞大的碑林纪念它当年暴行的受害者,将自己最黑暗的历史一页展示给世人,以表示悔罪和绝不允许历史重演的决心。德国建碑的目的并不表明60年后德国想和那段罪恶的历史做一个彻底了断。德国联邦议院议长蒂尔泽在揭幕式上强调,建造纪念碑并不意味德国对纳粹历史反省的终点,相反,它将警示德国人永远牢记自己的那段历史,汲取历史教训。

3. 长期向广大受害者进行战争赔偿。战后,在盟国及受害者的呼吁和德国人民的努力下,作为承认战争罪行并进行赎罪的具体行动,德国进行了多项专门立法,向战争受害者提供战争赔偿。如通过《联邦赔偿法》《联邦返还法》等一系列法案和与受害国达成的赔偿协议,向战争受害者进行了大规模赔偿。据德国财政部统计,到1994年,德国已经支付赔偿金929亿马克。根据赔偿计划,德国预计还将支付1223亿马克。② 此外,德国奔驰、大众、西门子等大型公司,也向服苦役的犹太人及其团体支付了数千万马克的赔偿。在世纪之交的1999年,德国又宣布由政府和企业共同出资100亿马克,设立"记忆·责任·未来基金",向战争受害劳工进行赔偿。到2007年6月12日,该基金宣布完成了赔偿计划,共向98个国家的170万劳工或其遗属,支付了近59亿美元的赔偿金。③ 德国总统科勒对此特别强调,由德国经济界和德国政府共同承担起对被纳粹强征劳役的受害者进行物质上的赔偿责任,不仅在道德上,而且在政治上具有非常重要的意义。这是德国人在通往和平与和解道路上所必须采取的行动。他说,长期以来,那些受害人被人遗忘,他们遭受的苦难并没有被真正承认。拒绝他们的赔偿要求,就是否认他们所遭受的痛苦。尽管没有任何物质能够真正赔偿得起纳粹对他们所犯下的罪行,但160多万受害人或其继承人获得物质赔偿,这不仅表明他们

---

① 纪念碑位于德国首都柏林中心,在标志性建筑物勃兰登堡门附近,紧挨着繁华的波茨坦广场和德国联邦议院及总理府等国家机关。纪念碑林占地1.9万平方米,庄严肃穆,具有强烈的历史震撼力。
② 望月幸男:《从战争责任·战后责任看德国和日本》,见《战争责任研究季刊》第6号,第3页。
③ 《德国完成纳粹强征劳工赔偿》,《今晚报》2007年6月13日。

遭受的苦难命运得到了承认,使他们得到了心灵上的安慰,而且通过物质赔偿也让他们实在地感到了德国对于纳粹犯下的罪行所承担的责任。① 德国实实在在地反省历史、面向未来的行动,得到了国际社会的广泛认可和肯定,推进了民族和解的进程。

二、日本的战犯政策与历史认识

另一个二战侵略战争的加害者日本,情况却大不相同。由于实施对日占领的美国没有摧毁天皇制政权,而是利用日本旧的政治体制对日实行间接统治,原有的庞大的侵略战争策划和领导集团,除了东京审判受到处罚的25名战犯外,其余的绝大部分都没有受到处罚,更谈不到思想改过。仅有的"解除公职"处理②也半途而废,被解除公职者远谈不到反省战争责任。不仅如此,东京审判余音未了,大批重要的战争罪犯摇身一变,重登政治舞台,不少人成为日本政党领袖和政府首脑。这些人根本没有认识和反省自己的战争罪行和战争责任。把战前日本的残渣余孽带到了战后,直接影响到了日本国民的战争责任观。由于侵略战争的受害对象都是外国人,战争罪行都是在国外发生的,绝大部分日本人没有目睹日本侵略战争给受害国人民带来灾难的场景,加上战时的日本统治者竭力封锁日本在外暴行的消息,因而日本国民没有足够的战争罪恶感。相反,美军对日本的轰炸和原子弹的投掷,反而使日本国民更具受害者之感。战后日本政府极力回避战争责任的言行,给日本国民的历史认识带来了极大的负面影响。与德国政府和人民积极反省战争罪行的行动相比,两者大相径庭。

1. 当德国朝野追讨漏网战犯的时候,日本朝野却在为释放战犯奔走呼号。对于东京审判及其他乙级战犯法庭判处的罪恶累累的战犯,日本朝野

---

① 光明网,2007 年 6 月 14 日。
② 战后占领军实施的一项消除军国主义的措施。从 1946 年 10 月开始,根据盟军总部的指令,积极参与日本军国主义和国家主义活动的原日本特高警察、教员、政客、战犯、职业军人、法西斯主义团体、大政翼赞会的头目、参与侵略活动的金融和经济界要员、侵略言论的鼓吹者等,被解除公职,并不得参与政治活动。当时被解除公职的达 20 多万人。但从 40 年代末期开始,随着美国对日政策的转变,占领当局停止了解除公职的行动,并逐渐允许被解除公职的人恢复公职或重返政治舞台。解除公职的措施半途而废。

上下,与其说表现出愤怒,不如说表现得更多的是同情。日本朝野对战犯罪责的认同极为有限,甚至不少人认为他们是"民族英雄"。1951 年日本签订"旧金山和约"后,日本律师联合会发表了《关于劝告赦免战犯的意见》,进而引发了一场要求为战犯减刑、释放战犯的广泛的国民运动。在当时人口只有 1 亿的日本,据称签名支持释放战犯的日本国民达到 4000 万人,可见其具有广泛的国民基础。与此同时,众多个人、团体还积极做国会、政党、政府的工作,要求尽快赦免或释放在押战犯。除共产党和劳农党微弱的反对声音外,日本可谓举国一致,要求赦免战犯。

经过日本朝野的共同"努力",1953 年 8 月 3 日,日本国会众议院通过了由占国会统治地位的自由党、改进党、两社会党和无所属俱乐部共同提出的《关于赦免服刑中的战争犯罪者的决议》。而类似的决议,从 1952 至 1955 年的 3 年间,先后通过了 4 项。① 日本对立的主要政党,虽然在其他问题上打得不可开交,但在释放战犯问题上,却是惊人的一致。在国会讨论中,几乎没有人谈日本的战争责任和战争罪行,更没有人为这些战犯犯下的惨绝人寰的罪行向受害国及其人民谢罪,而是竭力为战犯鸣冤叫屈,攻击战后的东京甲级战犯审判及各地的乙级战犯审判是"胜者对败者的审判","是不公正的审判",战犯是"战争牺牲者"。② 对于政党的这些提案,日本政府一向表态支持。国务大臣木村笃太郎在国会表示,这些战犯为国家"不幸被追究战争犯罪,心中念及,实同情不已"。日本政府的另一国务大臣犬养健也在国会表态说,赦免战犯"凝聚了国民的真切心愿"。日本政府敢于为之奔走,也是因为背后有国民的"鼓励、鞭策"。③ 于是,日本举国一致,朝野呼应,日本政府则利用冷战的有利时机到处活动。说服有关国家政府,终使所有甲级战犯在 1956 年 3 月 31 日前、乙级战犯在 1958 年 5 月 30 日前全被释放。

在上述背景下,东京审判后的日本政府和司法机构,从来也没有打算自

---

① 《关于释放在押战犯的决议》(1952 年)、《关于赦免服刑中的战争犯罪者的决议》(1952 年)、《关于赦免服刑中的战争犯罪者的决议》(1953 年)、《关于要求立即释放战争刑者的决议》(1953 年)。
② 《关于赦免服刑中的战争犯罪者的决议》,第 15 届国会众议院第 11 号(1952 年 12 月 9 日)。
③ 参议院《关于释放在押战犯的决议》审议记录(第 13 届国会参议院本会议第 49 号,1952 年 6 月 9 日)、众议院《关于赦免服刑中的战争犯罪者的决议》审议记录(第 15 届国会众议院第 11 号)。

己审判战犯,也谈不到追讨漏网战犯。甚至被东京审判判处有罪的甲级战犯重光葵后来当上了外务大臣,另一名被判刑的甲级战犯贺屋兴宣当上了法务大臣。而最具典型意义的是战犯岸信介(1896—1987),他战前身居高位,曾出任过伪满洲国实业部次长、总务厅次长,操纵伪满政权,后升任东条英机内阁的商工大臣,参与策划日本的对外侵略战争,二战结束后,被定为甲级战争嫌疑犯逮捕入狱。后因东京审判提前结束,岸信介逃脱审判。1952年他重返政界,1957年出任日本首相,对自己的战争罪行和战争责任毫无反省之意。由战犯执掌日本国家领导权,何谈反省战争罪责、民族和解!

2. 屡屡发表否定东京审判、否定侵略战争历史的言论。东京审判结束之初,在占领军的威压下,日本虽然否定东京审判、否定侵略战争历史的倾向也很强烈,但没有发泄和传播的良好渠道。1953年旧金山和约签订后,日本觉得自己已经恢复独立了,可以对美国和其他原盟国说"不"字了。尤其是1955年自由民主党执掌政权后,政治上长期推行保守路线,对东京审判大肆攻击。1980年代以后,日本已经成为经济大国,追求政治大国目标。自民党主流把东京审判对其过去侵略战争的定性看作是其走向政治大国的障碍,进而与学界或社会上的右翼势力相勾结,掀起了战后否定东京审判的高潮。他们把承认近代日本对外侵略战争的历史称作"自虐",称这种定性史观是东京审判强加给日本的,并称之为"东京审判史观",开展了一场围剿"东京审判史观"的运动,企图以此否定日本侵略战争的历史。

3. 在战后赔偿问题上,态度极为消极。与前述德国积极承担战争责任和进行战争赔偿的做法相反,日本则是消极对待战争责任和战后赔偿。战后几十年来,日本仅向东南亚和韩国等国支付战争赔偿6565亿日元,按当时的比价,仅合区区18亿美元。而对于战后大量的侵略受害者个人、团体提出的赔偿,日本政府均消极对待;日本的司法机构以"过时效"、"国家无答责"等借口推托;除一些有良知的媒体和国民外,日本主流舆论和国民也抱着与己无关的态度,不支持、声援包括慰安妇、化学战、劳工等战争受害者的赔偿要求。而日本政府和日本社会所关心的是日本人"受害者"的抚恤。早在1952年4月30日,日本国会就通过了《战时日本军人或军属因公伤病者、死亡者及其家属救济法》，决定"按照国家补偿的精神"，向原军人、军属、遗属发放抚恤金。到 2005 年为止，已发放各种养老金、抚恤金等合计超过 50 兆日元（每年都在 1 兆日元以上），这与支付给亚洲国家的 6565 亿日元赔偿相比，形成巨大反差。

此外，每到战争结束整十年数的时候，日本政府还向有关战死者家属发放特别慰问金。根据日本抚恤法规定，对原军人的抚恤金，按其过去在日军中的官位区分发放额的多少。例如，原具有大将军衔的军官，抚恤金最高额每年为 761 万日元，而原普通士兵每年最低额是 104 万日元。而这种抚恤金，对被判有罪的战犯也照样支付。①

4. 1995 年 8 月 15 日，日本首相村山富市在二战结束 50 周年之际，发表了关于历史问题的"村山谈话"。称"我国在不久前的一段时期，国策发生错误，走上了战争的道路，使国民陷入生死存亡的危机，殖民统治和侵略给许多国家，特别是亚洲各国人民带来了巨大的伤害和痛苦；……我们应谦虚地接受历史事实，并再次表示深刻的反省和由衷的歉意"。这是战后以来日本政府首次明确承认侵略的事实，它得到了国际社会的一定评价。但就在"村山谈话"发表的当天，8 名自民党内阁成员参拜了靖国神社。次年日本首相桥本龙太郎又以公职身份参拜靖国神社。1997 年 8 月 15 日，参拜靖国神社的日本国会议员达到 200 多人。日本的这种做法，使"村山谈话"的价值大打折扣。

战后，以奥斯威辛集中营为代表的纳粹德国的罪行地，成为德国人民反省战争、追悼受害人民的重要场所，德国的政要几乎每年都参加反省战争、悼念战争受害者的活动。而在日本，长期以来日本政府的要员和保守政党、政治家向往的是纪念战争死难者的场所，是日本侵略战争象征的靖国神社。日本的政治家到这里祭奠，不是反省战争，不是纪念数以千万计的日本侵略战争的受害者，而是追悼那些战死于侵略战争的加害者，包括甲级战犯。尽管在亚洲受害国政府和人民的屡屡抗议之下，日本政府和政治家有所顾忌，但也不乏不为其所动的坚持参拜者。时任首相、自民党总裁的小泉纯一郎

---

① 内田雅敏：《战后赔偿》，讲谈社 1994 年版。

便是其代表人物。日本政府和政治家作为政治活动参拜靖国神社,伤害受害国人民的感情,更加远离东亚民族的和解之路。

两大国际军事审判后德日对待战争责任问题的不同态度,反映了两国不同的历史认识,也决定了东、西不同的民族和解的走向。德国超越了国家、民族的界限,站在全人类的立场和高度反省历史,追究战争责任,追求真正的和平发展道路。而日本则局限于本国和本民族的眼前利益,消极对待、极力回避战争责任和战后责任,轻视、无视受害国人民的感情,扩散受害者意识。在参拜靖国神社问题上,充分表现出日本政府和政治家在战争责任、历史认识上的局限性。日本政府在慰安妇、化学细菌战受害者、强掳劳工等问题上逃避责任的做法,也离民族和解相去甚远。如果日本政府不坚持正确的历史观,积极对待过去犯下的错误,真诚地以实际行动向被害国人民道歉、谢罪,东亚的民族和解是不可能实现的。

当然,我们也看到一些有良知的日本知识分子、政治家和普通国民为反省侵略战争、促进民族和解进行的不懈努力。我们也看到南京也从未间断过日本人悼念南京大屠杀死难者的身影。作为受害者,我们积极评价日本各方对反省战争、促进民族和解做出的努力,也应该积极主动地以宽容的态度去推动民族和解。

民主党上台以来,重视亚洲外交,倡导建设东亚共同体,在历史认识问题上比自民党政权有所前进。今年所有内阁成员不参拜靖国神社,也是日本政府和政治家重视亚洲的体现。但是,我们也看到,菅内阁的历史认识基本上还是在"村山谈话"的水平上踏步,还没有本质上的前进。日本政府必须认识到,东亚民族的真正和解是建设东亚共同体的必要条件。没有东亚民族的和解,东亚共同体只能是空中楼阁,不可能真正实现。

(作者宋志勇,南开大学日本研究院,原文刊于《史学理论研究》2011年第1期,《新华文摘》2011年第1期全文转载)

战后初期美国主导下的日本拆迁赔偿计划

徐康明

日本是最先点燃第二次世界大战的战火并顽抗到最后投降的法西斯国家。从1931年9月到1945年8月，日本进行了长达14年的侵略战争，对亚洲太平洋区域各国造成了巨大的破坏，给各国人民带来了深重的灾难。日本战败投降后，饱受侵略战争之害的亚太国家和人民向日本索取战争赔偿是理所当然的。由于美国单独占领日本，处理日本的战争赔偿问题成为战后初期美国对日政策的重要组成部分。在美国有关当局与盟国远东委员会之间，以及美国政府各部门和美国驻日占领军之间，对于如何把握处理日本战争赔偿的宽严尺度存在着不同的意见，致使战后初期的对日索赔政策几经变更。由于冷战开始后美国远东战略的变化，其对日政策随之进行了大幅度调整，对日索赔计划的实施也半途而废，重新探析战后初期美国主导日本赔偿政策的变化轨迹，有助于深入研究战后美日关系的来龙去脉及这一变化对日本内政外交和亚太国际关系格局的影响。

一、美国单独占领日本

世界反法西斯战争最后胜利前夕，美国基于战后称霸亚洲太平洋区域的战略考虑，决心排除其他盟国，单独占领日本。1945年8月，日本在中、美、苏、英四大反法西斯盟国和亚洲各国抗日军民的共同打击下战败投降。

美国乘机利用太平洋战场上有利于自己的对日作战形势,一手把持了接受日本投降的交涉和制定对日占领政策的主导权。

美日两国政府在交涉日本投降的过程中逐渐摸清了对方的意图,就放宽《波茨坦公告》提出的日本投降条件形成默契。日本政府于 1945 年 8 月 10 日向美、中、英、苏四国政府发出照会,对接受《波茨坦公告》附加了一项至为关键的"谅解",即公告"并不包含任何有损天皇作为最高统治者之特权的要求",作为日本接受公告的先决条件。美国政府在明知日方对接受《波茨坦公告》附有重大保留条件的情况下,仍于 8 月 11 日代表盟国复照日本,"自投降之时刻起,日本天皇及日本政府统治国家之权力,即须听从于盟国最高司令"。"按照波茨坦公告,日本政府之最后形式将依日本人民自由表达之意愿确之。"[1]美国政府的答复,不但在事实上承认了日本天皇及日本政府统治国家的权力,而且含蓄地表明了日本在战后保持天皇制的可能性及其途径,以此促使日本天皇及其政府协助美国单独占领日本并听命于美国占领当局,体现了美国保留、控制、利用日本天皇制的战略目的。从日美之间进行的这一笔政治交易不难看出,日本的投降在形式上是无条件投降,实际上却是有条件投降。日本的有条件投降,既宣告第一次世界大战后美日争夺亚洲太平洋区域霸权的斗争以美国的胜利而结束,同时又是第二次世界大战后以日本从属和追随美国为特点的日美特殊关系的开端。[2]

1945 年 8 月 15 日,日本宣布向美、中、英、苏四大盟国投降。美国于 8 月 17 日拟订了关于受降的《总命令第一号》,单方面划定参加对日作战的各主要盟国的受降地区,并于 9 月 2 日以美国政府任命的盟军总司令麦克阿瑟的名义发布。其中规定,"帝国大本营,其高级指挥官,以及日本本岛及附近小岛和北纬 38 度以南的朝鲜、琉球群岛和菲律宾所有陆、海、空军和辅助

---

[1] 日美两国政府往来的照会,世界知识出版社编:《国际条约集(1945—1947)》,世界知识出版社 1959 年版,第 104—105 页。
[2] 本文作者对日本有条件投降前因后果的评析,见《是无条件投降还是有条件投降》,《世界史研究动态》1985 年第 8 期;《日本在败降过程中维护天皇制的活动》,《抗日战争研究》1995 年第 3 期;《日本的"有条件投降"及其消极影响——日德两国投降情况比较》,《日本学刊》2000 年第 2 期。

部队,应向太平洋地区美军总司令投降"①。美国出动 40 万兵力占领日本,美国占领军到 10 月初基本完成了在日本的部署。苏联关于派兵分割占领北海道的要求,刚一提出就遭到美国的断然拒绝。英国穷于应付东南亚殖民地民族解放运动高涨的局面,无暇过多顾及日本。中国国民党政府忙于准备内战,仅派象征性军队一度参加对日占领。因此,盟国军队的对日占领实际上是美军的单独占领。

美国政府 9 月 6 日批准的《日本投降后初期美国对日占领政策》的第一部分"终极目标"开宗明义表明,美国对日占领政策的"终极目标是:确保日本今后不再成为美国的威胁,不再成为世界和平与安全的威胁"②。该文件第二部分"盟国的权力"中对"军事占领"明确规定,对日作战的其他主要盟国的军队如果要参加对日占领,"一切占领部队皆将由美国指派的最高统帅指挥"。文件虽然表示要"通过磋商并组织适当的咨询机构来制订能使各主要盟国感到满意的有关占领和控制日本的各项政策",但紧接着就专断地宣称,"各盟国之间如有意见不一之处,应以美国的政策为准"。③

由于日本政府的一再请求,美国占领当局最终确定占领和统治日本的形式为由盟军总司令部指导日本政府的"间接统治"。《日本投降后初期美国对日占领政策》第二部分"盟国的权力"中关于"与日本政府的关系"规定,"天皇和日本政府的权力应从属于最高统帅"。"最高统帅将通过包括天皇在内的日本政府机构及其代理机构行使其权力,但以能圆满地推行美国的政策为度。允许日本政府在最高统帅的指示下,对国内行政事务行使政府的正常权力"。"我们的政策是要利用日本现存的政府形式,而并不是支持它"。④

美军进占日本之初,由于对日作战刚刚取得最后胜利,包括美、日两国人民在内的世界各国人民的反法西斯激情空前高涨,以盟军的名义进占日

---

① F.C. 琼斯、休·博顿、B. R. 皮尔恩,复旦大学外文系英语教研组译:《1942—1946 年的远东》下册,上海译文出版社 1979 年版,第 741—742 页。
② 同上书,第 743 页。
③ 同上书,第 744—745 页。
④ 同上书,第 745 页。

本的美国占领当局不能不认真执行《波茨坦公告》的规定，推行以非军事化和民主化两大原则为指导思想的一系列改革措施。这些措施包括解散日本军队、逮捕战犯、整肃军国主义分子、进行农地改革、解散财阀、分割大托拉斯、制订新宪法等。美国在日本推行民主改革的主要目的是，打击日本的反美势力，迫使日本统治集团投靠和追随美国。另一方面也要看到，这些措施基本上符合《波茨坦公告》的精神，摧毁了战前日本军事封建性的政治、经济和社会结构，从而为战后日本资本主义的发展扫清了道路，同时也在客观上有利于日本民主力量的发展。

二、美国和远东委员会制订的对日索赔计划

日本投降后，战争赔偿问题是同盟国处置日本的主要问题之一。责令日本支付战争赔偿，不但是惩罚日本军国主义的侵略罪行并防止其东山再起的重要手段，而且也是恢复遭受日本侵略战争破坏的各国经济的重要措施。《波茨坦公告》第十一条对日本赔偿问题的原则是："日本将被准许维持其经济所必需及可以偿付实物赔偿之工业，但可以使其重新武装作战之工业不在其内。"[1]

美国占领日本初期，对处理日本赔偿问题持比较积极的态度。《日本投降后初期美国对日占领政策》以消除日本的战争潜力，防止日本军国主义东山再起作为占领政策的首要目标。该文件第四部分"经济方面"关于"经济上的非军国主义化"的规定严厉要求："日本军事力量的现有经济基础，必须加以摧毁，并且不容许其恢复。"[2]关于"赔偿和归还掠夺物资"的规定提出了日本赔偿的两条原则：

"(1) 通过移交处于日本今后可保留的领土以外的日本财产；

(2) 通过移交那些对日本的和平经济和对占领军的供应并非必需的物资或现有的基本设备和设施。"[3]

---

[1] 世界知识出版社编：《国际条约集(1945—1947年)》，第78页。
[2] F. C. 琼斯、休·博顿、B. B. 皮尔恩：《1942—1946年的远东》下册，第748页。
[3] 同上书，第751页。

美国国务院、陆军部、海军部协调委员会(以下简称美国"三部协调委员会")于1945年11月发给驻日美国占领军总司令麦克阿瑟的《初期基本指令》也明确指示:"赔偿——日本对于其侵略行为的赔偿,应采取下列方式:A. 凡在准予日本保留领土之外的日本财产,需依照盟国当局的指示,移作赔偿之用;B. 凡非日本和平经济和供应占领军所必须的货物,及现存的基本设施、设备,皆应移作赔偿之用。"并要求"凡被日本掠夺去的物品,如现在可以查明者,皆应立即归还"。[1]

美国总统杜鲁门在反法西斯战争胜利前夕的1945年4月27日任命埃德温·W.鲍莱为处理战后赔偿问题的总统特使和同盟国赔偿委员会的美方首席代表,负责对战败国的赔偿问题进行调查、筹划和交涉。9月中旬,鲍莱完成了有关德国赔偿的工作。杜鲁门总统旋即命令他转而进行对日索赔工作。鲍莱赴日之前起草的《美国对日赔偿政策》(预备声明),表明美国的对日赔偿政策"务必以重建东亚为目标。在重建的亚洲,将有日本一个位置,虽然这不再是领导或支配的位置"为此,应"以赔偿的名义把日本的工厂分给各国"。留给日本的工业仅限于"为日本提供最低限度的出口货,目的在于换取食品之类的必要的、经过批准的进口"。[2] 10月31日,杜鲁门总统和贝尔纳斯国务卿对此表示同意。鲍莱赴日前,于11月5日发表措辞严厉的讲话,宣称对日本加重战争赔偿的目的是"剥夺日本进行战争的产业能力,驱逐军国主义"[3]。为此,对日本的工业设施,"除维持最低限度的日本经济所必需者外,均一律拆除"。鲍莱对"维持最低限度"的解释是,"这意味着不高于日本侵略过的国家的生活水平"。[4] 11月13日,鲍莱到达日本,其任务是调查日本的战争潜力,确定哪些工业设备应予拆迁或者摧毁。早有定见的鲍莱抵日3天后即致函麦克阿瑟,提出处理日本工业设备的具体意见:第一,立即拆迁或者摧毁兵工厂和生产战争工具(海军舰船、飞机)的工

---

[1] 美国参议院外交委员会:《美国外交政策基本文件1941—1949》,纽约1951年版,第646—647页。
[2] 日本大藏省财政史室编:《昭和财政史——从停战到媾和》第20卷,东洋经济新报社1982年版,第425页。
[3] 吴学文主编:《日本外交轨迹(1945—1989)》,时事出版社1990年版,第8页。
[4] 信夫清三郎主编,天津社会科学院日本问题研究所译:《日本外交史》下册,商务印书馆1980年版,第742页。

厂;第二、严格限制其他工业生产能力(保留年产 200 万吨钢的能力,把金属加工能力限制在与钢铁生产能力相称的水平上,日本商船最大者不得超过 5000 吨)。①

1945 年 12 月在莫斯科举行的苏、美、英三国外长会议,决定在华盛顿设立由参加对日作战的 11 个国家②组成的远东委员会,作为贯彻执行《波茨坦公告》的决策机构,负责制订对日占领政策。由于参加远东委员会的亚太地区战争受害国强烈要求日本对其战争罪行做出赔偿,在远东委员会制订的《对日基本政策》中,对日本应该给予战争赔偿和在受害国家分配赔偿的原则做出了更为明确的规定:"由于日本侵略行为的罪行,及其对盟国的破坏,日本应给予同等价值的赔偿。为了彻底摧毁日本的军事潜力以及能使其重整军备的工业,盟国应将日本用于战争工业的主要设施,或者日本现有的或以后生产的物品,作为战争赔偿。在日本赔偿总值中,每一个国家能分得多少,要看这一国家因日本侵略所蒙受生命与物质损失的数量,及其对击败日本所做出的贡献,包括抵抗日本侵略的地域范围与时间长短而定。"③

从以上论述可以看出:战后初期,在美国与参加远东委员会的各盟国之间,就日本应该提供战争赔偿以惩处其侵略罪行和赔偿的原则基本上达成了共识,但对拆迁或摧毁日本工业设施的范围和程度、赔偿的总额和各国应得的比例等具体问题仍有待于进一步商讨。对此应该强调指出,日本首先在中国打响了侵略战争的第一枪。中国军民率先奋起抗击日本侵略,坚持对日作战的时间最长,对击败日本做出的贡献最大,中国战场的作战地域最辽阔,中国在日本侵华战争中蒙受的生命与财产损失最为惨重。因此,按照远东委员会《对日基本政策》中日本对受害国家战争赔偿分配原则的有关规定,中国理应得到日本赔偿总值中的最大份额。

---

① 日本大藏省财政史室编:《昭和财政史——从停战到媾和》第 20 卷,第 43 页。
② 组成"远东委员会"的 11 个国家是:美、英、苏、中、法、荷、加、奥、新西兰、印度和菲律宾。后又增加缅甸、巴基斯坦两个国家,使"远东委员会"的成员扩大为 13 国。
③ 远东委员会:《远东委员会的活动:秘书长的报告,1946 年 2 月 26 日至 1947 年 7 月 10 日》,美国国务院出版物第 2888 号,美国政府印刷局 1947 年版,第 68—77 页。

鲍莱率领的调查团在日本调查 20 多天后,于 1945 年 12 月 6 日致电杜鲁门总统,提出一个《临时赔偿计划》,同时致函麦克阿瑟并向新闻界发表声明,将这一计划公之于世。该计划按照"赔偿应有利于减少日本的作战潜力,估定赔偿的多寡应根据偿付能力,而不是根据战争的损失"的原则,建议拆迁日本"所有军事工业的设备,如陆海军兵工厂、航空工业以及铝、镁和合成石油工厂"。同时还要"大幅度缩减钢铁、机床、造船以及战略物资工业"。对日本而言,这是一个相当严厉的赔偿计划。鲍莱于 12 月 17 日返回华盛顿后,次日便谒见杜鲁门总统,正式提出《中间赔偿报告》。

综合鲍莱相继提出的日本赔偿计划的主要内容是:以 1926 至 1930 间年日本工业的平均水平为计算基础,拆除日本多余的工业生产能力作为赔偿转移到亚洲邻国。鲍莱建议拆除的各类工业设施有:机床工业中全部机床的 50%,即 35 万—40 万台;陆海军兵工厂中,除直接用于生产武器、军火和作战装备的设备必须被摧毁外,其余兵工厂的全部机床和设备均应拆除,估计总数为 7 万台(件);飞机制造厂和飞机发动机厂的全部机器设备;20家造船厂的全部设备及其辅助设施;轴承工业全部拆除;钢铁工业准许保留250 万吨钢(占日本当时炼钢能力的 77%)和 50 万吨生铁的年生产能力,其余全部拆除;电力工业,拆除 50%的火力发电能力;轻金属工业,拆除绝大部分铝、镁生产工厂;化学工业,拆除用于清除金属熔炼过程中废气的硫酸厂以外的全部硫酸厂,最现代化的 4 家大型碳酸氢钠厂和 20 家新型苛性碱和氯气厂。[①] 鲍莱提出的赔偿计划,除建议拆迁日本本土的各类工业设施作为赔偿外,还建议剥夺日本的海外资产,将日本库存的黄金及其他贵重金属运往美国,并利用赔偿计划摧毁日本财阀。

杜鲁门总统于 1945 年 12 月 21 日批准鲍莱的赔偿报告,并指示国务院和陆军部尽快制订出具体操作细则。"一拟出必要的详细计划,就应实施"[②]。鲍莱的赔偿报告经美国三部协调委员会远东小组委员会研究修改后,于 1946 年 1 月 14 日作为三部协调委员会的 SWNCC236/4 号文件获得

[①] 美国国务院:《美国对外关系》1945 年第 6 卷,美国政府印刷局 1974 年版,第 1008—1009 页;1946年第 8 卷,第 498—502 页。
[②] 迈克尔·沙勒:《美国占领日本》,牛津大学出版公司 1985 年版,第 38 页。

该委员会批准,成为美国的官方政策。三部协调委员会向国务院、陆军部、驻日盟军总部和远东委员会的美国代表麦科伊通报了这一文件,但当时并未对外公布。为了配合鲍莱拆迁赔偿计划的实施,太平洋美军总司令部于1946年1月20日下令驻日美军总司令部将日本的394家兵工厂和兵工研究所纳入监管之下。驻日美军总司令部在1—8月间先后指定日本的1090兵工厂和兵工研究所,以及与军工生产有关的工厂作为拆迁赔偿对象,交给驻日美军第8军监管。[①]

三、对鲍莱提出的赔偿计划的争议和调整

鲍莱制订的日本赔偿计划,基本上体现了《波茨坦公告》关于惩罚日本战争行为,根除日本战争潜力的精神和要求日本支付战争赔偿的原则,不失为一个比较公正合理的赔偿计划。然而该计划却遭到日本政府的强烈抵制,美国驻日占领军和美国国内不少军政领导人也表示不满和反对。

1945年8月15日日本宣布投降后,日本政府于8月26日成立"终战联络中央事务局"(简称"终联"),作为外务省的省外一局,负责日本政府与盟军总司令部之间的联系。"终联"经济部的商工课是具体负责赔偿问题的机构。该课后来升格为赔偿部,最后又升格为直属于内阁的赔偿厅。

美军进占日本后,命令日本政府终止外交职能,但仍然保留了外务省的机构。其主要任务由外交活动转变为配合美国的占领,处理与占领有关的事务,并为今后媾和做好准备。由于日本政府最初仅仅从《波茨坦公告》中得知盟国对日本战争赔偿的原则精神,日方千方百计通过各种渠道了解美国占领当局和其他盟国对日本战争赔偿的政策。美国占领当局于9月22日发表《日本投降后初期美国对日占领政策》后,日本政府对美国的占领政策有了比较全面的认识,据此着手研究日本的对策。同年11月,商工课召

[①] 美国国务院:《美国对外关系》1946年第8卷,第474—476页。

开赔偿问题恳谈会。12月3日,外务省调查局的大来佐武郎以外务省专门调查委员会和调查局第三课的研究为基础,完成《关于日本赔偿能力的研究》,表明了日本在赔偿问题上的立场。大来在报告中强调:要使日本人民的生活水平恢复到战前水平,复兴工业、进口原料和出口工业制成品,是不可或缺的,因此日本支付赔偿的能力十分有限。[①] 显而易见,大来报告的意图是尽可能争取最大限度地减少日本支付赔偿的数量。为了加强对赔偿对策的研究,日本政府设立了由外相吉田茂直接领导的赔偿协议会。赔偿协议会的成员既有政府官员,又有民间人士。

鲍莱率领的调查团到达日本后,日方人士想方设法接近调查团成员进行摸底。1945年11月28日到1946年1月8日,日方人士与鲍莱调查团成员接触8次。陪同调查团的终联总务部第一课课长朝海一郎在旅途中与鲍莱交谈,乘机探听鲍莱关于要求日本支付赔偿的品种、数量、年限等问题的想法,同时表达日本对这些问题的关切。鲍莱的《临时赔偿计划》于12月7日发表后,日方迅速作出反应。第二天,外务次官松岛、终联总务部第一课课长朝海与鲍莱调查团的首席随员马克思韦尔会谈时,陈述了日方关于保留轴承、钢铁、铝、硫酸铵等工业的具体要求,并向美方提交大来报告的修订本。12月14日,日方又向美方提交《关于鲍莱大使声明的备忘录》和商工省的《日本未来的产业结构及其赔偿能力》两个文件以及大来报告的英文本。日本的工厂主想到他们的工厂以后可能被当作赔偿物资,便进行消极抵制,不肯投资维修,听任工厂瘫痪。

日本政府不断要求尽可能减轻日本的赔偿负担,放宽对日本工业的限制,对美国的赔偿政策产生了一定影响。大权在握的美国占领军总司令麦克阿瑟首先对拆除日本的工业设备作为赔偿表示怀疑。他认为,接受赔偿国家的技术水平以及工业设备的拆迁及再安装等问题,都会大大降低赔偿的实际作用。美国陆军部官员和国会中一些新当选的共和党议员也强烈反对大幅度拆除日本的工业设备,降低日本工业水平的做法。他们认为,如果迫使日本支付巨额赔偿,就会推迟其经济恢复,同时还要增加美国对日军事

---

① 永野信利:《日本外交的全貌》,行政问题研究所出版局1986年版,第23页。

占领的费用,从而加重美国的负担。

马克思韦尔1945年12月26日的报告对鲍莱的赔偿报告进行了修改,作出了若干有利于日本的调整。如鲍莱报告主张全部拆除日本的轴承工业,日方请求保留年产值8亿日元的设备,马克思韦尔报告维持全部拆除的动议;鲍莱报告主张拆除20家造船厂的全部设备及其辅助设施,日方请求保留其中14家造船厂,马克思韦尔报告建议拆迁30—40个船台和最大的3个浮动干船坞,保留10个大船台和12个小船台;鲍莱报告准许保留250万吨钢的生产能力,日方请求保留330万吨生产能力,马克思韦尔报告建议保留225万吨生产能力;鲍莱报告主张拆除用于清除金属熔炼过程中废气的硫酸厂以外的全部硫酸厂,最现代化的4家大型碳酸氢钠厂和20家新型苛性碱和氯气厂,日方请求保留用于生产化肥的用接触法生产硫酸的设备和年产14万吨电解苛性钠的生产能力,马克思韦尔报告建议保留完全用接触法生产硫酸的9个硫酸铵工厂,保留8万吨电解苛性钠的生产能力;鲍莱报告主张拆除绝大部分铝、镁生产工厂,日方请求保留年产4万吨铝的生产能力,马克思韦尔报告维持全部拆除的动议。[①]

美国三部协调委员会基于降低驻日美军占领费用的考虑,于1946年4月25日下达了SWNCC236/10号文件,即《日本临时赔偿拆迁计划》,对鲍莱的赔偿报告做出重大调整,大幅度减少拆除日本工业生产设备的数量,增加允许保留的数量:如将原来准备拆除或摧毁的一些日本陆海军兵工厂留给驻日美军使用;决定拆迁的机床和设备由鲍莱报告的7万台(件)减为5万—6万台;拆除飞机制造业的机器设备总数由鲍莱报告的22万台减为9.5万台;轴承工业由鲍莱报告的全部拆除改为允许保留年产能力3250万日元以内的生产能力,相当于日本当时实际生产能力的90%;允许保留的钢铁生产能力,钢由鲍莱报告的250万吨增加到325万吨,生铁由50万吨增加到175万吨;硫酸工业由鲍莱报告的大部分拆除改为允许保留年产350

[①] 美国国务院:《美国对外关系》1945年第6卷,第1008—1009页;1946年第8卷,第498—502页。日本大藏省财政史室编:《昭和财政史——从停战到媾和》第1卷,东洋经济新报社1984年版,第223—224页。

万吨的生产能力①,等等。

  远东委员会也在从1946年5月到年底的大半年里,将日本当时的主要工业部门分为12个,对口分别制订了8项暂行拆迁赔偿的方案。远东委员会的方案主要依据鲍莱的《临时赔偿计划》和美国三部协调委员会的《日本临时赔偿拆迁计划》,确定拆迁日本工业设备的数额,允许日本保留相当于1930—1934年间平均工业水平的生产能力。远东委员会的方案贯彻了鲍莱关于将日本所有主要的军事工业设备都用于赔偿的原则,但与鲍莱方案相比,减少了拆迁日本工业设备的数额。远东委员会的暂行拆迁赔偿方案对日本主要工业部门进行拆迁的要点是:(1)陆海军工厂除少数外全部拆除;(2)飞机制造厂除少数外全部拆除;(3)轻金属工业除少数外全部拆除;(4)机床工业暂时准许保留2.7万台的年生产力;(5)钢铁工业暂时准许保留350万吨钢和200万吨生铁的年生产能力;(6)造船工业暂时准许保留造船15万吨、修船30万吨的年生产能力,指定24个造船厂充作拆迁赔偿;(7)轴承工业暂时准许保留年产3250万日元以内的生产能力;(8)暂时准许保留年发电量210万千瓦的火力发电能力;(9)硫酸工业暂时准许保留年产350万吨的生产能力;(10)纯碱工业暂时准许保留年产8.25万吨的生产能力;(11)合成石油工厂与合成橡胶工厂全部拆除。②

  为制订日本战争赔偿的最后方案,鲍莱于1946年6月再次访日,并于11月提交了《关于日本赔偿问题给美国总统的报告(1945年11月至1946年月)》。该报告的内容比半年前的《中间赔偿报告》更加严格,允许保留的日本工业生产能力被进一步削减。其中仅炼钢能力就由年产250万吨削减为150万吨,还追加了一些原来没有纳入拆除之列的工业项目,如焦油、赛璐珞等。③

  鲍莱最终制订的日本战争赔偿方案,不但没有减轻反而加重了日本的

---

① 美国国务院:《美国对外关系》1946年第8卷,第496—502页。
② 埃德温·W.鲍莱:《关于日本赔偿问题给美国总统的报告(1945年11月至1946年4月)》,美国国务院出版物第3174号,华盛顿1946年版。
③ 盟军总司令部编:《占领历史》第11卷,《赔偿与资产管理》,军事历史中心1950年版,第212—216页。

赔偿负担，以总司令麦克阿瑟为首的驻日美军总部坚决反对鲍莱严厉的赔偿方案，利用手中掌握的占领大权，在1947年后将其监管的1090家军工企业减为1000家左右。对鲍莱严厉的赔偿方案同样感到不满的美国陆军部决定绕过鲍莱自行其是，于1947年1月24日任命克利福德·S.斯特瑞克为对日赔偿评价委员会主席。斯特瑞克是纽约海外咨询公司兼麦格劳公司董事长，过去一直参与处理德国赔偿问题。他组织了一个由11位著名大公司代表组成的调查团，于1月28日赴日调查。斯特瑞克调查团回国后向陆军部提交的《日本赔偿问题调查报告》，建议"废除现在的关于拆除设备的赔偿计划，制订一个以直接军工生产为对象的新赔偿计划"①。

鲍莱与斯特瑞克分别提出两个观点迥异的报告，集中暴露了美国政府各部门之间关于日本赔偿问题由来已久的意见分歧愈演愈烈。为了解决各部门之间的分歧，采取步调一致的行动，美国三部协调委员会、盟军总司令部、鲍莱和斯特瑞克两个调查团于1947年4月7日在五角大楼召开协调日本赔偿政策的联席会议。与会各方经过一番争执后互相妥协，最后通过了美国对日本赔偿拆迁政策的又一份重要文件，即三部协调委员会SWNCC236/43号文件。该文件重申：美国对日政策的基本原则是根除日本的战争潜力，使之不再成为在亚洲太平洋地区对美国的威胁。文件的主要内容是：确定从日本拆除价值总额24.66亿日元（1939年价格）的各种设施充作赔偿，其中拆除的工业设施价值为9.9亿日元，基本战争设施价值为14.76亿日元。该文件还强调力求减少驻日美军的占领费用，尽快实施拆迁赔偿计划等。②

美国参谋长联席会议根据三部协调委员会SWNCC236/43号文件，于1947年4月9日向驻日美军总司令麦克阿瑟发出第75号指令，命令他在应征收的日本赔偿中，先行征收30％作为先期赔偿，紧急拨给中国、菲律宾、荷属东印度（即印度尼西亚）、英属缅甸和马来亚。其中，中国占15％，其余

---

① 盟军总司令部编：《占领历史》第11卷，《赔偿与资产管理》，军事历史中心1950年版，第212—216页。
② 美国国务院：《美国对外关系》1947年第6卷，第382—383页。

15%由另外几个国家均分。① 如前所述,当时在驻日美军监管之下的日本军工企业为 1000 家左右,以 1939 年的价格计算,这些军工企业价值总额的 30% 折合 33 亿日元,大大超过美国三部协调委员会 SWNCC236/43 号文件决定从日本拆除价值总额 24.66 亿日元的设施充作赔偿的数目。②

1947 年 4 月 30 日,盟军总司令部开始实施征收 30% 作为先期赔偿的方案。盟总指定的先期拆迁军工企业的设备分三批分配。其中,中国得到的三批物资的价值,按 1939 年的币值计算共计 84 931 433 日元,折合 22 070 282.19 美元。③ 中国是日本侵略战争的最大受害国和对日作战的主要战胜国之一,战后仅仅从日本获得了这一笔为数不多的赔偿。日本政府设置的专门负责赔偿问题的机构——终联赔偿部,负有保管、包装盟总指定的拆迁设备,交付受赔偿国接收运回的职责。在中国政府派人到日本接收拆迁赔偿物资的过程中,日本政府的终联赔偿部不但没有认真配合,反而处处设置障碍。据中国参加接收日本拆迁赔偿物资的代表回忆,在拆运第三批物资(主要是吴港发电厂的设备)的时候,日方不但故意将设备图纸隐藏起来,而且寻找借口将发电厂锅炉加煤设备的钢架和输电设备的变压器等扣留下来,导致中国最后仅拆运回这批设备的 30%。④

战后初期鲍莱的《中间赔偿计划》,是 20 世纪上半叶美、日两个帝国主义国家在亚洲太平洋地区长期争霸斗争中,美国最终取得胜利的产物。美国最初打算大量拆迁日本的工业设备作为赔偿,并在分配时向中国倾斜,反映了当时美国远东战略的立足点是扶助国民党统治下的中国,将赔偿作为削弱日本这个宿敌,防止其东山再起的重要手段。后来随着"冷战"的开始和美苏对抗的日益加剧,尤其是中国人民革命的节节胜利和国民党的统治濒于崩溃,美国遂大幅度调整其远东战略,把日本作为其在亚洲抗衡社会主义力量和镇压民族解放运动的主要基地。于是美日逐渐化敌为友,美国的日本赔偿政策也随之转变。1949 年 5 月 12 日,美国政府单方面宣布停止实

---

① 美国国务院:《美国对外关系》1947 年第 6 卷,第 376—377 页。
② 科恩:《占领下的日本经济》,纽约 1949 年版,第 215 页。
③ 沈云龙编:《近代中国史料丛刊续编》第 710 辑,台北文海出版社 1980 年版,第 66 页。
④ 同上书,第 76 页。

施 1947 年 4 月开始的拆迁赔偿方案。两年来实际拆迁的日本军工企业只有 17 家陆海军兵工厂,拆迁的机器设备 16 736 台(件)。[①] 中国的对日索赔也半途而废

(作者徐康明,云南大学历史文化学院,原文刊于《世界历史》2006 年第 1 期)

[①] 科恩:《占领下的日本经济》,第 215 页。

论战后日本农地改革

邹有恒

一

第二次世界大战之后，日本在美国占领者的指挥下，实行了一系列"非军事化"、"民主化"的改革。其中以农地改革进行的最为深入，效果颇为显著，影响相当广泛，遗留的问题也很多。这是战后日本历史一个重要问题，值得深入研究。

在战前，日本帝国主义一直叫嚣国土狭小，人口众多，缺少耕地，向中国大陆扩张，"是其生存上的唯一出路"[1]，"日本为了维护民族和国家的独立，绝对不可缺少的条件是依存中国大陆"[2]。这种反动滥调虽然早已破产，但战后仍在黑暗的角落中挣扎。所谓国土狭小、人口众多尽管属实，但缺少耕地，却是为其实行对外侵略制造的借口。日本在1910年，全国549万户农家，拥有565万町[3]农地，户平均为1町零2.8日亩；1935年增至1町1反6日亩，都超过了日本历史上标准农家的1町之地，和中国当时的户平均1町2反地相比，并不算太少，何况其耕地面积只占全部国土的16%。此外既有

---

[1] 服部卓四郎:《大东亚战争全史》，原书房1965年版，第3页。
[2] 堀场一雄:《支那事变战争指导史》，时事通信社1964年版，第35页。
[3] 日本面积单位，约9917平方公尺，相当我国15市亩。1町分10反，1反分10日亩。

占国土20%地旷人稀的北海道，又有比耕地多几倍的山林地和荒野地，足资开拓。日本政府在战前就有开垦2百万町农地的计划，战后制定紧急开拓事业计划时，认为确有开垦650万町土地的潜力。① 因此，日本的农业问题不在于人多地少，主要在于土地分配不合理，在于半封建租佃关系的长期存在，在于农业的极端小规模经营。"日本之所以只有国土的16%供农耕利用，不是自然条件使然，而是土地所有形态所致。"②

土地分配的不合理在于广大农民没有土地，或仅有很少土地，而大地主则垄断了大量肥沃良田。1935年，日本全农家的74.8%是户平均只有4反9.60亩农地的小所有者或经营者，靠这点土地无法维持再生产；而只占全农户0.96%的大地主，却拥有全农地的17.6%，平均每户为20町8反2日亩③，他们大都是不耕者，靠出租土地为生。

其次，日本的租佃关系，是经过明治维新后地税改革形成的。其剥削形态基本上沿袭封建时代旧制，从而极端苛酷，直到农地改革前夕，"其水田出租地的99%，旱田出租地的一半是要实物地租，地主拿走了全部生产品的一半……而且地租随着米价的上涨而不断提高的"④。此外还有各种半强制性的劳务负担。1946年，纯佃农占全农户的28.7%，加上自耕兼佃耕者共占67.1%，承租地占总农地的45.6%。这说明全国2/3以上的农民和将近一半的农地是受半封建租佃关系束缚的。

至于极小规模的小农经营，更是日本农业的严重症结。日本全国的农地，除北海道之外，到处都是以零星的小块农地为单位，1町农地平均有15块之多，在土地台账上每一单位称一笔。1873年水旱田平均每笔为5.2日亩，以每户平均有地8反2日亩计算，则有14笔，这就是农地改革时政府买进185万余町农地，登记簿上出现2790万笔的原因。因此全部农家的农地都是小块的，分散于村内外，与其他农地犬牙交错，无法连成一片，于是出现了1町地分租给几家佃户和一户佃农从几家地主手里租种许多小块农田的

---

① 《日本共产党的政策（1965年）》，第119页。
② 《近藤康男著作集》（以下简称《著作集》）（九）第29页。
③ 农林省编修：《农地改革颠末概要》（以下简称《概要》），1951年版，第598页。
④ 《概要》第401页，日本政府官员在议会审议农地改革法时的答辩。

现象。由于农地奇缺,一小块地的得失便影响全家生活的起落,使租佃地的争夺极为激烈,租佃条件也因之愈益苛酷。租佃纠纷一直是农村阶级斗争的焦点,也是统治阶级的隐患。日本政府对农民的斗争始终采用高压手段,但也力图以微末的让步缓和某些矛盾。例如在战争时期,为了掠夺粮食实行强制性征购大米时,采取双重米价政策:对地主的地租米以公定价强制收购,对农民产米则另给补助金和奖励金,因此农民的米价高于地主米价。1945年粮食饥荒时,农民米价每石高出245日元之多。这种办法表面上给农民一些实惠,实际上却夺走了他们的全部农产品,至于地主不仅收益上受了损失,而且在农民中降低了威信。

日本帝国主义战败之后,地主为了捞回战时的"损失",纷纷要求收回出租地、增加地租、强迫佃户高价购买租佃地。农地改革消息传出之后,撤佃、夺佃的攻势猛烈,从1945年8月到1946年6月,地主要求收回土地的事件达25万起,收回29万余町农地,其中90%是强行收回的。[1] 各地农民为此展开了反法西斯村政的斗争,在进步政党和组合运动家的领导下,农村民主运动蓬勃发展,一时间大有工农结成联盟要求土地革命之势。农民的斗争震撼了美国占领者和日本统治上层。

二

以松村谦三为中心的日本农林官僚改革派,鉴于日本农村危机日益加剧,如果"不在骚乱发生之前实行土地改革,就有使农村共产化的危险",提出了硬性收买地主超过1.5町的农地并卖给农民建立自耕农的设想。以后经过农林省内的修改,将地主保留地提高到3町,最后在内阁会议讨论时又增加到5町。1945年12月23日公布的《农地制度改革纲要》,就是在这个基础上制订的所谓"自发的农地改革方案"。这个方案包括加紧建立自耕农、实行货币地租和改革农地委员会等三个部分。

在建立自耕农部分规定:(1)不在村地主的全部农地和在村地主超过5

---

[1]《概要》第979页。

町的农地,均列为收买的对象;(2)收购地价,平均水田为其地租的40倍,旱田为48倍,对地价实行冻结;(3)农地的买卖统一由市镇村农业会办理,但允许地主与农民直接洽商;(4)买卖农地时,对地主的地价以公债支付,农民买地以自备资金为原则;(5)对地主出让的农地另给酬金;(6)农地的买卖在5年之内完成。

关于地租改革部分规定:取消实物地租,一律实行货币地租,现行的租佃合同均按1945年度地米价折合成现金契约,并定为公定价实行冻结。

关于市镇村农地委员会的改革部分规定,各级委员应由选举出的真正代表地主和佃农双方立场者产生,并赋予广泛的权限以解决农地问题。①

政府的这个方案和松村的改革设想相比,具有很大反动性。把地主保留地从1町5反改为3町,再改为5町,是具有阶级性的政治修改。1町5反地的所有者充其量是个中农,3町农地所有者也只能是富裕中农,而5町地所有者却是典型的小地主,完全可以靠地租维持其寄生生活,其收入相当于10户1町地佃农的全部收入。② 而且5町地的小地主一直是旧天皇制军国主义的社会支柱,是农村中拥有实权的统治阶层。保留地从3町改为5町,就多保存下十三万六千多户小地主。形成一个小自耕地主的新农村统治阶层。这是和当时统治上层处心积虑地维护旧天皇制"国体"的阴谋一脉相通的。

麦克阿瑟鉴于靠日本政府难以制定出符合美国"民主化"的改革方案,于1945年12月9日颁发了号称"农民解放令"的《农地改革备忘录》,指令日本政府:

第一,"必须打破几世纪以来使日本农民成为奴隶的经济枷锁,保障其平等地享受自己的劳动成果"。

第二,必须铲除农业结构上的下列各种病根:(1)大半数农家经营规模不足1町5反农地;(2)地租占农民收入的一半以上,再加上农村高利贷盘剥,使一半农民无法生活;(3)政府的财政、金融、税收政策不利于农民;

---

① 《概要》第107—108页。
② 山田前揭书,第234页。

(4)征购大米的摊派额过重,使农民成为政府征粮政策的反对者。只有铲除这些病根,日本农民才能开始得到解放。

第三,日本政府必须在1946年3月15日以前,提出包括下列内容的农地改革计划,即:(1)不在村地主将土地所有权让给耕者;(2)以适当价格收买非自耕地主的农地;(3)农民买地的分期付款必须考虑与其收入相适应;(4)保障佃农成为自耕农后不再沦为佃农。

政府还必须在保障制度中列入下列各项:(1)普及适当利息的长期农村信贷;(2)保护农民不受加工制造业和配给业的剥削;(3)稳定农产品价格;(4)在农民中普及技术和其他启蒙工作;(5)扶助和奖励农村合作运动;(6)保证农民在国民分配中享受其应得的份额。①

这份"指令"从资产阶级民主的角度,指责半封建土地制度下日本农业的弊端,当然切中要害。它和日本第一次立法相比,具有很大的诱惑力。但是,其中有不少项目是可望而不可即的。例如,使农民享受其在国民分配中应得的份额,保护农民不受加工制造业的剥削等等,都是资本主义体制下所难以做到的。加之,这个"指令"没有正面指出政府法案的反动性,遂使日本政府有了可乘之机:硬说政府的改革法完全符合"指令"的精神,迫使议会按原案通过。政府在1947年12月28日公布了这个立法,并决定其地租改革部分由4月1日起实行,其他农地改革等项均由2月1日起实行。日本政府把这次法案的实行说成第一次农地改革。

这个法案遭到美国占领者的反对,认为地主保留地过多,使解放农地从预定200万町减少到100万町,远不符合民主改革的要求。其次,在千叶和埼玉两县进行调查发现,他们所走过的村镇几乎没有超过5町地的在村地主,如果按政府方案改革,两县境内将没人能在改革中得到好处。②况且政府方案还提出把改革实权交给地方团体,有可能使改革按照地主的意图实行。因此,美国占领者要求日本政府重新制定改革计划。然而日本政府在3月15日提出的回答方案仍然是按第一次法内容制订的。美军总部不仅

---

① 山田前揭书,第111页。
② 山田前揭书,第120页。

拒绝批准这个方案,并且制止了即将举行的农地委员的选举,使改革停了下来,麦克阿瑟把日本的改革方案交给对日理事会①研究讨论。

在理事会上,各国代表纷纷批评了日本方案。苏联代表首先提出自己的方案,主张废除租佃制,对不在地主的全部土地和自耕农超过 3 町(北海道超过 10 町)的土地,一律由政府收买,农地价格水田每反 440 日元以下,旱田 260 日元以下,其半额由国家负担。收买地主土地时,3 町以内者给全价,3—6 町部分给半价,6 町以上者无偿收用。政府将所买土地卖给无地和少地的农民,卖价为买价的半额。土地的买卖完全由国家机关执行,不许地主与农民直接交易。1945 年 12 月 1 日以后地主所进行的土地买卖一律无效。②

苏联方案的特点是对大地主的农地实行无偿的收用和由国家机关执行改革,对农民虽然不是无代价的分配,而地价远低于政府定价,且由国家负担一半。这种半土地革命式的方案以触动私有财产权,违反波茨坦公告精神为由,遭到美英等代表的反对。但它对日本政府却是极大的冲击,成为促使日本上层统治者放弃第一次改革法的主要原因。

英国代表在 6 月 12 日第六次理事会上提出方案。主要内容为:(1) 不耕作地主的出租地以 1 町为限;(2) 自耕地的限额,平均内地为 3 町,北海道为 12 町;(3) 佃农买地以 1 町为限;(4) 设立中央取得土地委员会和各级地方委员会,执行改革事宜;(5) 改革以 1945 年 12 月 8 日的情况为准,以后的土地买卖、变动一律无效;(6) 确立最高地租限额和保证耕作权。③

英国方案的主要特点是把出租地保留面积和自耕地面积分别处理。这是从压缩出租地扩大自耕地角度出发的,目的在于形成小土地所有者自耕农化,和苏联的方案相比是不彻底的改革。由于这个方案是参考美国在战时制定对日管理政策时拟定的费利文件,采取了其中创建自耕农制的设想,因此得到美国的赏识,决定以此为蓝本制定对日本政府的指令。

当时正值日本人民民主斗争的高潮,要求工作,要求粮食供应,反对反

---

① 占领军总司令官的咨询机关,设于东京,由中(当时南京政府)、美、英、苏等四国的代表团组成。
② 山田前揭书,第 123 页。
③ 山田前揭书,第 123—125 页。

动统治的斗争此起彼伏。4月中举行的打倒币原内阁的人民大会获得成功,5月中反对饥饿要求粮食供应的大规模斗争经久不息,19日东京有几十万市民举行示威,部分群众闯进皇宫,震撼了美日统治。吉田茂的组阁工作,因人民反对而中断,不得不求救于美国占领者。麦克阿瑟亲自出面,发表绝不允许"暴民"示威游行的声明,并为吉田撑腰,组成了吉田内阁。在这种形势下,麦克阿瑟借口"农地改革是影响极大的重要事业,为使日本人民从容接受,希望由日本政府自主地制定计划付诸实施",把原定的"指令"改为"劝告"方式,交给日本政府。其主要内容为:

1. 出租地保留限度,平均内地为1町,北海道为4町,以户为单位计算。
2. 自耕农所有地,以平均内地为3町,北海道为12町为限。
3. 农地改革由1945年11月23日实行。
4. 对保留限度以外的农地,实行强制收买,优先卖给佃农,并考虑其所有之水旱田的平衡,和进行交换分合。
5. 设全国农地委员会,监督土地转让计划,都道府县农地委员会由地主和佃农的代表组成,决定土地之应否收买。
6. 农地改革由总司令部批准日起2年之内完成。
7. 农地价格可按政府规定,并实行统制,地价的支付和交纳,均分30年完付。
8. 对地租实行统制,并定出最高地租。
9. 佃农按改革法买进的农地,非经政府批准,30年内不得处理。
10. 出租地的收回和农地所有权的转让今后一律禁止。①

美国占领者在"劝告"案中,明确地规定出租地和自耕地的保留限度,否定了第一次改革法的核心,即以小所有者的3町自耕农制,取代政府案的5町小地主的自耕制。3町自耕农小所有制是不符合大垄断资本主义发展要求的,因为它过于限制农业资本主义的发展。但是,这种农民在日本一向被称为"国宝级的三町农民",是农村中最殷实的农户和生产骨干,也是农村中的保守势力。美国占领者企图以这个阶层为基干结合新自耕农,构成农村

---

① 山田前揭书,第126页。

的新中坚势力，既可以削弱农村的民主运动，成为"防止共产主义思想渗透的防波堤"，又可以收到增产食粮、稳定社会秩序、贯彻低工资政策的实效，并且成为新宪法的象征——天皇制建立新的农村支柱。

日本政府对于劝告案也是极力抵抗，尤其在扩大在村地主范围以及给地主报酬金和自耕农超过保留限度的农地处理问题上，提出了一系列要求。经过反复讨价还价，取得美国占领者的某些让步之后，才根据劝告案制定《关于彻底实行农地改革纲要》。

日本政府根据《纲要》，分别制定了《创建自耕农特别措施法案》和《农地调整法修正法律案》等两个草案，经总司令部批准之后提交议会。1946年10月11日通过，22日起生效。日本政府称之为"第二次农地改革"。

在创建自耕农特别措施法的前言中，把第一次法的"增产食粮和确立重建日本的基础"的提法，改为"使佃农享受其劳动成果，和促进农村的民主"。这标志日本政府已经放弃第一次改革法，全面接受了劝告案的模式。以下试从两次法的不同处加以说明：

1. 地主出租地保留面积定为1町，北海道为4町，是第二次法的带根本性的改革，这不仅把预定解放的农地增加一倍，也比较彻底地削弱了寄生地主的经济基础，因为1町农地是无法靠出租营生的。把不居住在农地所在地的市镇村的人都定为不在地主，当然缩小了在村地主的范围，相应地扩大解放地的面积。

2. 自耕地在第一次法中不是强制收买的对象，在二次法中，其超过3町（内地）或12町（北海道）以上的农地，在耕作业务上不适当的，可以收买。对包租和休耕地也可以全面收买。

3. 农地所有权的转移由国家居中办理，对超过限度的出租地则实行强制收买。而在第一次法中规定，非经佃户申请不能强制收买。至于农地之应否收买则由市镇村农地委员会决定，于是收买农地的决定权就从地主手里转到委员会了。

4. 至于地价则仍采用政府原定的水田为40倍，旱田为48倍，即水田平均为760日元，旱田为447日元。仍然给地主以酬金，水田每反220日元，旱田每反130日元，但每户以3町为限。这是政府为了对地主让步而坚决要求总司令部同意的。

5. 收买农地的法律手续，由市镇村农地委员会负责，最后须经都道府县知事发给"收买令"。

6. 收买农地的地价和酬金，一部分支付现款，其余则以30年内分期偿还的公债支付。农民买地的价款，除先交30%的现金之外，其余也分30年交清。但每年的纳金与赋税合计的总数，超过本人年生产品价格的1/3时，可以减免。

在第一次法中有关农地调整的目的，是照抄1938年旧法中的"根据互助互让精神，巩固农地所有者的地位"和"维持农村经济的更生和农村和平"的说法。在第二次法中则改为"稳定耕者的地位和维护生产力发展"。这是把调整法的目标从所有者转为耕作者了。

此外，还有下列不同规定：

1. 加强了对农地转移的管理，连"以耕作为目的"的转移也受限制。

2. 在确立耕作权上也和第一次法不同，即耕作权，必须经过市镇村农地委员会的准许。至于租佃关系的解除、解约和拒绝更换新约，都成为处罚的对象。这是为贯彻劝告案中保护佃农而规定的。

3. 实物地租改为货币地租的规定与第一次法相同，并且仍然保留有以实物代租的"但书"，这是日本政府坚决要求的结果。但在第二次法中有最高地租的限定，即水田不得超过年生产物的25%，旱田不得超过15%。这是为保护佃户在米价降低时，现金地租高于实物折价而设的，也是第一次法所没有的。

4. 市镇村农地委员会的构成也与第一次法不同，把地主、自耕农和佃农各5人改为地主3人，自耕农2人，佃农5人。这是把自耕农和地主都视为所有者，免使地主处于优势地位。选举是按各阶层分别进行，成年的家庭成员都有选举权和被选举权。都道府县农地委员会则由地主6人，自耕农4人，佃农10人组成，由市镇村委员分级别选举。另设中央农地委员会，总括农地改革的指导。①

---

① 山田前揭书，第129—130页。

1947年3月26日中央农地委员会召开第一次会议,讨论农地改革中如何执行平均1町出租地的规定,决定青森县的保留面积为1町5反,大阪为5反,其他各地均按本地情况确定。耕地保留面积以青森县的4町5反为最高,广岛县1町5反为最低,开始了农地的买卖。

三

1947年3月31日是第一次农地收买日,到1950年7月2日为止共收买16次,买进农地为1 756 999町,相当于1945年11月23日出租地2 209 865町的79.5%,其中水田996 473町,占56.7%,旱田760 526町,占43.3%;不在村地主的农地695 135町,占收买地的39.6%,为其所有地的95%;在村地主为1 061 864町,占其出租的71%。① 这些农地是从176万余户地主和小所有者手中收买的,国家支付的地价为82亿2千余万日元,平均水田每反662日元,旱田235日元。此外还有以财产税和其他情况收进的农地184 384町,两者合计共为1 941 982町。同时期卖出的农地为1 906 875町,承购的农家达474万8千余户,每户平均买到的农地,内地为3反4日亩,北海道为2町4日亩。② 农地的买卖暂时告一段落,此后农地改革成为永久性的经常工作。

首先,由于农地改革的结果,不在村地主的农地几乎全被剥夺,在村地主大部分变为自耕者,只有一小部分地主还保留1町出租地。作为阶级来说,寄生地主已经不复存在。农村的阶级关系发生了根本性的变化,是这次改革最大的收获。

其次,这次改革可以说结束了半封建的租佃关系。1946年,日本的纯佃农为1 637 051户,占总农户的28.7%,1949年减少到489 277户,占7.8%,租佃地从2 373 316町(占45.58%)减少到648 004町(占13%,1950年又减少到9.4%)。③

---

① 《著作集》(九)第41—42页。
② 《概要》第217页。
③ 根据《概要》第792—793页第8表(A)算出。

最后，日本农村已经成为一个小所有自耕农占统治的局面。自耕农从 1946 年的 1 869 298 户，占 32.8%，增加到 1950 年的 3 564 118 户，占 57%，拥有农地从 2 832 269 町，占 58.4%，增加到 4 309 829 町，占 86.89%。①

如上所述，由于广大的佃农取得了土地的所有权，摆脱了半封建租佃关系的束缚，农村的农业生产力得到普遍的解放，生产热情急剧高涨。农业生产出现了空前兴盛景象，农家把一切能调动的人力、物力和财力集中于农地调整，实行土质改造和种子改良，大量使用化肥和农药，购买动力机械，引进新技术，使生产得到迅速的恢复和发展。以 1933—1935 年为基准，1952 年农林水产业增长 20%，畜产业增长 63.9%，水产增长 40%。大米的生产从 1946 年的 6 138 万石，增到 1955 年的 7 903 万石。② 每反水田平均产米量 1950 年为 359 公斤，1955 年为 414 公斤，1975 年为 523 公斤。③ 米产量不仅满足了国内需要，而且年有盈余。

农业生产力的急剧恢复和发展，对于日本战后经济复兴起了牵引车的作用，也为日后经济高度发展创造了有利条件。日本政府始而以掠夺形式征购食粮，解救了城市的食粮危机，同时有力地支持了以增产煤钢为主的重点企业。政府强加于农民的低米价，保证了低工资政策的贯彻。对农民的苛敛诛求成为垄断资本积累资金的一个主要来源。农村在战后之初集聚了大量过剩人口，为以后工业的大发展提供了取之不尽的劳动力。农村购买力的不断增长，扩大了国内市场。因此，农地改革被视为战后垄断资本和国家垄断资本再建的起点。

同改革的经济效果相比，其政治效果更为突出。美国占领者，所以极力反对第一次改革法案，强制推行"劝告案"模式，其主要目的是为了建立小所有的自耕农制，以代替小地主制。这样，既可以稳定社会秩序，又可以增产食粮。而更重要的是把农村中最富于斗争性的佃农变成为土地所有者，分化农民组合运动，割断了正在形成的工农联盟的纽带，使农村成为防止共产主义的防波堤，阻止了农民自下而上的土地革命运动。无怪乎麦克阿瑟看

---

① 根据《概要》第 792—793 页第 8 表(A)算出。
② 安藤良雄：《近代日本经济史要览》，1983 年版，第 159 页。
③ 见中村隆英：《日本经济》，1982 年版，第 330 页。

到第二次改革法成立时,竟欣喜若狂地说:"对于树立健全而稳妥的民主主义,不可能有比这更正确的依据,为了对抗过激思想的压力,不可能有比这更可靠的防卫措施。"①他的部下拉迪金斯基更直截了当地说:"广泛的自耕农的建成,使日本农村成为不允许共产主义渗透的金城汤池";"农地改革不仅冲破了共产主义信条,而且使确立土地私有制度建立稳定的农村社会中做出贡献的各种势力强壮起来。"②这就说明了他们当年强制推行的农地改革,不仅是为了建立自耕农制,而且也是为了扶植日本的保守政党。农地改革后的三十多年中,日本保守政党一直能够保持着政权,其主要原因之一,就是在农村中有自耕农这根支柱。

由于这场改革是按照美国占领者的意图进行的,以建立小土地所有者自耕为中心的,因此这必然具有许多天然的缺陷。例如,这场改革完全不想改变日本农业结构的小土地所有和小规模经营的局面。在改革法中虽然标榜在农地的买卖中进行土地的交换和分合,但在收买的 185 万町、共为 2 990 万笔的小块农地,卖出时竟然增加到 3 803 万笔。③ 一买一卖之间就又多出 293 万笔,使买进时每町平均 15 笔的农地,卖出时增加到 16.71 笔。

这种零碎趋势表现在农地所有制结构的变迁上更为明显。1946 年全农户中不足 1 町者为 4 018 748 户,占 70.52%,1950 年增加到 4 495 266 户,占 72.74%;其中 3 反地以下者则从 1 293 759 户,占 22.7%,增加到 1 471 872 户,占 23.8%,拥有 3—5 反农地者则从 939 349 户,占 16%,增加到 1 050 469 户,占 17%。不足 1 町的农户在改革中增加了 476 518 户,其中 5 反地以下者增加 289 233 户,占前者的 60.7%。④ 说明这次改革的目的不在于从根本上铲除农村弊病的根源。

这种零星、分散、过小的经营状况在残余的租佃关系上也很严重。改革前的 1946 年,全部租佃地为 237 万町,有各种租佃关系的佃户和半佃户 382 万户,每户平均租入农地 6 反 2 日亩,而改革后纯佃农和各种自耕兼佃耕者

---

① 《概要》第 135 页。
② 引自前揭《农地改革》,第 135 页。
③ 《概要》第 385 页。
④ 根据《概要》第 796—797 页第 9 表(A)算出。

共为 2 682 132 户。改革后的 1949 年每户平均租佃地为 2 反 4 日亩①,1950 年则不足 2 反地。可见这次农地改革不仅加剧了自耕的极小所有者的零碎经营,也加剧了租佃关系的零碎经营,使日本农业成为全国普遍的小农经营。这就注定了这场改革不仅不会持久地提高农业生产力,而且连农业的再生产也将受到影响。因为在 1950 年,拥有 1 町地以下的农户,仅靠农业收入是不能维持一家生活的,至于 5 反地以下的农家,其农业收入不够生计费的一半②,因此必然促进农村兼业化的扩大。

在这场改革中,把受租佃制束缚和压榨的佃农变成土地所有的自耕农,其历史意义固然是不容置疑的。但是,从土地经营的角度来看,不仅没有达到经营规模的扩大,就连得到土地的受益者究竟有多少,也值得研究。例如在 1946—1949 年间,全国 583 万余农户中,因改革而增加耕地面积的有 850 596 户,占全农户的 14.58%,而经营面积减少的为 1 177 810 户,占 20.24%;至于经营面积毫无增减的为 3 801 668 户,占 65.2%。③ 这些数字表明:在这次改革中,只有一半纯佃农得到增加;而将近 2/3 的农户没有增减,而面积减少的农户比面积增加的倒多出 327 214 户。因此过分宣扬农地改革给农民带来巨大好处,也是不合实际的。

这场改革的两次立法,都是以牺牲不在村的小农地所有者的利益为前提的。例如在村地主可以保留一町的出租地,而不在村地主的全部出租地被强制收买。这决不是由于两者的性质不同,而是出于政策的需要。地主中都是小所有者占大多数,尤其不在村地主中不少人是地方的教师和警察等低级公务人员。他们为了给老后生活准备一点保障在农村买一两小块农地,因为不是自耕而被全部收买。对于佃农来说,在村地主随时都有撤佃的威胁,并且还有各种半封建性的束缚,而不在村地主就不存在这种情况。因此,一般来说,佃农是愿意租种不在村地主的农地的。但是在村地主基本上是政府在农村的代理人,是村内的统治层,必须保住他们的经济力量才能保住他们的政治地位。

---

① 根据《概要》第 792—793 页第 8 表(A)算出。
② 中村前揭书,第 333 页。
③ 根据《概要》第 733 页第 67 表算出。

在改革法中,借口防止把农地分给不合格的人,招致土地的分散。如规定买地的资格必须是能专心致志于耕作者,在执行时就成为非有 2 反农地以上者无权买地。于是农村的无产者和部分半无产者就被排挤于改革之外,同时也形成了农地的所有以 3 町为最低限度的不成文的法律。

这场改革的最大缺陷是把大约 1 280 万町的私有林和 1 220 町的国有林、公有林置于改革之外,仍然控制在大山林地主手中。山林地主大体上是和农地地主一体的。因此单独解放农地,农民必然在取柴、取土、堆肥、放牧牲畜等方面受半封建的山林地主的束缚,他们要付出很高的山林地租和使用费。在水利灌溉上也是如此,在日本是"谁掌握了水利,谁就控制了农村"。水利灌溉系统一向被地主资本家所掌握,成为他们重要的剥削手段。在农地改革中它根本没有受到触动,原封不动地操在地主资本家手里。因此近藤康男认为:"由于农地的饥馑以及在山林、荒野旧关系的保存,遂使零细的小农必然同小出租地的所有者结成半封建的关系。"①

在这次改革中和改革后,出现了许多意想不到的结果,有的甚至于影响改革的全局。例如两次改革法中的农地价格,以地租倍数为准,为水田地租的 40 倍,平均每反 760 日元,旱田 48 倍,平均每反 447 日元。这在当时是高于 1938 年地价冻结时所定的公定价格(水田 33 倍,每反 627 日元;旱田 40 倍,每反 373 日元)的,因此遭到内外的指责。改革法中规定农民买地在 30 年内分期付款,也是用为地价过高的缘故。但是由于战后初期,通货膨胀恶化,黑市物价飞涨,而改革法的定价冻结不变,因此在战争期间每反水田价格折合大米为 1 560 公斤,旱田为 973 公斤。但是到 1949 年,1 反水田只合大米 19 公斤,旱田为 11 公斤。1954 年 10 公斤大米黑市价格为 756 日元,于是每反田值不上 10 斤米价。② 这就是地主所说的卖 1 反水田只买两三条大马哈鱼,或者一反水田和一张草席同等价格的真相。因此在 1948 年时农民还没有余钱交纳现金地价,而 1949 年就可以先交 80%的现金。1954 年前后大部分农民都可以还清全部地价。日本的佃农就是在通货膨胀极端

---

① 《著作集》(九)第 30 页。
② 根据小学馆《昭和世态史》各年物价算出。

恶化的情况下成为租佃地的完全所有者了。这不仅出乎农民意料之外，也是日本政府和美国占领者所始料不及的。

新财产继承权将导致农地的更加零碎分散的预想也出现了意外结果。日本旧民法规定的长子继承权系封建社会的遗制，它是为保持再生产的有效手段。土地和财产全部留在长子手中，可以保证封建领主的正常年贡，但却使其他子女成为长子的家庭附庸。这种陋习在明治维新后仍然没有得到改善。战后日本新宪法颁布，标榜人权平等原则。新民法也规定诸子女有平等享受家产继承权，打破了千年陋习，在农村中引起了极大的震动。这使每个家庭的土地变得更加动荡不定，随时有零碎分散的可能。这样既破坏生产结构，也将影响家长制宗族门第的保全，于是掀起了一股修改宪法和确立长子继承制的暗潮。然而随着经济的急剧恢复和步入高度发展，城市缺乏劳动力的情况日益严重，促使农村青年男女大量流入城市就业。当他们在城市定居之后，对于农村家中的小块土地财产，已经不再留恋。很多人主动放弃遗产的继承权，以保持老家的完整和再生产的继续，也避免了土地的加剧分化。

至于山林地主既没受触动，必然使改革后新自耕农在取柴、烧炭、堆肥和放牧牲畜等方面遭到一系列困难。但是由于日本工业以原油代替了煤炭，改变了原燃料结构，也改变了人们生活中使用木炭原煤的传统。加以随着化学工业的发展，提供了大量化肥和饲料，减轻了农民对山林牧野的依赖，缓和了农民和山林牧野地主的矛盾。

地租改革在农地改革法中，本是主要的组成部分。不论地租货币化或保障耕作权，及至最高额地租，都是改变半封建租佃关系的有效措施。然而由于自耕农制的普遍建立，绝大部分农地成为耕者所有，租佃制已经是残遗，地租率已经降到微不足道的程度。1935 年地租负担占农家收入的 24.49%，而 1949 年降到 0.17%。以后虽然一再增加，但对于农民来说已经不是沉重负担了。尤其由佃农变成自耕农者完全摆脱了租佃关系的束缚，成为土地改革的受惠者。但是这种实惠只是一刹那间的事，日本政府在战后经济混乱时期，主要税收来自农业，经济恢复也主要靠农业税积累资金，赋税不断增长。1945 年农民的赋税只占年收入的 1.8%，而 1949 年竟涨至

15.9%,加上其他负担则为 23.7%,与 1935 年的 30.1% 相比,只减少了 6.4%。① 1950 年以后连这点实惠也被其他诛求所吞没。

在第二次改革法中有保障新自耕农不再沦为佃农的条款,规定由改革取得的农地,30 年内非经批准不得卖出或变动,必须卖出时,由国家以公定价优先收买。这就使新农地没有完整的所有权了。至于农地的公定价在经济高度增长时期,也不断飞涨,比之原价已高出几千倍之多。因为经济高度增长,土地需要量大增,地价随之飞涨。② 但是,因涨价所增加的收益大部分归国家,卖地农民只能得到与原来买价相应的代价。此外,在第二次改革法中还有禁止移动的规定,这使日本的农地所有制结构成为以 3 町封顶的小所有制。3 町农地的自耕农,在阶级分化中,一小部分人成为小富农是有可能的,但发展成为大农业资本经营是极难的。而且随着经济发展的变化,仅有 1、2 町农地自耕农单靠谷物耕作难以维持生计,因此脱离农业或半脱离而兼业者已成为普遍现象。农地改革的诸多消极因素越来越表面化,终于成为农业生产的阻碍。

四

日本政府一直把这场改革的两次立法说成为两次改革,在公私文件上沿用成习,已成为通说。把两次立法说成为两次改革,不仅在概念上造成混乱,而且与事实不符。第一次改革法刚刚宣布,还未及实行,就被美国占领者否决了。日本政府所以坚持两次改革说,无非是要证实农地改革不是在美国占领者提出之下实行的,而是日本政府自己抢在美国之前实行的"先发制人的第一次改革"。此说当然不能成立。

在日本上层统治者中,歌颂农地改革的调子越来越高,诸如"在和平气氛中完成了划时代的大改革","未曾发生流血惨剧",甚至于称之为"无血的

---

① 《概要》第 1084 页第 6、7 表。
② 1980 年全国农地价格,水田 1 反在 50 万日元以下者占全农地的 8.1%,其中 100 万—300 万日元者占 43%,300 万日元以上者占 29.7%,相当于改革价的几千倍。

革命"①,把改革的功劳归于吉田,等等。日本的农地改革,确实没有发生流血惨剧。但这是由于在美国占领者绝对权威下,日本军国主义彻底垮台,地主阶级失掉了后台,主客观上都没有产生流血的前提,怎能说是日本统治者的功绩呢？何况这场改革也不那么温文尔雅,第一次法保留地从 1.5 町改为 3 町,又改 5 町,就是统治阶级内部激烈斗争的产物。从第一次法改为第二次法,是日本政府与美国占领者较量失败的结果。在整个改革过程中针对地主阶级的猖狂反抗、破坏和农民组合运动蓬勃发展,实行农地共同管理,统一交租等等,无一不是激烈斗争。这种斗争直到 1948 年农地改革将告结束才平息下来,农民也是靠这种斗争才取得应得的土地。

美国占领者麦克阿瑟曾经居功自傲地说"在占领军的功绩中,留下最大影响的是解放了日本旧封建农业所具有的各种问题","到了 1950 年就把佃农之国的日本变为自由独立的自耕农之国,这是历史上最成功的一个实验"。美国前总统杜鲁门也说农地改革"是日本民主化的标志,也是整个亚洲的宝贵先例"。可见美国统治者把农地改革的成绩完全归之于自己的功劳。事实并非如此。

战后日本农地改革,首先是国内外形势发展的必然趋势。当时日本面前有三条土地改革道路,一是人民的土地革命,二是日本自发的改革。美国占领者堵死了第一条道路,扼杀了第二条路,最后抛出自己制订的第三条道路。因此研究日本战后农地改革也必须从这个现实出发。诚然,小自耕农制在有限地提高农业生产力、改变农业结构上是有作用的。但是这种小自耕农毕竟有自己的局限性,它是无法长期适应垄断资本发展需要的。如果说在 1960 年以前日本经济在高度发展的轨道上奔驰、改革后的农业生产力还能与工业发展相适应的话,那么在 1960 年之后两者的发展状况就大相径庭了。例如在 1963—1973 年的十年中钢产量增加到 3.8 倍,发电量 2.9 倍,小轿车 11 倍,造船 6.6 倍,合成纤维 5.7 倍,橡胶 9.4 倍。但是,与此相反,农业在这期间却走上衰弱的途径,在 1960—1980 年的 20 年间,农林水产业纯生产率从 14.7％降到 4.7％,农家人口从 3 455 万减到 2 137 万,农

---

① 猪木正道：《评传吉田茂》(下),第 229 页。

户从 606 万户减少到 466 万户,农业的就业者从 1 205 万人减少到 550 万人,耕地利用率从 133.1% 减少到 103.4%,耕地面积从 612 万公顷减少到 546 万公顷,食粮自给率从 90% 降到 72%,谷物自给率从 83% 降到 35%。可以说农业生产的主要部门全面下降,而且幅度大得惊人。当前日本农村有大量土地得不到利用而成为休耕地的面积达到 27.6 万多公顷,比全国的出租地的总和还多。这种情况,说明日本农业已经走向荒废。①

工业与农业的发展的差距,本来是资本主义发展的必然产物,此外也有政府政策的原因,但农地改革造成的小所有者的自耕农体制,也是其根本原因之一。一位日本农地改革研究者阐述这个原因时说:"这种自耕农体制是以农业上的所有、经营和劳动三因素归属于一个家庭的制度,近年以来,这三要素间的乖离现象表面化了,也就是说,农业上大机械化技术的发展,必然要扩大经营规模,但是所有者的单位,仍然是个别农家的零星土地的所有者,从而是分散的。另一方面由于机械体系化的完成,兼业化深入的过程,既带来家族协作体制的解体,又要求超过单独家族的几个农家间的协作,企图在自耕农主义的范畴内来解决这种矛盾的结构改革政策,在实际上只能达到兼业的深化,和因地价飞涨,而使农地更加成为供保藏之用的地产。"②这种现象上的分析有符合实际的一面,但是不从国家垄断资本主义发展的规律上,不从资本主义政权的性质上,不从这个政权所实行的政治经济政策上,尤其不从人民民主力量的对比上谈问题,是不容易触及问题的实质的。因此日本国内要求第三次(应当说是第二次)农地改革的呼声越来越高。当前所能提出来的只能是对国有、公有、垄断资本所有的土地的调整,但是在现体制下能否进行带有根本性的改革是大有疑问的。为了展望未来的农地改革,对于第一次农地改革的重新研究是有现实意义的。

(作者邹有恒,东北师范大学历史系,原文刊于《历史研究》1985 年第 3 期)

---

① 辉峻众三:《战后日本资本主义的发展与农业》,大月书店 1982 年版,第 12 页。
② 宕本纯明:《农地改革》,见《体系日本现代史》(5),第 188 页。

苏美在对日媾和问题上的矛盾与二战后日苏关系

安成日

第二次世界大战以后不久对日媾和问题就提上了盟国的议事日程。但是围绕欧洲的战后处理问题已开始陷入冷战的苏美两国,很快在对日媾和问题上也陷入了矛盾和冲突。掌握对日占领主导权的美国,力图继续主导对日媾和,摆出了不惜与日本单独媾和的姿态。而早已丧失对日问题上的主导权的苏联,在对日媾和问题上力主战时期确立的"大国一致原则",谋求对日"全面媾和",使媾和后恢复国家主权的日本,能够走向和平、民主、中立的道路,极力避免日本沦为美国的附庸和军事基地。但是苏联的努力未能阻止美英"多数媾和(事实上的片面媾和)"的步伐,也未能获得所期盼的结果。虽然后来苏联参加了美英操办的旧金山对日媾和会议,但最终也没有在《对日和平条约》上签字。

苏联退出对日媾和,遗留下了二战后两国之间许多悬而未决的问题。本文拟就上述对日媾和过程及日苏之间战后遗留问题作一探讨,以求教于学界。

一、二战后对日媾和问题的提出与苏联在对日媾和问题上的态度

(一)对日媾和问题的首次提出与苏联的反应

第二次世界大战结束以后,第一次正式提出有关对日媾和问题的是盟

国日本占领军总司令官道格拉斯·麦克阿瑟(Douglas MacArthur)。1947年3月19日,麦克阿瑟在一次记者招待会上称:"应当尽快结束对日本的军事占领,正式缔结对日和约,解散总司令部。媾和条约谈判越早开始越好。"①

1947年7月11日,美国致函远东委员会的11个成员国,邀请委员会成员国派代表于8月19日在美国举行有关对日媾和预备会议,商讨对日媾和的相关事宜,并宣称"如果相关国家希望的话,美国乐意成为[对日媾和预备会议的]举办国"②。美国此举的目的在于想牢牢掌握对日媾和的主动权。由于美国宣称,即将召开的对日媾和预备会议将采取"三分之二多数表决通过"的新表决程序,所以苏联于7月22日复函指出:"美国政府开始筹备草拟对日和约,而未与苏联、英国及中国磋商就采取片面决定",有违大国一致的原则,故表示予以拒绝。苏联认为:"召开对日和约会议的问题必须事先经过包括苏联在内的苏、美、英、中四国外长会议讨论。"③中国国民党政府虽然同意参加美国主持的对日媾和预备会议,但提出"三分之二多数"票中应包括中、美、英、苏四国。由于在讨论和约的表决程序问题上美国的提议遭到苏联、中国的反对,无法达成协议,也由于随着"冷战"的开始,美国国内反对,尽快对日媾和呼声增强,所以召开对日媾和预备会议的问题就不了了之,拖了下来。

1948年10月,美国国家安全委员会NSC13/2号文件出台,美国的对日占领政策发生了重大转变。美国对日占领政策从一开始的"惩罚"日本逐渐转向了"扶持"日本,美国的对日媾和方针也从一开始的"全面媾和"逐渐倾向于"多数媾和",即事实上的"片面媾和"。在这一过程中,美国又提出缔结对日和约问题,并同苏、中、英、法等国进行了多次磋商,但是没有取得任何满意的进展。

---

① 总司令部民政局报告:《日本的政治重建》,第765页,参见[日]吉田茂《回想十年(3)》,中央公论社,1998年版,第22页。
② [日]吉田茂:《回想十年(3)》,中央公论社1998年版,第22页。
③ 《日本问题文件汇编》(第一集),世界知识出版社1955年版,第154页。

(二) 美国对日"多数媾和"的方针的确立与苏联的反应

1949年9月17日,美、英两国外长在华盛顿就对日"多数媾和"问题达成了一致意见。于是美国开始置苏联的反对于不顾,全力准备"对日多数媾和"。12月14日,美国国务院东北亚司司长艾利逊(John M. Allison)声称:"德国的经验表明,即使苏联不参加也丝毫不妨碍美国对日媾和的决心。"① 正当美国加紧对日"多数媾和"的步伐的时候,1950年6月25日,朝鲜战争爆发。朝鲜战争的爆发不仅没有阻挡美国"对日多数媾和"的步伐,反而加速了其进程。

1950年9月11日,美国单方面拟定了准备同远东委员会各国进行协商的"对日和约草案",并把其中的核心内容整理成了"对日媾和七原则"。同一天,负责"对日和约"协调工作的美国国务院顾问杜勒斯(John Foster Dulles),携"对日和约草案"和"对日媾和七原则"飞抵纽约,同为参加第三届联合国大会来纽约的远东委员会成员国外长和代表磋商对日媾和问题。9月14日,美国以备忘录的形式把"对日媾和七原则"和美国起草的媾和草案分发给远东委员会各成员国。10月26日、27日两天,杜勒斯同苏联驻联合国大使马立克(Jacob Malik)进行会谈,并向苏方转交了包含"对日和约草案"和"对日媾和七原则"的备忘录。11月20日杜勒斯再一次同马立克会晤,马立克向杜勒斯递交了反映苏联对美方"对日媾和七原则"和"对日媾和草案"看法的备忘录。

马立克转交的苏方备忘录依据《联合国家宣言》、《开罗宣言》、《雅尔塔协定》、《波茨坦公告》等国际文件的基本精神,向美国提出了6项咨询。(1)"对日和平约是由在日本投降书上签字的美、英、中、苏四国以及所有参与对日作战的国家签署,还是只允许参加四国中的一部分国家?"(2)《开罗宣言》及《波茨坦公告》中规定台湾及澎湖列岛归还中国,鉴于此,试问美国对此二岛提出新提案的真意何在?另外,《雅尔塔协定》规定,桦太(指"库页岛"——译者)南部及附属岛屿归还苏联,千岛群岛移交苏联。但是美国的备忘录却提议,美、英、中(指"台湾当局"——译者)、苏四国对于台湾、澎

---

① 《日本问题文件汇编》(第一集),世界知识出版社1955年版,第155页。

湖列岛、南桦太（指"南库页岛"——译者）及千岛群岛的地位问题重新做决定，如果四国在一年内不能就此达成妥协时，则由联合国大会做出决议。对此应做何解释？"（3）二战期间盟国早已确立了"战后不扩张领土的原则"，"无论是《开罗宣言》还是《波茨坦公告》都没有规定把琉球群岛和小笠原群岛从日本的主权之下剥离出去"，"那么，提议把这些岛屿置于美国管理的联合国委托管之下的提案是基于何种依据？"（4）"在对日和平条约中是否明确规定占领军撤退的一定期限？美国的备忘录声称，为了维护日本所在地区的国际和平与安全，相互合作履行相应的责任。这是否意味着允许日本设立陆海空军与参谋本部？"（5）"在和平条约中有没有废除限制日本发展和平经济的条款以及允许向日本进口原料、日本和其他国家一样以同等的权利参与世界通商活动的条款？"（6）"为了听取有关对日和平条约中国的见解，都采取了何种措施？"①

对此，12月27日美国政府再度通过马立克向苏联政府转交了美方的答复备忘录。美国在其答复备忘录中称："美国政府对苏联的备忘录进行慎重研究的结果认为，苏联提出的大部分咨询内容业已在10月26日美国转交苏方的备忘录做出了回答。但是为了消除误解，对苏联政府提出诸问题，进一步作如下明确答复。"②美国的答复择其要点如下：（1）"美国希望所有参加对日作战的国家都能够参加对日媾和条约的缔结。但是美国认为任何国家也没有拥有永远否决其他各国缔结对日和平条约的权利……"（2）"1943年的《开罗宣言》规定，战后把满洲、台湾、澎湖列岛归还中国。对此，美国政府认为，该宣言同《雅尔塔协定》和《波茨坦公告》一样，应该遵从媾和条约的最终决定。美国政府无法接受公然主张可以无视《开罗宣言》签署国以外国家之意见的苏联主张。美国政府确信像《开罗宣言》这样的宣言，应参照所有国际协定都必须优选遵守的联合国宪章加以考虑。"（3）"关于把琉球及小笠原群岛置于联合国的托管之下，并由美国进行管理的提案问题，美国政府难以理解，苏联为什么就此认为是'领土扩张'。联合国宪章

---

① ［日］石丸和人：《战后日本外交史［1］ 美国统治下的日本》，三省堂1983年版，第123—124页；另见，《对日和约问题史料》，人民出版社1951年版，第58—60页。
② ［日］石丸和人：《战后日本外交史［1］ 美国统治下的日本》，三省堂1983年版，第124—125页。

第 77 条明确规定，将托管领土的范围扩大至'因第二次世界大战结果或将自敌国割离之领土'，无论如何也不能把托管制度当做'领土扩张'。美国政府难以理解因《开罗宣言》和《波茨坦公告》中没有提及琉球及小笠原群岛问题而认为这些群岛的问题可以自动排除在对日和平条约之外的苏联的提案。苏联政府似乎忘记了《波茨坦公告》中的'日本之主权必将限于本州、北海道、九州、四国及吾人所决定其他小岛之内'的规定。从而，在和平条约中规定四个岛屿以外小岛之将来的地位，完全符合《波茨坦公告》的精神。"(4)"美国政府见解是，缔结和平条约的同时，结束对日本的军事占领。与之同时，《波茨坦公告》中提到的'和平、安全及正义的新秩序'尚未确立，'非将负责任之军国主义'尚未完全驱逐出这个世界的事实，将成为日本加入美国及其他各国根据联合国宪章、特别是根据其第 51 条之规定，为行使个别抑或集体自卫权而签订协定的理由。在这种协定中，包括美国或其他国家的军队驻扎日本的条款也无妨。"(5)"远东委员会的决定除了被纳入对日和平条约特定内容之外，通常认为只是在占领期间产生法律拘束力。但是苏联政府与此政策决定过程相关联，就缔结和平条约之后的日本安全保障提出了两个问题。对此，美国政府已在 10 月 26 日转交给马立克的提案第四节以及在此之前的阐述中已作了明确的答复。"(6)"美国认为，对日和平条约不应限制日本平时的经济活动，阻挡日本获得原料以及参与世界贸易。……"(7)"目前美国正在通过外交途径同相关国家进行交涉，但是美国政府与所谓的中华人民共和国政府并无外交关系，这一点苏联也非常清楚。苏联政府对美国的对日和平提案给予周到的关心，美国政府衷心希望，苏联不仅具有希望参加对日和平条约的讨论的意向，而且为实现对日媾和能够愿意同其他对日交战国进行协商。"①在上述答复中，美国再一次明确了不惜抛开一些对日作战国家继续推进对日"多数媾和"的立场。

1951 年 3 月 29 日，美国政府又将事先拟订好的美国"对日和约草案（3 月草案）"送交苏联政府。5 月 7 日，苏联就美国的"对日和约草案"提出了一份详细的"意见书"。

---

① [日]石丸和人：《战后日本外交史[Ⅰ]美国统治下的日本》，三省堂 1983 年版，第 125—127 页。

苏联政府意见书择其要点如下：

"（1）在 1951 年 6 月或 7 月召开美、中、英、苏四国代表组织的外长会议，着手筹备对日和约，并应顾及所有曾以武力参加对日战争之各国代表参与制定对日和约的筹备工作，以便将和约草案提交和会审议之。

（2）草拟对日和约的工作应根据《开罗宣言》、《波茨坦公告》和《雅尔塔协定》进行，并以下列主要目的为指导方针：甲、日本应成为爱好和平的、民主的、独立的国家；乙、应保证日本人民的民主权利，并不得允许以剥夺人民民主权利为目的的，无论是政治的、军事的或军事化的组织之存在，与在对意大利和约中所规定者相同；丙、为保证日本军国主义之不复活，在条约内应确定对日本武装力量规模之限制，使此等武装力量不超越自卫之要求。与在对意大利和约所规定者相同；丁、对日本和平经济的发展，不应附加任何限制；戊、在日本和其他国家的贸易关系上，应取消一切限制。

（3）条约应规定：日本不得参加任何反对任一曾以军队参加对军国主义日本作战的国家的联盟。

（4）条约应明确规定：在缔结对日和约以后的一年之内，一切占领军应撤出日本领土，外国不得在日本保有军队或基地。

（5）应一致同意，在对日和约上签字的国家应支持日本加入联合国。"①

这份《意见书》不仅反映了苏联政府在对日和约问题上的基本要求，同时也反映了苏联在战后初期对日政策上的长远战略目标。在苏美冷战开始的情况下，苏联不希望日本成为被美国利用的军事基地，从而对其东部边界构成威胁。在这份《意见书》已经蕴含了战后初期苏联对日政策的核心战略思想，即"使日本中立化"的内容。

二、美英策划对日单独媾和与苏联争取实现对日全面媾和的努力

（一）美英策划对日单独媾和

1951 年 4 月 25 日，美英两国专家组成的"对日和约"起草小组，开始了

---

①《对日和约问题史料》，人民出版社 1951 年版，第 77—78 页。

"对日和约"最终草案的起草工作。截至 6 月 10 日,美、英就对日和约有关问题全部达成了妥协。在这种情况下,1951 年 6 月 10 日,苏联政府再度长文照会美国政府,全面阐述了对日媾和的立场。

照会内容大致可以归纳为三点:一是,坚持四大国一致的原则,主张全面媾和,要求共同拟定对日和约,中华人民共和国有权参加签署对日和约。二是,要求将《开罗宣言》、《波茨坦公告》和《雅尔塔协定》所划定的领土归属的内容在媾和条约中予以肯定,使之得到国际法的认可。三是,反对日本重新武装,否定美国在日本长期驻扎军队的合法性,要求美国在缔结和约一年之内全部撤军,并不得在日本本土上保有军队和军事基地。四是,不容许日本参加反对那些与签订对日和约有利害关系之国家的联盟。五是,取消对日本和平经济及贸易活动的限制。六是,保障日本人民的民族权利。[①]

应当指出,苏联上述建议符合《联合国家宣言》、《开罗宣言》及《波茨坦公告》的精神。但是在朝鲜战争爆发、苏美冷战渐趋严峻的背景下,欲使日本成为朝鲜战争前哨基地的美国,不愿意而且也不可能采纳任何对其远东战略不利的任何建议。美国放弃"大国一致的原则",拒绝采取四大国共同协商的方式,而是采取与远东委员会各成员国分别进行磋商的方式,就已表明它不惜片面对日媾和。

对日媾和方案是美英达成妥协以后,同日本政府协商,并征得了法国和英联邦各国的同意和支持而确定的。它完全无视了中华人民共和国、苏联等主要对日作战国的利益。该条约不仅反映了美国对日政策的立场,也最大限度地维护了战败国日本的利益。在赔款问题、领土问题上都为日本后来的交涉留下了回旋余地。对日媾和条约是在冷战的背景下出台的,因而必然含有服务于冷战的因素。

(二) 旧金山对日媾和会议与苏联争取实现对日全面媾和的最后努力的失败

1951 年 7 月 21 日美英两国向对日宣战的 49 个国家发出邀请,邀请这

[①]《对日和约问题史料》,人民出版社 1951 年版,第 94—107 页。

些国家参加将于 9 月初在美国旧金山举行的对日媾和会议的同时,向上述各国寄送了写明起草日期为 7 月 3 日的美、英共同起草的"对日和约草案"(即"7 月草案")。美、英声称 8 月 13 日将公布对日和约最终草案,要求各国尽快通报各自的意见。

接到美、英邀请苏联参加旧金山对日媾和会议的联合照会以及美、英联合起草的"对日和约草案"以后,1951 年 7 月 21 日,时任苏联副外长的葛罗米柯(Андре́й Андре́евич Громы́ко)迅速拟定了答复美、英的照会草案,并把它呈交给了斯大林(Иосиф Виссарионович Сталин)。葛罗米柯的照会草案,质疑美、英起草的对日和约草案和旧金山对日和会的合法性的同时,力主全面媾和,特别提出了邀请中华人民共和国参加对日和会的重要性。① 但是,葛罗米柯的照会草案并没有得到斯大林的批准。8 月 1 日,经过修改后的照会草案又提出苏联拒绝参加旧金山对日媾和会议。8 月 10 日,联共(布)中央决定参加对日媾和会议。决议要求:"苏联代表团在会上发言时应当批评美英的对日和约草案,指出该草案明显违背《开罗宣言》、《波茨坦公告》和《雅尔塔协定》的最重要原则";"苏联代表团应当就草案中的一些最重要的条款,首先是涉及苏联和中华人民共和国利益的条款进行修正,争取通过这些修正来取代美英对日和约草案的有关条款";如果会议既定程序不允许对个别条款进行修正,代表团"将投票反对美英整个草案";"如果美英条约草案被会议多数所通过或者不经讨论就签订",代表团应发表"不可能签署美英政府提出的对日和约草案"的声明。②

1951 年 9 月 8 日,在旧金山举行对日和约签字仪式,52 个国家参加了此次会议,以美国为首的 48 个国家在和约上签了字。苏联、捷克斯洛伐克和波兰虽然参加了此次对日媾和会议,但拒绝在和约上签字,也未出席签字仪式。中国则被排斥在对日媾和会议之外。媾和条约签字 5 小时之后,日、美又在旧金山美军第六军司令部签署了《日美安全条约》(1952 年 4 月 25 日生效)。至此,日本被拴在美国的战车上,成为西方阵营的一员。

---

① 张盛发:《20 世纪 50 年代初中苏共同抵制美国主导的对日媾和》,《世界历史》,2001 年第 2 期。
② [俄] Б. Н. Славинский: "Сан-Францисская конференция 1951 по мирному урегулиованию с Японией и советская дипломатия",《Проблемы Дапьнего востока》1994. 1。

从战败到旧金山《对日和平条约》和《日美安全条约》的签订，日本历届内阁主要是在以美国为首的盟军占领当局的统治下全面推行国内的各项改革。由于日本被停止外交权，外务省的国外外交活动被迫全面停止，外务省的主要工作转到了同盟国日本占领当局的日常交涉和对日和约草案的准备工作等方面。

就盟军占领时期的日苏关系和苏联对日本的影响而言，有的日本学者认为"至少从战败到1950年的5年间，苏联对日本社会的影响力几乎达到可以无视的程度"①。但实际上，苏联对日本的影响并不可忽视。由于是占领时期，尽管日苏官方之间直接接触很少，都是通过盟军占领当局间接发生关系的。但是苏联在远东委员会和对日理事会中，支持战后蓬勃发展的日本的工人运动，维护劳动者基本人权和民主权利的积极言论和行动；抗议当局对反政府组织的镇压的言论和行动等，都在日本社会产生相当大的影响。另外，第二次世界大战以后，俄罗斯、苏联的文学、艺术作品在日本知识阶层盛极一时，对战后日本文学、艺术的发展也产生了深远影响。

实际上，日本政府当政者，并未忽视苏联这个重要的北方邻国的存在。在日本投降之初召开的一次枢密院会议上，原外相芳泽谦吉曾指出："在东亚将会出现美苏矛盾持续对立的局面，他们之间定会相互制约……日本务必坚持确保能使美国善意待我之方针。"②这种想法与日本为政的吉田茂等保守主流派的想法不谋而合。这说明，战后日本政府在外交上采取依附美国的方针，既有客观上的不得已而为之的一面，也有自觉向美国靠拢，甘愿与强者为伍的一面。

从意识形态的角度来看，日本当政者对共产主义苏联是充满敌意的。日苏复交前在日本长期执政的吉田茂对苏联的看法颇具代表性。吉田茂认为："尽管苏联在对外交涉方面向来是根据不同的对象采取不同的手段，目的在于使之赤化、卫星国化，但是它却始终如一地把称霸作为最终目标。"③吉田茂从不隐讳对苏联的嫌恶感，他说："停战后，苏联作为联合国的一员加

---

① [日]杉森康二：《戈尔巴乔夫的世界政策与日苏关系》，东海大学出版社1989年版，第204页。
② [日]深井英五编：《枢密院议事备忘录》，东京：1953年版，第115页。
③ [日]吉田茂：《十年回想(3)》，新潮社1958年版，第63—64页。

入对日理事会,在东京配置的人员达五百人,并且对日进行宣传,指使日本共产党搞罢工,挑起劳资纠纷,占领工厂,袭击占领地方警察力量薄弱的村镇办公场所,唆使朝鲜人暴动,种种劣行不胜枚举。"①吉田茂的对苏看法一方面表明日本当政者对苏联的疑惧和戒心,另一方面也可以反证苏联对日本的影响并非小到可以忽略的程度。

三、《对日和平条约》与二战后日苏之间悬而未决的外交课题

由于苏联拒绝签署旧金山《对日和平条约》,所以从法律上讲两国之间的战争状态依然没有结束。旧金山《对日和平条约》生效以后,日苏两国之间面临的最直接的外交问题就是"对日理事会"的苏联代表团撤离日本的问题。

(一)"对日理事会"消亡与苏联代表部撤离日本问题

1952年4月28日,随着旧金山《对日和平条约》的生效,盟军为了占领和管制日本而设立的"远东委员会"和"盟国管制日本委员会"(通称"对日理事会")已完成其历史使命,面临解散。但是没有签署旧金山《对日和平条约》,因而未能实现同日本媾和的苏联,其派驻东京的"对日理事会"的代表部何去何从就成了问题。

1952年4月23日召开的"对日理事会"最后一次会议上,苏联代表基斯连科(A. P. Kislenko)少将就此向"对日理事会"提出了质问。基斯连科称:"据4月20日《星条旗报》②报道,盟军最高统帅部将于四月二十八日解散,那么对日理事会的地位会如何呢?"对此,"对日理事会"代理主席美国代表邦德答复称:"同日本签订的和平条约,随着必要数量之签字国的批准书的委托存放,将于四月二十八日生效,随着日本恢复完整的主权,包括最高司令官、远东委员会以及对日理事会在内的对日管制制度,将全部自然消亡。"对此,基斯连科又称:"对日理事会是经过英、美、苏三国莫斯科外长会议后

---

① [日]吉田茂:《十年回想(3)》,新潮社1958年版,第63—64页。
② 主要提供给驻日美军阅读的美国报纸。——引者

来又有中国参加进来协商做出的决定而设立的。撤销该理事会是美国政府单方面的新的违法行为。在占领日本期间,美国政府多次严重地违反了《开罗宣言》、《波茨坦公告》、《雅尔塔协定》、一九四二年《联合国家宣言》等文件中的有关日本的各项决定。解散'对日理事会'是美国政府不履行其义务的登峰造极的行为。"①

接着,1952年4月28日旧金山《对日和平条约》生效当天,苏联驻美大使潘友新(Aleksandr Semenovich Panyushkin)向远东委员会主席汉米尔顿(Maxwell, M. Hamilton)递交了与基斯连科声明内容相同的、指责美国随着和约生效而解散远东委员会的信件。对此,美国国务院于4月29日答复称:"远东委员会是为领导盟国日本占领军当局的特殊目的而设立的,因此,既然占领状态已经结束,委员会就丧失了存在的理由。"②尽管在"远东委员会"的解散问题上美苏之间存在意见分歧,但是该委员会还是依然自动消亡了。

1952年5月30日,日本政府派外务省仪典科长田村幸久到东京都港区狸穴的苏联"对日理事会"驻日本代表部所在地,会晤鲁诺夫(Runov)参事,口头通告苏联驻日代表部称:"《对日和平条约》于1952年4月28日生效,盟国对日本的占领已经结束。随之盟国最高司令官的地位以及作为其咨询机构的'对日理事会'也同时消亡。据此,日本政府认为,'对日理事会'的苏联代表部从即日起不复存在。"③也就是说,日本政府向苏联驻日本代表部下了逐客令。

在这以前,日本政府曾考虑通过瑞典政府转达致苏联驻日代表部的通知,为此征求瑞典政府的意见结果,瑞典政府以自己并非是在苏联的日本利益的代表者为由,拒绝了日本政府的请求,这才采取了上述直接通告的方式。

对于日本政府的逐客令,1952年6月11日,苏联代表部对日本方面的

---

① [日]鹿岛和平研究所编,吉泽清次郎监修:《日本外交史[29]·媾和后的外交(I)·对列国关系(下)》,鹿岛研究所出版会,1973年版,第148页。
② 同上书,第148—149页。
③ 同上书,第149页。

通知作了如下的答复:"苏联驻日代表部系根据美、英、苏三国莫斯科外长会议其后又有中国参加进来做出的决定而设立。对日理事会的解散是与违反相关国家之间的有关日本的现行国际协定而缔结的非法的对日单独和约相联系在一起的,是由美国政府单方面采取的行动。因此,苏联政府认为,日本政府援引的单独媾和条约生效的理由,不能成为说明有关苏联驻日代表部的法律根据。"①

1952年6月12日,外务省情报文化局公布苏联代表部的答复的同时,声称:"可是,和约生效以后对日理事会即已消亡是事实。因此,为此而派来的苏联代表理所当然地不能存在,苏联方面的主张毫无根据。"②日方再一次强调苏联代表部的继续存在缺乏法律依据,指出其存在是违法的。

此后,苏联代表部的行动颇令人瞩目。1952年6月27日,苏联驻日代表部苏联代表团团长基斯连科少将偕同夫人和一名副官自横滨经香港回国。其余的苏联驻日代表部成员,于同年7月中旬来到日本外务省传达室,递交了致外务省仪典科的一份形同"团员名单"的文件,就算向日本政府通报了"对日理事会"苏联代表部的一部分的继续存在。对苏联的这种非常规的外交做法,日本政府也并没有采取进一步强硬的措施,把苏联代表部的成员驱逐出境。但是,此后在涉及事关"苏联代表部"问题时,为了避免出现事实上承认"苏联代表部"的情况,日本外务省真可谓用尽了心思。

(二) 实现对日媾和后日本加入联合国的问题与二战后日苏关系

1951年9月8日,与盟国签订旧金山《对日和平条约》的同时,同一天日本还同美国签订《日美安全条约》,把日本拴在美国的战车上,成为美国东亚冷战体制的一部分。时任日本首相的吉田茂认为:"在东西两个世界对立的今天,敢于从属于自由世界、促成共产主义的崩溃,乃是日本的任务。"③所

---

① [日]鹿岛和平研究所编,吉泽清次郎监修:《日本外交史[29]·媾和后的外交(I)·对列国关系(下)》,鹿岛研究所出版会,1973年版,第149页。
② 同上。
③ [日]小岛正固、竹内雄:《吉田内阁》,作藤印刷所1954年版,第9页。

以苏联视《日美安全条约》为"准备新战争的条约"①，视日本为美国仆从国和西方军事集团的成员。苏联指责日本吉田茂政府执行的亲美、对美一边倒的政策，违背日本人民的利益，违反二战后日本的和平宪法。从对日和约准备阶段开始，苏联力促日本战后走向和平、民主、中立的道路。

对1951年9月8日签订的旧金山《对日和平条约》，美、日美其名曰是"多数媾和"，但是它实际上是地地道道的"片面媾和条约"，粗暴地践踏了没有参与缔约的对日作战国的权利。旧金山《对日和平条约》把中国、苏联等主要对日作战国和朝鲜、韩国、印度、缅甸、捷克、波兰等相关国家排斥在和约之外。旧金山《对日和平条约》规定，和约经一定数量的签署国批准之后方能生效。1952年3月，美国参议院最终批准了旧金山《对日和平条约》和《日美安全条约》。此后，陆续有26个国家相继批准了对日和约。1952年4月28日，日本国会也批准旧金山《对日和平条约》和《日美安全条约》，对日和约正式生效。日本与27个批准和约的国家结束战争状态，恢复了有限的独立——或"半独立"。

旧金山《对日和平条约》使日本在名义上抑或法律上恢复了国家的独立，但是，其真正被国际社会所接受，成为战后国际社会平等一员的道路才刚刚开始。媾和条约生效以后急于回到国际社会的日本，向二战后成立不久的最大的国际组织联合国提出了加盟申请。但是，在1952年6月17日联合国审议日本加盟的会议上，苏联以"如果批准日本加入联合国，美国侵略者将假借日本援助联合国的名义，公然利用日本共同侵略朝鲜"②，以及日本同中苏两个常任理事国尚未结束战争状态为由，行使否决权，否决了日本要求加入联合国的申请。"苏联认为，应该把接纳日本加入联合国的审议延期到使日本人民从外国占领的悲惨状态下解放出来、日本人民和日本国成为自由而独立的主权者时，并且与苏联及中华人民共和国缔结和平条约的时候。只有那个时刻到来的时候，才有可能按正常程序审议日本加入联合国的问题，并在自由平等的基础上接纳日本为联合国的一员。"③其后，苏

---

① [日]茂田宏、末昌二编：《日苏基本文书资料集》，世界动向社1988年版，第125页。
② 同上书，第127页。
③ 同上。

联又于1952年9月和1955年12月,两次行使否决权,接连否决了日本加入联合国的申请。

由于苏联的反对,签订了片面媾和条约的日本被拒之联合国门外。这是日本为片面媾和付出的第一笔代价。但是,能否加入联合国对日本来说至关重要。从经济方面来看,随着国内经济的迅速恢复,日本的对外经济联系也日趋紧密,其经济的高速发展有赖于对外贸易的大幅度增长。日本不是联合国及其所属机构的成员,其对外经贸活动无疑受到很大限制。从政治上来讲,日本虽然在旧金山片面媾和条约生效后获得了形式上的独立,但是日本与许多亚洲国家尚未实现媾和,他在国际社会,特别是在东亚社会中的形象不佳,以至于有"亚洲孤儿"之称。由于日本在外交上追随美国,唯美国马首是瞻,所以被看成是美国的仆从国。日本欲改变其形象,以平等独立的姿态跻身于国际社会,不加入联合国就难遂其愿。而要加入联合国又必须得到苏联的支持和首肯。日本意识到,要想回到战后国际大家庭,必须首先实现日苏邦交正常化。这是日方急于实现日苏邦交正常化的重要动机之一。

(三) 遣返战俘和被扣留的日本人问题与二战后日苏关系

根据日本有关方面的统计,日本战败时,包括军人和非军人在内的海外的日本人共计约有660万人。其中除伪"满洲国"以外中国军队的受降区(除中国关内、台湾、香港地区及越南北部)范围内约有200万日本人,由英国管理的东南亚地区内有75万余人,澳大利亚地区内有14万余人,太平洋地区的美国管辖区域内有99万人,在苏联军队的受降区域内——中国东北、北朝鲜地区、库页岛、千岛群岛约有272万人(据《关于遣返问题的日本政府正式文件集》,苏军占领区的日本人总人数为2 726 000人。——引者注)①,其中57万人被苏联扣留在西伯利亚。"在这些滞留海外的日本人当中,遭受苦难最深重的就是居住在苏军管辖区中的日本人。缺粮和严寒,本地人和苏联军人的掠夺,战争结束以后依然被扣留造成的精神上的痛苦等

---

① [日]鹿岛研究所编:《日本外交史·别卷(4)地图》〈第32图〉,1974年6月版。

交织在一起。这些人也是被扣留的时间最长的一部分人。"①

1951年5月14日,日本政府在《关于日本政府对1950年12月7日在第五届联合国大会第三委员会上苏联代表所做的发言的见解》中称,"据日本政府所知,就日本人的遣返问题,包括相当笼统的数据在内,苏联政府公布的'正式数据'前后有3次"②。

第一次是1945年9月12日《真理报》以苏维埃联邦情报局发表的数据为名,报道称:1945年8月9日至9月9日期间苏军俘虏了594 000以上的日军官兵和148名将官,其中约有20 000名是伤者。战死者有80 000人以上。日军损失的总人数,排除被沉没的舰船上的船员,也有674 000名以上。

第二次是1949年5月20日,塔斯社以苏维埃联邦部长会议发表的数据为名,报道称:成为俘虏的594 000名日本官兵中,70 880名于1945年在战地直接予以释放。1946年12月1日至1949年5月1日期间共遣送回日本418 166人。1949年5月至11月1日,除了由于战犯的关系接受调查的一伙人以外,95 000名以上残余的俘虏全部遣返完毕。因遣返日本人俘虏及一般平民所花费的费用必须由日本政府进行补偿。

第三次是1950年4月22日塔斯社自称是"具有权威性的报道",报道称:从苏联遣返的日本人俘虏总共有510 409人,其中不包括1945年在战地直接予以释放的70 880人。苏联当局就此结束了在1949年5月20日部长会议发表的声明中所说的残余日本俘虏的遣返。现在仍在苏联境内的未遣返者还有被判处徒刑或正在接受调查的4 817人,治疗结束之后准备遣返的9人以及因对中国人民犯下罪行,必须引渡给中华人民共和国政府的971人。截至目前,除了1945年在战地直接予以释放的70 880名以外,日本投降以后共遣返了510 409名日本俘虏。③

第一,日本政府认为,苏联报道的日本战俘数量"594 000名以上"也好,"594 000名"也好,这个数字与战争结束时实际处于苏军支配之下(中国东

---

① [日]杉森康二:《戈尔巴乔夫的世界政策与日苏关系》,东海大学出版社1989年版,第205页。
② [日]茂田宏、末昌二编:《日苏基本文书资料集》,世界动向社1988年版,第129页。
③ 同上书,第129—130页。

北地区、北朝鲜地区、南库页岛和千岛群岛)的日军实际数量相比较,相差甚远。根据原日本陆海军的纪录和日本政府的实际调查结果,其人数约为860 000人。这个数据和苏联方面的"正式资料"相比,存在约266 000人的差额。①

第二,日本政府还指出苏联公布的"正式资料"没有涉及被扣留日本人的死亡人数。日本政府根据从苏联境内及苏占区返回日本的日本人带来的资料进行调查的结果表明,在苏联境内及中国东北、北朝鲜地区、南库页岛、千岛群岛等苏占区内,截至1950年12月末,在上述地区死亡的日本人人数达183 000人,其中已经确定在西伯利亚或其他苏联境内的收容所死亡,现在已经判明其姓名的日本人也达41 588人。

第三,日本政府认为,苏联发表的所有"正式资料"都没有有关处于苏军支配下的日本平民的数据和相关情报,只是1949年5月20日塔斯社发表的报道中在谈到,苏联负担的遣返费用时,只提到一句日本平民的遣返。但是战争结束时,原来在苏军占领区居住的日本平民当中相当庞大的一部分人,被扣留在苏联,其中不少人,截至1946年5月,陆续被移送到了西伯利亚以及其他苏联境内。战争结束以后被移送到西伯利亚以及其他苏联境内的一般日本人当中,截至1950年底能够判明其姓名的尚未返回故里的日本人约有6 000人。

第四,日本政府声称:通过对从苏联遣返回国的日本人及战争结束时从苏军占领区遣返回国的日本人的调查并未发现,能够证明1949年5月20日以及1950年4月22日塔斯社在其报道所称之"1945年在战地予以释放70 880人"的任何证据。

第五,日本政府还对1945年9月12日《真理报》报道的80 000人的日军阵亡人数提出了怀疑。认为日苏两军之间的战斗极其短暂,80 000人的日军阵亡人数过于庞大。据日本政府确认,阵亡者约为27 000人,和苏联方面公布的人数相比存在53 000人的差距。② 日本对苏联方面的"正式资

---

① [日]茂田宏、末昌二编:《日苏基本文书资料集》,世界动向社1988年版,第130页。
② 同上书,第130—131页。

料"提出了全面的怀疑。

　　必须指出，日本政府的调查也存在问题。首先，是日本政府提出的 860 000 人总人数问题。战争结束时处于苏军占领范围内的日军，由于存在同苏军的战斗行为，所以日军是有伤亡的，1945 年 9 月 12 日，苏联《真理报》报道中就有 100 000 人日军伤亡报道(伤 20 000 人，死 100 000 人)，并指出日军总共损失 674 000 名以上。由于，这个数据是对日作战刚刚结束以后不久发表的数据，可能总数会存在较大的出入(考虑到苏占区的战后混乱和存在各战场统计时间的差等问题，此数据有可能偏小)。如果 674 000 人的数字和日本政府提出的 860 000 人的数字相减，日苏之间实际人数上的差额只有 196 000 人，而不是 266 000 人。如果 196 000 人中再减去后来报道中苏联所说的"在战地直接予以释放"的 70 880 人，那么日苏之间的实际人数上差距就缩小到 125 120 人。但不管怎么说，日苏双方公布的数据差距甚大是不争的事实。二战结束已过半个世纪的今天，苏联曾扣留大批战俘和平民(不只是日本战俘和平民——笔者)在苏联境内从事强制性生产和劳动也已经是公开的秘密。

　　其次，日本提出的在苏军占领区截至 1950 年底日本人死亡人数为 183 000 人的问题。这个死亡人数首先不能把它全都算在苏联头上，也不能把它全都视为苏联扣留日本人而造成的死亡。二战后，苏军占领区情况比较复杂，有战败初期的日本人集体自杀行为造成的大量伤亡，也有日本宣布无条件投降以后在日本败退过程中的非正常死亡。此外，还不能排除因卷入中国内战、朝鲜半岛的战后混乱等而死亡的日本人。

　　最后，日本政府对苏军"1945 年在战地直接予以释放"的 70 880 人的怀疑和日苏交战中阵亡 80 000 名日军官兵，这一阵亡人数的怀疑也是缺乏根据的。据笔者的了解，苏军进入中国东北和朝鲜作战时，的确存在"战地予以释放的行为"，一般是对小股临时征集来的日军学生兵、娃娃兵和伪满洲国兵、"日军"朝鲜兵的解散。由于这样的小股部队成为苏军俘虏以后反而成为大部队作战的累赘，而且在战地解散这样的部队又对苏军不构成太大威胁，所以苏军的做法往往是没收其枪支弹药以后，把他们轰走了之。加上苏军释放日本兵时，双方之间的语言交流上的障碍等，可能被苏军认为是

"正规释放"的行为,也可能在日军看来是稀里糊涂的解散,事后有的日军还可以归队。另外,在这个问题上日苏之间可能对"日军"的理解上也存在偏差。至于阵亡的 80 000 日军,有的是在战斗中被苏军击毙的,但未必都是苏军在同日军交战中亲自击毙的。众所周知,武士道成性,日军在得知日本战败投降以后自杀者、集体自杀者也不在少数,这已被众多的"自杀"幸存者所证实。战斗的激烈与否,在这时并不能成为判定日军伤亡的唯一的标准。

总而言之,日苏在日本战俘和平民被扣留和遣返的问题上分歧很大。于是,遣返战俘和被扣留的平民问题成了二战后日苏间的一个悬案。由于在第二次世界大战中苏联严重丧失了适龄劳动人口,特别是男性劳动人口,所以,二战以后苏联国内劳动人口严重缺乏,故对遣返战俘问题相当消极,对日本战俘和平民的遣返工作也进展缓慢,这在日本社会中引起了相当大的忧虑和不安。

从 1948 年起被扣留人员的家属向日本政府请愿,对政府施加压力,还有一些少数归国人员对亲苏的日本人士进行恐怖袭击,造成了一定社会恐慌。1949 年 2 月,被扣留者家属团把要求尽快遣返战俘的活动推向了高潮。吉田茂政权也迫于国内压力,1950 年向联合国大会提交了被扣留在苏联的日本战俘和平民的遣返问题,以求问题的妥善解决。苏联拒签旧金山《对日和平条约》后,日苏之间有限的沟通渠道也被完全堵塞,这使被扣留人员的家属更加担心他们亲人的命运。于是他们借助舆论到处大声呼吁,这在日本社会中产生了很大的反响,形成了一股一致要求政府与苏联尽快交涉的强大力量。这也是日苏邦交正常化谈判的日方内在动力之一。

(四) 北太平洋渔业问题与二战后日苏关系

日本人是世界上有名的食鱼民族,鱼蛋白是日本人摄取的重要的动物蛋白质来源。因此,渔业不仅是日本第一产业的重要组成部分,而且也是与日本民生休戚相关的重要产业。北太平洋勘察加半岛附近和千岛群岛附近的海域是世界上著名的四大渔场之一。在历史上日本渔民长期在上述海域捕鱼,这一海域是日本渔民心目中的传统的渔场。这一地带盛产日本人喜食的鳟鱼、鲑鱼、拟石蟹(鳕场蟹)和海带等海产品,因而也是日本百姓餐桌上海产品菜肴的重要来源地。日本战败后,桦太(库页岛)南部和千岛群岛被划入苏联版图,日本渔民丧失了在上述岛屿上的渔业基地和近海捕鱼的权利。不仅如此,由于苏联实行12海里领海制度,日本渔民在上述海域的捕鱼区域也受到了很大的限制。

日本是传统的渔业强国,第二次世界大战之前日本已经具备了从事远洋渔业活动能力,日本渔船已经开始频繁地出没在世界主要渔场,从事捕捞作业。由于日本采用较为先进的捕鱼方式,因而所到之处当地的渔业资源遭到致命的打击。日本掠夺式渔业活动,从二战前开始已经常常遭到相关利益国家的抗议和责难。对此,日本常以"公海渔业自由"为借口,规避其保护海洋资源的国际责任。

第二次世界大战以后,出于军事上和制裁日本的需要,盟国日本占领当局在日本列岛周围设置了"麦克阿瑟线",并禁止日本渔船越过"麦克阿瑟线"出海捕鱼。但是后来为了解决战后日本国内面临的粮食危机,盟军占领当局又3次扩张"麦克阿瑟线",放宽了对日本渔民的捕鱼限制。随着对日本渔业限制的放宽,日本渔船从四面八方向周边国家海域出渔,结果引发了日本与中国、苏联、韩国等国家和中国台湾等地区的接二连三渔业争端。旧金山《对日和平条约》生效以后"麦克阿瑟线"自动消失,这进一步加剧了日本与周边国家和地区的渔业纷争。①

对于日本渔船向南库页岛和勘察加半岛、千岛群岛海域的出渔,苏联认为"日本渔民在勘察加、千岛群岛沿岸水域进行无限度的、本质上是掠夺性的捕鱼作业,对这一水域的鳟鱼、鲑鱼等水产资源构成严重威胁"②。因此,苏联对未经允许,进入上述水域进行捕捞作业的渔船实行缉拿和扣留。由于日本渔民头脑中尚未形成以勘察加、千岛群岛为核心的北方海域是苏联海域和苏联领海的概念或并不认为上述海域是苏联海域或苏联领海,所以日本渔船经常有意无意地进入苏联设置的禁渔区域,从而遭到了苏联方面的缉拿和扣押。从停战到1954年被苏联缉拿和扣留的日本渔船达253艘,

---

① 安成日:《战后初期日本与朝鲜半岛的关系》,日本国学院大学博士论文,2001年9月,第106—111页。
② [日]茂田宏、末昌二编:《日苏基本文书资料集》,世界动向社1988年版,第320页。

渔民达 1 753 人(其中大部分渔民和渔船在短期扣留后释放)。① 苏联的限制措施使日本渔业受到沉重打击,日本在这一水域的捕捞量长期低于战前。战后初期的日本百废待兴,经济尚未恢复,传统的渔业在这一时期具有重要的经济意义,而北太平洋渔场又恰恰在日本渔业中占有举足轻重的地位,不仅如此,这一问题还关系到大批渔民的生计和日本人餐桌上的菜肴供应。因此,日本为政者也不得不加以重视,而解决这一问题的途径只能是在两国建立邦交的情况下通过谈判加以解决。这是日方急于实现日苏邦交正常化的又一个重要动机之一。

(五)"北方领土问题"与二战后日苏关系

第二次世界大战后期,为了吸引苏联参加对日作战,美英同苏联签订"雅尔塔密约",向苏联许诺,作为苏联参加对日作战的补偿和代价,战后同意苏联领有桦太(库页岛)南部和千岛群岛。第二次世界大战后期,苏联出兵参加对日作战,很快占领桦太(库页岛)南部和千岛群岛,并很快将其划入自己的版图。日本也接受旧金山《对日和平条约》,放弃了对上述岛屿的一切权力。但是,对此日本并不甘心,日本抓住旧金山《对日和平条约》没有明确上述岛屿的归属的缺陷以及苏联未在对日媾和条约上签字,以上述岛屿是"历史上日本固有的领土"为由,对桦太(库页岛)南部和千岛群岛提出领土要求,从而引发了日苏、日俄之间旷日持久的"北方领土"之争。

上述问题,客观上要求日本政府尽快与苏联交涉,恢复两国正常关系,从而使两国之间的问题早日得以解决。

(作者安成日,黑龙江大学黑龙江大学政府管理学院,原文以《美苏在对日媾和问题上的矛盾与二战后日苏间悬而未决的问题》为题刊于《俄罗斯学刊》2015 年第 1 期)

---

① [日]茂田宏,末昌二编:《日苏基本文书资料集》,世界动向社 1988 年版,第 127 页。

试论日本自民党政权

王振锁

20 世纪是人类社会急剧变化的时代,日本在这个世纪也发生了翻天覆地的变化。20 世纪前半叶,日本完成了资本主义工业化,随后发动对外侵略战争;后半叶,完成了经济复兴和经济大国的任务,并开始向着政治大国的目标迈进。

从经济上讲,战后日本吸取战前的教训,致力于发展经济,应该说基本上是成功的;在政治体制方面,日本作为亚洲唯一发达资本主义国家,也有其不同于欧美国家的特点。自民党政权的"一党优位体制"和"政官财一体化"是其中两个最突出的特点,本文拟围绕自民党政权的这两个特点作一概括和简要的论述。

一、一党优位体制

回顾战后日本政治,自民党政权维持之长久,是一个显著特点。自从 1955 年保守党合并为自民党以来,自民党单独政权持续长达 38 年之久。此间,自民党历任总裁一直处于内阁首相地位。在资本主义国家,曾出现过诸如瑞典社会民主工人党、意大利基督教民主党、西德基督教民主社会同盟和以色列工党等长期政权,但还都不能与日本自民党政权同日而语。所以,1955 年以后的日本政治体制,可以说是少见的自民党一党优位体制。

战后日本的多数政党，追根溯源，大都发端于战前。从19世纪80年代初成立"自由党"以来，到1940年取消政党，确立法西斯体制的60年间，日本保守政党大体可以理出两条沿革脉络：

自由党(1881年)→立宪自由党(1890年)→宪政党(1898年)→立宪政友会(1900—1940年)；

立宪改进党(1882年)→进步党(1896年)→宪政本党(1898年)→立宪国民党(1910年)→立宪同志会(1913年)→宪政会(1916年)→立宪民政党(1927—1940年)。

1940年以后，日本在发动对外侵略战争的同时，对内逐步建立起法西斯统治体制。一切政党被取缔，先后建立起大政翼赞会、翼赞议员联盟、翼赞政治会和大日本政治会等，这一法西斯独裁体制一直维持到日本战败。

1945年8月日本投降后，美国占领当局迅速取缔了147个法西斯军国主义团体，推行了一系列政治改革，主要有：(1)新宪法的制定；(2)思想、言论、结社自由；(3)妇女参政权；(4)"家"制度的解体；(5)地方自治；(6)教育改革；(7)劳动改革等。这些改革都与政治制度民主化密切相关，从而为政党的恢复、重建和产生以及现代政党制度的形成提供了有利的前提条件。在很短时间内，代表各阶级、各阶层或集团利益的政党应运而生。40年代末至50年代初，包括"一人一党"在内，成立了360多个政党，可谓"乱党林立"时代。其中主要的保守政党有日本自由党、日本进步党和日本协同党；主要的"革新政党"有日本社会党和日本共产党。

日本政党经过多次分化组合和大约10年的调整、摸索之后，大多逐步合并、统一。源于战前立宪政权会的日本自由党几经分化组合后形成"自由党"；源于战前立宪改进党的日本进步党几经改名后最后定名为"日本民主党"；日本协同党则经过分化组合后分流加入日本社会党和日本民主党。到1955年末，分裂长达4年之久的社会党正式宣告统一。在社会党这一举动的促使下，自由党和日本民主党正式合并为自由民主党(自民党)。

自民党在《建党宣言》中称："排除以暴力和破坏、革命和独裁为政治手段的一切势力和思想，把个人自由和人格尊严作为社会秩序的基本条件。"在《党的性质》中规定，自民党是"国民政党、和平政党、真正的民主政党、议会政党、进步政党、谋求实现福利国家的政党。"①

自民党的建立,标志着战后日本第一次多党化局面基本结束和新的政治格局——"五五年体制"的形成。"五五年体制"一般是指由自民党和社会党构成的"准两大政党制"。所谓"准",就不是真正的两大政党制,而是在势力对比上由一个自民党和二分之一个社会党构成的"一又二分之一大政党制"②,本质上其实是自民党的"一党优位体制"。

在资本主义国家,长时期在得票和议席方面超过其他政党,占据优势地位的大党称做"优越政党",特定政党在单独或联合政权中,作为核心执政党长期执掌权柄的体制叫做"一党优位体制"。③ 因此,1955 年以后日本的政治体制是典型的"一党优位体制"。

所谓政党,"就是以获取政治权力为目的而组成的自发性团体,是提出纲领和政策之后开展持续活动的政治集团"④。政党在获取权力这一点上,有别于其他政治、社会团体,在自主、自发地组成这一点上有别于行政组织,而在为实现其长期目标而持续开展活动这一点上又有别于临时性竞选团体。成立政党的目的之一是在议会中占据席位,只有占据席位之后,政党才能达到开展政治活动和获取政治权力的目的。

60 年代以后,日本进入经济高速增长时代,保守和改革双方在政治和意识形态方面的对峙,随着国内外形势的变化而逐渐变化,"准两大政党制"的形态也有所退色。60 年代可以说是自民党长期政权的黄金时代,作为自民党保守主流派的池田勇人和佐藤荣作执政长达 12 年之久。60 年代末,日本成为仅次于美国的世界第二经济大国。这一时期,日本具备以下四个特点:(1)日本在全民范围内开始摆脱贫困;(2)国际地位显著提高;(3)在其历史上首次实现了自由竞争经济;(4)经济价值超过了政治和社会、文化价值。⑤

---

① 政村公宏:《战后史》下卷,筑摩书房 1985 年版,第 28 页。
② 村上泰亮:《新中间大众时代》,中央公论社 1984 年版,第 160 页。
③ 佐藤诚三郎、松崎哲久:《自民党政权》,中央公论社 1986 年版,第 9 页。
④ 五十岚仁:《现代政治概说》,法律文化社 1993 年版第 335 页。
⑤ 富永健一:《日本的现代化与社会变动》,讲谈社学术文库 1990 年版,第 228 页。

60年代,日本在野党出现多党化现象,先后成立了民主社会党(民社党)、公明党,日本共产党也有了较大发展。由于在野党的分散化,加之随着经济的高速增长和国民的"高学历化",国民中普遍滋长了"中流意识"和"受益者意识",出现了庞大的"新中间大众"阶层,从而自民党政权更加稳固,将自己置于"天下第一党"的地位,而以社会党为首的各在野党只能在反"安保"和"护宪"等斗争中发挥一定的制约作用。

60年代中期以后,日本国内政治由"一党优位下的多党制"取代了"一又二分之一政党制",自民党政府通过加强日美安保体制和依靠日益雄厚的经济基础,将各种大小利益集团置于自己的控制之下,这是得以维持其政权的重要原因。

但是,这并不意味着自民党政权坚如磐石,事实上,自60年代以后,自民党的得票率不但没有上升,反而有所下降。这是因为:第一,原来自民党的"票田"在农村,随着经济高速增长,农村人口大批流入城市,同时,农村地区也迅速呈现工业化和城市化倾向,农村这一"面目全非"的变化,动摇了自民党的根基;第二,经济高速增长带来的严重公害引起生活环境恶化以及通货膨胀,招致下层劳动人民的广泛不满;第三,第一大在野党社会党的支持率虽然呈下降趋势,但由于多党化现象的出现,社会党失去的选民并没有去支持自民党,他们或者转而支持其他在野党,或者成为"不支持任何政党"的选民;第四,60年代中期以后,自民党内连续出现的"金权政治"丑闻,也是自民党支持率下降的重要原因之一。

进入70年代,自民党陷入危机状态。这包括两方面的含义:第一,从内部来说,由于派阀抗争的激化而引起的"党内分裂";第二,从外部来说,由于议席数减少而形成的执政党和在野党的"伯仲"局面。

1972年,执政长达7年多的佐藤内阁开始出现"末期症状"。这主要表现为:日元升值后的物价上升,污染环境的公害问题,在中日复交问题上的无能为力,等等。佐藤内阁在支持率急剧下降的情况下于1972年6月表明辞意,自民党内围绕下届总裁人选问题展开激烈角逐。当时争夺总裁位置的有三木武夫、田中角荣、大平正芳、福田赳夫和中曾根康弘5人,即所谓"三角大福中"之争,其中福田和田中实力最大。1972年6月,自民党临时大会经过两轮投票表决,最后结果,田中以绝对优势当选为自民党总裁,并于7月7日组成田中内阁。

但是,田中角荣由于国内政策的失误和受"金权政治"的影响而很快身败名裂,内阁支持率由成立时的62%下降到16.7%,1974年末被迫辞职。田中内阁辞职后,自民党内派系斗争加剧,面临分裂的危险。为避免党内公开分裂,由椎名悦三郎副总裁"裁定"三木武夫为继任总裁。"廉洁的三木"决心对自民党的"金权政治"做"大手术",但是势单力薄的三木招致众怒,引来"全党共讨之"的"倒三木"运动,最后由福田赳夫取而代之。

从三木内阁成立到1980年7月铃木(善幸)内阁成立的5年半时间里,是自民党派阀之争最为频繁的一个时期,使自民党处在一种"要分裂又没有分裂,未分裂又可能分裂"的境地。① 此间,著名的派阀之争事件,除"倒三木"之外还有1978年总裁预选之争,1979年总裁选举之后的"40天抗争",1980年通过"内阁不信任案"导致众议院解散等。

执政党与在野党的"伯仲",是自民党陷入危机的另一个原因。1974年参议院选举结果,加进保守系无所属议员后,才比在野党多出7议席。1976年12月的众议院选举,只获得249议席,追认12人为自民党议员才勉强过半数(过半数为256议席)。造成这一局面的原因之一是在选举之前从自民党中分裂出一个"新自由俱乐部",拉走18名议员加入在野党阵营(1986年新自由俱乐部宣布解散,回归自民党)。在1979年的众议院选举中,自民党也只得了248议席,选举后拉进11名保守系无所属议员入党,才保住简单多数的地位。及至1980年6月的众参两院同时选举,自民党才以284席的稳定多数,结束了"伯仲"局面。②

80年代以后,自民党总算从派阀之争和"扯皮"中摆脱出来,转移到通过"理智的利益分配"建立的派阀联合政治上来。中曾根内阁时期,可以说是自民党政权的第二个黄金时代。中曾根提出了有名的"战后政治总决算"的主张。所谓"战后政治总决算",一是在国内推行行政和财政等改革;二是

---

① 伊藤昌哉:《自民党战国史》中译本,世界知识出版社1984年版,第351页。
② 米原谦等:《日本政治再探讨》,法律文化社1994年版,第26页。

向战后"禁区"挑战,即改变日本的"纯经济大国形象",增加防卫经费,修改宪法,实现在国际政治舞台上占有一席之地的"国际国家"的战略目标。中曾根的这些主张,不仅代表了上层统治阶级的利益,同时也迎合了日本国民中"大国意识"不断增长的倾向。因此,中曾根内阁的支持率一直比较高。

据日本广播协会到1983年的舆论调查,认为"日本是一流国家"的人,由1973年的41％上升到1983年的57％;认为"日本民族比其他民族优秀"的人,由1973年的60％上升到1983年的71％。96％的人认为"生活在日本比生活在其他国家好"。日本国民的这种大国意识和优越感,使主张做政治大国的中曾根内阁一直维持了50％—60％的高支持率,这在战后历届内阁中是绝无仅有的。

在1986年的众参两院同时选举中,自民党在众议院的512个议席中获得300个议席,加上追认的4席,达304席,是自民党建党以来的最高议席数。中曾根对这一胜利喜不自禁,称其为"八六年体制"。他认为,这次大选的胜利,说明"战后政治总决算"路线得到了国民的广泛支持和理解。"八六年体制"业已取代了"五五年体制"。这二者的区别在于,"五五年体制"在成立当初设想是保守与革新的政权交替,而"八六年体制"可以说是从一开始就设想自民党作为优越政党长久统治下去。①

自民党1986年的胜利固然有一定的偶然因素,但从结构上讲可以看作是80年代以后日本社会"总保守化"的一个佐证。日本国民90％以上具有"中流意识",他们希望通过维持政治和社会现状,来保护已经达到的生活水平和既得权益(生活保守主义)。② 自民党派阀之争也处于暂时休战状态,在中曾根政权的5年时间里,一方面维持着"田中中曾根派核心体制",一方面存在着元老派和革新派的潜在对立,呈现为复杂的"举党态势",即所谓"总主流派体制"。

但是,好景不长,在1987年的地方统一选举中自民党因打算引进消费税而失败。1988年以后,自民党政权再次陷入"金权"丑闻的旋涡,先是竹

---

① 米原谦等:《日本政治再探讨》,第32页。
② 大学教育社编:《现代政治学事典》,智能出版社1991年版,第943页

下登内阁因"利库路特案件"而引咎辞职,1989年7月的参议院选举,自民党又遭空前大败,出现执政党和在野党逆转的局面,随后"超短命首相"宇野宗佑因"桃色新闻"和参议院选举失败而下台,海部俊树内阁取而代之。加之昭和天皇去世,平成天皇即位,可以说日本的"平成"之年不平静,是一个多事之秋。

进入90年代,日本"金权政治"再掀波澜,1992年1月,原北海道开发厅长官阿部文男因非法接受巨额政治资金而被捕。随后,"佐川事件"和"金丸案件"接连暴光①,尤其是自民党元老金丸信的被捕,给自民党以前所未有的冲击,也加剧了党内派阀斗争,预示着自民党单独政权的末日即将来临。

1992年5月,原自民党副干事长、熊本县知事细川护熙率先脱离自民党,成立日本新党,自任党首。12月18日,自民党竹下派正式分裂为羽田(孜)派和小渊(惠三)派。面对这一严重局面,自民党内派系斗争加剧。1993年5、6月间,自民党内成立的"实现政治改革年轻议员会"发起了"即使与在野党妥协也应在国会实现政治改革"的签名运动,自民党381名众参两院国会议员中,有219人签了名。② 1993年6月17日,日本共产党以外的各在野党联合提出对宫泽喜一内阁的不信任案,翌日,众议院以255票对220票通过了内阁不信任案。造成这一始料未及的结果,是因为羽田派的34名议员也伙同在野党一起投了赞成票,加之另有18名自民党众议员弃权和11名自民党众议员宣布退党。所以,"6.18政变"不仅意味着宫泽政权的寿终正寝,而且是自1955年形成"一党优位体制"以来从未出现过的严重局面。

内阁不信任案被通过之后,从自民党中先后分裂出"先驱新党"和"新生党"。1993年7月众议院大选之后,日本政坛格局基本上形成自民党、三个新党(日本新党、新生党和先驱新党)和社会党的"三足鼎立",实质上意味着"五五年体制"的瓦解。但是由于社会党在这次众议院大选中由原来的137席降至70席,而自民党加上三个新党的议席数达326席,这就意味着日本

---

① 佐川事件:东京佐川快递公司总经理渡边广康向政治要人的行贿事件;金丸案件:自民党副总裁金丸信非法接受"政治捐款"和偷税漏税的案件。
② 田加浩:《战后日本政治史》,讲谈社1996年版,第364页。

"总保守"势力大增,日本政治呈现"总保守化"倾向。

1993年7月22日,宫泽首相为承担自民党分裂和大选失败的责任而引咎辞职,资深政治家宫泽喜一在等待多年而仅执政1年零9个月之后,就为长达38年的自民党单独政权画上一个并不圆满的句号,这不能不说是宫泽的一个"悲剧"。

宫泽内阁辞职后,各政党便为建立联合政权而展开紧锣密鼓的活动。1993年8月6日,社会党党首土井多贺子被选为众议院议长。8月9日,以细川护熙为首相的七党一派联合内阁成立,这是38年来日本出现的第一个联合政权,也是执政38年之久的自民党第一次充当在野党的角色。它意味着"五五年体制"的终结。从此,日本政局进入错综复杂、变化莫测的多党化时代。不久,自民党又重新加入联合政权的行列,成为执政党的一员。1996年以后,自民党总裁又重新回到内阁首相的宝座,1996年11月以后,再次出现自民党单独政权,目前仍为日本第一大党。虽然自民党已今非昔比,但从目前的状况来看,日本尚没有一个政党能取代自民党,仍然可以说是自民党的"一党优位体制"。

二、政、官、财一体化

在日本,政界和官界是两个不同的概念。政界主要是指政党和国会活动领域,即从事政治活动的集团。官界是指以高级行政官僚为核心的官僚集团(政府·内阁)。

政、官、财一体化,是战后日本政治体制的一个显著特点。据《读卖新闻》1985年舆论调查,在对日本政治产生影响力的因素中,认为政党和财界最具影响力的人,分别占被调查人数的30.7%和39.6%,认为内阁和官僚组织最具影响力的人,分别占被调查人数的26.6%和24.4%,认为国会最具影响力的人,占被调查人数的22.8%。① 也就是说,认为财界最具影响力的人最多,占第一位,而宪法中规定为"国权最高机关"的国会只占第五位,

---

① 米原谦等:《日本政治再探讨》,第4页。

财界、政党和内阁是主宰日本政治的主要力量。如果把内阁视为官僚组织的话，那么，在政治学上就可以表述为，日本政治的统治结构便是"政官财一体化"。

政、官、财一体化又被称做是"铁三角"关系。所谓"三角"，是指由以下三种关系构成的相互利益供求结构：在政和官之间，政治家作为内阁官厅的代言人展开活动，作为回报，在利益分配时得到内阁官厅的特殊关照；在官和财之间，行政部门利用行政权力维护财界的利益，向产业界提供补助金或低利贷款，财界或接受"下凡"官员来企业任职，或赞助官方难以负担的资金；在财界和政治家之间，政治家保护财界的权益，财界则向政治家提供政治资金和选票。[①]

政、官、财一体化的统治结构，大体可以归纳为以下几个方面。

第一，政界、官界、财界的首脑人物，基本上属于同质集团。

形成这一局面的主要原因是，战后几十年来，自民党一直处于执政党的地位，这一优越的政治地位，使它有可能网络一批优秀人才；同样，自民党政权下的官僚集团和企业集团，在根本利益上都是一致的，在人事关系上自然也保持着密切的关系。财界团体作为压力团体，为了实现自己的利益要求，主要通过政治捐款和选票对决策过程施加影响。但是，要使金钱流入最有效益的去处，还必须靠密切的人际关系来疏通。在财界看来，良好的人际关系不仅能发挥金钱的正常效益，而且还会使金钱的价值得到增值，即使提供资金不带有特定目的，其"积累效应"也会使自己的利益随时随地得到实现。这便是财界肯为政界慷慨解囊的原因所在。

在日本，个人联系是财界影响政治过程的最大优势，也是政、官、财一体化的重要联系渠道。但与美国等西方国家不同的是，出身地区和宗教信仰并不是形成同质集团的主要社会基础，父母的职业和社会地位虽然起一定作用，但也不是决定的因素。在日本，至关重要的因素是"同窗关系"，同一学校的学生生涯使相互之间的关系密切化，这种关系在走上社会后就成为相互影响的重要力量。

[①] 田中直毅：《日本政治的构想》，日本经济新闻社1994年版，第93、94页。

据统计,在395名自民党国会议员中,出身东京大学的有206名,占议员总数的52%,在银行、商社和大公司任职251名总经理、董事长中,有109名毕业于东京大学,占被调查人数的43.5%。又据对内阁8个省厅的调查,在251名处长以上(包括次官和局长)的高级官僚中,东京大学出身者占83.6%(1977年)。①

财界头面人物与政治家的个人联系是显而易见的。日本历届内阁首相都有财界头面人物参加的"私人团体"。如佐藤荣作的"长荣会"、池田勇人的"末广会"、田中角荣的"维新会"、福田赳夫的"一火会"和"清谈会"、三木武夫的"庸山会"和"三睦会"、大平正芳的"十二日会"和"贺屋会"以及铃木善幸的"春幸会"和"十一日会"。这些"私人团体"大多是由首相在企业界的至朋好友组成的,他们很容易左右首相的言行。

第二,官僚的从政和"下凡"。

日本的官僚制度及现行公务员制度,在职务升迁和退休等方面都有严格的规定。政府官员和职员人数,由专门法律明确限定,不得任意超过。例如内阁的各省厅,一般只设大臣或长官一人,政务次官和事务次官各一人。政务次官和大臣同进退,调换频繁,因此,事务次官是官僚阶层的最高职衔。在这个金字塔型的官僚体制下,能升入这一最高阶层的人是极少数。而且,依照惯例,在同一年进入某省厅的人中,一旦其中一人晋升为事务次官,其他人则全部退休,据说这是为了便于领导。因为昨天还是同一级别,今天突然成了自己的领导,这样容易出现矛盾和摩擦。

日本官僚的晋升速度,正常情况是,24岁被录用,28岁左右任股长(科长),42岁左右升处长,50岁左右当局长。但是,由于晋升名额限制,一般在当处长前后不少人便提前退休,另谋出路。日本官僚的出路有两条,一是从政当国会议员,二是"下凡"到民间企业、银行或公社、公团就职。日本官僚退休一般在55岁至60岁之间,晋升无望的高级公务员有的在四十一二岁时就开始退职,所以都要重新就职。换句话说,官员退职,也就是第一次择业就职的开始。

---

① 升味准之辅:《现代政治》下卷,东京大学出版社1987年版,第413页。

官僚从政是第二次就职的重要途径之一。据统计,自民党的国会议员中,20%以上是官僚出身。1989年,自民党297名议员,67人出身于中央官僚(占22%),96人(占32%)出身于地方议员(包括知事、市长等少数地方自治体首长),而官僚出身的议员,又约有半数左右能胜任内阁大臣一级的重要职位。① 1976年1月改组的内阁中,19名阁僚中的9名是官僚出身。战后曾任内阁首相的佐藤荣作、岸信介、池田勇人、福田赳夫、大平正芳、中曾根康弘等人,当议员和大臣以前,都曾在内阁任过要职。

官僚从政的主要原因是,日本官僚制的顶峰是中央省厅的事务次官,这对有政治野心的人来说是不满足的。要想当大臣乃至首相,必须辞官从政,首先竞选国会议员,因为只有具备国会议员身份才有资格当内阁大臣。这是其一。其二,官僚出马竞选有有利条件,因为在中央省厅任职多年,有一定的地位和权力,一旦出马竞选,原来任职的官僚机构会利用其权力全力以赴动员本系统的人为其拉选票。

在日本,如在选举中取胜,必须有地盘、金钱和地位,这三个条件在日语中称作"三盘"。官僚本身有地盘和地位,加上自民党和财界给予金钱上的支持,所以当选的可能性最大。当然,官僚出身的政治家,在经验、能力和掌握情况等方面,都比"党人政治家"或其他行业出身的人高出一筹,这也是官僚从政的有利因素。

在日本,所谓官僚从政,实际是官僚退职后加入自民党,然后进入党政权力中枢。其理由是显而易见的,官僚和自民党本来就属于同质集团。辞官从政的目的,无非是想登上一个新的台阶,而这,只有加入执政的自民党才能做到。1970年的众议员中,300名自民党议员中有76名是官僚出身,而90名社会党议员和32名民社党议员中,称得上是官僚出身者,分别只有4人和3人。参议员的情况亦如此,自民党137名议员中,官僚出身者48人,占1/3,而74名社会党议员中,只有2人是官僚出身。在1958—1976年间,中央官僚(处长以上)出身的议员,占众议院总议席的12%—15%,其中

---

① 内田健三:《战后日本的保守政治》,岩波书店1989年版,第161页。

90％属于自民党,参议院的情况也大体如此。① 这一情况清楚地说明自民党与官僚的"一体化"关系,既表明自民党的"官僚化",也意味着官僚制在机构的延长线上包容了自民党,在自民党内确立了官僚派优于"党人派"的地位。

"下凡"是高级官僚重新就职的重要途径,也是"官、财"一体化的主要体现形态之一。《国家公务员法》规定,"国家公务员离职后二年内,不得在其离职前五年内一直有密切关系的盈利企业内任职。"这一规定虽然意在限制官僚离职后仍利用旧关系到企业去谋私利,但实际上并非全面禁止官僚到盈利企业去就职。每年仍有大批高级官僚"下凡"到企业、银行等单位。例如,1975年,中央各省厅"下凡"到企业界的人就有176人,其中仅大藏省就47人。② 甚至防卫厅的军官集团也大批"下凡"到军工产业部门。

高级官僚的另一个"下凡"渠道,是到公社、公团等特殊法人那里任职。日本的"公社",系指专卖、电信电话和国有铁路的国营公司和地方、民间、财团投资的公用事业公司。公团,即政府经营的特种公用事业组织,如住宅公团、道路公团等。据1969年总理府调查,在公社、公团等特殊法人任总裁、副总裁、理事长、总经理、董事等高级职务的721人中,有363人原来是高级官僚,占53％。这些人不但拥有很大的实权,而且待遇优厚,职务变化时还可以得到一笔退职金。为此,有些人经常变化单位和职务,世人戏称其为"公团候鸟"。

第三,政、官、财一体化在立法过程中的体现。

如前所述,官僚集团在立法过程中起着主导作用。但作为立法程序,众参两院分别设有与内阁各省厅对口的常设委员会,众议院有18个,参议院有16个,负责审查有关的议案。另外,还设有特别委员会,以审议特殊案件或不属常设委员会管辖范围的特定案件。

自民党的政务调查会内,也设有与国会常任委员会相类似的、与内阁有关省厅对口的"部会",例如与文部省对口的文教部会,与厚生省对口的社会

---

① 升味准之辅:《现代政治》下卷,第327页。
② 国民政治年鉴编辑委员会编:《国民政治年鉴》,1977年版,第345页。

部会等。这些部会与内阁有关省厅保持密切关系,参与立法的审议。一般来说,自民党与中央省厅的立场是一致的。但由于自民党受派阀利害的影响,在决策形成和实施过程中往往出现分歧甚至相互对抗的局面,而官僚集团相对稳定,熟悉业务,较能掌握政策的一贯性。所以即使党派斗争激化、政局动荡不安,甚至出现"政治空白"的形势下,只要官僚集团照章办事,保证国家行政机器的正常运转,社会就不至于出现混乱状态。日本就是由这些标榜着"中立"色彩的官僚集团来稳固资产阶级政权的。

另外,在立法过程中,财界作为操纵政局的幕后人,其作用也是不可低估的。如前所述,财界的政策研究机构与政府有关官厅之间的对话和财界派代表参加政府的各种政策咨询机构是财界对决策过程施加影响的主要渠道。例如"经团联"和"产研"设立的许多"常设委员会"和调查部,与政府有关省厅和自民党政务调查会的专门部会联系密切,通常是通过省厅的局长或处长应邀到这些政策研究机构参加恳谈会,对政府的立案加以说明,以取得财界的认可和支持。另外,财界首脑还可以自由出入政府,与政府官员进行例行的和经常的讨论。当然,财界派代表参加政府的各种审议会也是直接参与决策过程的重要手段。

尤其应该指出的是,财界与政界、官界的一体化关系还有更深一层的含义。据统计,在日本的立法中,有 80% 以上是经济领域的。这些法令大多出自高级官僚之手,财界需要通过这些高级官僚实现自己的利益要求,而官僚们一方面在制定政策时,需要得到掌握丰富信息资料的财界的协助,另一方面在政策实施过程中,更需要财界的密切配合。特别是当官僚们升迁无望,需要另谋职业时,财界可以为他们提供报酬丰厚的工作岗位。对财界来说,他为政治家提供资金和选票,为"下凡"官僚提供工作岗位,其目的都是希望二者能为满足财界的要求出力。所以政、官、财一体化的真正原因是三者之间的利益交换。通过相互利用,达到各自的目的,这便是政、官、财一体化的实质。

三、结论

综上所述,可以得出如下几点结论:

纵观自民党长期政权的历史,大体经历了"形成""成长""危机""再建"四个时期。几十年来,自民党政权虽然历经一波三折,有时甚至到"山穷水尽疑无路"的地步,但是,"一党优位体制"的地位基本上还是保住了,究其原因,政、官、财一体化是其中一个重要因素。由于政、官、财三位一体的结果,自民党在人的资源、利益诱导和政治资金(权钱交易)、获取信息的手段等方面都占有很大优势。

另外,形成自民党长期政权的几个因素还有:第一,派阀的作用。对自民党来说,派阀可以说功过参半,派阀抗争固然形成了自民党的"内耗",甚至导致分裂,但派阀之争带来的"内部活力"也为自民党长期政权做出了贡献。通过党内派阀的对立与协调,或形成"拟似政权交替",或起到"政权钟摆效应"。党内不同派阀之间的政权交替取代了两大政党之间的轮流执政,在自民党的历史上不乏此类实例。第二,随着日本国民"中流意识"的增长,"求稳怕乱"的思想越来越占主导地位,大多数国民虽然对自民党不满,但也不愿承担"改朝换代"带来的风险和不安。第三,在野党势力的相对薄弱。自"五五年体制"形成以来,在野党不断分化组合,即使是第一大在野党社会党,也始终不具备与自民党分庭抗礼的实力,造成这一局面,既有在野党自身的原因,也有自民党政策灵活性的因素。例如,作为保守政权的自民党,在社会保障、农业补助和中小企业援助等方面,采纳了一些革新政党提出的政策。这样一来,自民党达到一箭双雕的目的:既缓和了与在野党的关系,又淡化了在野党的存在,拒在野党于政权大门之外。

(作者王振锁,南开大学日本研究院,原文刊载于《世界历史》2000 年第 2 期)

日本自民党"一党优位制"初探

徐万胜

在对战后日本政治史进行总体性研究时,使用频度最高的一个词汇就是"55年体制"。但该概念本身并非专有的政治学术语,人们往往可以从各种角度去论述作为历史现象的"55年体制",致使其内涵十分庞杂、含混。正因如此,80年代中期以后许多学者在论及"55年体制"时,对该体制本质内涵的界定日渐明确:在佐藤诚三郎等著的《自民党政权》中,作者明确指出:"1955年以后日本的政治体制是典型的一党优位制,自民党是世界上最强有力且稳定的优越政党"[1];在阿部齐等著的《概说现代日本的政治》中,认为"55年体制"的首要特征是"自民党一贯持续执掌政权的'一党优位制'"[2];在石川真澄著的《战后政治史》中是以"保守一党优位制的成立"为题对"55年体制"的形成进行论述的[3];在三宅一郎著的《日本的政治与选举》中提及"被称作'55年体制'的自民党一党优位制"[4],等等。

何谓"一党优位制"?在佐藤诚三郎等著的《自民党政权》中将一党优位制定义为:"在先进民主主义国家,长时期在得票和议席方面超过其他政党、占据优势地位的大党叫优越政党,特定政党单独或在联合政权中作为核心

---

[1] [日]佐藤诚三郎等:《自民党政权》,中央公论社1986年版,第9页。
[2] [日]阿部齐等:《概说现代日本的政治》,东京大学出版会1990年版,第136页。
[3] [日]石川真澄:《战后政治史》,岩波书店1995年版,第69页。
[4] [日]三宅一郎:《日本的政治与选举》,东京大学出版会1995年版,第1页。

执政党长期执掌权柄的体制。"①美国学者萨托里认为"所谓一党优位制,是指主要政党一贯获得投票者多数派(绝对多数议席)支持的政党制",并对一党优位制的构成要件进行了具体说明。② 本文主张,西方国家一党优位制的构成要素至少包括以下几点:(1)该体制是一种政党多元主义体制,在优势政党以外,还存在着作为合法、争当竞存者的其他政党,即一党优位的前提条件必须是多党竞存;(2)政权结构形态为优势政党获得绝对多数票(即过半数议席)单独执政或在联合政权中居于核心地位;(3)优势政党必须一贯地、持续地长期执政,"长期"的期限应为15年以上。

一、自民党一党优位制的演变分期

战后初期日本的民主化改革和新宪法的制定,为多元竞争性日本政党政治的展开奠定了牢固的制度基础。各政党之间经过近10年的分化组合,1955年自民党政权的形成,是自民党一党优位制得以确立的出发点。在自民党政权长达38年的历史中,自民党一党优位制的演变可分为以下四个时期:

经济时代的来临与一党优位制的确立 1955年社会党和自民党的先后诞生,当时使人普遍感觉到"两大政党"时代即将来临,即使有人希望建立"永久性"的自民党政权,无疑也对其实现的可能性缺乏坚定信心,因为整个50年代里保守政党与社会党之间的实力差距在每次大选中"确实在缩小"③。况且,自民党执政初期,岸信介内阁在修改宪法、扩充军备、日美安全保障等政治问题上所采取的强硬做法给人们以不安全感,而强调"和平"的社会党在国民中的声望则保持上升状态。

在1956年7月日本政府发表的经济白皮书中宣布"已经不是战后了",但是"政治与'战后'分离开的转折点则是从岸信介内阁的'60年安保'到池

---

① [日]佐藤诚三郎等:《自民党政权》,中央公论社1986年版,第9页。
② [美]萨托里(Sartori):《现代政党学》(日译本),早稻田大学出版部,1995年版,第328页。
③ [日]石川真澄、广濑道贞:《自民党——长期支配的构造》,岩波书店1989年版,第9—11页。

田勇人内阁的'收入倍增计划'的变化所造成的"①。1960年12月池田勇人内阁提出的"国民收入倍增计划",将日本国民的视线从政治问题引向经济问题,日本经济亦完全进入了高速增长时期。60年代可以说是自民党政权的"黄金时代"②,作为自民党保守主流派的池田勇人和佐藤荣作相继执政长达12年之久。然而,相当长时期内社会党却没有意识到自民党"从岸到池田"的转换对本党发展的重大危险性,面对日本社会的现代化进程也未能提出有效对策。社会党在议会运营层面上一味追求在野党的"反对"立场,甚至达到了只要是自民党提出的议案就要反对的地步。同时,社会党的基本政策路线更加左倾化,1966年通过的《日本走向社会主义道路》的纲领性文件中,认为"现在是从资本主义向社会主义过渡的时代",上述状况决定了社会党发展势头的长期停滞与低落。

此外,继1960年从社会党中分裂出民社党之后,公明党在1967年大选中获得席位;在1969年大选中日本共产党和公明党同时跃进,民社党基本不变,而社会党却进一步衰落,从而使在野党中社会党"一党垄断"的局面被打破。"这种以社会党弱化为源头的在野党的多党化,在20世纪60年代的初期和中期,并没有对自民党统治形成冲击,相反,却为自民党'一党独大'的长期政权展开提供了条件。"③

"朝野伯仲"与一党优位制的动摇　以1973年石油危机为契机,日本经济的高速增长时期结束。在日本社会、经济结构发生巨大变化的背景下,自民党长期政权下的结构性腐败问题开始暴露,且党内派阀纷争加剧,导致了70年代中后期日本政党政治中出现"朝野伯仲"现象,严重动摇了自民党一党优位制。

受田中内阁"日本列岛改造计划"失败和石油危机的影响,自民党在1974年参议院选举中竭尽全力才勉强维持过半数议席,这是自1955年自民党政权成立以来第一次在参议院出现了"朝野伯仲"局面。

1976年1月"洛克希德案件"发生后,自民党的政治腐败不但激起在野

---

① [日]石川真澄、广濑道贞:《自民党——长期支配的构造》,岩波书店1989年版,第22页。
② [日]北冈伸一:《自民党》,读卖新闻社1995年版,第97页。
③ 林尚立:《政党政治与现代化》,上海人民出版社1998年版,第143页。

党和广大国民的强烈不满,还引发了自民党内的分裂,以河野洋平为首的6名国会议员宣布退出自民党,另组新自由俱乐部。在同年年底举行的众议院大选中,自民党仅获得249个议席,临时将以无党派身份当选的8人吸收入党,才勉强达到过半数的257个议席,这次选举标志着"朝野伯仲"的政党政治格局已从参议院扩大到众议院,自民党控制国会的能力全面削弱,自民党政权的统治地位受到冲击。1978年成立的大平内阁因准备实施"一般消费税"而遭到反对,致使自民党在1979年大选中再度败北,又以临时追认无党派国会议员入党的方式才勉强保住了过半数议席。此外,70年代末自民党内大平派与福田派之间的"派阀抗争"加剧,置自民党于"要分裂又没有分裂、未分裂又有可能分裂"的危险处境。①

在"朝野伯仲"的有利形势下,日本各在野党开始探讨成立联合政权的可能性。社会党提出"所有在野党国民联合政权"的口号,公明党提出"共产党除外的中道革新联合政权",民社党也提出了"革新联合国民政权",日本共产党则提出了"以社共为核心的民主联合政权",各在野党在具体联合方针上从一开始就出现明显对立。尤其是社会党内部左右两派分裂加剧,1978年田英夫等人脱离社会党另组社民联。这样,在野党各行其是的作法,"帮助议席不断减少的自民党得以维持政权"②。

中曾根政权与一党优位制的再生　在1980年大选中,自民党出人意料地获得了议会多数议席,而一心希望夺取政权的在野党则遭到失败,使自民党政权呈现出东山再起的迹象。另外,70年代自民党内派阀间的抗争在1980年大选前达到顶峰后,大平首相的突然去世使党内"对派阀抗争的厌战气氛扩大了","铃木政权就是在将党内融合作为最重要课题的情况下诞生了"。③ 但是,铃木内阁是面临深刻政治危机的自民党为了摆脱危机而"共同撮合"的产物,具有"过渡内阁"的性质。

1982年11月成立的中曾根内阁是战后自民党政权继佐藤内阁之后的第二个长期政权,执政长达5年之久。中曾根内阁处于战后日本政治的重

---

① [日]伊藤昌哉:《自民党战国史》(汉译本),世界知识出版社1984年版,第351页。
② 王振锁:《日本战后五十年(1945—1995)》,世界知识出版社1996年版,第294页。
③ [日]石川真澄:《战后政治史》,岩波书店1996年版,第152页。

大转折时期,这一转折的标志是中曾根首相提出了"战后政治总决算"的口号和日本要成为"政治大国"的国家发展目标。在国内政策方面,中曾根内阁推行行政、财政、教育三大改革,实现了国营铁路和电信电话事业的民营化,促使日本经济结构由出口主导型向内需主导型转变,并加强防卫力量建设,突破了防卫费用"不得超过国民生产总值(GNP)1%"的限制;在对外关系方面,强化日美同盟关系,坚持"不沉航空母舰"论,努力扩大日本在世界上的政治发言权。由于中曾根内阁的内外政策"既代表了上层垄断资本的阶级利益,也反映了下层民众不断滋长的'大国意识',顺应了日本社会发展的潮流"①。因此,1986年7月在众参两院同日举行的选举中,自民党以300个众议院议席获得了压倒多数的胜利。由此,"新自由俱乐部"宣布解散并重归自民党。

政治改革与一党优位制的崩溃 80年代末至90年代初,自民党政权的"金权政治"丑闻接二连三地被揭露,由此而形成巨大的政治改革压力,并再次引发自民党内的局部分裂,这是1993年自民党政权垮台的直接原因。

1988年6月"利库路特案件"曝光,自民党所属国会议员数十人先后涉嫌其中,五大派系中有四大派系领袖竹下登、安倍晋太郎、宫泽喜一和中曾根康弘都被卷了进去,成为日本战后以来最大的受贿案件,竹下内阁为了摆脱政治危机只有辞职。1992年初,宫泽内阁成立不久随即发生了自民党国会议员阿部文南受贿案。同年8月"佐川急便案件"暴露,不仅迫使自民党副总裁金丸信辞职,乃至导致自民党最大派系"竹下派"分裂。1993年3月,辞职后的金丸信又因偷税漏税案件而被捕。

为了平息日本国民对"金权政治"丑闻的不满以及对政党政治的不信任,1993年3月宫泽内阁向国会提出以导入小选区制为主要内容的政治改革法案。1993年5、6月间,自民党内成立的"实现政治改革年轻议员会"发起了"即使与在野党妥协也应在国会实现政治改革"的签名运动,自民党381名众参两院议员中有219人签了名。② 但是,1993年6月自民党干事长

---

① 吴廷璆主编:《日本史》,南开大学出版社1994年版,第1147页。
② [日]田加浩:《战后日本政治史》,讲谈社1996年版,第364页。

尾山静六在与宫泽首相会谈后突然宣布说"两年之后再进行政治改革"①，激起自民党内主张改革的议员们的强烈愤慨，导致在野党趁机提出的对宫泽内阁的不信任案获得通过，随后从自民党内又相继分裂出"先驱新党"和"新生党"。自民党在1993年7月众院大选中未能获得半数以上议席，同年8月成立了以细川护熙为首相的8党派联合政权，意味着冷战后的日本政党政治体制正式进入转型期。

二、体制结构特点：非对称性和"保革对立"

非对称性和"保革对立"是自民党一党优位制的两大结构特点。非对称性结构主要起着支撑、维系自民党一党优位制的作用，而"保革对立"则是自民党一党支配下民主发展的象征。

自民党一党优位制的非对称性主要表现在：自民党与其他在野党的力量对比是极不对称的，即使最大在野党社会党的势力发展也始终只有优势政党自民党的一半左右；朝野政党的发展趋势是极不对称的，20世纪60年代末以来日本政党政治中的"多党化"趋势，严格地说来只是在野党的"多党化"，而且自民党一党优位制崩溃的结果是最大在野党社会党的彻底衰落；朝野政党所掌握的政治资源是极不对称的，随着执政党地位的巩固和"政、官、财三位一体"统治体系的形成，使自民党在人才来源、利益诱导、政治资金等政治资源方面占据绝对优势。非对称性结构是自民党一党优位制得以确立的基础。

非对称性结构的形成，首先渊源于自民党自身组织建设的比较优势。概括而言，与其他政党相比，自民党是一个对社会多元利益具有较强统合能力的"总括型"政党。在政治理念方面，自民党信奉保守主义政治哲学，在1960年发表的《保守主义政治哲学纲要》中将保守主义精神界定为"在传统上创造，在秩序中发展进步"，"这就使得保守主义在不同的场合和不同的背景下，都能确立自己的立场，表明自己的态度，对战后日本社会发展有很强

---

① ［日］武村正义：《小而发光的日本》，光文社1994年版，第95页。

适应性"①。社会党的政治理念则始终意识形态色彩浓厚,1955年左、右两派社会党在相互妥协的基础上制定的"统一纲领"中规定社会党为"阶级性群众政党",1966年底社会党代表大会上又通过了《日本走向社会主义道路》的纲领性文件,进一步显示出该党理论上的激进性;在派阀体制方面,自民党派阀体制的形成主要在于权力的争夺,常态下的派阀体制不仅有利于多元社会利益的表达,也为执政党的政策转换提供了空间,因此"派阀联合正是自民党的生存形式,没有派阀,自民党也就存在不下去"②。社会党派阀体制的形成则主要在于意识形态纷争,并先后两次导致社会党的分裂,1960年西尾末广等人退出社会党后成立了民社党,1978年田英夫等人脱离社会党后又成立了社民联,这严重削弱了社会党的竞争性;在基层组织方面,自民党与社会党虽都属于基层组织薄弱、以各级议会议员为主的"精英型政党",但自民党议员基本上都具有个人的选举后援会,在某种程度上弥补了党的基层组织薄弱的缺陷。社会党议员则对党组织具有较大依附性,而党本身又是严重依赖于"总评"所属工会团体的支持,"总评"对社会党的影响力足以"强行压制社会党,使其陷入混乱状态"③,限制了社会党与外界社会产生更广泛联系的可能性,尤其是70年代以后在"总评"发展停滞的状况下,社会党的颓势也就在所难免了。此外,就其他政党而言,公明党是以宗教团体创价学会为母体的,公明党在创价学会独特的政教合一路线下所获得的发展是有限度的。典型事例就是,1969年末发生了所谓"创价学会和公明党妨碍言论出版自由事件",有的学者著书立说抨击公明党和创价学会犯有"七大罪状"。④ 1970年5月,创价学会与公明党被迫实行政教分离,双方在组织上各自独立,但实际上创价学会一直是公明党的重要社会支持力量;民社党的社会基础是以"同盟"为代表的工会组织,75%左右的党员为工会成员,社会基础的有限性使其自成立以来在国会中的势力就没有较大发展;日本共产党作为"反体制政党",在现存体制下的发展难度更是可想

---

① 林尚立:《政党政治与现代化》,上海人民出版社1998年版,第261页。
② [日]升味准之辅:《日本政治史》(第四册)(汉译本),商务印书馆1997年版,第1123页。
③ [日]升味准之辅:《现代政治》(下),东京大学出版会1990年版,第559页。
④ [日]藤原弘达:《斩断创价学会》,日新报道出版部1970年版,第91—163页。

而知。

　　非对称性结构的形成,其次还在于作为执政党的自民党所实施的利益诱导。自民党在长期一党执政过程中拥有着其他政党所难以比拟的制度优势,运用手中所掌握的公共权力,通过政策、行政上的"关怀"和有效的利益分配,来培育其选举地盘和外围组织。在制定政策方面,以 1962 年日本政府制定的"全国综合开发计划"为例,它与先前的建设四大工业地带和沿太平洋地带不同,而是照顾后进地区,置"重点于缩短地区间的差距",以"站在国民经济的视野建立适当的产业布区体制"为目的,政治上的考虑则是"因为保守政党的'票田'在农村,为维持保守政治的地盘,执政的自民党也需要将公共投资的重心适当向低开发地区(农村过疏地区)倾斜"。[①] 在上述政策的形成和实施过程中,"自民党各派阀的领袖和国会议员,每人都从自己家乡的利益出发,全身披挂参加了争夺战。社会党和工会组织,连个配角也没有当上。也就是说,这是自民党的利益分配体系"[②];在行政管理方面,日本中央省厅各自管理和使用着几十种乃至上百种补助金,自民党通过帮助本党的利益团体获得补助金而得到该团体的支持,而各在野党则基本上被排除在这个体系之外。对此,日本学者指出:"(自民党)长期政权的秘密,是因为在政府掌握财源和各种权限的中央集权式政治制度下,自民党控制着补助金这个统治装置。在广阔领域内的丰厚的补助金网络,紧紧拴住了国民的支持,难有丝毫分离。"[③]在利益诱导的实施过程中,自民党(即政界)与官僚、财界之间形成了"政、官、财三位一体"的统治体系:自民党在制定经济政策时竭力维护财界的根本利益,财界则向自民党提供雄厚的政治资金和选票支持;官僚在政策决策乃至立法过程中对自民党政权大力支持,自民党则充当各省厅代言人的角色并吸收退职后从政的高级官僚;官僚在利益分配过程中照顾财界的利益,财界则接纳"下凡"官僚来企业任职或提供资金赞助。因此,"政、官、财一体化的真正原因是三者之间的利益交换。通过相

[①] 王振锁:《日本战后五十年(1945—1995)》,世界知识出版社 1996 年版,第 204 页。
[②] [日]升味准之辅:《日本政治史》(第四册)(汉译本),商务印书馆 1997 年版,第 1087 页。
[③] [日]广濑道贞:《补助金与执政党》,朝日新闻社 1981 年版,第 258—259 页。

互利用,达到各自的目的,这便是政、官、财一体化的实质"①。财界和官僚是自民党政权长期维持统治地位的两根支柱。

"保革对立"是自民党一党优位制的又一大结构特点。以自民党为首的保守阵营和以社会党为首的革新阵营,在议会运营与社会运动两个层面上展开斗争。这一斗争与国际上美苏两极体制相呼应,使自民党一党优位制在某种程度上成为冷战格局的产物。

在议会运营层面上,自民党所代表的保守势力和社会党所代表的革新势力在修改宪法还是维护宪法、日美同盟还是非武装中立等政治焦点问题上相互对峙。围绕着宪法问题,由于日本修改宪法需要众参两院2/3以上议员认可和半数以上国民的投票赞成,而自民党一党执政期间始终未能取得2/3以上席位,所以想改宪而一直未能改成。围绕着安全保障问题,日本各政党之间相继展开了"安保条约论战"、"战后政治总决算论战"和"国际贡献论战"等,彼此间的分歧与对立贯穿始终,但自民党坚持日美同盟的政策使其一党优位体制不仅获得以西方为主导的国际社会的支持,在国内也逐渐得到巩固。因为,自民党一党优位制虽始于1955年,"但严格说来,是经过50年代后期的'过渡',到60年代才稳定下来的"②。这个转折点,就是1960年的新日美安保体制。对于自民党而言,它基本上规定了日本国内保守政治的框架,使"解释改宪路线、经济主义路线、对美协调路线"成为"保守本流"的基本路线③。1960年池田内阁提出"国民收入倍增计划"之后,经济的持续高速增长不仅使自民党政权得以长期维持,结果还导致了"安保有效论"的出现,认为"日本以最低限度的非生产性军事支出来专心发展经济",使"日美安保条约发挥了经济成长的手段的作用"。④ 80年代中期中曾根内阁通过强化日美同盟关系,自民党政权再度进入鼎盛时期,形成所谓的"86年体制"。值得注意的是,在自民党一党优位制下,进入80年代以来其他在野党关于日美安保体制的安保对策也不断向着现实主义方向调整。1981

---

① 王振锁:《自民党的兴衰》,天津人民出版社1996年版,第90页。
② 王振锁:《日本战后五十年(1945—1995)》,世界知识出版社1996年版,第148页。
③ [日]五十岚仁:《概说现代政治》,法律文化社1993年版,第118—119页。
④ [日]石川真澄:《战后政治史》,岩波书店1995年版,第98页。

年社会党在党的大会决议中承认,战后日本的经济发展是"安保体制下的对美依存型的经济成长"①;1990年6月,社会党进一步表示要"活用和扩大安全条约的积极面"②。在自民党一党优位制崩溃前夕,日本学者甚至声称:"丢弃非武装中立幻想、正确评价自卫队的作用",是一个政党"获得政权的最低条件"。③

社会运动中的"保革对立"主要是指"在现代化过程中,被全面动员起来的社会各种政治势力,在追求新的社会发展取向的过程中,与执政的保守政党之间形成的抗争和对立"④。50年代后期的反警职法运动、反安保运动都不仅仅局限于议会内朝野政党间的斗争,同时也是一场大众民主运动。60年代的住民运动和70年代的革新自治体运动,则是针对自民党在经济时代所引发的新的社会问题而出现的。革新政党借助住民的拥护和支持,70年代初期在地方自治体中一度与保守政党形成有力的抗衡。

从"保革对立"的角度研究自民党一党优位制的结构特点还具有较强的现实意义。冷战后日本政党政治演变的实践表明,无论自民党执政与否,其作为国会中第一大党(优越政党)的地位始终没有发生任何变化。自1996年初自民党总裁重新出任内阁首相之后,以自民党为核心执政党的联合政权正成为冷战后日本政党政治的主体政权框架。如若联合政权持续下去乃至自民党重新恢复单独执政,那么当前事态的发展"正向着自民党一党优位体制的方向前进"⑤。但是,与泾渭分明的"保革对立"结构不同,近几年来日本政党分分合合、政局变幻莫测的表象,"实际上反映了日本政坛'总体保守化'趋向,也可以说是日本政党的'总体自民党化'"⑥。朝野各党间的政策主张大都难分彼此,就连日本共产党的政策理念也不断向着现实主义方向靠拢,1993年以来日本政党政治是沿着从"反自民"到"反小泽"的轴线展开的。这使得以"保革对立"为结构特点的冷战时期的自民党一党优位制与

---

① [日]室山正义:《日美安保体制》(下),有斐阁1992年版,第484页。
② 冯昭奎等:《战后日本外交》,中国社会科学出版社1996年版,第615页。
③ [日]北冈伸一:《获得政权的最低条件》,载《中央公论》1992年4月号。
④ 林尚立:《政党政治与现代化》,上海人民出版社1998年版,第129页。
⑤ [日]佐藤诚三郎:《新一党优位制的开幕》,载《中央公论》1997年4月号。
⑥ 王振锁:《自民党的兴衰》,天津人民出版社1996年版,第232页。

很有可能成立的、缺乏并淡化政府对立轴的"新一党优位体制"截然分开。

三、体制转换成因：社会多元化与民主"变形"

　　自民党一党优位制的转换，表面上看是在"实施政治改革"的大义名分之下，以自民党局部发生分裂和在野党（日本共产党除外）大联合的方式实现的，实质上则在于日本社会的多元化进程和一党支配下的民主"变形"。

　　战后日本经济高速增长带来的社会结构变迁，对自民党政权所造成的影响是双重的。一方面，随着国民生活水平的提高，"中流意识"一度成为日本人的主要社会意识。据1958年以来日本总理府每年实施的"关于国民生活的舆论调查"，自认为居于社会生活中等水平者于70年代达到90％的比例，80年代该比例虽略有下降但也非常接近90％。"中流意识"并非基于客观性的物质基础，而是一个较为模糊的意识性概念，反映了日本国民社会价值取向的多元性。它的存在不仅是对现实生活基本满意的表现，更是一种维护既得利益的保守心理，预示着大多数国民已成为"日本型民主体制"的"体制支持者"，有利于自民党继续执政。另一方面，社会多元化使自民党的社会支持基础发生了深刻变化：首先，自民党的传统社会支持阶层遭到了严重削弱。例如，农村选民原本是自民党的重要社会支持基础，但工业化的急速推进使大量农村人口流入城市，农村地区也日益呈现都市化倾向。据统计，日本总农户由1955年的604.3万户减至1990年的383.5万户，农业就业人口由1960年的1454万人下降到1991年的463万人。① 农业人口的急剧减少，就等于自民党的农村"票田"在迅速流失。因此农民阶层在大选中对自民党的支持"贡献度"相应下降，农林渔业者在自民党支持阶层中所占的比例已由1955年的44％下降至1975年的19％②。其次，第三产业的发展促使公司职员的社会关系日趋多元化、流动化，较少参加投票或者不固定支持某一政党的"浮动票者"大量增加。70年代以前，有40％的选票为不固

---

① ［日］财团法人 矢野恒太纪念会编：《从数字看日本的100年》，国势社1991年版，第185—186页；《日本势图绘》，国势社1992年版，第170页。
② ［日］升味准之辅：《现代政治》（下），东京大学出版会1990年版，第628页。

定支持某一政党的浮动票,固定支持保守政党或革新政党的选票各为30%,80年代浮动票上升到60%,保守政党或革新政党的固定支持票各占20%。① 该现象反映了投票行动中以传统人际关系为基础的政党组织已不再有效。最后,由于社会利益的多元化以及各社会阶层之间利益的矛盾性,自民党政权同时对社会各支持阶层实施利益诱导的难度加大。政府业绩如何在很大程度上影响非核心支持阶层对自民党的支持程度。例如,虽然自民党在1986年众议院大选中获得大胜,但由于消费税问题和利库路特事件的影响而在1989年参议院选举中惨败。这意味着在整体上自民党支持阶层的不确定性增强。

与此同时,在长期一党执政过程中,自民党发挥着组织管理者、社会利益代表者和政策担当者的结构功能。② 但是,70年代中期以后自民党自身组织结构的畸形发展使上述功能受到削弱,使资产阶级议会制度下的所谓民主产生严重"变形"。

从组织管理者的角度看,自民党在人才来源、党的运营等方面出现弊端。首先,"世袭议员"作为一个特权阶层成为自民党国会议员的重要组成部分,他们大多是凭借着政治家门第或名门望族联姻通往政界的。在1983年大选、1986年大选和1990年大选中,自民党候选人中世袭候选人所占的比例分别为39.2%、43.5%和45.2%,1989年在297名自民党众院议员中"世袭议员"占45%,达133人。③ 这不禁使人想起在欧洲封建王权社会里,公职成为可用金钱购买、继承的私人财产,由"世袭议员"所构成的议会制度无疑是对"日本型"民主政治的讽刺。其次,党内议员升迁路径的制度化,阻碍了新一代领导人的成长。自民党内国会议员的升迁也实行严格的年功序列制,初次当选国会议员只能在党内作"见习生",当选三次以后才有资格担任政调会下属部会的部会长之类的职务,当选5、6次以后才有可能进入内阁成为阁僚。因此,自民党内相当一部分的年轻议员被排斥在政治决策过程之外,尤其是那些选举地盘稳固的"二世议员"对此更为不满。最后,自民

---

① [日]福冈政行:《无海图的日本政治走向何方》,载《中央公论》1991年10月号。
② [日]猪口孝:《自民党研究的综合视角》,载《巨兽》1991年第9期。
③ 蒋立峰:《自民党政治改革的实质及前景》,载《日本学刊》1991年第5期。

党作为派阀联合体,从 70 年代后期起田中-竹下派在党内一派坐大,造成田中-竹下派控制自民党、自民党控制日本政治的"双重权力结构"。在"洛克希德案件"后田中角荣居幕后操纵政权,而处于前台的大平内阁、铃木内阁、中曾根内阁则分别被戏称为"角影内阁"、"直角内阁"和"田中曾根内阁",80年代后期起竹下派又相继促成了后来的宇野、海部和宫泽组阁。

从社会利益代表者的角度看,"金权政治"泛滥使自民党聚合和表达社会利益的民主渠道严重受阻。尽管公民参与政治是日本民主政治的基础,但公民的多元化利益要求不可能全部直接输入政府决策系统,必须经过各种利益集团的整合,在此基础上竞相获得执政党的支持并影响政府决策,这就是所谓的压力政治。应当说,自民党作为社会利益代表者的功能也是在各种利益集团提出的利益要求之上进行的,如果自民党及其政治家在制定政策时为特定的利益集团谋取更多的利益,形成金钱与权力相互交换的恶性循环,就使得自民党作为社会利益代表者的形象丧失了民主的公正性,甚至蜕变为既得利益阶层的代表者。然而,至 90 年代初止,日本政界曝光各种金权丑闻已达 60 多起,其中震动最大的是 70 年代田中角荣前首相因"洛克希德案件"而被捕;80 年代竹下登内阁因涉嫌利库路特公司股票贿赂案而辞职;90 年代自民党元老金丸信因"佐川急便案件"辞职后又因偷税漏税案件而被捕。

从政策担当者的角度看,自民党作为长期执掌政权的政党,执政时间越长,其在国家政策的探索、形成与实施方面所担当的责任也就越重。冷战后的自民党政权面临着争当政治大国、日美同盟关系何去何从、如何适应经济全球化浪潮等重大问题。但自民党僵化的决策体系未能及时作出政策调整,反应迟缓,难以适应新形势的需要。在 90 年代初期,日本在海湾战争中虽向多国部队提供了 130 多亿美元的援助,却被欧美各国批评为"只出钱,不流血流汗"。愈演愈烈的日美贸易摩擦一度超越经济范畴而上升到政治层面,在整体上对日美同盟关系造成消极影响,使得当时的日美同盟关系"处于严重的危险之中"[①]。"泡沫经济"崩溃后的日本经济陷入战后最为严

---

① 张蕴岭主编:《转变中的中、美、日关系》,中国社会科学出版社 1997 年版,第 211 页。

重的一次衰退中,日本政府的经济景气对策不力,全球化浪潮迫使人们对当今的"日本模式"加以反思。另外,如何构筑与官僚之间的合作关系并加强政策的横向协调性,真正实现政策决策过程从"官僚主导型"向"政治主导型"的转变也是自民党一直面临的重要课题。

总之,如何应对社会的多元化进程和修正民主"变形",与21世纪初期自民党的未来发展密切相关。从冷战后日本政治改革的实践中看,自民党的优势政党地位并未动摇。1994年1月,日本国会通过了"政治改革关联四法案",其主要内容是众议院议员选举制度由过去的中选区制改为小选区比例代表并立制,新选举制度实质上是以小选区为核心的,对选举过程的影响是"进一步削弱中小政党的力量、加剧选区内的腐败行为以及进一步增加选民对政治的不关心意识"[1],1996年大选和2000年大选都明确验证了新选举制度有利于第一大党(自民党)的小选区"特色"。在初步完成选举制度改革之后,1996年11月桥本内阁又打出"6大改革"的旗号,使日本政治改革开始转入以行政改革为主的新阶段,其核心是中央省厅改革。从2001年1月起,1府12省厅的新中央省厅制度正式启动,但在多大程度上改变政党与官僚间的关系、实现"政治主导"尚需实践检验。因此,日本的政治改革究竟对政治决策过程产生何种影响,将直接与能否彻底清除利益诱导型政治相关联。对于迄今为止政治改革所产生的成效:有的学者认为,日本的政治改革是在现存政党内部发起的,促进了非自民党势力的再组合,但政党与官僚之间的关系以及原执政党的政策仍得以存续[2];还有的学者进一步指出,2000年4月成立的森喜朗内阁虽然其内阁支持率一降再降,但经过6月大选检验后其联合政权仍得以维系,选民对政权的批判态度并未对选举产生更大影响,原因就在于"复苏的利益诱导"[3]。由此可见,当前日本的政治改革基本上局限于政治制度的层面上,对政党政治体制的影响不大,距离清除"金权政治"腐败的目标更是相距甚远。

---

[1] 王新生:《现代日本政治》,经济日报出版社1997年版,第14页。
[2] [日]通渡展洋:《政治改革运动与战后政党制的变化》,载东京社会科学研究所编:《社会科学研究》,第50卷,第2号。
[3] [日]药师寺克行:《已经复苏的利益诱导》,载《世界》2000年8月号。

不论如何,即使21世纪初自民党再次成功地重建一党优位体制,但它在不断推进日本向前发展的进程中,作为执政党其自身也面临着必须不断进行改革的艰难历程。

(作者徐万胜,南开大学日本研究中心博士生,原文刊于《世界历史》2002年第1期)

战后日本的行政改革及其推进措施

鲁 义

战后,日本为促进经济发展和适应行政管理的需要,始终把行政改革摆在重要位置,作为提高日本综合国力和"建立能与国内外形势变化相适应的富有弹性且充满活力的行政体制"的战略性任务加以推进,由于措施比较得当,有力地改善了政府行政管理,促进了经济的发展。本文重点研究日本行政改革的内容和日本政府推进改革的措施。

一、行政改革的主要内容

日本行政改革的内容非常广泛、繁杂,涉及行政领域内诸如行政组织、人事制度、行政管理以及行政手续等各个方面。由于每个时期改革的侧重点不同,改革内容亦有很大差别,概括起来,主要包括以下几个方面。

(一) 调整行政组织及其内部结构

现代行政管理的基本原理要求,行政组织及其内部结构应是功能齐全、比例合理、分布均匀的有机综合体,而这种体制的形成,依赖于通过行政改革经常不断地予以调整和完善。日本政府的做法是:

1. 适应战败历史条件,改革行政机构。1945年8月,日本军国主义战败投降。随后,日本被美军占领。根据《波茨坦宣言》原则和盟军关于民主化改革的指令，日本政府对战时统治机构和军事行政采取了紧急的改革措施：解散军部，撤销陆军省、海军省、大东亚省、军需省、情报局等与军事有关的行政机构，根据民主和分权的原则，新设了中央劳动委员会、劳动省、人事院、公平交易委员会等，为推进战后经济的恢复和发展，新设了经济安定本部、物价厅、煤炭厅、经济调查厅、中小企业厅、复兴金融公库等领导经济的职能部门。

2. 随着经济的恢复和发展，逐步完善以管理经济和社会事务为主的各类职能机构。鉴于第二次世界大战遭致惨败的历史教训和战后复杂的国内外形势，日本政府选择了"优先发展经济"的方针，即通过"经济繁荣"赶超欧美资本主义国家和求得国内"民生安定"的所谓"经济立国"的道路。为了适应这一转变，日本政府对行政机构的布局做了新的调整：把商工省与贸易厅合并为通商产业省，强化对国内工商业的指导和对外贸易的管理；设立科学技术厅和原子能委员会，管理全国的科学技术研究，推进科技交流和科研成果的利用；增设环境厅和国土厅，以加强污染治理和环境保护，有计划地推进国土开发和利用。至今日本政府 3 委 9 厅 12 省的 24 个部门中，与管理经济有关的就有 15 个，占 2/3。与此同时，根据客观情况变化和行政管理需要，日本政府还注重及时调整和改组各类职能机构，使其不断完善。例如战后初期，日本实行统制经济政策，为对经济生活实行全面管制，成立了经济安定本部。进入 50 年代后，日本经济开始全面恢复。日本政府转而实行以市场机制为基础的国家诱导型经济政策，遂改经济安定本部为经济企划厅。50—60 年代，日本政府各省厅的局、部机构大都是按行业管理而设置的，其职权范围多以审批和下达指令的直线领导为主，但"石油危机"以后，复杂的经济形势迫使日本政府不得不改变传统的管理形式，调整和改组各级职能机构。1973 年改通产、运输两省按物资类别管理的纵向机构为按产业门类组织的横向机构。1986 年又对外务、运输、邮政、文部等 10 个省厅的 20 个局进行了调整，以便使这些管理部门摆脱大量事务，把主要精力用于制订政策、统筹规划、综合协调和服务监督上来。

3. 整顿内阁的咨询审议机构。《国家行政组织法》公布后，日本政府为吸收具有专业知识的学者和享有声望的名流参与政策制订，提高政府决策的科学性,设置了一些审议会。这些审议会在政府制订政策中发挥了重要作用。如经济企划厅的"经济审议会",为池田内阁制订"国民收入倍增计划"发挥了重要作用;通产省的"产业结构审议会"每年都向政府提出"关于产业结构的长期展望"报告,被认为是通产省制订有关政策的"基准"。但是,从50年代中期开始,审议会的数量逐渐增加,最多时达27个,会员达几千人。正如"第一临调"在其"关于行政改革的意见"的报告书中指出,各类行政委员会和审议会流于形式的很多,不能真正发挥作用,建议进行整顿。日本政府接受了这一建议,制定了《行政改革计划和审议会整理法》,1965年一下子就减掉29个,以后又逐渐削减。从70年代至今一直保持在210个左右,[①]其中常设审议166个。这样既顺应了行政管理科学化的时代潮流,同时也体现了精简的原则。

4. 健全行政管理和监督机构。行政管理和监督机构对于调整和纠正行政管理过程中出现的偏差和失误,克服官僚主义,提高工作效率,有着重要的意义。日本在行政改革过程中逐步建立和完善了行政管理和监察体系。1948年以行政调查部和中央行政监察委员会为基础,成立行政管理厅,负责政府各部门机构设置和人员配备,拟定行政改革的建议与方案,加强行政监督,提高政府的工作效率。1955年作为加强行政监察的重要一环,建立"行政相谈制度",直接听取国民对行政的要求和意见,敦促有关部门解决或补偿因行政失误给国民造成的损失,因而受到国民的欢迎。据统计,国民积极反映问题,通过行政相谈解决和改善行政管理的案例在逐年增加,1955年为2235件,1965年增至66922件,1985年达215848件。[②]

地方政府的行政管理和行政监督,按《地方自治法》的规定,原则由地方政府自行管理。但行政管理厅依照自然区域和就近就便的原则,在地方设有派出机构,监督和协助地方政府开展工作。

(二) 控制和压缩行政规模

随着社会经济的发展和国家干预的加强,日本政府的行政职能与范围

---

① 阿部齐:《日本政治》,广播大学教育振兴会1986年版,第67页。
② 《总务厅年次报告书》,1987年版,第140页。

不断扩大,从而导致规模膨胀。主要表现为:行政机构内部结构比例失调;行政手续繁琐,层层审批,相互扯皮;职员编制剧增,人浮于事,工作效率低下;行政开支过大,影响政府财源,等等。为克服这种状况,日本政府在历次行政改革中都把压缩和控制行政规模作为重要的一项改革内容。

首先,以立法形式控制滥设机构和随意增员。日本政府在实践中认识到,就行政组织自身而言,分工不明以及各部门的官僚主义和权力意识是造成机构膨胀的重要原因,仅靠单纯的裁员和精减来解决这一问题,往往是"头痛医头、脚痛医脚"的临时措施,因此必须采用长久的强制性办法。1948年日本发布了《内阁法》、《国家行政组织法》等,从而确定了中央政府的组织原则。根据这些法律,各省厅由直属机构、附属机构和地方分支机构三部分组成。其中,直属机构是各省厅的核心,内设局部课室四级。局部级以上机构的设置、变更以及权限划分需经国会审议,内阁无权处理,从而有效地克服了行政机构设置的随意性与盲目性。法律实施以来,日本政府对省厅级机构设置一直比较慎重,几十年来基本上保持了相对稳定的局面。

在公务员管理方面实行定员制,即按行政需要确定公务员人数。1949年颁布的《行政机关职员定员法》,根据各省厅的业务性质及职责权限规定了政府各部门的职员数额。各省厅要定期向行政管理厅报告本部门实有职员人数,接受审查和监督。60年代末期日本政府改变管理方式,对公务员实行"总量控制",即严格控制职员总数不许突破,但在限度内各省厅可视具体情况进行灵活调整。为此,佐藤内阁1969年制订了新的《关于行政机关职员定员的法律》(简称《总定员法》),规定政府机关职员的最高限额为506 571人,各部门新增职员只能在总定员范围内解决。

精简政府机构和职员是日本历届政府压缩行政规模的重要措施。1949年第3届吉田内阁针对当时行政机构混乱,复员遭退士兵导致公务员人数剧增的情况,首开战后大规模行政整顿和裁员的先河。政府省厅中的部局级机构被削减了25.3%,[①]裁减职员229 350人,相当于当时政府机关职员

---

① 《法律时报》1981年3月临时增刊,第136页。

总数的 15%。① 50 年代初,美军占领政策发生转变,日本政府全面修改占领时期"输入的行政制度"。到 1953 年,省府机构撤销了 15%,委员会和厅减少了 42%,局和部减少了 26%,清理人员达 97 934 人。② 此后的日本历届内阁,尽管具体措施和方式不尽一致,但在压缩和控制行政规模方面都做了不同程度的努力。1955 年鸿山内阁把行政改革作为其施政纲领的"三大公约"之一,提出将各省厅的"课"级机构削减 20%。1964 年佐藤内阁成立后明确规定,政府在编制下一年度预算时严格控制新设机构和增加人员,1967 年又提出"每个省厅减掉一个局级机构",并对其他机构进行压缩。1977 年福田内阁规定,每个省厅的课室级机构一律削减 5%。1983 年中曾根内阁提出,从 1984 年起,5 年内将各省厅的课室再减掉 10%。截至 1987 年 3 月末,日本政府行政部门总裁减数达 203 074 人。但因同期充实文教、医疗、保健等部门 17 200 人,两者相抵,实际减掉了 31 000 人。③

缩减行政开支是日本政府压缩行政规模的另一措施。长期以来特别是经济高速发展时期,日本政府为刺激经济发展,实行"赤字财政"政策,大量发行国债,扩大公共投资和社会福利费用,致使政府财政规模扩大,财政结构"僵化"。到 1979 年,国债的年发行量已达 152 700 亿日元,政府经常性支出对国债的依存率高达 36.9%,庞大的国债利息支出也依靠发行新的国债,从而造成"国债依赖国债"的恶性财政循环。与此同时,日本政府的行政支出也不断增加。70 年代中央和地方政府的行政支出总额,已高达国民生产总值的 35%,④更加重了日本政府的财政负担。面对这一严峻现实,日本政府在坚持裁并和整编行政机构、改革行政事务的同时,努力调整财政结构,压缩政府行政支出。从大平内阁开始,直至铃木和中曾根内阁,均明确指出"财政改革"的口号,实行"财政改革与行政改革同时并举的路线"。具体内容包括:(1) 编制平衡预算,控制公共事业费开支规模,特别是对架设本州至四国的大桥,修建关西新国际机场,整备新干线等耗资巨大的建设项

---

① 渡道佐平:《民主的行政改革的理论》,大月书店 1978 年版,第 206—207 页。
② 同上。
③《总务厅年次报告书》,第 53 页。
④ 参见"第二临调"向日本政府提交的《关于行政改革的第 3 次答询报告》。

目持慎重态度。(2)减少国债发行量,降低国债在政府财政预算中的比例,争取在1990年以前扭转财政预算依赖国债的状况。(3)削减医疗、养老金、文教和社会福利等项事业补助金,减轻政府负担。(4)严格实行定员管理,控制公务员工资的增长速度与幅度,压缩人事费用支出总额,等等。

(三) 改革行政事务及其管理方式

对行政事务及其管理方式的改革,在日本行政改革中占有重要的地位,并且随着行政改革的发展,越来越受到政府的重视。日本政府的着眼点在于,通过改革行政事务及其管理方式,逐步缩小政府行政管理的范围与幅度;调整国家对社会经济生活的干预,甩掉财政包袱,以便建立"精简"、"效率"的政府和"能与国内外形势变化相适应的充满活力的行政体制"。行政事务及其管理方式涉及内容广泛,日本政府主要抓了以下几个方面。

1. 合理划分中央与地方的权限。日本政府对地方的管理是通过"地方自治"的形式来实现的。都道府县、市町村等自治体是直接具体地贯彻中央政府意图、担负行政与国民联系的地方综合行政主体。随着经济的发展,地方自治体的实力增大,地方政府的作用也不断增强。目前,地方政府的财政开支规模为中央政府的2倍,地方公务员人数是国家公务员的3倍。但是,如何合理划分中央和地方的权限,正确处理好两者的关系,长期以来一直是日本政府深感棘手的问题。行政学界对"集权"和"分权"的理论及其具体模式始终争论不休。日本政府设地方制度审议会等机构多次进行专门研究。根据便于管理又不至于失控的原则,缩减中央政府的派出机构,移交行政事务,扩大地方权限。至1986年末,日本政府减少派出机构400个,计划在1987年和1988年再分别整顿与合并623个和658个。①

2. 改组国营公司和官办企业。日本的国营公司和官办企业是指以特殊法人形式根据政府的有关法律组建的公司、公团或事业团。它出现于50年代中期,以后规模和数量都不断扩大,最多时有"三公司"、"五现业"以及130多个各种类型的企事业单位。"三公司"即日本的三大国营公司:国有

---

① 《总务厅年次报告书》,第39页。

铁道、电信电话和专卖公司。"五现业"为日本政府五大国营企业,即邮政、林野、印刷、造币、酒类专卖。长期以来,这些国营公司和官办企业普遍效率低下,经营不佳,有的甚至严重亏损,成为日本政府财政的一大负担。1967年佐藤内阁首先对官办企事业进行改革,决定裁并10个职能重复或已过时的特殊法人企业,1979年大平内阁的行政改革计划中,又决定在3—5年内将官办企事业总数控制在100个以下。80年代日本进行的行政财政改革,提出实现"重建财政"的计划,突破口自然又选在严重影响政府财政收支平衡的国营公司和官办企业。1983年6月日本政府成立"国铁再建监理委员会",研究和制订对国铁的改革方案,1987年4月起对国铁即实行了"分割"、"民营"。1985年将电信电话和专卖公司改由政府持股的公司,1986年开始向社会出售股份。对其他"五现业"和特殊法人企业,也决定先裁减数量,缩小规模,然后再视具体情况实行改组或民营。日本政府认为,经过这样的改革,可以扫除企业经营中的懒惰思想,造成一个适合发展的竞争环境。实际上,更为重要的是甩掉政府的一大包袱。

3. 改革补助金制度。战后逐渐建立和发展起来的补助金制度,是日本政府用以扶植与推进社会保障、文教、农业和公共事业等领域行政施策的重要手段。补助金名目繁多,用途各异,主要分4大类。(1)农业补助金,专以资助农林生产,改造农业结构以及农业基本建设,其目的在于保护个体农业。(2)公共事业补助金,以改造和整备公共事业为对象,如环境保护、河流治理、住宅建设、道路铺设等。(3)文教科学补助金,用以补助文化教育和科技开发。(4)社会保障补助金,主要用于国民健康、儿童抚养和社会救济。据统计,1985年补助金总额为144 301亿日元,占政府一般岁出近一半。长期的实践使日本政府逐渐感到,补助金制度虽然对于维护社会安定,促进各业发展起了很大的作用,但这种制度也存在明显的缺陷:其一,补助金额逐渐增加,已成为政府的沉重负担,直接影响政府财源。其二,使部分国民滋长懒惰思想,妨碍了民间积极性和创造力的发挥。60年代起,日本政府着手补助金制度的改革,为缩小补助金发放金额与范围,改革补助金管理办法,将单纯补助逐步改为由受益者自行负担,先后整顿了各类补助金417项。"第二临调"的答询报告提出后,日本政府改革补助金的步伐加快,仅是涉及社会福利制度方面的就有:(1)减少养老金发放金额,提高领取养老金年龄;(2)废止老人医疗免费制度,提高健康保险中个人负担金10%;(3)修改《儿童抚养补贴法》等法律,削减补贴金额,将"育英奖学金"由无偿资助改为贷款等等,1985年5月,日本赶在编制年度预算之前通过了《整理国家补助金临时特例法》,政府年度支出因此削减8 420亿日元。

4. 改革政府对行政事务的管理方式。调整政府对社会经济生活的干预,部分撤销政府对私人企业的政策性保护措施,放宽在贷款、税收、外贸、价格、资源能源供应等方面的限制,提高经济自由化程度和竞争能力。

此外,为削减编制,节约开支,日本政府逐步将政府部门的一些日常公共事务,如清扫、公用设施维修、修建学校或经营食堂等,委托给地方自治体、民间团体和个人管理。据截至1982年的统计,除社会福利设施以外的公共事务,委托管理率已达80%。

(四) 改善行政服务,提高办事效率

政府部门的行政服务内容广泛,一般说来,从制订政策开始到实施完了的整个过程都是行政服务。而行政服务水平和办事效率又是政府工作的标志,其状况如何,直接影响政府的声誉,因而受到普遍重视。日本政府为改善行政服务,提高办事效率,着重在提高公务员素质、简化行政手续、改善办公条件等方面下功夫。

1. 加强人事管理,提高公务员素质。日本政府认为,人事管理是行政管理的基础,改善行政服务的关键在于提高公务员素质。战后日本为保证政府职员发挥最大的效能,制定了《国家公务员法》。该法规定:(1)职员的任用和升迁依能力而定,(2)一切官职为考试成绩优秀者敞开大门,(3)按职务和责任确定薪俸,(4)建立合理的勤务评定、进修、奖惩和厚生福利制度,(5)禁止职员参与反政府的组织和行为,禁止参加私人企业的营利活动等等。其中,把握录用和培训两个环节,对不断提高公务员队伍素质尤为重要。日本公务员录用贯彻能力主义原则,公开考试,择优录用。考试按职种分门别类,同时又根据职务的难易程度,分为高、中、初三种。据人事院统计,1949—1982年3月,日本共举行国家公职人员录用考试554次,参加者

791万人,合格者77万人,录用了35万人,不足应试者的1/20。可见考试之严格,竞争之激烈。此外,录用办法也很特别。每录用1人,人事院都要从合格者名册中提出5名得分最高者,供用人单位选择。这种通过考试在全国范围内选拔优秀人才的制度,保证了公务员队伍具有较高文化和业务水平。

　　坚持不断地对公务员实施培训,以适应形势变化,是日本政府提高公务员素质的另一重要措施。日本公务员培训形式多种多样。对新录用人员的培训,分别由各省厅自行组织,主要讲解服务机关的历史沿革、组织机构、规章纪律,学习处理公务的一般规则与方法,使其对即将担任的职务有一个总括的一般性的了解。对行政管理者的培训,主要以各行政部门的课长、股长级职员为对象,由学者和经验丰富的官员任教,除学习行政管理的理论知识外,重点进行专题研究,交流经验,提高管理水平。仅1983年,日本政府共举办这类培训班9 255个,参加者达26.4万人,占整个公务员人数的32.9%。① 由于日本政府的重视和努力,日本公务员队伍的素质较高,国家行政职员占人口的比例和公职人员的犯罪率,在主要资本主义国家中均为最低水平(1985年国家行政职员占人口的比例,日本为4%,联邦德国、美国、英国和法国分别是6.8%、6.5%、8.2%和11.4%;1980年公职人员犯罪率,日本为1.1%,美国、英国、法国和联邦德国分别是5.9%、5.3%、4.9%和6.2%)。

　　2. 整顿审批事务,简化审批手续。行政事务中最为大量的是对各类事项的审批业务。据统计,日本政府机构管辖的各类审批事项,已经从维持社会秩序、发展生产、保障国民财产安全,扩展到保护环境、维护消费者利益以及交通规则的许可、营业活动与场所的限制、国民日常生活用品的检验与测定等各个领域,超过几万种。60年代起日本开始进行改革,主要做法是:缩小审批事项管理范围,合并重复的审批制度,没有审批必要的坚决取消;下放审批权限,将下级机关或地方审批更有效率或更符合实际的事务进行"委让";对控制范围过宽和限制方法过严的审批事项放宽管理,适当拉长被审

---

① 人事院:《公务员白皮书》1985年版,第124页。

批事项的有效期限；简化申报程序和审批手续。1964—1981 年的 17 年间，日本政府整顿和简化各类审批事务达 6 800 多项。1981—1985 年，又废止和简化审批手续 390 项，下放权限 260 项，移交和简化机关委任事务 120 项。

3. 改革办公手段，提高办事效率。日本政府在行政改革过程中，注意将先进的科学技术和办公设备引进办公室，从根本上改变了传统的手工方式，大大提高了办事效率。其主要内容有三：(1) 大力推进电子计算机在政府部门的应用；(2) 普及办公自动化设备，改善办公条件；(3) 改善通讯联络系统，加速信息传递。对此笔者另有专文论及，故不赘述。①

二、推进改革的基本措施

日本政府根据行政改革的内容以及难易程度，采取不同的措施推进改革，收到了比较明显的效果。

（一）通过舆论宣传，减少改革阻力

在日本，新闻媒介等舆论宣传工具一向被称为仅次于立法、司法、行政之后的"权力的第 4 部门"，对人们的思想和行为有着深刻的影响。通过舆论宣传改革的意义及重要性，消除国民疑虑和不必要的恐慌，是日本政府推进改革的重要措施之一。自然，日本政府在实际运用中曾有过一个不断认识和逐渐发展的过程。

战后初期的行政改革，可以说日本政府在舆论引导方面不大注意。比如，吉田内阁无视各界呼声，采用硬性措施和高压手段，强行解雇了大批包括公营企事业职员在内的政府公务员，结果引起严重的社会混乱，激化了阶级矛盾，改革也遇到了很大的阻力。沉痛的教训使日本政府开始重视国民呼声和舆论宣传，并采取了一些改进措施。1960 年在内阁设广报室，由总理府直接管辖。其主要任务是，利用广播电视、报刊广告等新闻媒介宣传政

---

① 参见拙文：《日本政府改善行政服务的措施》，载《日本问题》1988 年第 3 期。

府的政策和主张,扩大在国民中的影响。与此同时,包括行政改革在内的施策手法上也出现了明显的变化,如池田勇人在不改变政策基本点的前提下,采用"低姿态",尽力回避在政治方面与国民正面冲突。在关于成立"第一临调"的议案经国会通过后,鉴于以往内阁借改革之名乘机整顿人员引起国民不满的教训,池田内阁特意起草了一个附加决议,大肆宣传:(1)成立"第一临调"的目的决不是为了裁减人员;(2)政府没有改变公务员身份的想法;(3)"第一临调"起草改革建议时必须恪守政府上述诺言;(4)为切实推进改革,临调委员由超党派人士公正组成。试图通过这些承诺打消国民对改革恐惧的心理,减少改革阻力。

70年代后期,随着行政改革规模的扩大,改革任务更加艰巨,日本政府对改革的宣传也不断升级,甚至由首相或内阁成员出面利用各种时机分别以撰文、电视谈话和宣讲等形式宣传改革的必要性和可行性。如说改革是"对国家体制动大手术",要求国民以"自让、自立、合作"的态度配合政府推进改革,忍受与宽容由于改革所带来的"阵痛"。日本政府还比较注意借助民间著名人士之口宣传改革,凭借他们的威望,为政府改革助力。日本政府的这些宣传,对改革无疑会起到某种程度的促进作用。

(二) 吸收民间智慧,共同制订改革方案

日本政府在行政改革过程中,注意吸收民间各界经验丰富、学识渊博和有一定声望的人士组成相应的机构,共同研讨行政状况,拟定改革方案。可以说,这是日本政府推进改革的一项比较有特点的措施。

按照日本政府的做法,在每次行政改革之前,都成立相应的调查或咨询审议机构,就改革内容、实施方法、最终目标进行会商,共同制订方案。据统计,1946—1985年的40年间,日本政府先后成立诸如临时行政机构改革审议会、行政机构刷新审议会、行政制度审议会、政令咨询委员会、行政审议会、临时行政调查会等审议和咨询机构17个。一般说来,60年代以前行政改革的规模不大,吸收各界人士的数量较少,大部分集中于官界,因此改革方案有很大的局限性。随着行政改革规模和范围的扩大,参加审议机构各界人士的比例不断增加,拟定的方案也能比较客观地反映社会各界对行政改革的要求。其中最有代表性的是先后两次成立的临时行政调查会,即"第一临调"和"第二临调"。

"第一临调"成立于1961年11月,直至1964年9月,历时近3年。它的7名委员由金融、新闻、产业、公务员、工会、学界名流组成,具有广泛的代表性。"第一临调"经过详尽周密的调查提出的改革报告,在广泛的行政领域为政府勾划出一幅改革的蓝图,成为此后历届政府行政改革的基础。

"第二临调"成立于1981年3月,前面已经指出,它专为扭转财政困难和推进行政改革而设。同"第一临调"相比,具有更广泛的代表性和权威性。它有以下几个明显的特点:第一,由素有"财界总理"之称的经团联名誉会长土光敏夫出任会长,以求得财界的有力支持,顺利推进改革。第二,委员中吸收了日本红十字会会长林敬三。这次改革的主要目的之一是压缩政府支出,重建财政,而首当其冲的必然是削减国民的社会福利和其他利益方面的支出,红十字会与社会各界联系广泛,会长出任委员不仅可以反映各方面意见,还可以多做解释和说服工作。第三,为"第二临调"从事具体工作的是由各界著名人士组成的班子,最多时达57人,日本人称其为"参与"。这些人可以从不同角度比较全面地反映社会各界对行政改革的要求。此外,和"第二临调"组织机构并行,还专门成立了一个顾问机构,由6人组成,从总体上为"第二临调"把握方向。

(三)加强组织领导,成立推进机构

日本政府在实践中认识到,要切实推进行政改革,只靠政府内某一省厅的力量是难以完成的,必须建立一个高居各省厅之上、比较有权威性的推进机构负责实施。从第5届吉田内阁开始,日本就成立了临时行政改革本部,由副首相任本部长,内阁官房、行政管理厅、内阁法制局长官任副本部长。该本部的任务主要是,协调各省厅事务,切实推进改革。此后的佐藤、福田、大平和铃木内阁也都成立行政改革本部,其组织形式与吉田内阁大致相同。但到中曾根内阁时期,推进改革的组织机构出现了新的特点。

第一，成立了一个由内阁首相、全体阁僚、自民党四巨头[①]、行财政调查会长共同组成的"政府自由民主党行政改革推进本部"，主要协调政府同执政党之间的关系。众所周知，日本政府的政策制订主要由执政的自民党控制，而自民党的政策构想又源于该党的政务调查会。政调会内设有分别与政府各省厅对口的部会。这次行政改革，该会内也设有行财政调查会，专为自民党制定和审议改革方案。"第二临调"提出的各项报告都要先在该会审议，通过后才能成为政府方案。实际上，政府自民党行政改革推进本部是日本政府推进这次改革的领导中枢。

第二，成立"临时行政改革推进审议会"（简称"行革审"），吸收民间人士参加，为推进改革献计献策。"行革审"成立于1983年6月，其主要任务是审议"第二临调"提出的改革方案，安排决定改革项目实施的先后顺序，检查改革方案实施的进展状况，解决改革中出现的某些技术性难题。行革审每周一例会，下设的小委员会和分科会每周至少讨论1—2次，最终结果以"意见"、"答询"或"会长谈话"的方式发表，督促政府实施改革。

(四) 实行强制性的一律改革措施

所谓强制性的一律改革措施，是指不论改革对象具体情况如何，一律实行统一形式和相同数量的改革。行政改革特别是削减人员和整顿机构时，由于各部门本位主义和权力扩张主义作祟，改革方案常常受到抵制。如果实行强制性的一律改革措施，各部门就会心甘情愿，不再攀比，改革就能得以实现。这种方式虽然并非合理化改革，但在上述情况下也不失为"良策"。

战后日本实行强制性一律改革措施的典型事例不少。如1968年佐藤内阁作出"每个省厅削减一个局"的决定，一下子就削减了18个局。1977年福田内阁规定各省厅一律削减课室机构5％，两年内减掉51个课室。这种做法虽然具有某种程度的形式主义和过于机械的缺陷，但是对于打破各省厅的本位主义，控制行政机构的膨胀，有一定的作用。在人员编制和定员方面，也有过5次削减计划。第1次(1968—1971)和第2次(1972—1974)

[①] 自民党四巨头是指自民党干事长、政调会长、总务会长、众参两院议员会长。

削减5%,第 3 次(1975—1976)和第 4 次(1977—1979)为 2.4%,第 5 次(1980—1984)为 4.2%。定员削减计划对整个行政机构一视同仁,但不强求各省厅各职种划一。因而,尽管它同样是强制性的一律改革措施,但比"每个省厅削减一个局"的做法灵活些,具有较好的客观效果。

(五) 及时制订行政法规,限定改革内容,巩固改革成果

日本行政改革的效果比较显著,重要原因之一是日本政府重视行政立法。日本政府在改革中注意坚持:

(1) 用法律形式确定行政改革咨询和推进机构的法律地位、职权范围以及工作时限。日本政府先后成立的各种审议会、调查会、改革本部、行革审之类的机构,都是根据国会通过的相关法规设置的。这样可以保障这些机构的威严,并"名正言顺"地开展工作,同时也增强了其责任心。

(2) 用法律形式认定改革方针、改革对象以至改革步骤。如战后初期行政改革的方针是整顿政府机构和公务员队伍,为此日本政府先后制定了整顿机构和裁减人员的文件,详细规定了裁减数额。80 年代行政改革内容增多,日本政府根据"第二临调"的报告,依照轻重缓急提出了具体的改革步骤,为此国会通过了《总务厅设置法》和《总理府设置法改正案》、《国铁再建临时措施法》等法律,以保障改革的顺利进行。

(3) 用法律形式巩固改革成果。1968 年日本制定《总定员法》,规定了除公营企事业和自卫队以外的政府公务员的最高限额。此后近 20 年,日本公务员数量一直保持这一水平,甚至略有减少。目前日本政府法规严细,仅行政组织法规就有 40 多种,公务员制度法规 30 多种。

以上仅就战后日本的行政改革及其推进措施做些粗线条的归纳。应当指出,日本是高度发达的资本主义国家,垄断资产阶级占据统治地位。日本政府推进的行政改革,客观上有适应行政管理需求、促进经济发展的一面,但其本质是为强化国家机器、维护垄断资本的统治服务的。

(作者鲁义,吉林大学日本研究所,原文刊于《世界历史》1991 年第 3 期)

战后日本公务员制度的形成

田 桓

所谓公务员制度,就是人事行政制度,亦称官吏制度或文官制度。战后日本以《国家公务员法》的制定和实施为开端,把官吏制度改称为公务员制度。公务员制度本来是伴随着资本一主义制度的形成而产生的人事行政制度,但日本在第二次世界大战结束前,官吏只能为天皇效命,不可能称为"公务员"。经过战后改革,"为全体国民服务"的公务员制度才用法律的形式固定下来。本文拟通过论述战后日本公务员制度的形成过程,探讨官吏制度的变迁。

一

日本是一个后起的资本主义国家,明治维新运动开始后,掀起了资本主义产业革命,建立了君主立宪政体,开始了近代化的过程。但是,在这一社会形态发生转化的过程中,仍然保留着许多以往的封建主义因素。资产阶级虽然登上政治舞台,议会民主主义已经兴起,但却受到旧势力的压抑,后来又很快走上了军国主义道路,使日本变成了"一个带军事封建性的帝国主义"国家[1]。代表地主资产阶级的天皇依靠中央和地方政府的大小官僚统治日本人民,这些大小官僚都被视为对天皇"忠顺勤勉"的臣仆,他们是构成

---

[1]《毛泽东选集》(一卷本),人民出版社1969年版,第585页。

官僚制的基本成员,官僚制成为这个国家的一种政治体制。

战前的日本官僚制同西方国家的官僚制比较起来,有某些共同之处,但也有其独自的特点:

(一)以官僚制为特征的统治机构内部蕴藏着不断分裂的因素。推动明治维新运动的是萨摩、长州等西南地区各藩的下级藩士。他们在明治政府中以功臣自居,遂使官僚制统治集团内部存在山头主义、宗派主义势力。

(二)在官僚制内部,残留着封建身份等级制。明治以后的官僚制,虽给一般国民提供了经过考试晋升为各级官吏的机会,但却保留了以往的爵位制度,使之形成了高级官僚和低级官僚之间较为严格的身份等级制。

(三)官民之间存在严重的官尊民卑思想观念。明治政府的低级行政官吏,大多是幕府时代的下级武士。[1] 他们仍然保留着以往高居民众之上、作威作福的恶习。因此,明治维新以后官民对立的局面长期存在,旧的阶级矛盾仍然十分尖锐。

以上三个特点的存在,常常使统治集团内部和统治者与被统治者之间的矛盾不断加剧。这就迫使上层统治者根据政治形势的需要,进行人事行政制度的改革,以便更有效地发挥官吏的统治作用。同时,下层民众反对官吏的专横,渴望获得更多的民主自由,也要求改变这种落后的封建式的官吏制度。然而,这种改革的要求,却被军国主义势力利用了。

早在 30 年代初期,随着日本军国主义势力的不断膨胀,日本开始向战时体制转变,所谓"改造国家"的呼声在军部内极为盛行。1931 年,日本关东军发动侵略中国东北的"九·一八"事变后,在日本国内,1932 年发生了青年军人刺杀犬养毅首相的"五·一五"事件,1936 年又发生了皇道派青年军官刺杀首相和元老重臣的"二·二六"事件。在军部的压力下,广田内阁提出了作为国策之一的行政机构改革问题,并在军队内部首先进行官制改

---

[1] 武士是明治维新前的世袭职业军人,虽然经济生活不富裕,但较平民除有政治特权外,还有任意杀害平民、带佩刀等特权。

革，恢复了军部大臣的现役武官制①，加速了军人干预行政的步伐。这是日本走向法西斯军国主义道路的一个重要步骤。但这时的行政官吏制度改革只是为建立战时人事行政体制，适应侵略战争的需要而进行的。

为了建立有效的行政体制，需要创设一个国策综合机关，统一管理和平衡各省、厅之间，以及中央和地方的人事行政事务。1936年11月，陆、海军共同发表了《政治行政机构改革纲要》(以下简称《纲要》)，在此基础上，广田内阁于1937年1月提出了设立"内阁人事局"的方案。另外，还提出了设立"总务厅人事局"、"内阁人事委员会"等一系列人事改革方案。军部横加干涉包括官吏制度在内的行政事务，表明这时的军国主义势力已经全面左右日本政局，建立军国主义的官吏制度，已成为当时的政治需要。

第二次近卫内阁期间，为了推进所谓新体制运动，官办的国民统一组织——大政翼赞会建立起来了。该组织成立两个月后，即1941年1月就提出《关于官吏制度改革的意见》。这是一个对官吏制度进行全面调查的提纲。大政翼赞会就此提纲的内容向35名对官吏制度有研究的学者、评论家以及政界名人进行了调查，结果大多数支持改革，对其中扩大选考官吏、废除身份保障制、变更官名官职、改革考试制度、设置内阁人事厅等，都表示积极支持。大政翼赞会基于这次调查，又提出了《官界新体制确立纲要》，它的具体改革方针是：加强官吏的责任感，提高工作效率，克服本位主义，确立官民协力体制，以便在所谓的"兴亚行政"机构中充分发挥官吏的作用。

除了大政翼赞会外，还有其他民间团体也对官吏制度提出了改革要求。例如，日本商工会议所提出了《关于行政机构改革的意见——官界新体制确立纲要》。与政府、军部有密切联系的民间团体——国策研究会也提出了《行政新体制纲要试行方案》，其中心内容是，在广泛选拔人才充当官吏时，采取下述措施：官吏的任用和调动应取因材适用的原则；建立赏罚严明的监察制度，加强初任官吏的训练和既任官吏的再训练，加强官民之间、内地和

---

① 军部大臣武官制的变迁是明治维新后日本军部和政党之间斗争的一个焦点。明治前期，由陆海军将领担任军部大臣，大隈内阁期间的军部大臣改由天皇裁定。到1900年第二届山县有朋内阁时，设立法规，确定军部大臣只能由陆海军现役大、中将担任，其后山本内阁时删掉了"现役"二字。到1936年广田内阁时，为了在组阁时尽量排除政党势力，恢复了军部大臣现役武官制。

外地之间、中央和地方之间的人事交流；优待有特殊技能者，改善低级官吏的待遇等。该《试行方案》与其他民间团体提出的官吏制度改革方案内容大同小异，而且其改革要求也大体一致。其核心内容是：强调了设置内阁人事厅之类的机构的必要性，提出了制度性、技术性的改革措施，以达到整顿官纪、鼓舞干劲、改变官吏工作作风的目的。从这一时期的情况看，人事行政改革是作为建立战时体制的一个组成部分，是围绕日本对外侵略战争的需要进行的。在日本法西斯军国主义横行时期，强调总体战体制，要加强战时的权力集中，战时行政也要求各级官吏有专业能力和技术特长，以便能够完成战时急剧增加的行政事务工作量。因此，战前的人事行政改革是与战争相联系的，是在紧急状况下出现的改革。战争结束后转入和平时期，官吏制度要适应和平时期的需要。可以说，日本战前的官制改革方案只能是一些临时的设想。真正深刻的改革，只有在战后新的历史条件下才能实行。

二

1. 战后日本官吏制度改革的背景

第二次世界大战结束后，处于美军占领下的日本，在人民民主运动的推动和在美军占领当局的催促下，实行了大规模的社会改革。这种改革是在不改变资本主义制度的前提下，由掌权的资产阶级进行的，其性质属于资产阶级民主改革。改革的结果瓦解了军国主义势力，消灭了战前的种种封建主义残余，废除了天皇专制主义政体，建立了资产阶级的议会民主主义政体，使日本成为资产阶级议会民主制国家。同时。作为日本国家政治体制重要组成部分的人事行政制度，也发生了相应的变化，从而使战前带有浓厚封建主义色彩的近代官吏制度转为现代西方民主主义形式的公务员制度。

战后初期，日本进行了"非军事化"和"民主化"改革。根据反法西斯联盟各国政府和各国人民的愿望，为了彻底摧毁日本法西斯军国主义势力，驻日美军当局逮捕了一百多名发动侵略战争的战犯，经东京远东国际法庭的审判，对东条英机等七名战犯处以绞刑。紧接着美国占领当局又于1946年初发布了"政治整肃"指令，在取缔所有支持军国主义发动侵略战争的政党和团体的同时,开除了这些政党、团体领导人的现任公职,对从中央到地方的政府官员进行了"政治整肃"。根据《开除公职令》的规定和"公职审查委员会"的审理,到1948年5月为止共有20.4万多人受到审查,19.3万多公职人员被开除。[①] 其结果使日本政界、官界和财界的人事出现了大幅度的更迭,整个上层社会集团的思想面貌发生了新的变化。这种社会背景必然要导致战后日本官吏制度的改革,原因在于:

第一,战前官吏制度改革的种种设想方案的形成,既有军国主义天皇政府内部的原因,也有来自社会上各方面对改革行政机构和人事制度的迫切要求。随着侵略战争的失败和军国主义势力的垮台,按战时体制设想改革的人事行政制度已经失去了意义。但是,来自民间社会各阶层的强烈要求,成为推动战后官吏制度改革的强大动力,从而使战时军国主义体制下无法实现的官吏制度改革,能够付诸实现,获得成功。

第二,从美军占领当局来说,要消除官吏当中对美国的敌对势力和敌对情绪,不可能原封不动地保留以往军国体制下的行政官僚制度。美国对日本的占领是采取"间接统治方式",即美军占领当局在上面发号施令,让日本政府出面进行统治。从这一占领方针出发,美国需要在日本建立起与这一方针相适应的行政机构和官吏体制,以便能够有效地贯彻执行美国对日本的占领政策。行政官吏体制直接关系到占领政策的成败。所以,美军占领当局重视日本的官吏制度改革是理所当然的。正如在占领军司令部中担任公务员事务工作的青年军官埃斯曼说:"占领军的民主化政策,怎样才能被正确的认识,那要看付诸实施的日本政府官员了。如果他们仍然是反动的官僚,且不说占领期间,随着占领结束的同时,他们也许就会把改革一风吹了。"[②]

第三,从战后日本政府方面来看,也有进行官吏制度改革的要求。战后初期,日本政府的领导人虽然多数是战前的政界人物,资产阶级保守势力仍占优势,但是在战后,随着政党活动的恢复,革新势力已经开始登上政治舞

---

① [日]末川博编:《资料·战后二十年史》法律卷,日本评论社1966年11月版,第49页。
② [美]肖道尔·考因:《日本占领革命》下册,TDS布列塔尼卡出版社1983年12月版,第241页。

台,有时在议会和政府中,也偶尔发挥过重要作用。本文所论及的《国家公务员法》,就是在社会党委员长片山哲执政期间制定的。可见,左翼政党对官吏制度改革是持积极态度的。即使保守党方面也认为,旧的官吏体制如不加以改革,就不能适应战后新形势的需要。

第四,战后随着日本军国主义法西斯体制的解体和战后和平宪法的制定与实施,作为行政体制重要组成部分的官吏制度的改革也是不可避免的,而且随着政体的变迁,也必将给官吏制度的改革带来决定性的影响。

上述种种原因表明,战后日本人事制度的改革是大势所趋,是战后初期日本形势发展的结果。虽然社会各阶层对人事制度改革的目的各不相同,但要求改革这一大前提是一致的,这就为后来的改革奠定了基础。

2. 战后日本自行改革官吏制度

战后初期,由于美军占领当局忙于处理占领统治的大政方针,无暇顾及日本官吏制度的改革。在这种情况下,日本政府自行提出了官吏制度改革的方案。它是战前种种改革设想的继续。首先由内阁法制局提出了准备进行官吏制度改革的讨论问答。接着,币原内阁于1945年11月13日发表了《关于修改官吏制度的决定》,其主要内容是:统一官名;官阶同职务分离;废除高等官与判任官①的差别,简化官吏等级;统一薪金制度;防止官吏的频繁更迭;改善高等官的考试制度,建立官吏进修、奖惩、监察制度等。②

币原内阁为了贯彻上述内阁会议决定,通过下述一系列"敕令"形式加以推行。如《各省厅职员通则》规定,除次官、参事官、秘书官以外,官吏的种类原则上分成事务官、技官、教官三种;《官职任用定级令》规定,除亲任官③以外的官吏分成一、二、三级,代替以往的官吏身份等级;《官吏俸给令》规定,把各级官吏的薪俸,用薪俸表的形式统一起来,把原来的敕任官、奏任官④的年薪制改为月薪制。此外,《高等考试令》经过大幅度修改,考试科目

---

① 判任官:根据明治宪法规定,位于高等官以下的官吏等级,由各官署长官任免的官吏。
② [日]辻清明编:《资料·战后二十年史》政治卷,日本评论社1966年8月版,第253页。
③ 亲任官:战前,经天皇特别任命的官吏,如首相、国务大臣、枢密院正、副院长等。
④ 敕任官:根据明治宪法规定,由天皇任命的高等官中的一、二等官。奏任官:根据明治宪法规定,由内阁任命的高等官中的三至九等官。

和方法有了很大变化。上述"敕令"均于1946年4月1日公布实施。

这次官吏制度的改革,废除了战前的敕任官、奏任官和判任官等官名,改用一级、二级、三级官名。但整个看来,它与战时大政翼赞会提出的《官界新体制确立纲要》的宗旨和内容有很多共同之处。这既反映了战后初期日本政府所实行的方针政策同战前和战时比较起来,存在明显的连续性,也反映了它在官吏制度改革方面,只打算在不改变战前官吏制度基本格局的前提下,实行局部的修补。例如,官吏的名称、等级变了,但官吏的任用资格和任用手续都是沿袭原来的规定。由于这些改革内容事先未同美军占领当局进行磋商,特别是这次改革是在新宪法制定前进行的,局限于明治宪法的框框之内,所以,只能是表面的、形式的、非本质的改革。

随着美军占领政策的推行,官吏制度的改革工作也逐步开展起来。1946年10月29日,第一次吉田内阁时期建立的"临时法制调查会"第一次会议提出了《官吏法案纲要》。其内容有九项:(1)官吏的区别;(2)任用和晋级资格;(3)高等考试及普通考试;(4)任用和晋级手续;(5)身份;(6)服务;(7)薪俸;(8)惩戒;(9)考核制度和进修制度。①《纲要》内容同上述内阁的阁议《决定》有若干变化,主要是对官吏服务纪律的要求有明显改变。战前的纪律要求官吏"对天皇陛下及天皇陛下的政府忠顺勤勉",而这次《纲要》则要求官吏成为"全体国民的服务者"。尽管在社会生活中,资产阶级政府的官吏不可能成为全体国民的服务者,但这种口号的变化,反映了时代潮流的变迁。提出这种新的《纲要》正是在公布和实施战后新宪法时期,它同新宪法第15条"公务员的选举和罢免是国民固有的权利"的原则基本一致。随着新宪法的实施,原来以"敕令"形式颁布的《官吏任用定级令》等也分别以法律形式固定下来。

战后初期,官吏制度经过由法制局到临时法制调查会两个阶段的改革,只是初步的,为尔后的深刻改革作了些准备。当美国占领当局插手以后,日本官吏制度才出现深刻变革。

---

① [日]人事院编:《人事行政二十年的历程》,大藏省印刷局1968年版,第33页。

3. 美国推动日本改革官吏制度

虽然美军占领当局起初对日本官吏制度的改革缺乏组织准备,但对这一改革是非常重视的。占领军总部民政局在 1945 年 11 月曾对日本官吏制度进行过比较详细的调查。在民政局提出的《日本的政治改组》报告中,充分研究了日本的政府机构和官吏制度,从而得出了必须进行根本改革的结论。

1946 年 1 月 30 日,在占领军总部行政科担任人事行政工作的青年军官 M. 埃斯曼向占领军总部民政局长惠特尼提出了关于《日本公务员制度的改革》备忘录。其主要内容是:(1)在日本封建专制主义的全部支柱中,只有官僚制完整无缺地被保存下来,改革官僚制的确是重建日本未来的决定性因素。(2)迄今为止,没有改革官僚制的征兆。最高司令部如不施加压力和指导,现在的政府既不愿意也不可能进行改革。(3)现代的民主政府要求民主的、高效率的行政,而当今的日本官僚制不具有管理现代民主社会的能力。(4)日本公务员制度如不彻底实现民主化与现代化,就难以实现占领的各项目的。(5)公务员制度的改革必须是民政局积极关心、优先考虑的事情。①

美军占领当局很重视埃斯曼的报告。同时由于日本政府受到了政府机关职员工会要求提高工资的压力,财政上出现了很大困难,大藏省因此向占领当局提出了要求帮助解决政府机关职员工资纠纷等问题。美方便借此机会向日本派遣一个有权威的"合众国对日人事行政顾问团",来推动日本政府进行全面的官吏制度改革。这时的日本政府迫于政府机关工会运动的压力,只好同意美国占领当局的改革方针。为此,1946 年 10 月 28 日成立了行政调查部,与美军占领当局一起进行深入的调查研究,以便制定适当的改革方案。实际上这是为引进美国公务员制度作准备。

1946 年 1 月 30 日,以美国著名人事行政专家布劳创恩·胡佛为团长的美国人事行政顾问团到达日本。为了双方工作上的协调,顾问团成员同日本行政调查部的成员混合编组,成立四个委员会。第一委员会又称一般委

---

① [日]末川博编:《资料·战后二十年史》法律卷,日本评论社 1966 年版,第 126 页。

员会,由双方负责人组成,全面负责改革事宜。其他三个特别委员会,分别对职级、工资、录用、进修以及其他人事行政等工作进行调查研究。

1947年3月,委员会对大藏、内务、农林、递信、运输各省的3 400名官吏的职务情况作了调查,其目的是为了弄清当时日本各类官吏现行的职务级别、工资和职务之间的关系,以及职务分类的效果。调查结果,胡佛认为,日本的官吏制度缺少现代化的民主要素。特别是官员的考试、录用、薪俸、级别、勤务评定、疗养、退职等各种制度极不完备,封建性旧官僚制仍然根深蒂固。为了彻底打破这种旧的官僚体制,必须制定国家公务员法,把旧式的、腐朽的、落后的各类官吏从其岗位上撤下来,换上新的具有民主主义精神的国家公务员。1947年4月24日胡佛顾问团向美国占领军总司令麦克阿瑟提出了调查报告。其中列举了日本官吏制度的十五条弊端:职员过剩;缺乏纪律;官吏缺乏作为公务员的精神和态度;工资制度不合理;缺乏公平待遇;录用和晋升制度有缺欠;退职金制度不合理;缺少公务伤亡救济措施;进修制度不充分;公务上的安全保险措施不完备,不重视保健计划;缺少娱乐休养计划;勤务评定方法不完备;缺乏人尽其才的方针政策;缺少官吏制度的计划统一性。[1] 这是给日本当时的官吏制度提出一个较为详细、全面的"诊断书"。它断定日本官吏制度是个"重病患者",不动大手术,难以治愈。医治这个"重病患者"的首要处方是制定公务员法和建立人事院,使现代公务员制度法制化,全面废除以往的旧官吏制度。

顾问团根据调查结果,向麦克阿瑟和日本政府提出了关于日本官吏制度改革方案的报告。其中特别强调设置人事院和规定官职的标准,提出了按资格任用官吏的原则;根据职务发给薪俸;提高工作效率;实行公平待遇;维护公共利益,忠于职守;提供退休工资等。这些改革的基本内容为公务员法的制定奠定了基础,而于同年5月3日生效的《日本国宪法》,则为新的日本公务员制度的建立提供了法律根据。6月初,在占领军总司令部民政局内,设立了公务员制度科,具体负责制定公务员法,并着手官吏制度改革的具体工作。这时的日本政府也采取了相应的配合姿态,从而使这项工作得

---

[1] [日]辻清明编:《资料·战后二十年史》政治卷,日本评论社1966年版,第255页。

以开展起来。

4.《国家公务员法》的制定

胡佛顾问团在经过一系列调查研究的基础上,拟定了《国家公务员法律》草案,于1947年6月11日将该草案提交给刚成立不久的片山哲内阁,并促使其不加修改地予以通过。该草案的主要内容是:(1)目的是为了保证公务员制度的民主和有效的工作,以及确立国家公务员制度的标准。(2)国家公务员除极少数处于决策地位者外,包括一切从国库中领取工资者。(3)取民主国家现代人事委员会之长,确立全国性的人事行政机关,并确定其组织、职务、权限等。(4)规定公务员下列几项标准:一切职员均按能力任命和晋升,一切官职都对考试成绩优秀者敞开大门;为尽快审查现有官吏的适应能力而进行考试;为提高工作效率应对职员确定考试、进修、保健、安全、休养、福利等计划,以及勤务成绩的评定;为使职员待遇公平应设惩戒和冤案处理的审查和公伤事故的补偿制度;一切职员要为社会公共利益服务,不为一党一派服务,不许对代表公共利益的政府有争议行为;公职人员应同企业分离;不许职员对宪法和政府主张用暴力颠覆;职员的一切工作时间都要用于完成工作任务;对常年忠于职守的退职官员要给予荣誉和年金。(5)违反该法律者要处以刑罚。①

顾问团的这个法律草案提出了制定公务员法的目的宗旨、国家公务员的范围,建立全国性人事行政机关的必要性及其组织、权限,规定国家公务员制度的标准及法律地位。该法律草案以美国公务员制度为蓝图,对日本当时的官吏制度进行全面修改,促进日本官吏制度现代化。由美国顾问团给日本起草的这项法案,恰好是在《日本国宪法》正式实施后一个多月提出的,自然符合宪法的规定,即具有所谓"合宪性"的特点。此外,尚有两个突出的内容:一是强调中央人事行政机构的独立性,即强调预算独立,对国会有劝告权;不需内阁承认的规则制定权;终审性准司法权。这些特权的规定,表明中央人事机关对现代民主主义国家的立法、行政、司法三大权力机关都有相对独立性,标榜现代国家人事行政管理上的"科学性"。另外一个

---

① [日]末川博编:《资料·战后二十年史》法律卷,日本评论社1966年版,第127页。

是限制和禁止公职人员的团体交涉权、罢工权和政治性活动。这是为了稳定政局,防止动乱,保证国家机器在政局动荡的情况下也能正常运转,以利于资产阶级的统治。这也有利于美国当时在日本推行占领政策。

胡佛在向日本政府提交上述草案的同时,同片山哲总理大臣直接谈论了制定国家公务员法时,应该考虑的五项原则:第一,对日本未来发展要有充分准备;第二,要符合宪法第七十三条及其他条款的规定;第三,标准要简要明了;第四,要考虑日本的特殊性;第五,要能立即实行。① 同时,胡佛敦促日本政府要按上述草案内容尽快制定和实施国家公务员法。由于该草案是美国顾问团单方面草拟的,突然交给日本政府,并要求立即照办,甚至不能修改,这使日方难于接受。因此,日本政府不顾美方的压力,在征求了各省、厅的意见后,写成了《对国家公务员法案的意见》备忘录。据此,片山内阁总理大臣向胡佛提交了日本政府意见书,并同胡佛进行了会谈。日方表示法案要按日本的立法形式,由日本政府向国会提出,而不要给人一种是由外国输入法律的印象。实际上,美、日双方对公务员制度的改革的目标是不同的。美军当局是想从根本上进行大改革,而日本方面则只想修修补补。因此,虽然胡佛急于迫使日本政府采纳他的草案,但片山内阁却在胡佛顾问团因完成任务而宣布解散的前一天,以《官界革新的方案纲要》为题,发表了内阁会议决定。这项决定虽是日本政府根据胡佛的草案内容,在制定公务员法的过程中做出的,但它既有新内容,又有旧形式,体现了日本从旧的官吏制度向新的公务员制度的转变过程。

在胡佛和美军占领当局的督促下,片山内阁由法制局和行政调查部共同协作,经过两个多月的工作,终于制定出《国家公务员法案纲要》。其内容对胡佛草案有两点重要修改,一是削弱了人事院的地位和权限;二是对职员的团体交涉权和政治活动的限制放宽了。修改的主要原因是当时日本政府认为,不应该给中央人事行政机关过多的自主权力,以便于政府对人事行政的控制。对第二点的修改的主要原因是日本当时正处在工人运动高潮时期,工人群众运动强烈要求民主自由,要求同产业工人有同样的民主权利。

---

① [日]井出嘉宪:《日本官僚制与行政文化》,东京大学出版会1982年版,第188页。

这些原因促成了日本政府没有原封不动地照搬胡佛的草案，而是作了重要修改之后，于1947年8月2日经内阁会议决定，8月26日得到占领军总部民政局的承认，次日公布于世。紧接着于8月30日将该《法案纲要》提交给正在举行的战后第一次国会进行审议。

国会在审议过程中，听取了由一些著名的法律学家组成的公法研究会和全国政府机关职员工会的不同意见，对《法案纲要》作了一些细节上的修改：(1)把原案中的"人事院"及其"总裁"改为"人事委员会"和"委员长"。(2)人事委员会地方事务所的设置要得到国会承认。(3)职阶制由法律规定。(4)把原案中禁止职员在公选中当候选人的原则改成可以当候选人。(6)禁止职员在政党和政治团体中当干部只限于法律和人事委员会规则所规定的职员。(7)放宽政府高级职员转到民间企业工作的限制。(8)把临时人事委员的任命不需要众、参两院批准的规定改为需要两院批准[①]。修改后的《法案》虽然是以胡佛草案为雏形，但内容却有重大改变。这个《法案》经国会两院审议通过后，于1947年10月21日正式公布日本《国家公务员法》。这是日本国家人事行政方面第一部比较系统完善的法律。

《国家公务员法》由"总则"、"人事委员会"、"官职的基准"、"罚则"共4章111条和"附则"14条组成。其主要内容是规定国家公务员的任用、升降、调转、等级、奖惩、福利、进修、勤务评定、退职退休、身份保障、政治活动等一系列准则。目的在于加强对公务员的领导和监督，提高公务员的职务能力和工作效率，以便在国家机关中充分发挥良好的统治效能。该法律明确规定了国家公务员有"一般职"和"特别职"之分，所谓"特别职"是指有特别任免规定的职务，例如，内阁总理大臣、国务大臣、人事官、检查官、裁判官、学士院会员等共有十八大类。所谓"一般职"公务员是指除法律规定的特别职以外的公务员，其中包括上自次官以下的高官，下至官厅的清洁工人，经考试考核而被录用的各级官僚属于一般职公务员。

1948年7月1日，该法律正式实施后，便成为战后日本人事行政制度的主要法律依据，它标志着战后日本公务员制度的形成进入到一个新的阶段。

---

① [日]末川博编：《资料·战后二十年史》法律卷，日本评论社1966年版，第130页。

该法律的制定,对战后日本人事行政制度的改革,可以看到下面成果:(1) 为建立一元化的人事行政而设置了有相对独立性的中央人事行政机关——人事委员会;(2) 以职阶制的确定为核心,决定了提高公务效率的各种规定;(3) 把各省事务次官定为特别职,扩大了自由任用制的范围;(4) 建立了国民对一些腐败的公务员的弹劾劾制;(5) 公务员作为市民所具有的权力,在一定限度内得到保障;(6) 保障公务人员的基本劳动权利。

总的来说,在资本主义制度下,这还是一部比较进步的行政法律。它使国家机关公职人员得到了一些相对的自由权利,挣脱了以往的天皇专制制度的桎梏。

5.《国家公务员法》的修改

《国家公务员法》公布后不久,又开始酝酿大幅度的修改。其主要原因首先是1948年美、苏双方冷战形势表面化。美国为了把日本当作防止苏联在远东扩张的防波堤,需要立即改变对日占领政策,停止在日本推行民主改革。其次,《国家公务员法》是在胡佛返美期间制定和通过的。胡佛回到日本后,看到日本修改了他原来的草案,极为不满,因此,他也极力主张重新修改这项法律。这样,在《国家公务员法》刚刚实行不到一个月,即1948年7月2日,美国占领军总司令麦克阿瑟就致函当时的芦田均首相,要求立即修改《国家公务员法》。函中说道:"在政府机关里,工会运动只能在极受限制的范围内活动,决不允许取代或者干扰正当行使职权的行政、司法、立法各机关的工作。""国家公务员法的全面修改,使其适应国家体制是刻不容缓的。"① 于是,在美国占领当局的压力下,日本政府不得不对刚刚实行的《国家公务员法》作了大幅度的修改。

这次修改最突出的是恢复了胡佛原案中的内容。其中主要有三项:(1) 把人事委员会改成人事院,加强其组织和权限,明确其准司法机关的性质,使它在公平地执行人事行政的同时,成为维护国家公务员的福利和利益的强有力机关;(2) 限制国家公务员的团结斗争权和团体行动权,加强服务纪律,不能使用劳动三法(即《劳动组合法》、《劳动关系调整法》、《劳动基准

---

① 参见[日]末川博编:《资料·战后二十年史》法律卷,日本评论社1966年版,第133页。

法》),禁止在职公务员充当公选中的候选人,禁止在政党和政治团体中担任职务,禁止参与政治性活动;(3)缩小自由任用制的范围,各省事务次官等职务又从特别职变成一般职,取消了国民对公务员的弹劾制等。1948年10月第三次临时国会审议了这项修正案,并于11月30日交众、参两院审议。会上,虽然左翼政党表示反对,但由于右翼保守势力强大,法案还是通过了。

从片山内阁期间制定的《国家公务员法》到芦田、吉田内阁期间所进行的大幅度修改,始终贯穿着日、美关系的矛盾,以及日本国内政治舞台上左、右两派政治势力之间的斗争。它是日、美双方保守势力妥协的产物,是战后日本官吏制度改革中的倒退现象和战后民主改革过程中出现的一股逆流。这里主要原因之一是美国对日占领政策发生了变化。

自《日本国家公务员法》实施后,日本又相继于1948年7月公布了《国家行政组织法》,1949年1月公布了《教育公务员特例法》,1950年4月公布了《关于一般职员的工资法律》,1950年5月公布了《关于国家公务员职阶制的法律》,1950年12月公布了《地方公务员法》。此外,还颁布和实施了一些与公务员制度有关的法律。这些法律共同构成了战后日本公务员制度的法规,形成了一套较为完备的现代化国家和地方公务员管理体制。

三

尽管战后日本公务员制度的形成,经过了一条曲折的道路,但它对日本文官制度所带来的变化是很明显的。这里至少可以举出如下两点:

首先是官吏的身份地位发生了变化。由于宪法的修改和国家政体的变迁,给官吏制度的变革创造了条件。由战前"天皇的官吏"变成战后"国民的公仆",尽管这种变化有阶级局限性,但这一变化本身就意味着战前为封建地主和垄断资产阶级服务的官吏变成了战后为整个资产阶级服务的公务员。公务员自身也获得了某种相对的自由,不再按天皇的旨意办事,而是按法律和上级的指示办事。其次,官吏的任免和管理方式发生了变化。战前的高级官吏由天皇任命,战后的公务员由各级行政首脑任命或由国民选举产生。战前的地方官由内务大臣任命,主要官吏由中央委派,战后实行地方自治,地方公务员由地方行政首脑任免,并为地方政府负责。这种公务员制度的形成,反映了战后日本阶级关系的变化,反映了国家的政治权力由封建式的中央集权制转向现代的地方分权制,同时也标志着日本在人事行政方面封建主义因素的削弱以及现代资产阶级民主主义人事行政制度的确立。

综观战后日本官吏制度变革的全貌,可以看出以下几方面的特色。

第一,法制化。如果说战前日本是以天皇为中心的军事封建帝国主义国家,基本上实行"人治"主义统治,那么战后日本经过改革则变成了现代西方式的资产阶级民主主义国家,实行了"法治"主义统治。国家和地方公务员都是根据法律获得地位、行使权力、执行公务。公务员的权利受到法律保护,并对法律负责,而不是对某个人负责。

第二,专业化。由于现代的社会分工日趋复杂化,公务员的职务分工也日趋专业化。战后日本的公务员在就职和晋升之前都要经过较为严格的考试,正式就职前后都要经过严格的专门训练,力求精通业务,成为本职工作的行家。为了提高公务员的业务水平,战后日本政府比较重视对公务员的培养和训练,用在职培训、离职留学、对口交流等方式锻炼公务员的业务能力,从而提高了行政工作效率。

第三,现代化。现代资产阶级国家内的人事行政体制,要求组织严密,讲求效率,否则就难以完成机关的各种行政任务。经过改革,战后的日本公务员制度从公务员法中可以看出有一套比较完整的管理体制,责任和权力比较明确,分工比较合理,又有控制职员人数任意膨胀的定员管理制度。这些都说明,在战后日本公务员制度形成的过程中,吸收了西方发达资本主义国家人事行政制度的成功经验,基本上克服了战前官吏制度的落后性,实现了整个国家人事行政制度的资本主义现代化。

当然,由于官僚制在日本社会中根深蒂固,公务员制度的形成也难以彻底摆脱旧官僚制的影响。公务员制度内仍然保留着旧官僚制的某些思想和作风。比如,公务员利用其特殊地位假公济私,或侵吞公款,或直接受贿;工作上的官僚主义和神秘主义、官治主义、官尊民卑等现象依然存在;行政机构臃肿、效率下降的现象时有发生。但不能不看到现代日本公务员制度的形成对日本战后的发展所带来的影响。如果说战后的各项改革是日本非封建化的过程、民主化的过程,那么,日本"官僚制的改革,就是日本民主化的核心"①。公务员制度的形成调整了整个日本的人事关系,培养了大批能干、懂行的国家和地方行政官员。

其次,公务员法中有关一般在职国家公务员不受政局动荡影响的规定,有利于保持国家机关行政工作的稳定性和连续性,工作免受损失,甚至在全国出现"政治空白"的非常时期,也能保证国家机器的正常运转和各种政策的贯彻执行。通过这种非军事化的改革,日本由第二次世界大战结束前的"武官独裁"变成了战后的"文官治国",使一大批所谓的"经济官僚",即经济部门的国家公务员,在战后日本经济高速增长的过程中,发挥了相当重要的作用。所谓国家干预经济主要就是通过这些"经济官僚"来实现的,他们在国家的决策中起着核心作用。

日本的战后改革是一次涉及整个日本社会各方面的大规模体制改革,而官吏制度的改革即公务员制度的形成则是战后改革的重要内容之一。美国占领当局在改革中所起的作用是不能否认的,但是归根结底改革的动力在于日本内部。正如美国学者赖肖尔所说:"占领下的改革所以能取得很大成功,是因为改革的方向正是日本内部力量所推进的方向";"从根本上说,决定战后日本变革的绝不是占领军,占领军只不过是起了促进作用。"②外因总是通过内因起作用的,包括官吏制度在内的日本战后各项体制改革,都是在战后初期日本人民民主运动的高潮中实现的。战后初期,美国对日政策,基本上顺应了当时日本人民民主运动的形势,从而使日本的战后改革得以全面展开,并获得了显著的成果。

(作者田桓,中国社会科学院日本研究所,原文刊于《历史研究》1985年第 6 期)

---

① [日]升味淮之辅:《战后政治》,东京大学出版会 1983 年版,第 279 页。
② [美]E. 赖肖尔:《日本人》,国弘正雄译,文艺春秋社 1979 年日文版,第 113 页。

战后日本中央集权下的地方自治

熊达云

一、历史回顾

自从源赖朝于 12 世纪初在镰仓建立第一个幕府至明治维新,六百余年间日本一直是个诸侯割据的社会。形式上中央虽有天皇,但其经济地位仅仅相当于一个中小"大名"(地方上拥有势力的武士豪绅),军事上又无自己的直辖武装,因此只能望"侯"兴叹,在京都城内与群臣吟花弄月,赋诗填词,消磨时光。幕府将军虽然拥有全国的军政大权,也不能号令全国。各藩藩主世袭,在政治、经济上对中央有相当程度的独立性、自主性,俨然是"国中之国"。古代日本既谈不上中央集权,也谈不上现代意义上的"地方自治"。

资本主义的洪流冲开了日本的锁国大门。在具有资产阶级思想的中下级武士推动下,日本的新兴资产阶级和广大农民阶级推翻了盘踞日本政治舞台 200 多年的德川幕府,这就是 1868 年发生的"明治维新"。但是,由于日本是一个资本主义经济很不发达的东方国家,资产阶级身上还残留着很深的封建烙印,这就决定了明治维新的不彻底性。因而日本在明治维新以后,没有向着西方的议会政治继续迈进,而采取了"王政复古"的形式,在天皇的名义下实行高度的中央集权。

明治维新虽然打倒了德川幕府,但"百足之虫,死而不僵"。各地封建势力,特别是幕府的嫡系诸侯对失去经济特权心怀不满。他们拥兵自重,对新政权构成潜在的威胁。为了消灭使日本重新陷入混乱和割据的隐患,扫除日本资本主义发展的障碍,新政府毅然于 1871 年实行"废藩置县",取消藩主的世袭地位,调京赋闲,割断他们与地方政治的联系,并从维新有功的中下级武士中挑选才智兼备者充任各藩、县知事,以保证中央政策的贯彻执行。

这一重大行动剥夺了各藩藩主的固有特权,从根本上保证了新政权的中央集权。但是,这种中央集权的领导体制很快发展成为藩阀专制。萨长土肥四强藩自恃维新有功,几乎垄断了中央到地方的各级领导大权,连维新有功的中小资产阶级也被拒之于新政权之外,更不用说广大农民了。这种情况引起全国人民的不满和反对。1874 年,爱国公党在《设立民选议院建议书》中指出:"观方今之政权所归,上不在帝室,下不在人民,而独归有司(藩阀官僚)",要求设立各级议会,广开言路,让广大中小资产阶级参政。就连长州藩出身的政府实权派木户孝允也不得不承认:"政府不察边陲,不顾数百年来之惯习,多有粗暴武断,似已失意于人民。"

面对人民严重不满的情绪,明治政府的实力人物、内务卿大久保利通于 1878 年提出了《改定地方政体及地方官职制、设立地方议会之主张》的文件。文件中,大久保对各级地方组织的性质提出了新的看法。他认为,府县郡市兼具两种性质,既是行政区划,又是居民社会的独立区划;町村则只是居民社会的独立区划。因此,他建议可先让町村享有分权,按"独立公权"的原则处理所辖事务。为此,地方可以成立议会,"凡地方独立权限之内的事情,皆由该地议会,即居民全体,共同负责其利害得失"。他认为这样做,"不仅地方得以安宁,对国家之安宁亦将收效甚大"。

政府采纳了这项建议,于同年 7 月制定并颁布了《郡区町村编制法》、《府县会规则》、《地方税规则》,史称"三新法"。三新法给予地方一定的自主权、自治权。它规定,村吏由任命制改为选举制;府县议会议员由具有一定资格的选民选举产生;地方可以在一定范围内征税并决定其用途等等。虽然三新法的主要目的是安抚地方上的中小资产阶级,对地方自治、自主加上了很多严格限制,但它毕竟前进了一步,给日本政治生活带来了活力。

自由民权运动吓坏了软弱的资产阶级领袖和脆弱的新政府。政府中的第二号人物岩仓具视惊呼地方自治打开了"人民犯上之道",并使其滋生了"蔑视政府的思想",认为现在应优先实行尊重中央、发展产业的政策,不宜过早地实行地方自治,把发展资本主义经济与发展资本主义民主对立起来。他要求中止府县议会,进而加强集权。于是,具有微弱地方自治色彩的"三新法"被停止实行。町村长以至府县知事又改为任命制,各级议会被置于行政首长的严格监督之下。后来,经过内务大臣山县有朋的精心设计,日本地方的领导机制基本上照搬了德国的模式,地方的自治权十分有限,而中央的控制非常严密。

日本法西斯军国主义统治确立后,地方自治被完全取消。各级地方的领导机构变成了支持法西斯军国主义实行对外侵略、对内镇压的基层组织。

日本投降后,在国内进行了一系列资产阶级民主化改革,建立起不同于战前的政治制度,其中在地方制度上则确立了地方自治的原则,新颁布的宪法还专门辟出一章规定地方自治的宗旨。为了贯彻实施这一原则,日本国会又相继制定了一系列有关地方自治的单项法规,如《地方自治法》(1974.4)、《地方财政法》(1948.7)、《地方交付税法》(1950.5)、《地方公务员法》(1950.12)、《地方公营企业法》(1952.8)等等。经过战后40多年的不断充实,地方自治已经扎下根来,并在日本政治中占有重要地位。

但是,日本的国家结构形式属于单一制,与联邦制国家实行的地方自治不完全相同,它是在中央集权下的地方自治,具有日本的特色。

二、地方自治体的运营机制

日本的地方自治体分普通地方公共团体和特别地方公共团体两类。前者指都道府县及市町村,后者指特别区、地方公共团体的组合、财产区及地方开发事业团。特别区的建制只适用于东京都。东京都共有23个特别区,每个区都是独立的自治体。

1. 地方自治体的行政事务由法律规定

都道府县市町村及特别区在法律上都是各自独立的自治体,不存在上下级和领导与被领导的关系，它们应负责的行政事务都由法律规定。《地方自治法》对国家、都道府县及市町村各自的行政范围有明确详细的区分。根据事务的性质，地方的行政事务大体可分成两部分，日本把它叫做"固有事务"和"委任事务"。所谓"固有事务"，系指纯粹的地方行政，其中又包括"公共事务"和"行政事务"。"公共事务"指市政建设和公共设施建设。如设学校、办医院、管理市场、建设住宅、公园、铺设并疏通上下水道等等。"行政事务"则管辖地方治安、防治灾害、维护交通、社会救济等。

所谓"委任事务"，即中央政府交给地方经办的事务，可分成"团体委任"和"机关委任"。"团体委任"系指交给地方自治体集体经办的事务，如失业对策、国土综合开发等。在这方面，地方自治体发挥部分国家机能的作用。"机关委任"则是中央各省（部）委托地方自治体首长或其下属委员会、部局经办的事务，如户籍管理、国会议员选举、征税等。

除以上所述外，都道府县还负责制定地方的综合开发计划，开发并保护水电、林业资源，建设地方公路，疏浚河道，推进大规模的土地改良事业；推动义务教育，制定区域性社会福利标准，调解劳资纠纷，稳定就业；充当国家与市町村间的联络人等。

2. 议会在地方自治体中的作用

地方的立法机构是议会（町村称总会）。议员人数根据地方人口的多少而定。都道府县最低为40人，最多不超过130人，市议会由30—100人组成，町村议会则为12—30人之间。这些都由法律作出明确而具体的规定，不能随意变更，以防止议会不断膨胀。

议员通过选举产生，任期4年，为了保证地方自治体的相对独立性，《地方自治法》规定，地方议会议员不准兼任国家众、参两院议员，也不准兼任其他常勤职务。

议会的权限比较大，它可以制定、修改或废除地方性法规、条例；有权决定地方预算，批准决算；有权弹劾地方首长，在有三分之二议员出席的议会上，经四分之一以上的议员通过对地方首长的不信任案时，该首长必须辞职或在10天内解散议会，但是，如果在新选议会第一次会议上，有半数以上议员再次通过不信任案，该首长必须下台。

议会由地方首长号集，会议分例会和临时会议。例会每年举行4次，临时会议视情况而定。会议实行多数表决制，当赞成与反对的意见票数相等时，由议长裁定。如果地方首长认为议会的决议需要复议，议会必须重新审议，但当三分之二的议员再次通过后，该议案即为最终决定。

议会是地方自治体的关键机构，各党派都企图争夺对它的控制权，以左右或影响地方的行政。正如国会由自民党执其牛耳一样，地方议会中也是自民党占优势。据统计，1981年都道府县议会定员为2883人，自民党即达1535人，占53%以上，而日本最大的在野党社会党仅有406人，约占14%。

3. 地方行政的运营

各级地方行政分别由都道府县的知事、市长、町村长及其所辖的行政机构负责实施。知事、市町村长皆由选举产生，任期为4年，可连选连任。但多次连任者很少。据1982年的材料统计，知事中连任三次以上的只有9人，占19%，市长、特别区区长中有127人，约占18.7%，町村长491人，约占18.4%，绝大部分只能连任2次。各级地方行政首长为了连任，特别重视与选民建立经常性的联系，或定时到选民中去了解民情，或会见选民代表，倾听选民的建议和呼声，有的甚至亲自参加一般居民的冠婚葬祭活动，以此笼络人心。同时又想方设法把本地的事情搞好，一般在任期内都要选择几项有影响的事业作为建立政绩的突破口。

地方的行政机构比较精简。除正职外，都道府县只设副知事1人，市町村则只设助理1人，任期亦为4年，如不称职，随时可由正职解除其职务。

都道府县设有若干部局。为了防止机构重叠，人员臃肿，《地方自治法》规定按管辖范围的大小设置不同数目的部局，最多可设10个局（如东京都），最少者可设4个"部"（人口不满100万的府县）。此外，行政机构内还设有一些非专职的委员会，分管一个方面的工作，如教育委员会负责管理本地区的教育、文化事业，选举管理委员会负责管理选举事务等。

地方行政首长主管的事务大致有9个方面。除负责处理本地区日常事务外，还有：向地方议会提出议案；负责编制并执行预算；征收地方税；请求议会批准预、决算；监督财务等。为了保证分权制衡原则的实施和地方行政首长"廉洁奉公"，知事、市町村长作为地方公务员不能兼任国家众、参两院议员,也不能担任地方议会的议员职务,还必须脱离私营企业,并不得在以营利为目的的机构中兼职或接受委托为其服务。

地方自治体中的行政工作人员,则按照《地方公务员法》通过考试择优录用。

4. 居民的监督作用

地方自治给予居民各种权利以监督地方议会和行政机关正确行使职权。据规定,居民除依宪法拥有选举权和被选举权外,还拥有如下权利:(1)修改地方条例权。只要有本地选民五十分之一以上的人联名,即可要求议会修改或废除地方的某项条例。对此,地方行政首长必须在20天内召集议会审议并公布结果。(2)要求解散本自治体议会,罢免议员、议长等官员的权制。当有全体选民三分之一以上联名,可要求解散议会,选举管理委员会应公布这一请求并组织全体选民投票表决。如获过半数选民同意,议会即行解散。议员、议长及其副职和行政首长以下官员不称职或被发现有违法行为时,选民有权要求罢免他们的职务。(3)对地方的财政监督权。有选民总数五十分之一以上联名,可要求监查委员检查财务的执行情况,地方官员有营私舞弊或损公肥私行为时,居民可以提出书面请求,清查涉嫌者。监查委员必须在60天内认真核实并采取措施,等等。

三、地方财政中的所谓"三分自治"

地方财政是地方自治的核心,其财政收入的多少直接关系到自治程度的高低。地方财政收入的来源大致可分成三部分:第一部分是地方可以自主支配的,主要有地方税收、使用费、手续费及地方让与税;第二部分系由中央交付地方使用,中央行使监督管理权的财政收入,主要有中央交付地方税、国库支出金等;第三部分是地方公债。

首先,关于地方税。据税法规定,都道府县的税收有企事业税、县民税、机动车税、饮食服务消费税、不动产登记税等15种;市町村的税收则有市町村民税、固定资产税、城市计划税、电气税、特别土地保有税、事业税等16种。据统计,地方按此征收的地方税与国家征收的税款比例约为3:7。如

1973年,全国税收总额中,中央占68.4%,地方占31.6%;1978年,中央占66.2%,地方占33.8%;1983年中央与地方各占63.3%和36.7%。这一比率除略低于美国(35%)外,大大高于其他资本主义国家的英国(13%)、西德(12%)、法国(13.9%)和意大利(11.4%)。

地方税收在地方财政收入中的比例也约为30%—40%,如1965年占34.6%,1970年占37.1%,1974年35.1%,1982年略有上升,达到40.6%,1983年旋即下降为37.1%。60年代日本地方自治体和学术界流行的"三分自治"的说法,就是指地方税收在全国税收总额中,以及地方税收在地方财政收入中所占30%左右的比率而言。

其次,关于中央交付地方税。它的前身是地方交付金。1949年,美国占领军曾向日本派遣了以哥伦比亚大学教授肖普为团长的税制使节团,提出了改革当时比较混乱的税制的建议。地方交付金制度就是根据肖普使团的建议为改善地方财政困境而建立的。地方交付金又叫"财政平衡交付金",即由中央向地方拨款,弥补地方财政中入不敷出的部分。这种办法,对于改善当时的地方财政状况,尤其是对于贫穷地区的财政状况的改善,曾发挥了一定的积极作用。但由于"财政平衡交付金"制度在确定"标准行政需要额"和"标准税收入额"等方面存在缺陷,不能有效地控制地方财政规模,因而导致地方财政盲目膨胀,过度依赖中央拨款,使中央财政负担加重,影响中央把资金用于急需的地方。1954年,对此进行了改革,改为中央交付税制度。所谓交付税,就是中央按一定比例把国税中的所得税、法人税及酒税(其比率1954年约20%,后来逐步增加到30%,现在《地方交付税法》已明文规定为32%)拨付给地方使用。这样既使地方公共团体均等地执行其应办的业务,维护自己的独立自主性,同时又能防止地方财政盲目膨胀。

中央交付地方税由自治大臣负责发放。都道府县知事每年要向自治大臣提出本地年度财政需要额及有关资料和账目。自治大臣据此确定各地的交付税额。分配交付地方税额时,中央按道府县(东京都除外)的财力指数把它们分成B、C、D、E 4个等级。B为最高财力指数。分配交付税额与财力指数成反比,指数越高,得到的交付税额越少。据1982年的统计数字,B、C、D、E 4个等级的地方自治体所获得的地方交付税分别占本地财政收入的

11.2%、22.8%、26.1%和28.9%。按平均值计算,地方交付税在地方财政收入中的比率大体在17%上下摆动。中央交付地方税又分成"普通交付税"和"特别交付税"两部分,前者占总数的94%,后者占6%。普通交付地方税分四次发放,4月及6月分别发放四分之一,9月发放余额的二分之一,11月结清。特别交付税则在12月发放三分之一,次年3月结清。

国库支出金分为负担金和补贴两部分。负担金指国家负担一部或全部的费用,如义务教育普及费、基础设施建设费、福利保健费等42个方面。国家负担比率一般为经费总额的三分之一或二分之一。如《义务教育费用国库负担法》规定,国家负担各都道府县九年义务教育中教职员工资、教学用具、教材所需实际费用的二分之一,如该地有特殊困难,国家可负担其全部实际费用的二分之一。

地方经办的纯国家事务,如国会选举、最高法院法官的国民审查投票、各种全国性统计调查等,由国库负担全部费用。

补贴是中央拨给地方的专项财政外补助。补贴的发放,使用控制都很严。接受补贴的事业完成后,中央主管部门要对其进行检查,以便使补贴确实发挥效益。如发现地方弄虚作假或将补贴挪作它用时,中央主管部门有权限期追回补贴款,并按10.95%的利率加处罚款。如逾期不还,再加罚10.95%。地方骗取补贴或中央通过发放补贴收贿,可对当事人处以5年以内的徒刑或100万日元的罚款。

国库支出金占地方财政收入的比重很大,1965年为24.3%,1970年为20.6%,1974年为21.2%,1983年20.1%,这反映了地方财政对中央的依赖程度。

最后是地方公债。当上述二部分收入仍不敷支出时,地方可以发行公债。《地方财政法》规定,地方可以在下述五种情况下发行公债:(1)筹措交通、煤气、水道事业及其他公营企业所需资金;(2)用作投资和贷款;(3)借、换其他地区地方公债;(4)救灾;(5)筹措公共设施或公用设施的建设资金。由于中央在确定国库支出金时,往往采取压价或故意压低预算的办法,使国库支出金大大低于实际需要,从而使地方承担了超过法定标准的费用,日本把它称作"超额负担"。据统计,1974年全国地方财政超额负担达6 360亿日元,占地方财政总额的 57%。加上地方建设规模时有失当,因此,地方不得不依靠发行地方公债来筹措很大一部分资金。

据有关税法规定,拥有大型工厂或发电厂的地方,可以获得居民税、固定资产税、事业税的法人分成等收入。为了扩大本地财源,各地不仅十分注意发展中小企业,而且很重视创造条件吸引资本家到界内投资建设大企业。特别是自然条件较差的地方,更是不惜投入大量资金创造良好的投资环境,这也在一定程度上加重了地方财政的负担。

四、中央对地方的监督与领导

日本中央政府对地方的监督领导,不是通过直接的行政命令,而主要通过以下四种形式进行。

(1) 法律制约。《地方自治法》规定,地方自治体处理公务必须遵照国家法律、法令或政令。国家为此制定了名目繁多的法规。市町村、特别区不仅要依照国家法律办事,还不得违反所在都道府县的条例。

当地方首长执行公务时违反了有关法律,中央主管部门大臣可以书面形式指出,并责令限期纠正。如地方首长不予置理,主管大臣可向高等法院起诉。地方首长如果仍不执行法院判决,法院可判由主管大臣代行其职权,内阁总理则可罢免被告的职务,被罢免的知事、市町村长,自罢免之日起二年内不得担任国家官吏或地方自治体的公职。

中央通过法院对地方实行监督,既可有效地防止地方各自为政,又能在一定程度上限制中央政府越权干预。

(2) 财政控制。如前所述,在地方财政中,地方自治体可以自主支配的财政收入并不很高,不足部分要仰赖中央交付地方税和补贴拨款,中央即借此钳制地方,迫使地方服从中央。因此,都道府县的知事每年要花费很大精力去争取中央的财政支持。

(3) 委任事务。中央通过向地方交办"团体委任事务"和"机关委任事务"来控制地方行政。据统计,"机关委任事务"几乎占自治体业务的 70% 以上,使地方行政首长整天忙于处理中央交办的工作而无暇对地方的行政作有效的长远考虑。对此,许多学者提出批评,认为它损害了地方自治原则,损害了地方居民的利益。

(4) 行政监督。其办法大致有三种:第一,加强自治省对地方自治体的"联络协调"和"指导",中央各部则普遍向地方派驻机构或"驻在员",如以数个府县为单位的财务局、公安调查局,以单一府县为单位的地方法务局等,其任务就是对地方实行行政指导和监督。第二,中央机构向地方自治体输送干部,进行人事渗透,达到监督和控制的目的。中央派出的干部大都学历高,年纪轻,又具有在中央机关工作的经验,因此在地方上都能被委以要职。据统计,1973 年自治省向各都道府县输送总务部长 30 人,财政课长 24 人,地方课长 20 人,加上其他干部,总计派出课长以上官员 160 余人;建设省向地方派出土木部长 43 人,几乎控制了各府县的土木行政。其余各省情况亦与此类似。这些干部到地方任职后,仍听命于原来所在中央机关的指示,对地方行政产生牵制、影响作用,被称作"下凡派"干部。第三,组织地方行政联络会议。中央把全国分成 9 大行政联络会议,由都道府县知事、政令指定市市长及中央机关的有关官员参加。行政联络会议主要任务是协调各府县之间的行政,讨论、研究地区性的中长期发展规划。会议结果必须报告自治大臣和各主管大臣。这样,中央可以透过这个窗口了解地方的情况和动向,适时地加以指导。此外,内阁每年要召开知事、市长、町村长大会,对地方的政治、经济等工作给予政策性指导。

五、地方自治的利弊及其前景

自从法国资产阶级在革命时期,为了反对封建专制和要求参预政权开始实行地方自治以后,至 19 世纪和 20 世纪初期,西欧、亚洲、拉丁美洲许多国家纷纷效尤以至今日。地方自治在资本主义国家中仍具有生命力,说明这种形式的地方管理制度存在着合理的成分。同时,在今天,如何处理好中央与地方的关系,如何更好地调动和发挥地方的积极性,也是社会主义国家面临的一个重要问题。从战后日本实行地方自治 40 余年的过程中,我们可以看到日本的地方自治具有以下几个特点。

(1) 日本的地方管理制度所遵循的是中央集权下的地方分权原则。国家用法律形式明确划分中央与地方的职责范围，一些涉及国家根本利益的权力，如制宪权、军事国防权、警察治安权、审判权、邮政电讯经营权、外交权等都由中央集中掌管，地方无权干预；同时把绝大部分地区性的行政事务划归地方自治体管理。这样，既保持了中央集权，又使中央政府摆脱了大量地方性事务，还使地方自治体有一定的活动余地，使它有可能发挥自己的主观能动性，结合本地区的实际情况制定地区性发展战略，促进地方经济、文化事业的发展。另一方面，中央又可以通过各种手段适时地对地方加以指导或限制，有效地防止地方权限过大而失去控制的现象。这种体制比较符合日本国土狭小、交通发达的特点，基本上适应经济、文化发展的需要。

(2) 中央与地方的财政关系比较稳定。首先，国家通过税收政策把中央和地方的财力安排在一个相对稳定的范围内，日本税收中国家税与地方税的比率一般控制在 7∶3 或 6∶4，既使中央政府能够集中国家的大部分的财力，有计划、有目的地兴办从国家全局来看属于关键性的项目，也使地方能随着生产的发展每年获得一定的稳定收入。其次，中央通过地方交付税和国库支出金等对国家收入实行再分配，根据各个地区的不同发展情况给予财政补助和拨款，使地方不至于因财政拮据而无所作为，又能在一定程度上缓解地区间发展的不平衡。最后，政府鼓励、支持地方自治体积极发展地方经济，允许地方发行的地方债券，提高了地方挖潜增收的积极性。由于这一系列措施都是通过经济手段而发挥作用，因此，较好地避免了有些中央集权国家中对地方"统则死，放则乱"的弊端。

(3) 缓和了自治体内的阶级矛盾，有利于社会稳定和统治阶级的统治。一方面，居民在法律上对自治体的行政财政事务拥有较大的发言权、监督权和制约权，居民在一定范围内既可以利用合法权利监督地方行政，又可以开展合法斗争来提高自己的民主自由权制，改善生活条件和福利待遇，因而提高了他们关心本地区经济、文化建设的热情。另一方面，各级地方官吏必须通过选举产生，在一定程度上限制了"任人唯亲"及裙带风的蔓延，也在一定程度上减少了地方官吏依附中央权势的现象，迫使各级官吏收敛武断、专横，甚至独裁的专制作风和不关心居民疾苦、只顾自己升官发财的官僚作风。这样,统治者与被统治者之间的矛盾局部地得到缓和,减少了激烈的阶级对抗和冲突,因而在客观上为经济的高速发展创造了较好的环境。

但是,日本是一个垄断资产阶级占统治地位的国家,地方自治的实质是以对人民最小的让步、改良来维护、巩固其资产阶级专政的统治。因此,它既不能实现真正的地方分权原则,也不可能从根本上取消资产阶级自上而下的官僚统治,存在着许多缺陷和弊端,以下仅举二点,以窥全豹。首先,地方自治体内的选举很难做到公正、平等。地方上的资产阶级代表人物为了在地方自治体内争得一官半职,控制地方事务,常常利用他们在经济上的优势地位,采取非法手段进行贿赂,收买选民,影响选举结果。这种丑行时有所闻,仅1979年,被揭露、拘捕的地方选举违法人数多达20 307人。显然,这样的选举只能有利于那些有权势和地位的资产阶级,也就很难保证地方自治体内的政治、行政实现充分的民主。

其次,垄断资产阶级控制的中央政府千方百计刁难、排挤、打击地方自治体内的异己力量。如担任东京都知事达10年的前知事美浓部亮吉是社会党党员,原社会党委员长飞鸟田一雄也担任过横滨市市长。同时还有一些共产党人士担任市町村长。对于这些自治体,中央政府总是借助各种手段刁难打击,其中一个最重要的手段就是在财政上实行限制和克扣,从经济上卡地方的脖子,达到搞垮地方自治体内异己力量的目的。

这些情况严重地影响了地方自治原则的全面贯彻,受到民主、自由、进步力量的批评和揭露。他们要求缩小中央集权范围,进一步扩大地方自治权限。为此,他们提出必须改革国家税收制度,改善地方财政状况。有的学者建议,为了从根本上增加地方自治能力,减少地方对中央的过分依赖,放宽中央对地方的控制,必须大大提高地方的经济实力。他们提出把国家税与地方税在全国税收总额中7∶3或6∶4的比率改为5∶5或3.5∶6.5,并主张减少国家委托给地方经办的"委任事务"。

另一方面,还有些人对目前的地方自治体制也怀有不满。他们认为地方自治体对资本家发展生产干预过多,影响了他们事业的发展,因此主张取消目前实行的都道府县制度,实行道州制,把日本分成一道(北海道)六州(东北、关东、中部、近畿、西海道、九州)的七个经济区,以便消除府县之间为了本地区利益而互相扯皮的弊端,适应社会向情报化、信息化方面发展的需要。这种建议从根本上说有利于中央对地方的控制,有利于加强中央集权,因此颇受中央政府的欢迎。

参考书目:

1. 《岩波六法全书》地方自治法规部分
2. 信夫清三郎:《日本政治史》第二、三卷
3. 辻清明:《日本的地方自治》
4. 都丸泰助:《地方自治制度史论》
5. 天川晃:《地方自治制度的改革》(《战后改革》第三卷)
6. 《日本国势图帐》
7. 《地方自治便览》1982 年版
8. 和甲八束:《现代日本的地方财政》
9. 石井金一郎:《现代日本的政治》
10. 内野达郎:《战后日本经济史》中译本
11. 岛崎稔:《现代日本的城市与农村》
12. 杨柏华、明轩:《资本主义国家政治制度》
13. 《地方政治》(日文期刊,1986 年 1 期)
14. 《自治研究》(日文期刊,1986 年第 1、2 期)

(作者熊达云,山梨学院大学法学部,原文刊于《政治学研究》1987 年第 5 期)

论政治腐败对战后日本政局的影响

张跃斌

政治腐败是许多国家在政治现代化过程中所面临的严峻挑战之一，它在两个意义上影响着政局稳定乃至于社会稳定。第一，政治腐败践踏了公平和正义，造成法律的变形和扭曲，以至于道德的败坏和沦丧，从而挑战了正常的政治秩序和社会秩序。第二，治理政治腐败是一个艰难的历史过程。从世界历史来看，不同的国家，在不同的历史时期，就政治腐败而采取的措施和对策有着大相径庭的结果；有的国家能够通过一些有效的作为，在一定程度上抑制腐败，从而促成国家的稳定和发展；有的却被腐败问题所束缚，陷入长期的混乱和内斗之中。

就战后日本而言，政治腐败作为政治生活中的一个重要内容同样引人注目，构成日本政治史的一个重要侧面。从战后历史来看，政治腐败问题虽然没有造成严重的社会动乱，但依然造成了日本政治的动荡，并进而对日本社会造成了重大的影响。可以说，政治腐败是引发政局不稳或者政局动荡的主要因素之一。可见，政治腐败对政局的影响是一个值得深入研究的课题。不过，探讨战后日本的政治腐败时，我们会遭遇一个特别的困境，那就是：政治腐败是一个很难量化分析的问题。事实上，关于腐败的信息，绝大多数来自于腐败案件的曝光，也就是说，我们所认识的政治腐败往往是与反腐败紧密联系在一起的。对曝光案件的深度挖掘，使我们得以一窥政治腐败的深度和广度。有鉴于此，本文主要结合战后日本在不同历史时期的三次具有代表性的腐败案件,即造船贪污案件、洛克希德案件、利库路特案件,就政治腐败如何影响政局进行考察。①

一、造船贪污事件对政局的影响

战后初期具有代表性的政治腐败案件,可以举出吉田茂执政末期即1954年发生的造船贪污事件。该事件的背景是日本政府对重点产业的扶持政策:战后,为了支持和鼓励海运业和造船业的发展,日本政府对造船计划实施优惠政策,提供贷款并进行利息补贴。在这个过程中,海运业和造船业的经营者为了增加贷款额度和利息补贴的比率,对政府运输省和保守党的高层大肆行贿,最终使相关法案得以通过。1954年1月,东京地方检察院对此立案侦查,先后逮捕了政、官、财界共71人,其中34人被起诉。② 但是,在案件调查的关键阶段,也就是最高检察厅要求逮捕自由党干事长佐藤荣作的时候,总理吉田茂指示法务大臣犬养健行使所谓的指挥权,阻止检察机关采取这一措施,从而使该案件无法继续深入,最终半途而废。该案的审判从1958年开始,1960年结束。最终,只有3名议员被判有罪。很有讽刺意味的是,当时最大的嫌疑人之一佐藤荣作,不仅后来当了7年之久的内阁首相,甚至还获得了诺贝尔和平奖。

从规模和层级上来看,造船贪污事件是一个窝案,牵涉面很广,牵涉层级很高。如果进一步蔓延,执政党将面临沉重打击。第一,作为执政党,自由党只有200个左右的众议员席位,是少数执政党,如果作为主要干部的干事长被逮捕,其执政地位就岌岌可危。第二,自由党当时还向国会提出了两个重要的法案,这就是"自卫队设置法"和"防卫厅设置法"。在造船贪污事

---

① 基金项目:本文系中国社会科学院创新工程项目"近代以来国外社会变革和社会稳定转向研究"亚非拉子项目的阶段性成果。作者简介:张跃斌,中国社会科学院世界历史研究所副研究员,研究方向为日本近现代史。关于战后日本的政治腐败问题,国内学术界在论及战后日本政治的时候,一般都会涉及。值得一提的是,冷褒青的《战后日本的腐败与治理——以震撼政坛的四大腐败案为例》(中国方正出版社2013年)一书,从专业的法律角度探讨了战后日本的腐败问题及其治理,并结合中国的实际情况进行了分析。本文的重点在于探讨不同历史时期政治腐败影响政局的不同面貌及其原因,总结其中的启示和规律。
② [日]佐藤功、野村次郎编:《戦後政治裁判史録2》,第一法规出版株式会社,1980年,第317页。

件影响扩大的情况下，法案可能被搁置，自由党的执政能力将被严重削弱。正是意识到事态的严重性，吉田茂领衔的行政当局制止了对该事件的进一步调查。因此，造船贪污案件对政局的影响可以称为是轻度的、短时段的，大体上被行政当局所掌控，没有改变政局的走向。

吉田茂之所以敢于介入司法，从而损害所谓的三权分立原则，既与其个人风格、个人对贪污腐败的认识有关，还与相关的法律规定有关。战后初期，吉田茂仰仗美国占领军的权威，喜欢独断专行。有学者指出："他身上具有明显的贵族主义因素，自命不凡，独裁专断。"①同时，吉田茂个人对于该事件缺乏正确的理解和认识。1954年8月，吉田在自由党的一次会议上大放厥词说："到底贪污的定义是什么？为什么非得逮捕干事长？有人说政党的账目不清，但账目不清是理所当然的事情。"并妄言："动不动就得逮捕人，或者说不逮捕就无法搜集证据，我没听说过这样的说法。这是破坏政党政治，这是破坏民主政治。"还对媒体进行污蔑："关于这件事，新闻媒体不过是凑热闹而已。不要听信这样的流言蜚语，请相信政府。"②这些发言，立即遭到了党内外的激烈批判。吉田的这番言论，不仅反映出其政治伦理的缺失，更反映出他对民主主义的理解完全是随心所欲的。譬如，政治资金的透明性是民主主义的基石，但吉田对此却不屑一顾。这正如政治家宫泽喜一所言："吉田是否为一位民主主义的政治家，令人怀疑。"③这样看来，在造船贪污事件中，吉田悍然干涉司法，也就不足为奇了。另外，相关的法律规定也为类似吉田这样的政治强人提供了可乘之机。1947年颁布的《检察厅法》第十四条规定："对于第四条（检察官的职务权限）以及第六条（对犯罪行为的搜查权）规定的属于检察官的事务，法务大臣可以一般性地指挥监督检察官。"但是，"对于具体事件的调查及处理，只能指挥检察总长"。④ 这样的法律条文的初衷是在尊重司法权独立的前提下，防止检察机关的独断专行。但出人意料的是，在实际的操作中，同样的规定却成了行政权干涉司法权的

---

① ［日］高坂正尧：《宰相吉田茂》，中央公論社1968年，第245頁。
② ［日］宫崎吉政：《宰相　佐藤栄作》，原書房1980年，第56頁。
③ ［日］原彬久：《吉田茂传》，高詹灿译，中国台湾商务印书馆2007年，第202页。
④ ［日］佐藤功、野村次郎编：《戦後政治裁判史録2》，第一法规出版株式会社1980年，第337页。

依据。

需要看到,造船贪污事件对政局影响不大,也是与战后初期的时代背景相关联的。首先,该事件大致可以归类为传统意义上的贪污腐败,它起因于政府特定的经济政策,其中的是非界限比较明显。这与所谓现代化产生的腐败有所不同。概而言之,现代化涉及社会基本价值观的变化;现代化开辟了新的财富和权力来源;现代化通过它在政治体制输出方面所造成的变革来加剧腐化。[①] 就日本的情况而言,战后的高速经济增长在很大程度上代表了现代化过程。其带来的新机会、新财富是腐败的经济条件,而政府对经济的干预、对预算的控制则构成腐败的政治条件。显然,战后初期的日本还没有这些条件。因此,公众的反应集中在事件本身,而没有将其与更广泛的政治议题——例如政党的腐败风气等——联系起来。其次,政治腐败问题在当时并非国民最为关注的政治课题,也并非最重要的政治课题。当时,经济复兴、左右两派的意识形态之争等,显然都在政治议题上占据着更为重要的位置。再次,日本国民的民主意识尚没有觉醒。该案件发生于经济高速发展之前,而"随着经济的高速增长,日本进入了真正意义上的大众民主主义时代"[②]。一个显而易见的事实是,只有公众政治意识增强并获得相应的力量,才能对政治腐败进行有效的批判和监督。

该事件没有对政局产生大的影响,但其负面后果却十分严重。其一,在吉田茂执政的后期,他声名狼藉,丑态百出。其中,启动行政权对司法权的干预,乃是其粗暴的执政风格的重要表现。如此缺乏政治伦理的人物却能长期执掌权柄,难免不给保守政党带来长期的负面影响。其二,由于犯罪嫌疑人没有得到应有的惩罚,保守政党的政治家越来越肆无忌惮,遂使政治腐败问题逐渐发展为难以清理的毒瘤。其三,以行政权干涉司法权,严重打击了司法部门办案的积极性。此后很长一段时间,司法部门在打击政治腐败上无所作为。

[①] [美]塞缪尔·P. 亨廷顿:《变化社会中的政治秩序》,王冠华、刘为等译,上海人民出版社 2008 年版,第 45—47 页。
[②] [日]高坂正堯:《宰相吉田茂》,中央公論社 1968 年,第 175 页。

二、洛克希德案件及其对政局的影响

战后的日本,大大小小的贪污、贿赂等事件层出不穷。但是论影响之大、波及面之广、留下的烙印之深,洛克希德事件应该是数一数二的。洛克希德案件深刻反映了高速经济发展过程中的政治腐败,在很大程度上也是对这种政治腐败的一次总决算,因而其溢出效应巨大,对日本政治、日本社会都造成了巨大而深刻的影响。

所谓洛克希德事件,是以美国飞机制造商洛克希德公司名字命名的行贿受贿丑闻。该事件于1976年2月在美国曝光,其后迅速延烧到日本,牵涉多名政治家,在日本社会引起了轩然大波。前首相田中角荣牵连其中,涉嫌收受5亿日元贿赂,则成为舆论的关注焦点。

洛克希德案件对日本政局的冲击和影响,主要表现在以下两个方面。

第一,自民党内斗争加剧。洛克希德事件使自民党内的政治斗争趋于白热化,多次濒临分裂的边缘,甚至还出现了小规模的分裂。

洛克希德事件曝光后,自民党内出现了两种声音。一种是一查到底,其代表就是当时的总理三木武夫;一种则是慎重行事,适可而止,大部分自民党干部持此态度。事件发生后,三木积极介入其中,态度鲜明地要求追查到底。1976年2月24日,三木给美国总统福特写了亲笔信,要求美方提供关于洛克希德案件的一切资料。据宫泽喜一回忆,在向美国政府提交总理亲笔信要求对方提供证据的时候,作为外相的宫泽建议加上"if any"(如果有的话)的字句,以示慎重。可是这个建议被三木拒绝了,他说没有这个必要,肯定有这样的证据,无论如何要把证据拿过来。① 但是,自民党内大部分实力人物,例如椎名悦三郎、大平正芳、中曾根康弘等人,都力劝三木慎重行事。时任干事长的中曾根康弘也提出忠告:"这个问题最好不要搞得鸡飞狗跳。这关系到政权的安定,同时,对田中派太无情会影响党的团结。"② 然而,三木武夫对此置之不理。由于对三木不满,1976年5月份,曾经指定三

---

① [日]俵孝太郎:《戦後首相論》,株式会社グラフ社,2004年,第117页。
② [日]田原総一朗:《日本の政治 田中角栄・角栄以後》,講談社2002年,第352页。

木武夫为自民党总裁的党内元老椎名悦三郎带头挑起了第一次"倒三木运动",并得到了田中角荣、福田纠夫、大平正芳等实力派的支持。对此,三木拒绝辞职。这一"运动"被舆论认为是为了隐瞒洛克希德事件,受到了激烈的批判,无果而终。1976 年 6 月 25 日,由于洛克希德事件的影响,河野洋平、田川诚一等 6 名自民党议员声称"与腐败决裂",宣布成立"新自由俱乐部"。这是自民党历史上出现的第一次分裂。7 月 27 日,田中被捕,田中派成员受到很大刺激,于是联合大平、福田等展开了第二次"倒三木"运动。在这次行动中,自民党约有三分之二成员反对三木,而 20 名内阁成员中,也有多达 15 名公开反对三木。对此,三木摆出强硬姿态,准备召开临时国会,罢免反对派内阁成员,并解散国会进行大选。但最终,双方都无法承担自民党分裂的后果,勉强达成了妥协。

可以看出,当时自民党内斗争的焦点是田中角荣和三木武夫之间的对立。二人既是作为政治对手进行竞争和斗争,也在很大程度上体现了理念的不同。田中角荣是土生土长的日本政治家,深深扎根于日本社会,体现了日本的政治风向。与此相对,三木武夫年轻时留学美国,对西方的政治理念有着很深的认同,而与自民党的政治文化保持着某种距离。三木妻子睦子曾经说过:"三木的做法是什么都较真、死板,不像一个自民党人。自民党长久以来的习惯就是马马虎虎地敷衍了事,而且不如此的话,党就无法拢在一起。"①在洛克希德事件的应对上,如果三木武夫敷衍了事,那么事件可能完全是另一种结局。

第二,田中角荣幕后操控政局,新的政治格局很不稳定。

贪污受贿作为自民党的结构性腐败问题,是一种多年来通行的游戏规则。在洛克希德案中,田中角荣的心理落差极大,他无法接受这种"不公平"的审判。原公明党委员长矢野绚也这样评价田中:"很有幽默感,人也很豁达。但是,洛克希德事件之后,他变得有些偏执,经常能够感到他充满怨恨的报复之心。"②洛克希德事件在田中心中播下了怨恨的种子,同时也成

---

① [日]三木睦子:《総理の妻——三木武夫と歩いた生涯》,日本経済評論社,2011 年,第 248 頁。
② [日]矢野絢也:《池田大作も"忘れるな"と言った"角さんへの恩義"》,《新潮 45》2010 年 7 月号,第 95 頁。

为其扩张政治势力的原动力。1981年,田中派(田中所率领的众议员、参议员)人数达到107人;1982年,田中派人数达到108人。① 1983年,东京地方法院公布了洛克希德案件的一审判决结果:田中被判四年有期徒刑,追缴罚金5亿日元。在舆论的挞伐之下,自民党在此后不久举行的大选中遭到了惨败,仅仅获得了250个议席,但田中派的总数依然维持在117人的高位。② 1984年,田中派成员达到119名;1985年,该派则达到120人。③ 由于人数的过度膨胀,田中派一枝独秀,成为自民党内的超级派阀。

正是在这样的背景之下,田中虽然是犯罪嫌疑人,但依然指点江山,在政界呼风唤雨。大平内阁被媒体称为"角影内阁",也就是说,大平政权是被田中操纵的内阁。铃木内阁时期,田中角荣的影响力更大,被媒体称为"直角内阁",意思是直接被田中控制的内阁。在后来的中曾根内阁时期,"人事方面也好,党的运作方面也好,选举方面也好,田中派的影响可以说是无处不在"④。因此,中曾根内阁遭到舆论严厉的批评,被说成是"田中曾根内阁",意思是田中、中曾根两个人的内阁。在这种情况之下,国外媒体将田中描写成"首相制造者",俨然君临日本政界。但是,田中的做法令其他政治家恐惧,日本政治处于高度紧张的状态。三木武夫就说:"现在的自民党呈现出被田中角荣君统治的迹象。田中君无所顾忌就具体的政策、政权的命运、众议院解散的日程等发表意见。……为了自民党和日本的民主主义,我也必须投身到这场斗争中来。"⑤ 同时,田中利用田中派为自己的政治目的服务,压制了派内其他政治人物追求政治权力的冲动,因而田中派内部也矛盾重重。

综上所述,洛克希德事件对政局的影响深刻而久远。自爆发到田中角荣因病无法参政,该案为影响日本政局的最关键因素之一。由此,日本政局出现了新的特点:自民党内斗争加剧,政权更迭频繁,呈现短期化的趋势,几

---

① [日]朝日新聞政治部:《田中支配とその崩壊》,朝日新聞社,1987年,第370頁。
② [日]田原総一朗:《日本の政治 田中角栄・角栄以後》,講談社2002年,第388—389頁。
③ [日]朝日新聞政治部:《田中支配とその崩壊》,朝日新聞社1987年,第370頁。
④ [日]后藤田正晴:《情与理——后藤田正晴回忆录》下,王振宇、王大军译,世界知识出版社2003年版,第350页。
⑤ [日]岩見隆夫:《田中角栄 政治の天才》,学陽書房1998年,第260頁。

乎每一届内阁都无法就深层次的政治课题实施有效的、长远的对策。

洛克希德事件之所以引发了政局上比较大的动荡,根本原因还是由于经过急剧的社会变革,民众对政治家提出了更高的政治伦理标准,但政治家尚没有做好接受这种标准的准备。

在田中担任总理的时候,他也受到了推行金权政治的指控,而评论家立花隆的一篇《田中角荣研究——其资金来源和人际关系》更是迫使田中辞职的直接动因。但关于田中角荣的金钱丑闻,熟悉自民党内情的人都认为这是正常的。政治评论家渡边恒雄在回忆录中曾这样说:"立花隆君在《田中角荣研究》中写的东西,在我们看来,这些不是合法的吗?虽然有违法的性质,但只要不是构成刑事案件的金钱授受,报纸和电视就不能报道。"[1]而前总理佐藤荣作也说:"那个'文春'所言都是陈年旧账,不过把这些东西统统搜罗在一起,就引起了很大的反响。究竟写这些所为何故?如果不细加追究的话就无从知晓。"[2]这说明,长期以来,所谓的金权政治是自民党的重要潜规则之一,这是所有人都心照不宣的。正是因为这种现实,1983年10月12日,也就是东京地方法院一审判决田中有罪之后,田中说:"判决太荒唐了。如果这样的话,国会议员全都有罪。"[3]。

但是,民众的政治意识却悄悄发生了变化。正如亨廷顿所言:"价值观的转变意味着社会内部的集团会逐渐接受天下平等和以成就量人的那些规范,意味着出现个人和集团对民族国家的效忠和认同,还意味着所谓对国家来说,公民享有平等的权利并应尽平等的义务这一假定概念的传播。"因此,"那些按照传统规范是可以被接受并合法的行为,在这些现代人士的眼里就成了不能接受的和腐化的行为。"[4]事实正是如此。虽然就司法而言,田中角荣涉嫌受贿5亿日元,但是在媒体上、在大众的话语中,田中的所作所为几乎被翻了个底朝天,而且大多数被贴上了"金权政治"的标签。民众讨论

---

[1] [日]インタービュー:伊藤隆・御厨贵・饭尾润:《渡辺恒雄回顧録》,中央公論新社,2000年,第264頁。
[2] [日]每日新聞政治部編:《政変》,社会思想社,1993年,第155頁。
[3] [日]朝日新聞政治部:《田中支配とその崩壊》,朝日新聞社,1987年,第215頁。
[4] [美]塞缪尔·P.亨廷顿:《变化社会中的政治秩序》,王冠华、刘为等译,上海人民出版社2008年版,第46页。

田中有罪无罪大多不是从法律的角度,而是从道德的角度,以朴素的平等观念展开了对田中政治的空前大批判。在某种程度上,日本社会正是以洛克希德事件为契机,逐渐形成了一种新的舆论环境。在案件的审理过程中,舆论给审判机关施加了很大的压力。田中的辩护律师木村喜助谈起洛案的时候感叹道:"坦率地说,律师输给了媒体和舆论。法官也不能和舆论对抗。在这样的舆论中,如果判决田中无罪的话,法院就会受到严厉的批判。"①事实上,许多日本人对于案件的细节并不了解,但他们认为田中是有罪的,原因就是:"如果不以某种形式来踩踩刹车的话,掌握国家权力的人无论干什么都泰然自若,这种风潮会更加势不可挡。总之,觉得他们依靠权力不知道会干出什么名堂来。当然当权者本来就是这个样子,如果不用什么办法来矫正这种不讲道理的事情的话,世上的事情就会更加黑暗了。"②所以,洛克希德事件远远超越了事件本身,它演变为对田中从政风格的重新审视和重新评判。

洛克希德事件的症结表现在:国民意识发生了转变,不再容忍政治腐败问题;但自民党的大部分成员——包括田中角荣——的意识却严重滞后,尚停留在自己可以为所欲为的特权世界里不能自拔。这正是洛克希德案件引发长期政治动荡的深层次原因。

三、利库路特案件及其对政局的影响

利库路特事件爆发于 1988 年。长期以来,利库路特公司向日本政界、财界、娱乐界的重要人物以低价转让其下属公司的未上市股票。在公司上市后,他们可以轻易获得巨大的利益。在调查案件的过程中,前首相中曾根康弘、自民党干事长安倍晋太郎、大藏大臣宫泽喜一乃至首相竹下登本人都涉嫌其中。该案件涉及国会议员 44 人,高级官僚 16 人,③日本政治的腐败进一步暴露无遗。该案与以往的贪腐案有所不同。其一,贿赂手段不同,主

---

① [日]田原総一朗:《日本の政治 田中角栄・角栄以後》,講談社,2002 年,第 108 頁。
② [日]北川省一:《角さんや帰っておいで越後へ》,恒文社,1990 年,第 133 頁。
③ 王振锁:《战后日本政党政治》,人民出版社 2004 年版,第 349 页。

要以转让股票的形式进行权钱交易;其二,行贿没有特定或直接的行贿目的,在法律上很难断定当事人的罪行。

利库路特案件对政局的影响主要表现在三个方面。

第一,最直接的后果,就是竹下内阁的垮台。随着利库路特案件的一步步曝光,竹下登被迫步步后退,最终无路可退。1988年12月9日,副总理兼大藏大臣宫泽喜一被迫辞职,这是对竹下政权的一次沉重打击。为了改变内阁的形象,竹下在12月27日改组内阁,声称牵连利案的人一律不准入阁。但是,仅仅两天之后,法务大臣长谷川峻就被迫供认接受过利库路特公司的政治捐款。12月30日,长谷川被迫辞职,在职仅仅3天。此后,随着利案调查的深入,竹下政权的支持率也是一路下滑。1989年4月,其内阁支持率跌落到8.0%,不支持率则达到了82.5%,已经完全失去了国民的信任。① 4月25日,竹下正式宣布辞职。

第二,该案件也沉重打击了自民党。这次案件,牵连了几乎所有的自民党主要领导人。虽然从法律角度来说,很难将他们立案,但其政治声誉和政治前途都受到了沉重打击。一些政治家被迫退党,例如藤波孝生原官房长官、中曾根康弘前首相等。另外一些政治家,则被迫退出了自民党后任总裁的角逐,例如被称为"新领袖"的实力政治家安倍晋太郎、宫泽喜一、渡边美智雄等。在这样的大背景之下,1989年的参议院选举,自民党惨败,历史上第一次没有过半数。

第三,该案件成为日本解决政治腐败问题的一个重要契机。利库路特案件发生后,自民党内有影响的政治家后藤田正晴、伊东正义等人向竹下登提出,内阁应该对该案件有所交代。竹下几经犹豫之后设立了直属于自民党总裁的"自民党政治改革委员会",会长由后藤田正晴担任。大约同时,1989年3月23日,一百多名国会议员组成超党派的"政治净化联盟",呼吁改善日本政治过分依赖金钱的状况。这说明,日本政界要求清除腐败、进行政治改革的呼声很强。1989年5月19日,在征求党内意见之后,后藤田正晴提出了《政治改革大纲》,指出:"政治与金钱的问题是国民不信任政治的

---

① [日]北冈伸一:《自民党——政権党の38年》,中央公論新社,2008年,第264頁。

最大元凶。一直以来,我们基于这样的信念,即政治伦理首先应该依靠自觉,而寄望个人能够采取严格自律的姿态。但如今我们痛感仅靠自我约束不够充分,因为政治制度、尤其是选举制度迫使政治家筹措大量的政治资金。"①正是在这样的认识之下,后藤田提出的政治改革大纲的主要内容包括:引入小选区制,从根本上改革选举制度;纠正"国对"(即国会对策,指自民党在国会中和其他政党进行的秘密交易——笔者)政治的弊端;解散派阀;强化政治资金的管理,向政党导入公共资金等。在这个时候,自民党对政治腐败问题的认识前进了一大步:"此前,都是通过局部修正政治资金规正法来谋求问题的解决,这次则是谋求改变需要花钱的政治结构本身。"②此后,所谓的政治改革迅速成为各主要政党的共识。1993 年,自民党下台,而以细川护熙领衔的八个党派组成了联合政府。这八个党派是:日本社会党、新生党、公明党、日本新党、民社党、先驱新党、社会民主联合、民主改革联合。它们订立的协议第一条即为:联合政权要在本年度达成以下目标:(1)以小选区和比例代表并立制的选举制度改革;(2)扩大连坐制,从根本上防止政治腐败,并强化相应的惩罚;(3)与公共经费的补助相辅相成,废除企业、团体献金等根本性的政治改革关联法案。③ 后来,在获得自民党支持的情况下,政治改革相关法案在 1994 年获得了通过。虽然,这些措施不足以彻底消灭政治腐败,但是其重要意义在于:在消灭政治腐败问题上迈出了实质性的步伐,这是走向解决政治腐败的重要一步。在这种形势下,政治腐败问题逐步退出日本政治的核心课题,因此而产生的政局动荡逐渐消失。

那么,在治理腐败的问题上,日本何以在这个时候能够取得某种进展?

第一,随着政治腐败的愈演愈烈,民众的不满达到了顶点。一般来说,任何政治腐败都会天然地激起民众的愤怒,但愤怒的程度却与时代背景密切相关。在经济高速发展时期,"由于日本人的收入一律急速增长,社会心理方面的气氛变得宽松,他们对政府优待其他部门也能够宽容。"④在这种

---

① [日]自由民主党编:《自由民主党五十年史 资料编》,2006 年,第 849 页。
② [日]若月秀和:《大国日本の政治指导》,吉川弘文馆,2012 年,第 264 页。
③ [日]塩田庄兵衛、長谷川正安、藤原彰编:《日本戦後史资料》,新日本出版社,1995 年,第 776 页。
④ [日]村上泰亮:《新中間大衆の時代》,中央公論社,1995 年,第 236 页。

情况下,民众对政治腐败的感受不是那么深刻。事实上,在经济高速增长时期,腐败横行,但鲜有大案曝光和受到追究。但是,在经济、政治、社会形势发生变化之后,也就是国民自身的境遇不再那么惬意的时候,舆论对政治腐败的论调和情绪就会趋于高涨。田中角荣的金权政治之被追究,发生在经济高速增长结束之后,不是偶然的。及至利库路特案件爆发的时候,日本政府迫于财政压力,想方设法开征了消费税,这使民众看待政治腐败的目光更加严厉。显然,道貌岸然的政治家们一方面要求国民做出牺牲,另一方面自己却肆意地吸吮着民脂民膏。"利库路特丑闻使不满和嫉妒在人群中蔓延,他们觉得政治家连税金也不交,却享受着各种各样的好处。这种不一定理性的想法,却导致了对'不公平'的税制的愤怒。"[1]可想而知,民众对利库路特案件有着怎样强烈的情绪反应。这种强烈的反应当然对政治家形成了巨大的压力,迫使他们不得不正视现实,寻求腐败问题的解决之道。

　　第二,经过长期的摸索,政治家中的有识之士逐渐触及问题的本质,最后提出的治理措施更加可行、更加有效。在很长的一个历史时期,保守政党在解决政治腐败问题时更多地求助于空洞的道德口号,寄希望于政治家个人自发的自我约束。例如,1963年10月,自民党呼吁重视政治道义,指出"确立公共政党的伦理和公职人员的伦理,乃是政党政治道义的支柱"。"为了重建现代日本的民主主义——其受到无视法律秩序、滥用权力、缺乏公共观念的威胁,要求我党和我党党员的言行清廉严正。"[2]但是,事实证明,道德方面的呼吁和号召,其效果微乎其微,政治家的政治伦理难以确立。在这种情况下,以舆论为后盾,三木武夫企图通过加强监管来约束政治家的行为。他提出《政治资金规正法》修正案,限制政治资金的来源和数量,并提高政治献金的透明度。他还提出了《公职选举法》修正案,对公职人员的选举活动加强管理,严格取缔违法选举行为。不过,一方面,三木的做法遭到了自民党内的抵制,其最终方案被迫妥协;另一方面,政治家拼命钻法律的空子,上述法规的效果并不明显,政治腐败反而愈演愈烈。显然,法律不够完

---

[1] [日]渡辺昭夫:《戦後日本の宰相たち》,中央公論社,1995年,第389頁。
[2] [日]自由民主党编:《自由民主党五十年史　资料编》,2006年,第804、805頁。

备就难以发挥应有的作用,这造成许多政治家找法律的空子,依然贪腐无度。只有在利库路特案件发生后,一些政治家认为,对于政治腐败,除了要进行更加严厉的惩罚之外,还要从根本上改变"花钱的政治"本身。他们在政治改革中提出的在选举中注入公共资金,改变选区制度,就着眼于这方面的考虑。通过这样的配套措施,日本逐渐营造了可以抑制贪腐的环境和氛围:政治家可以通过合法渠道获得从事政治必要的资金支持,而一旦贪腐则会受到严厉的惩处。如此,治理政治腐败的法律能够得以贯彻,权威得以树立,逐渐成为大多数政治家所遵循的规范。于是,政治家的政治伦理得以确立,日本的腐败治理取得了一定的进步。

可以说,日本治理政治腐败是一个历史过程,也是在经历了波折、挫折和困难之后,最终取得了一定的进展。

结　语

造船贪污事件、洛克希德事件和利库路特事件,分别代表了三个不同历史时期的政治腐败案件。由于处于不同的历史阶段,它们影响日本政局的强度和方式不一。造船贪污事件对政局影响不大,但对日本政治造成了很大的负面影响。洛克希德事件处于一个时代的转型期,也是一种政治观念的重构期,因而对政局的影响持久而深刻。利库路特事件对于政局的影响很大,但持续时间不是很长,其后的政治演变让人看到了治理腐败的曙光。在这个过程中,治理腐败主要经过了以下的程序:贪腐案件引发民众的强烈不满,这种舆论的压力则促使统治集团进行应对;不充分的应对无法根除腐败问题,又一次贪腐案件重新燃起民众的不满情绪,更大的舆论压力迫使统治集团寻找更好的对策。如此几经反复,虽然过程比较曲折和漫长,但政治家被迫进行越来越严格的自我约束,而民众的愿望和要求也一步一步地得到满足。所以我们看到,即便日本政局经历了一定程度的混乱和动荡,但日本社会还是基本稳定的。

政治腐败及其治理是战后日本政治史的重要内容,其中既有漫长的司法过程,也有媒体和贪腐政治家的较量,还夹带着政治家之间的权力斗争。

它们相互作用,相互纠缠。可以说,正是由于政治腐败的问题极其严重,所以其治理的代价极其高昂,而政局混乱即为最重要的表现之一。近些年来,日本政治家的腐败案件还是时有发生。不过,由于社会舆论的监督,由于相关制度建设的进展,政治腐败的规模和程度有所降低。正是在这个前提之下,近年来日本腐败案件对于政局的影响,已经退居到较次要的地位。

(作者张跃斌,中国社会科学院世界历史研究所,原文刊于《史学集刊》2014年第4期,《新华文摘》2014年第18期全文转载)

安倍政府"战败束缚总清算"：
法制保障与战略重构

李秀石

2012年12月安倍晋三第二次执政以来，在历届政府摆脱战后体制的基础上，推行"战败束缚总清算"，通过解禁集体自卫权、修改安保相关法律等，为自卫队出国作战、与美军等外国军队联合作战建立了法制保障。本文将重点解析安倍政府推行战败束缚总清算的法制建设，及其重构安保战略的过程。

一、"战败束缚总清算"的内涵和分期

以"国民主权、尊重基本人权、和平主义"三项原则为核心的《日本国宪法》[①]、国家最高权力机关和唯一的立法机构国会，以及体现宪法三原则的安保相关法律和制度，是支撑日本战后体制的主要基石。安保相关法制在日本战后体制中占据重要地位，多年来被立志走军事大国之路的右倾保守势力视为"战败束缚"。1983年初，中曾根康弘首相在国会发表施政演说中提出"战后政治总决算"，意即对战后日本的国内国际政治进行总结，去除战败国的束缚。后来，这种清除战败束缚被表述为"实现国家正常化"。安倍政府进一步推行战败束缚总清算，内容囊括外交、军事、非传统安全、军民通

[①] 日本歴史大辞典編纂委員会『日本歴史大辞典』(第7卷)、河出書房新社、1971年増補改訂版、533頁。

用等领域,而非仅其所谓的"战后日本外交总决算"。

关于日本战败束缚总清算的判断标准,可以从两个方面来考察。第一,"摆脱战后体制"与"战败束缚总清算"之间既有区别也有关联。摆脱战后体制指在较长时期内,通过微调局部政策、法律及制度等逐步推进的量变过程,其结果并未彻底架空宪法第九条及内阁法制局的释法地位,可以说是战败束缚总清算的准备阶段。战败束缚总清算则在较短时期内完成了从量变到质变的飞跃,包括制定国家安保战略最高纲领,重新规划各领域战略,全面修改安保法制等全过程,造成相当程度上架空宪法第九条、内阁法制局的释法地位名存实亡的后果。科技领域的发展变化为摆脱战后体制与战败束缚总清算打上了时间烙印。海洋、太空、网络等拓展战略新疆域的方针政策,在战败束缚总清算中占有重要位置,是重构安保战略的新增长点。军民通用领域被纳入国家安保战略视野,既是战败束缚总清算的时代特征,也是安倍政府确立法制保障的必然结果。以战后日本安保战略的颠覆性变化为标准,战败束缚总清算的实质性发展非安倍政府莫属。安倍清除战后束缚的深度、力度和广度,远远超过了"零打碎敲"摆脱战后体制的先行者。

第二,是否能移除战后体制的基石。安倍政府通过新安保法,解禁集体自卫权后,自卫队能够通过集体自卫途径出国作战,恢复宪法"永远放弃"的"交战权",达到相当程度上架空宪法第九条的目的。必须考察其是否具备战略扩张的四要素,即战略扩张意图,以及与战略扩张意图相应的地理界定、法制保障、有法律约束力的政策文件。战略扩张言论在日本屡见不鲜,用法制保障衡量可筛掉绝大部分与本文研究对象无关的内容。本文认为,是否制定了有法律约束力的政策文件并表明战略扩张的意图、目标、路径,特别是明记战略扩张的地理界线,是判断战败束缚总清算的重要标准。

以解禁集体自卫权为例。从 2001 年 4 月小泉纯一郎竞选自民党总裁将行使集体自卫权作为主要竞选承诺,自民党政调会长山崎拓出版的《修改宪法》一书提出行使集体自卫权的修宪方案,到安倍政府 2014 年通过内阁决议替换宪法解释,经历了 14 年的量变过程。[①] 2015 年安倍政府全面修改

---

① 李秀石:《日本新保守主义战略研究》,时事出版社 2010 年版,第 277—285 页。

安保法制,实现自卫队出国作战、与美国等外军联合作战合法化,在量变基础上完成了质变。内阁法制局的释法权,转移到安倍掌握实权的国家安全保障会议(简称"国安会",NSC)手中。宪法第九条相当程度上被架空,战后体制的主要基石已岌岌可危。

安倍政府实施战败束缚总清算可以分为前期和后期两个阶段。前期始于 2012 年 12 月安倍第二次上台组阁,至 2016 年 8 月安倍首相在内罗毕举行的第六届"东京—非洲发展国际会议"上发表演讲正式提出"印太战略"。① 安倍再次上台第一年,即建立了清除战败束缚的法制保障,公布了顶层设计《国家安全保障战略》,明确界定了印太安保战略的地理界线,全面展开防务、太空、海洋、网络及日美同盟等领域的战略重构;第二年,用内阁决议替换了束缚日本海外派兵作战的宪法解释,解禁集体自卫权;第三年,完成修订《日美防卫合作指针》、重构安保法制等重大工程,公布了日美同盟升级的方向和路线。安倍倡议"印太战略"至今,可视为战败束缚总清算的后期。安倍政府按照顶层设计,在印太安保战略区域合纵连横推进战略扩张,在印太战略框架下扩大日美协作,与中国"一带一路"倡议之间形成以战略竞争为主要矛盾的错综复杂的双边及三边关系。本文以法制保障和战略重构为重点,论证战败束缚总清算的前期阶段。安倍后期的战败束缚总清算将另文探讨。

二、"战败束缚总清算"的法制保障

法律和制度保障是决定战败束缚总清算成败的关键。安倍上台后使用首相特权,推动国会立法和修改法律,利用日美同盟的特殊地位,在短期内建立起首相挂帅的多个新机制,架空了原有制度,确立了首相及其亲信直接领导推进各领域战略重构的法制保障。

---

① 「TICADVI(第 6 回アフリカ開発会議)開会セッション安倍総理基調演説」2016 年 8 月 27 日、http://www.kantei.go.jp/jp/97_abe/statement/2016/0827opening.html[2020-01-20]。

（一）安倍首相掌握"国安会"实权

2013年2月14日 安倍用"首相裁决权"设立了由前统合幕僚长折木良一、前防卫大学校长西原正、前防卫事务次官（防卫省顾问）增田好平等军事专家组成的"国家安全保障会议恳谈会"①。此后，"自卫队制服组出人首相官邸明显增加"，"在安倍政府中，自卫队与政治之间的距离大幅缩小"。②被民主党政府冷落的防卫省太空开发利用委员会提出的政策诉求，也被纳入国家安保战略。安倍政府不仅在安保战略规划上倚重军事专家，其经济和军民通用领域的政策设计也融入了更多的军事考量。

安倍政府修改后的《国家安全保障会议设置法》（2013年法律第89号）对破坏日本战后体制起到重要作用。2013年12月4日国家安全保障会议正式启动，2014年1月7日国家安全保障局（简称"国安局"）正式成立，负责国安会的事务性工作。安倍指派亲信担任国安局局长。国安会的运作以首相及其亲信内阁官房长官、防卫大臣及外务大臣组成的"四大臣会议"为中心，通过决议则需要召开全体会议——"九大臣会议"。首相官邸成为统辖政府各部的最高决策指挥部。按战败束缚总清算政策密集出台的年份统计，2014年国安会共举行四大臣会议25次、全体会议8次，2015年共举行四大臣会议25次、全体会议10次。又如，在频繁修订各领域战略的2018年，四大臣会议召开了13次，会议内容涉及国际维和及武器出口三原则的适用范围，以及太空、网络安全、海洋安全保障、日美安保合作、印太地区局势、朝鲜发射弹道导弹等"国家安保课题"。同年仅召开全体会议五次，审议通过修订《防卫计划大纲》及《中期防卫力量整备计划》、国际维和事项、武器出口三原则运用指针、新安保法制及其生效后的政府工作、首相批准反海盗决定等。③ 上述统计表明，四大臣会议召开的时间早于全体会议，先行确定

---

① 「国家安全保障会議の創設に関する有識者会議の開催について」、2013年2月14日、https://www.kantei.go.jp/jp/singi/ka_yusiki/pdf/konkyo.pdf[2013-02-20]。
② 前統幕長「自衛隊と政治近づいた」、政権への忖度は否定、「朝日新聞」2019年5月16日。
③ 国家安全保障会議開催状況、https://www.kantei.go.jp/jp/singi/anzenhosyoukaigi/kaisai.html。

各领域方针政策，然后经全体会议履行通过手续，安倍事实上通过四大臣会议掌握了国安会的实权。

国安会实权之大，远非众参两院能比。具体包括：制定防务政策，调整产业计划大纲；预测、判断并应对"危机事态、武力攻击事态及相关重要影响事态"的基本方针及重要事项；应对国际和平共同应对事态及国际维和活动的重要事项；制定与自卫队行动和国家安保相关的外交、防务政策的基本方针等。① 国安会统辖政府各部处理重大安保问题，弱化了议会政治制度的地位和应有功能，成为安倍不断扩大首相权力、实施战败束缚总清算的重要法制保障之一。

另一方面，安倍重用警界精英巩固手中权力。他选任警界官员负责协调首相官邸与政府各部之间的关系，打破共享情报机构信息的壁垒，促进了上情下达。小泉首相曾在2005年提出日本需要在国外开展谍报活动的专业才俊，自民党也曾制定创设日本版中央情报局（CIA）方案，但2015年该方案被安倍首相否决。安倍在政府情报和谍报活动中，重用实际发挥CIA作用的警界官员。例如，任命曾任警察厅警备局局长兼内阁情报调查室负责人的公共安全专家杉田和博担任内阁官房副长官一职，掌管数十个机构的相关事务。另外，负责联络首相官邸与内阁官房事务的职位，如内阁情报官、内阁危机管理总监、宫内厅次长、原子能规制厅长官等要职，都被前警察厅官员占据。② 深受安倍重用的内阁情报调查室最高负责人北村滋，取代谷内正太郎担任国安局局长。据统计，从2012年末算起四年间，他共面见首相659次。③ 从以下数据也可见安倍对警界亲信和内阁亲信的信赖程度：2019年1月1日至12月27日，安倍共会见3 757人次，会见30次以上的仅有19人，其中国安局局长北村滋161次，外务省事务次官秋叶纲男155

---

① 国家安全保障会議設置法（平二五法八九・改称）、https://www.kantei.go.jp/jp/singi/anzenhosyoukaigi/konkyo.pdf。
② 高濱賛「日本、悲願のファイブアイズ加盟へ、眼中にない韓国」（JBpress）、2019年9月24日、https://headlines.yahoo.co.jp/article?a=20190924-00057709-jbpressz-n_ame。
③ 「北村氏の就任が日朝関係の契機に？ 日本訪朝団60人余りが平壌に到着」、『中央日報』日本語版、2019年9月16日、https://japanese.joins.com/JArticle/257598?servcode=A00&sectcode=A00。

次,前国安局局长谷内正太郎 110 次,副首相兼财务大臣麻生太郎 74 次,外务大臣茂木敏充 55 次,防卫大臣河野太郎 34 次排在末位。① 安倍重用警界精英,有利于防止敏感信息泄露,巩固其手中的权力,提高首相官邸与政府各部之间的协调效率。事实证明,这些警界精英深得安倍信任,主导国安会的四大臣会议实为安倍首相所掌控,这在日本战后史上还是第一次。

2016 年,已经掌握了国安会实权的安倍首相,亲自担任宇宙开发战略本部、综合海洋政策本部的本部长,并指派内阁官房长官菅义伟担任网络安全战略本部的本部长、经济协作基础设施战略会议主席、强化海上安保体制相关内阁成员会议主席。安倍亲自挂帅或通过亲信掌握各领域决策指挥机制(内阁机构),将首相官邸打造成安保战略的总指挥部,首相权力膨胀,一骑绝尘。

(二) 内阁官房和内阁府强化制度保障

内阁官房和内阁府在战败束缚总清算过程中发挥了极其重要的作用。从管理海洋、太空和网络领域决策指挥机构的具体事务、危机管控,到政策的跟进落实,为安倍实施战略重构提供了高效制度保障。

内阁官房长官菅义伟身负重任,从 2013 年 3 月负责管理经济协作基础设施战略会议②,到 2020 年 1 月处理"新型冠状病毒感染症对策本部"事务③,"内阁管家"的职权范围不断扩大。内阁官房的组织结构分为国安局、"内阁危机管理监"和"内阁信息通信政策监"。内阁信息通信政策监负责统理信息通信政策并管理内阁网络安全中心。内阁情报调查室也是其下属机构,承担内阁卫星情报中心的具体工作。内阁官房副长官的职权范围包括信息通信技术(IT)综合战略室等数十个名称各异的"本部事务局"和"政策

---

① 转引自《键睿数据服务——安倍晋三 2019 年度政务数据(上)》,统计数据来源为日本《朝日新闻》和共同通信发表的"首相动静"和"首相一日"栏目。
② 「経協インフラ戦略会議の開催について」平成 25 年 3 月 12 日内閣総理大臣決裁、https://www.kantei.go.jp/jp/singi/keikyou/pdf/konkyo.pdf [2013 - 12 - 20]。
③ 新型コロナウイルス感染症対策本部の設置について」、https://www.kantei.go.jp/jp/singi/novel_coronavirus/th_siryou/konkyo.pdf[2020 - 02 - 16]。

推进室"。① 内阁府管辖范围宽泛,仅涉及各领域的"特别机构"就有数十个之多,如宇宙开发战略事务局、国际和平合作本部事务局以及从内阁官房移交的综合海洋政策推进本部事务局等。② 在安倍两次执政期间,内阁官房和内阁府的职能与首相权力同步扩大。

安倍及其亲信驾驭国安会、内阁官房和内阁府"三驾马车",在以稳定局势见长的前警界官员的协助下,为扩大和巩固首相权力,推行战败束缚总清算及重构安保战略提供了全面高效的制度保障。这也是森友学园"地价门"等事件无法撼动安倍首相之位的原因之一。

(三) 修改法律加强国内政局管控

安倍政府推动国会立法和修改法律,在反恐名义下限制体制外政治力量活动,维护政权稳定,引发日本各界对政府可能恣意滥用法律、侵犯公众知情权和新闻自由的强烈担忧。2014 年 12 月 10 日《特定秘密保护法》生效前日,日本各地市民团体游行示威不断,日本记者会议发表抗议声明,批判政府"剥夺言论自由"③。在严惩泄露外交、防卫等领域国家机密行为的借口下,安倍政府通过立法有效屏蔽了来自国会及国民的监督视线,切断了在野党将敏感安保问题提上国会曝光(如"三矢事件")、引发社会舆论反对的途径。首相官邸对大众传媒的管理和导向随之畅行无阻。

不仅如此,日本国会于 2017 年通过了《处罚有组织犯罪以及规制犯罪收益等的法律修正案》(2017 年 6 月 21 日法律第 67 号)和《刑法修正案》(2017 年 6 月 23 日法律第 72 号),对日本刑法典和部分单行刑法进行了修改。日本刑法学界和国民强烈反对上述修改法案内新增"共谋罪"。小泉内阁曾于 2003 年提出"共谋罪"法案,但在 2003 年 10 月、2005 年 8 月和 2009 年 7 月三次被否决而作废。在 2017 年 7 月 11 日生效的《处罚有组织犯罪以及规制犯罪收益等的法律修正案》中,"共谋罪"改头换面为"准备恐怖主义活动等罪",列入了修改法的第六条(伴随着恐怖主义集团或其他有组织

---

① 内阁官房「内閣官房の組織図」,https://www.cas.go.jp/jp/gaiyou/index.html[2020-03-10]。
② 内阁府「内閣府組織図」,https://www.cao.go.jp/about/doc/soshikizu.pdf[2020-03-10]。
③《日本〈特定秘密保护法〉今起实施引抗议》,《亚太日报》2014 年 12 月 10 日。

犯罪集团所为实行准备行为的遂行重大犯罪的计划)第二款,认定"恐怖主义集团等有组织犯罪集团"的团体界定条件,只要符合"二人以上"、"参与该计划的任何一人根据计划实施了筹备资金或物品、预先勘查相关场所等为实行犯罪计划的准备行为之时"的规定,就能够作为"实行犯罪准备行为"处以刑罚。"准备恐怖主义活动等罪"将导致即使没有实际犯罪行为,在"合谋犯罪阶段"也可能遭到逮捕处罚的结果。① 更有甚者,在修改法的附表三和附表四内,规定了在刑法典和各单行刑法、附属刑法中的 250 多个罪名。上述修改法不但处罚罪名多,而且"准备恐怖主义活动等罪"中的"等"字还留有释法空间。如京都大学研究生院法学研究科林尚儒博士所言,关于该修正案真正的立法理由为何,虽然有如受美国压力而不得不为、作为监视市民的手段、保持乃至扩大调查权限等的揣测,但迄今为止,这些疑问仍未获得澄清。② 由此可见,安倍政府为了顺利实施战败束缚总清算,以反恐为借口修改法律与安倍在政府部门重用警界官员互为表里。

(四) 内阁决议替换"宪法解释"

解禁集体自卫权是安倍政府重构安保法制的难关。1983 年,时任内阁法制局长官角田礼次郎表示,"必须采取修改宪法的手段"才能行使集体自卫权。1985 年,日本政府答辩书中写道:宪法不能允许行使集体自卫权,因为"宪法第九条所允许的行使自卫权,仅限于保卫日本所必需的最小限度范围内。行使集体自卫权超出了这一范围"。③

安倍第二次上台前,日美围绕修改防卫合作指针已达成共识,"扩充自卫队任务范围在日美同盟中具体化"成为新指针的焦点。美方提出要求,在新指针中反映行使集体自卫权的前提是,日方必须在内阁会议上通过有关

---

① 松宫孝明『「共謀罪」を問う一法の解釈運用をめぐる問題点一』、法律文化社、2017 年。
② 林尚儒:《有组织犯罪处罚法的最近修正及其评析——以共谋罪为中心》,载于宪会主编:《日本法研究》(第 4 卷),中国政法大学出版社 2018 年版。
③ 《日媒称日本有关集体自卫权的宪法解释走到岔路口》,中国新闻网,http://www.chinanews.com/gj/2013/09-05/5246951.shtml[2013-10-22]。

修改宪法解释的决定。① 于是,2013 年 4 月 15 日安倍晋三通过《读卖新闻》宣示立场:考虑修改禁止行使集体自卫权的宪法解释,把允许自卫队行使集体自卫权写入新版《日本防卫计划大纲》。7 月 22 日,安倍又在记者会上表态:"希望政府提出关于允许行使集体自卫权的基本法案。"②安倍一再表态后,日美安保协商委员会围绕日美同盟集体自卫问题展开协商,"紧急事态下两国防卫合作指针的概念"浮出水面。③ 一年后,安倍政府通过了题为"为保全国家存立、保卫国民而建设无缝安全保障法制"的决议,替换了内阁法制局代表日本政府一再重申的宪法解释,打破了行使集体自卫权的禁区。2015 年 4 月新《日美防卫合作指针》(简称"新指针")问世,④落实日美部队间"集体自卫权"的机制相继出台,同盟合作进入了日美军力一体化、双向防护责任对等化的新时期。

其间,日本在野党认为安倍涉嫌违宪,质疑安倍用内阁决议否定宪法解释没有经过充分讨论。据内阁法制局相关人员透露,关于 2014 年 7 月 1 日内阁会议决定通过修改宪法第九条的解释来解禁集体自卫权的讨论过程的记录等资料,法制局并未以公文形式保留下来。这使得将来难以验证历届日本政府所禁止的集体自卫权是经过怎样的讨论才被解禁的。共同社认为,法制局担心如果以公文形式保留上述资料,政府或被外界质疑未能进行充分讨论。⑤

(五) 利用日美同盟的特殊地位

日美同盟的特殊地位,指与同盟相关的制度性安排,大多通过日美防长和外长参加的日美安全保障协商委员会("2＋2")磋商解决,并非要全部经

---

① 《新〈日美防卫合作指针〉将扩大后方支援地域范围》,人民网,http://japan.people.com.cn/n/2014/0623/c35469-25188027.html[2014-06-26]。
② 《安倍称考虑修改禁止行使集体自卫权宪法解释》,环球网,https://world.huanqiu.com/article/9CaKmJBs0o[2013-07-23]。
③ 外務省「日米安全防衛協議委員会共同発表、より力強い同盟とより大きな責任の共有に向けて」,2013 年 10 月 3 日、http://www.mofa.go.jp/mofaj/files/000016027.pdf[2013-10-07]。
④ 外務省「日米防衛協力のための指針」,2015 年 4 月 27 日、http://www.mofa.go.jp/mofaj/files/00078185.pdf[2015-05-02]。
⑤ 《日内阁法制局被曝未保存修改宪法解释过程相关公文》,《环球时报》2015 年 9 月 29 日。

过日本国会审议或立法。安倍政府利用日美同盟的特殊地位,完成了一系列涉及日美集体自卫权的操作,包括同盟战略对接、日美防务部门合作及两国部队运作等重要事项。2013年5月,两国外交官互换书信,缔结了日美监视太空(SSA)合作的"国际协定"。日本防卫省、内阁卫星情报中心等五个政府部门,与美国国防部签署了谅解备忘录,将五部门所属卫星纳入了美国国防部系统,加强合作。① 同年10月3日,日美安全保障协商委员会发表共同文件《面向共有更加强有力的同盟与更大的责任》,提出了同盟升级的措施,包括"为确保同盟能够有效、高效并无缝应对包括宇宙及网络空间等新战略 领域的课题"在内,确定了修改《日美防卫合作指针》的七项指标。② 上述举措都是在既没有通过内阁决议,也没有修改《国家安全保障会议设置法》掌握国安会实权之前,仅仅通过媒体喊话、外交官互换书信和"2+2"会谈,就日美军力一体化、海洋与太空战略对接等涉及行使集体自卫权的重大军事合作问题,完成了日美同盟的升级。安倍政府利用日美同盟的特殊地位回避宪法解释和议会政治制度的行为,与内阁法制局没有保留内阁讨论记录的做法互为表里。

综上所述,安倍政府通过立法和修改法律,掌握国安会实权并加强了政局管控。同时,安倍利用首相特权设置新机制,用内阁决议替换宪法解释实现了解禁集体自卫权,借助日美同盟的特殊地位,相当程度上清除了战后制约日本军事领域发展的束缚。内阁官房和内阁府上承安倍指示,下携政府各部,与国安会紧密配合制定并监督落实各领域战略决策,全力协助首相官邸。安倍政府建立了推进战败束缚总清算的法制措施和强有力的制度保障。

三、重构日本安全保障战略

国安会成立后的首要举措是重构安保战略的顶层设计。2013 年 12

---

① 外务省「宇宙の状況の監視に係る協力に関する日本国政府とアメリカ合衆国政府との間の交換公文」(日本側書簡)、2013 年 5 月 28 日、http://www.mofa.go.jp/mofaj/press/release/press6000278.html[2013-06-30]。
② 外务省「日米安全保障協議委員会共同発表、より力強い同盟とより大きな責任の共有に向けて」、2013 年 10 月 3 日、http://www.mofa.go.jp/mofaj/files/000016027.pdf[2013-10-07]。

日,国安会与内阁联席会议通过日本第一部《国家安全保障战略》①,划定了日本在印太地区实施安保战略扩张的地理界线,提出了"印太安保战略",将南海争议作为推进战略的切入点,在维护所谓国际法和海洋秩序的旗号下,组建国际合作监视框架。

(一)印太安保战略区域设定与印太安保战略

《国家安全保障战略》划定了推行安保战略扩张的地理界线:"经波斯湾及霍尔木兹海峡、红海及亚丁湾到印度洋,经马六甲海峡、南中国海到日本近海的海上通道,对资源和能源大多依靠海上运输的日本很重要。因此,在提高这些海上通道的沿岸国等海上治安能力的同时,与同日本有共同战略利害的伙伴加强合作关系。"②上述内容中两次出现"海上通道",极易使人联想到日本持续多年的亚丁湾护航对策,产生安倍政府将继续推行已持续了十多年的海洋战略的误解。但是,如果以波斯湾、红海、南海及日本近海为"坐标",以其顶层设计圈定的安全合作伙伴为"参数",参照1999年5月日本国会通过的《周边事态法》,不难看出,日本安保战略的地理范围已经从包括东北亚地区的"日本周边海域",扩展到印度洋并延伸到了波斯湾和红海,囊括南海沿岸国及印度洋沿岸的部分非洲国家。笔者将安倍政府划定的上述地理范围,表述为"印太安保战略区域",将其安保战略表述为"印太安保战略",以表明其战略扩张性质,区别于日本历届政府实施的海洋战略及海上交通安全政策。

2007年以来,历届日本政府按照安倍首次执政时通过的《海洋基本法》,制定并实施《海洋基本计划》以推行海洋战略,重在将中国钓鱼岛群岛以及韩日、俄日间争议岛屿据为己有,指礁为"岛",实现其独自划定的专属经济区及大陆架的"圈海"目标。③ 安倍政府2013年在顶层设计中划定的印太安保战略区域,已经远离了日本独自主张的"海洋国土",不仅覆盖了中

---

① 内阁官房「国家安全保障戦略について」,http://www.cas.go.jp/jp/siryou/131217anzenhoshou/nss-j.pdf[2014-01-02]。
② 同上。
③ 李秀石:《日本国家安全保障战略研究》,时事出版社2015年版,第101—189页。

日两国进出口贸易船只频繁通过的海上通道,而且串联起觊觎中国领土主权的声索国,使安保战略地理范围从海上通道的"线状"膨胀为"片状",既包括海洋也包括沿岸国所在的陆地。印太安保战略区域的地理界线,也与修订的《日美防卫合作指针》和安保法、日美联手推行的印太战略指向的地理范围相重合。这就是新指针和新安保法内只有"事态"、没有具体地理界线的原因。《国家安全保障战略》划定印太安保战略区域,具有承前启后、统筹安排的战略意义。其将航空自卫队 P-3C 巡逻机使用、陆上自卫队担任警戒的东非吉布提基地,与海上自卫队常用的位于战略要冲的三处"活动据点"吉布提港、也门亚丁港和阿曼塞拉莱港连接在一起。① 上述基地和据点是自麻生太郎政府以来陆海空自卫队开赴索马里亚丁湾执行护航任务期间积蓄的"战略资产"。安倍政府出于通盘考虑,计划整合所有战略资源服务于印太安保战略,在历届政府海上通道安全政策的基础上推行战略扩张。印太安保战略与海洋战略之间既有关联,也有从量变到质变的区别。

(二) 印太安保战略的切入点和推进路线

《国家安全保障战略》将南海争议作为推进印太安保战略的切入点。日本政府一向把包括声索国在内的南海沿岸国视为与日本"有共同普遍价值与战略利益"的国家群体,部分国家从日本在马六甲海峡"反海盗"以来就是日本提供软硬件援助、加强海上安全合作的对象。这些国家也是安倍政府推进印太战略的主要合作伙伴,其中不乏日本武器装备的潜在买家。

《国家安全保障战略》利用南海"国际仲裁"大做文章。首先,极力渲染南海争议造成了严重后果:"南海沿岸国与中国发生围绕主权的争议,给海洋法治、航行自由和东南亚地区稳定带来了担忧。"然后,提出了日本的解决方案:"日本作为海洋国家与各国紧密合作,要为维护和发展基于国际法和平解决争端的基本规则秩序的'开放而稳定的海洋'发挥主导作用,而非以

---

① ソマリア・アデン湾における海賊対処に関する関係省庁連絡会「2018 年海賊対処レポート」、https://www.cas.go.jp/jp/gaiyou/jimu/pdf/siryou2/report2018.pdf[2020-05-06]。

力量确保航海、飞行自由和安全。"①安倍政府用"海洋国家"淡化其域外国家身份,以维护国际法和海洋秩序为借口辩解插手南海争议的"合法性",将矛头指向中国。

《国家安全保障战略》提出了印太安保战略的推进路线:(1)加强日本与各国间的海洋安保合作,确保海上交通安全;(2)利用日本海洋监视能力,构建包括利用太空系统监视海洋的"国际网络";(3)为日本争取更多参加海洋安全联合训演的机会并提高质量;(4)日本在支援海上通道沿岸国等提高海上执法能力的同时,与有共同战略利害的伙伴加强协作关系。②上述路线表明,安倍政府在延续海上通道安全政策的基础上,提出了利用日本监视海洋的优势,主导构建海基和天基系统相结合的国际合作框架的战略目标。加强自卫队与各国军队联合训演并提高质量的第三条路线令人瞩目。以日印共同训练为例,早在2012年6月野田执政时,日本海上自卫队就与印度海军"以舰队协作为重点"进行了基础训练;安倍上台后,2013年12月日印再次进行的共同训练升级为海上射击和反潜作战,日方毫不讳言,帮助印度海军提高反潜搜索等方面的能力"符合日印两国的利益"。③日印两国还定于2020年初举行首次日印战机共同训练,但因新冠肺炎疫情而延期。从日本防卫大臣河野太郎"保持两国无缝防卫体制,继续加强防务合作很重要"④的表态可见,日本提高与印度共同训练质量的目的是,通过传帮带提高其实战能力,培养协助日本遏制战略威胁对象的军事合作伙伴。第四条路线彰显一举多得的功能,即把迄今援助部分东南亚国家海警的政策纳入顶层设计统筹安排,扩大海上保安厅的准军事存在;增加海上安全合作伙伴,强化其"海上执法能力";通过海保厅的海警能力建设援助活动,协助海上自卫队进一步结交防务合作伙伴并扩大活动范围;增加海上自卫队

---

① 内閣官房「国家安全保障戦略について」,http://www.cas.go.jp/jp/siryou/131217anzenhoshou/nss-j.pdf[2014-01-02]。
② 同上。
③「首相、訪印から帰国対中意識、積極外交でシーレーン安全確保へ着々」,『産経新聞』2014年1月28日。
④「初の日印戦闘機共同訓練、コロナで延期防衛相電話協議で決定」,『毎日新聞』2020年5月9日。

舰艇"战略性靠泊"的港口及频率；开拓日本武器装备销售市场。安倍政府对海保厅和海上自卫队在印太安保战略中的作用寄予厚望。

南海争议与印太安保战略之间是"点"与"面"的关系，由点及面是安倍政府推进安保战略扩张的顺序。所以，安倍政府在南海沿岸国中合纵连横的目的大概不是为了维护所谓的海洋秩序，而是为了最大限度支持和利用声索国与中国对抗，使中国在南海陷入多方牵制的困境，以缓解日本在东海承受的压力。

(三) 中国在印太安保战略中的定位

安倍政府在《国家安全保障战略》顶层设计中把合作伙伴分为七类。亚太地区与日本"有共同普遍价值与战略利益"的安全合作伙伴为韩、澳、印及东盟各国；"确保亚太地区稳定"的合作伙伴包括蒙古、中亚各国、西亚和南亚各国、太平洋岛国等"友好国家"；英国、法国、德国、意大利和西班牙、波兰等欧洲国家是与日本"共同发挥主导作用的伙伴"；非洲是日本在国际场合推进合作的伙伴……日本与遍及全球的伙伴国加强合作，或"共同推进全球性议题"，或共同构筑包括安全领域的"多重合作关系"。[1] 唯独把中国、朝鲜、俄罗斯三国单列，分为三类，按国别量身定制了日本的应对方针。

为中国定制的应对方针名曰"加强中日战略互惠关系"，具体内容包括：(1) 日本将"继续促进中国为地区的和平稳定及繁荣发挥负责任的建设性作用"，促进中国"遵守国际行为准则"；(2) 要求中国"提高迅速加强以增加国防费为背景的军事力量的开放性及透明性"；(3) 对中国"采取推进构建包括避免和防止发生不测事态的框架的措施"；(4) 中国按照自己的主张，尝试用力量改变现状应对日本和周边国家，为防止事态升级，日本应继续要求中国自制并毅然加以应对。[2] 上述方针表明了日本应对中国海洋维权的强硬立场，指责中国违反国际行为准则、军力不透明且按照自己的主张应对日本和周边国家的关系，影射中国破坏东海和南海局势稳定，宣称日本将采

---

[1] 内阁官房「国家安全保障战略について」，http://www.cas.go.jp/jp/siryou/131217anzenhoshou/nss‐j.pdf[2014‐01‐02]。
[2] 同上。

取实际行动遏制事态升级,构建防止不测事态的框架。无须赘言,安倍政府将南海争议作为推进印太安保战略的切入点,通过贯彻实施加强军事与准军事领域的海洋安保合作拉拢合作伙伴、构建针对中国的国际监视框架等路线,主导印太安保战略区域海洋安全,力图形成遏制中国的战略优势。

综上所述,由安倍政府掌控的国安会所重构的安保战略顶层设计体现了承前启后的政策稳定性和战略前瞻性。在中日东海博弈趋向长期化的情况下,印太安保战略将中日之间的战略博弈,从东海扩大到声索国所在南海和印度洋,企图用延长博弈战线、增加博弈伙伴、提高伙伴能力等手段形成对华战略优势和多方牵制。

四、新安保法相当程度上架空宪法第九条

如前所述,新《日美防卫合作指针》和新安保法是日美互动的结果。2015年4月27日新指针问世,落实了安倍政府在日美同盟框架内扩大自卫队任务的要求。同年9月17日在民众的抗议声中,日本参议院和平安全法制特别委员会表决通过了新安保法案。解析新指针和新安保法有关日美集体自卫权和自卫队任务的核心要旨,有助于进一步认识日美同盟升级对战后体制的破坏作用。

(一)新指针的焦点

1. 模糊表述日美部队联合作战区域

以"防卫海域作战"为例,新指针规定:"日本自卫队及美军为防卫日本周边海域及确保海上交通安全实施联合作战。"①其中只提到了日美联合作战的目的,没有指明联合作战的范围。可以认为,新指针将日本划定的印太安保战略区域作为日美防卫海域作战的空间,表明双方关于扩大同盟军事行动范围达成了共识,用模糊表述方式为日美政府在更大范围内运用同盟军力留有操作空间,为日美推出包括印太两洋的新战略埋下了伏笔。

---

① 外务省「日米防衛協力のための指針」,2015年4月27日、http://www.mofa.go.jp/mofaj/files/000078185.pdf[2015-05-02]。

2. 日本自卫队主体作战不设界线

新指针规定,"自卫队主体实施'防势作战'"的区域是"日本及周边海空域与接近海空域的经路"①,即不仅包括日本本土,与日本周边海空域相连的"接近海空域的经路"也全都属于自卫队主体作战的范围。上述地理范围界定,既包括日本划定的印太安保战略区域,也能容纳美国印太驻军的行动范围,还可以理解为美国对日本自卫队出国作战不设限制,因为在理论上,接近岛国日本海空域的"经路"可以是宇宙中的任何一点。新指针表述的"防势作战",只是对自卫队"作战态势"的描述,并没有规定自卫队进行"防御作战",不具有实际约束力。防势与攻势的解释权掌握在日方手中。美方不对日本自卫队作战行动加以规定,为日本留有操作空间。

3. 日本自卫队主体作战的规模和武器等不设上限

新指针关于日本自卫队主体实施防空作战、防卫海域作战、应对陆上攻击作战以及日美相互防护装备作战的规定,最后一句均为"可不限于此采取必要行动"。以防空作战为例,"日美双方为防卫日本上空及周边空域实施共同作战。日本自卫队确保空中优势,主体实施防空作战。为此,自卫队采取包括防卫飞机及巡航导弹攻击的行动,可不限于此采取必要行动"。② 上述规定对日本自卫队主体作战没有限制,明记可以采取必要行动,表明美国支持和鼓励日本自卫队充分发挥作战能力、分担美军任务。此外,新指针的上述规定还有利于隐蔽不宜见光的战略战术,例如日本防卫省早已列入防务政策文件进行"研究"的先发制人攻击敌方导弹基地。

以上分析表明,新指针为日本自卫队出国作战等"松绑"。有关日本自卫队主体作战区域、规模、武器,以及日美联合作战的规定都留有操作空间,甚至可以认为,美国政府默认日本自卫队发动先发制人攻击,以充分运用日美同盟作战能力。新指针富于弹性的规定与新安保法预留释法空间一脉相承。

---

① 外務省「日米防衛協力のための指針」、2015 年 4 月 27 日、http://www.mofa.go.jp/mofaj/files/000078185.pdf[2015-05-02]。
② 同上。

(二) 新安保法相当程度上架空宪法第九条

新安保法是重构安保战略的最重要成果。安倍政府提交国会的新安保法案，由《国际和平支持法案》和《和平安全法制整备法案》两部分组成，共包括 11 部法律的修正案。《国际和平支持法案》授权政府在获得国会批准的条件下，迅速向海外派遣自卫队为外国军队提供支援。此前，派遣自卫队出国的法律依据为"特别措施法"。修改法缩短了自卫队海外派遣的时间，打破了此前限制派遣地区的规定。《和平安全法制整备法案》包括《国家安全保障会议设置法》、《武力攻击事态法》、《自卫队法》以及《武力攻击等事态下日本伴随美军行动实施措施的相关法》等十部法律的修改法，重在增加国安会的权力，按照新指针落实日美集体自卫权、扩大日本自卫队的任务范围。2016 年 3 月 29 日新安保法生效。

1. 国安会掌握"事态"判断权

修改《国家安全保障会议设置法》（2013 年法律第 89 号）的目的在于扩大国安会的实权，赋予国安会"应对危及生存发展事态"等职责。[①] 鉴于国安会成立后在四大臣会议通过的决定尚无被全体会议否决或修改的记录，修改法事实上为首相新增了通过国安会判断并应对危及生存发展事态的权力。首相及国安会的判断权与国家命运紧密相关。有关危及生存发展事态的法律定义留有操作空间，所以修改法赋予国安会的也是弹性判断权。

2. 危及生存发展事态决定自卫队出国参战

原《武力攻击等事态下确保日本和平与独立暨国家及国民安全法》更名为《武力攻击等事态以及危及生存发展事态下确保日本和平与独立暨国家及国民安全法》，新增"危及生存发展事态"，将自卫队行使集体自卫权出国参战落实在国内法是修改该项法律的着眼点。所谓危及生存发展事态的定义如下："与日本有密切关系的其他国家受到武力攻击，存在明显威胁日本生存发展，根本上颠覆国民的生命、自由以及追求幸福权利的危险事态。"在

[①] 防衛省・自衛隊『平成 27 年版防衛白書』資料編，資料 6「我が国及び国際社会の平和及び安全の確保に資するための自衛隊法等の一部を改正する法律案要綱」，https://www.mod.go.jp/j/publication/wp/wp2015/html/ns006000.html［2015-11-16］。

危及生存发展事态中,"使用武力排除危机",必须依照对事态的合理判断在必要限度以内。① 上述内容包括四层含义,一是自卫队在日本并未受到武力攻击的情形下也可以出国参战;二是自卫队参战帮助的对象是"与日本关系密切"的、受到武力攻击的美国或其他国家;三是自卫队参战的理由是,该国受到武力攻击给日本造成了威胁——存在明显威胁日本国家生存发展,颠覆国民的生命、自由以及追求幸福权利的危险事态;四是上述危险事态对日本而言是一种可能性或预测,即使并未发生事实上的危害,但能断定为危及生存发展的事态。只要国安会判断针对该国的武力攻击可能殃及日本或日本国民的生死存亡,即可判定该事态成立并据此出动自卫队使用武力出国参战,行使集体自卫权,"排除"威胁。归根结底,自卫队出国参战的法律依据取决于事态判断,对尚未发生的威胁和危险的预测是判断事态成立的根据之一。修改法为国安会派遣自卫队出国参战行使集体自卫权,提供了留有操作空间,可以灵活运用的法律保障。

3. 规定应对危及生存发展事态的限度

《武力攻击等事态以及危及生存发展事态下确保日本和平与独立暨国家及国民安全法》规定:"国家有责任和义务,用全部国家机构及功能应对危及生存发展事态,举国采取万全措施。"② 上述规定是基于安倍政府对自卫队出国参战可能导致引火烧身的考量。如前所述,新指针支持日本自卫队充分发挥作战能力,安倍政府将美方的要求发挥到了极致,把采取"万全措施"不遗余力应对危及生存发展事态写入了修改法,既为国安会应对事态预留了举国应对的操作空间,也给美国政府吃了定心丸。

4. 模糊表述日本自卫队与美国等外军联合作战

原《武力攻击等事态下日本伴随美军行动实施措施的相关法》,更名为《武力攻击等事态及危及生存发展事态下日本伴随美利坚合众国等国军队

---

① 「武力攻擊事態等及び存立危機事態における我が国の平和と独立並びに国及び国民の安全の確保に関する法律」平成二十七年法律第七十六号、https://elaws.e-gov.go.jp/search/elawsSearch/elaws_search/lsg0500/detail?openerCode=1&lawId=415AC0000000079_20160329_427AC0000000076[2015-12-30]。
② 同上。

行动实施措施的相关法》。安倍政府在修改法内,"追加外国军队与自卫队协作,为排除武力攻击实施必要行动"。① 追加部分落实了新指针的规定,关于联合作战的范围及使用武器等被模糊处理,没有加以限制,似乎只需认定为"必要行动"即不违法。修改法将日本自卫队与美军行使集体自卫权落到实处,在实现日美同盟义务对等的同时,也把两国部队捆绑在一起。日本自卫队能够在美国受到武力攻击时出国参战、与美军集体自卫,美军也能够在日本受到武力攻击时与自卫队联合作战。

此外,修改法还为日本增加了在同盟框架外进行高质量军事协作的法律空间,为"同盟+X"以及"日本+X"联合作战奠定了法律基础。这一体现安倍政府战略自主性的法律规定,为争取更多联合训演机会并提高印太安保战略推进质量提供了法律保障。

5. 首相有权命令自卫队"防卫出动"应对"事态"

日本修改《自卫队法》的焦点是将危及生存发展事态列入修改法第六章(自卫队行动)第七十六条"防卫出动"的第二款。与应对"武力攻击事态"的规定同样,在发生危及生存发展事态时,"首相能够命令自卫队全部或部分出动",但必须得到国会承认。② 具体而言,在首相掌握实权的国安会做出危及生存发展事态判断的前提下,首相有权下令出动自卫队使用武力排除该事态。修改法赋予首相决定自卫队出国参战的时机、规模及使用武器等权力,但下令防卫出动必须获得国会承认才能生效。除此之外,《武力攻击等事态以及危及生存发展事态下确保日本和平与独立暨国家及国民安全法》第九条也有同样规定。然而,在执政党占据国会多数议席的情况下,国会的审批权只是必须履行的法律程序而已。

此外,修改法还增加了防卫大臣的权力,在平时防卫大臣有权批准自卫队为美军等外国军队(或类似组织的部队)的人员和武器装备担任"警卫职

---

① 防衛省・自衛隊『平成 27 年版防衛白書』資料編、資料 6「我が国及び国際社会の平和及び安全の確保に資するための自衛隊法等の一部を改正する法律案要綱」、https://www.mod.go.jp/j/publication/wp/wp2015/html/ns006000.html[2015-11-16]。

② 防衛省・自衛隊『平成 27 年版防衛白書』資料編、資料 6「我が国及び国際社会の平和及び安全の確保に資するための自衛隊法等の一部を改正する法律案要綱」、https://www.mod.go.jp/j/publication/wp/wp2015/html/ns006000.html[2015-11-16]。

责",并且有权决定自卫队"合理使用必要限度"的武器。其条件是,美军及外国军队从事有助于保护日本的活动,如共同训练,美军及外国军队要求日本提供保护。① 修改法关于首相和防卫大臣在"事态"和"平时"的职责规定,与二者在国安会"四大臣会议"中的地位完全吻合。

综上所述,日美政府围绕解禁集体自卫权的互动结果切实反映到新指针和新安保法内,在解除限制日本自卫队发展和运用的法律束缚、扩大自卫队的同盟义务及日美部队联合作战等方面完成了日美同盟划时代的升级,基本达到了自卫队出国参战合法化的目的,并为日本灵活运用法律规定留有操作空间。新安保法事实上有条件地复活了宪法第九条"永远放弃"的"交战权"。第九条限制日本"不保有陆海空军及其他战争力量"的规定已名存实亡。对此,日本在野党曾于 2016 年 2 月和 2019 年 4 月向国会提交废除新安保法的提案,但都遭到掌握国会多数议席的执政党反对,未能进入审议程序而成为废案。在 2019 年 7 月的参议院选举中,立宪民主党、国民民主党、日本共产党和社民党在选举纲领中再次呼吁废除新安保法,"令和新选组"也提出了修改和废除新安保法的竞选口号。② 日本在野党及民众坚决反对安倍政府通过新安保法改变日本和平发展道路。

(三) 新指针和新安保法的实施效果

日本媒体毫不讳言地指出,新安保法出台主要针对企图强化军备的中国和不断研发核导武器的朝鲜。③ 安倍政府破除战败束缚重构安保战略,为自卫队打造多域联合作战能力、提高日美联合作战水平铺就了高速发展轨道。2020 年春季日本防务新动向,显现出落实新指针和新安保法的政策效果。

1. 日美大力建设同盟协同作战系统,强化远程攻击能力

首先,2019 年日本自卫队执行防护美军舰艇和飞行器的任务共 19 次,

---

① 防衛省・自衛隊『平成 27 年版防衛白書』資料編、資料 6「我が国及び国際社会の平和及び安全の確保に資するための自衛隊法等の一部を改正する法律案要綱」、https://www.mod.go.jp/j/publication/wp/wp2015/html/ns006000.html[2015 - 11 - 16]。
② 《安保法担忧仍存》,《参考消息》2019 年 9 月 20 日。
③ 《日美安保合作进入新领域》,《参考消息》2020 年 3 月 30 日。

主要是在联合训练时为美国军机担任警卫。另外,日美陆海空部队联合训练次数均为十次以上。① 即使在美国海军新冠肺炎病毒感染者与日俱增的情况下,2020年4月10日,搭载多架F-35B隐形垂直起降战机的"美利坚"号两栖攻击舰,仍然与日本海上自卫队"村雨"级驱逐舰"曙"号,在东海海域联合演练了"互操作能力"。② 其次,日美加强联合拦截弹道导弹的能力建设。2020年3月19日海上自卫队宙斯盾舰"摩耶"号入列,首次装备"协同作战能力"(CEC)系统,与美军宙斯盾舰和E-2D预警机搭载的CEC系统实时共享敌方导弹信息和战机情报。③ 再者,为了加强日本自卫队及美军的远程打击能力,防卫省防卫装备厅2020年3月13日公布,将部署两种防区外高超音速系统——高超音速巡航导弹(HCM)和高超音速滑翔弹(HVGP)。④ 2020年夏季日美还将用两国联合研发的新型拦截导弹"SM-3 block 2A"进行拦截洲际导弹的实验,今后可能将其部署在美国本土及盟国的宙斯盾舰上。此外,日本还在2019年8月从美国购买了73发同款导弹,用于陆基和海基宙斯盾系统部署。⑤ 事实证明,同盟联合作战能力建设扎实推进,提高了日本自卫队的远程打击战力。从"技术和成本方面考虑",强化自卫队的远程打击能力,不仅具有补齐战争能力短板的重要意义,而且较之日本极有可能停止部署的"陆基宙斯盾"计划,性价比更高。

2. 日美在网络和太空等"新战场"加强合作

日本防卫大臣河野太郎在新安保法实施四周年之际发表讲话称,在太空、网络空间等新战场,技术的重要性尤为突出,"日美之间已建立起无缝连接的合作关系"。⑥ 日本倚重美军科技优势补齐自卫队短板,实现日美网络战略对接,两国有义务在网络空间互相防护。在推进太空军事化进程中也

---

① 《日美安保合作进入新领域》,《参考消息》2020年3月30日。
② 《都这时候了,美军准航母还带着日本驱逐舰在东海"秀肌肉"》,台海网,http://www.tai hainet.com/news/military/hqjs/2020-04-13/2374946.html[2020-04-15]。
③ 《日美强化导弹拦截能力》,《参考消息》2020年3月21日。
④ 《日本公布高超音速武器计划》,《参考消息》2020年3月16日。
⑤ 「北ICBM想定、新型ミサイルで米か迎撃実験へ…日米共同開発」,『読売新聞』2020年4月22日。
⑥ 「日米協力、新領域に比重訓練より実践的に安保法施行から4年」,『日本経済新聞』2020年5月6日。

是如此。安倍政府拟在 2020 年秋向临时国会提交《自卫队法》和《防卫省设置法》的修正法案,将航空自卫队更名为"航空宇宙自卫队",强化对太空领域的防卫力和遏制力。① 日美共用太空系统的防务合作已经不是秘密。

3. 日本西南岛屿要塞化

2020 年 3 月 21 日,日本防卫省首次决定 6 月底在国内(千叶县木更津)陆上自卫队基地暂时部署两架"鱼鹰"运输机,计划未来增至 17 架。同年 4 月 5 日,"以应对中国军队发动攻击为假想情景",陆上自卫队在官古岛驻屯地新部署的导弹部队完成组建,与 2019 年 3 月部署的警备部队合计约 700 人。上述部署的目的是,准备用 12 式反舰导弹阻止中国舰艇接近离岛,用 03 式中程地对空导弹打击中国战机;在离岛被占情况下,用"鱼鹰"运输机运送水路机动团夺回岛屿。防卫省相关人士称:"拥有这些装备本身就是对中国的遏制力。"②除宫古岛外,陆上自卫队在奄美大岛部署了导弹部队,在距离中国台湾地区最近的与那国岛驻扎了沿岸监视部队,还计划在石垣岛部署导弹部队,组建海、空自卫队协同作战的统合任务部队已被提上日程,"完善针对中国军机、导弹和水面舰艇的拦截态势,为的就是剥夺中方在东海的行动自由"③。日本西南岛屿军事要塞化进展迅速且初具规模。

4. 研发、买卖武器装备相得益彰

日本现行《中期防卫力量整备计划》(2018 年 12 月)规定,应尽早主导开发航空自卫队主力机型 F2 的下一代战机。日本防卫省认为与英国合作容易掌握主导权,英方态度积极并提供了研发下一代战机的方案。④ 尽管航空自卫队对美企提供核心技术信息和美制零件到货时间不无疑虑⑤,但首相官邸以日美战机必须具备"互操作性"为由推荐了美国⑥,安倍政府在

---

① 参见:《日美安保合作进入新领域》,《参考消息》2020 年 3 月 30 日;《航空自卫队改名为"航空宇宙自卫队"》,《参考消息》2020 年 1 月 6 日。
②《日本将在官古岛新设最新锐导弹部队》,《参考消息》2020 年 3 月 23 日。
③ 参见:《宫古岛导弹部队组建完成》,《参考消息》2020 年 4 月 6 日;《日美安保合作进入新领域》,《参考消息》2020 年 3 月 30 日。
④《日本拒绝外国提供的下一代战斗机方案》,《参考消息》2020 年 4 月 3 日。
⑤「次期戦闘機、多難な道のり技術・費用課題、日本主導どこまで」、時事通信、2020 年 5 月 4 日、https://sp.m.jiji.com/article/show/2380088 [2020 - 05 - 06]。
⑥「「F2」の後継機、日米共同開発へ主導権握れるか」、『朝日新聞』2020 年 4 月 20 日。

主导开发与提高同盟作战能力之间权衡利弊,最终将实战需要和日美关系放在了首位。另一方面,在出口潜艇等受挫之后,日本军工业终于在2020年3月获得了亚洲首份大额武器订单,向菲律宾出售三套现代化的J/FPS-3ME雷达站(有源相控阵雷达)和一套移动式J/NPS-P14 ME雷达站。①这笔交易一举三得,既可获取经济利益,又可深化日菲防务合作,也可为实现构建监视海洋国际网络的既定目标创造条件。日本既是美制武器装备的有力买主,也是亚太地区具有竞争力的卖家。买卖武器装备不但能够促进日本军工业向自主研发倾斜,而且能够加快自卫队装备更新换代的节奏。

日美同盟从20世纪限制日本军力发展,到"无缝对接"统一运用经过了漫长历程。尽管民主党鸠山由纪夫执政期间,日本在美军基地搬迁问题上出现过短暂的摇摆,但经安倍再次掌权后的政策反弹,终于使自卫队成为美军在印太地区可信赖的作战伙伴。中美日三边关系为何不能成为"等边三角形"的原因从中可窥一斑。

五、"战败束缚总清算"的影响

综上所述,在推行战败束缚总清算的前期阶段,安倍政府通过立法和修改法律等途径建立法制保障,出台国家安保战略顶层设计、公布印太安保战略,通过解禁集体自卫权、修订安保法等完成日美同盟升级,确立新安保法制以推进战略扩张,相当程度上实现了破除战败束缚、架空宪法第九条的目标。

(一)战败束缚总清算顺利推进的原因

众所周知,战败束缚总清算之所以能顺利推进,既有日本媒体持续炒作中日钓鱼岛争议的影响,也有执政党占据国会多数议席、在野党难以形成合力的因素。本文认为还有以下原因值得关注。一是安倍再次掌权后驾轻就熟,建立了实施战败束缚总清算的法制保障,不能低估"共谋罪"的寒蝉效应。二是国内外环境空前有利。日本防卫省高官频繁出入首相官邸献计献

---

① 《日本在亚洲敲定首份大额武器订单》,《参考消息》2020年3月20日。

策,警界精英位高权重大力相助,国内民众希望政权稳定,美国支持日本承担更多同盟义务等,都为安倍推进战败束缚总清算创造了条件。三是日本国民对民主党三届政府渐次与自民党政策"同质化"倍感失望,难觅可寄予厚望的有力政党。因此,安倍除了支持率下跌引发党内派系争权以外几乎未受掣肘。还有学者主张,安倍的时机选择也很关键,他避开因提交敏感法案和政策引发支持率下跌的时间段,选择年头岁尾的假期及暑假,或者先通过经济政策拉高支持率再择机调整国会与选举日程,以保证不被民众和媒体认可的安保政策得以通过。[①] 可以说,在多种因素的作用下,战后安保体制几近崩塌。

(二)战败束缚总清算对日本的影响

1. 解禁集体自卫权为日本创造了战略机遇

安倍为解决自卫队兵员有限、国家体量相对不足等难题,选择了有偿搭车的"捷径"——日美共用军力,构建日美多域联合作战体系,以达到借美国太空、网络、军事装备等领域的优势补齐短板,迅速壮大自卫队的目的。时至今日,不但日美、"日美＋"战时集体自卫合法化,日本自卫队为美军提供警卫和后勤支援等法制保障也调整到位。两国部队在印太安保战略区域频繁演练"互操作"实战能力等事实表明,解禁集体自卫权为从平时到战时的日美全天候军事协作清除了障碍,强化了美军远海作战特别是在台海、东海及南海等中国周边海空域作战的能力。另一方面,日美集体自卫权惠及日本,自卫队在日本周边海空域进行主体作战伴随美军支援,同盟关系趋向相互依存、取长补短、利益置换、务实合作和义务对等。

更重要的是,安倍政府充分利用这一战略机遇,在顶层设计中统筹规划美国为提高自卫队联合作战能力提供的共享资源,明确日本战略扩张的地理范围、推进路线、安全合作伙伴及遏制对象,推出了印太安保战略,并且通过新安保法促使自卫队能够离开承担主体作战任务的日本周边海空域,开赴发生危及其生存发展事态的国家参战,达到既能排除危及日本生存发展

[①] 松田康博:《如何解读安倍政府的安保政策》,《亚太安全与海洋研究》2020年第1期,第55页。

的危机,也能相对保全日本战力,掌握印太地区安全主导权的目的。

2. 解禁集体自卫权拉升了日本被卷入战争的概率,机遇与危险并存

日本在现行安保法制下,如果拒绝美方提出的集体自卫要求,将导致同盟解体。因此,来自美国的变数将对日本未来发展产生决定性影响。新指针和新安保法将日本自卫队与美军捆绑在一起,提高了日本被卷入涉美军事冲突乃至战争的概率。反之,在理论上,美军也不无被日本拉入军事冲突的可能,特别是在日本自卫队承担主体作战的海域。不过,美军与日本自卫队同盟义务对等,并不能改变美主日从的实际地位。对日本而言,真正实现日美关系平等化依旧任重道远。

3. 日本使用武力解决国际争端的门槛降低

危及生存发展事态作为日本自卫队出国参战的法律依据,留有操作空间。尚未发生实际危害的危险预测,如"国民的生命、自由以及追求幸福权利"存在危险的情形,也可以被国安会认定为"事态成立"。2015 年 5 月 26 日安倍在国会问询中举例称,因战乱导致生活物资及电力不足时,也应该列入"危及生存发展事态"的范畴并可行使集体自卫权。① 笔者认为,新安保法保留的操作空间与首相及国安会的"人治"因素,是日本自卫队出国参战决策中最大的不确定性。加之,日美联合作战为自卫队打气壮胆,也在一定程度上降低了日本使用武力的门槛。

4. 对"后安倍"政府的制约

鉴于日本朝野政治力量的消长趋势,中日之间的结构性矛盾、中美之间的战略博弈在短期内不会发生逆转,在可预见时期内,安倍政府建立的法制保障和安保法制将会延续较长时期。尽管至少两部法律规定首相下令自卫队"防卫出动"必须获得国会承认,②但在自民党及联合执政党掌握国会多数议席的状况下,限制首相掌握的"出兵参战权"希望渺茫。所以,无论修宪这一安倍和自民党的政治夙愿能否实现,宪法第九条对安保领域几乎丧失了实际约束力。

---

① 《日安保法审议就"存立危机事态"范围引争议》,环球网,2015 年 6 月 3 日,https://world.huanqiu.com/article/9CaKmJLEBM[2015-06-06]。
② 『自衛隊法』、https://elaws.e-gov.go.jp/search/elawsSearch/elaws_search/lsgQ500/detail?lawld=329AC0000000165[2020-01-30]。

（三）对中日关系前景的影响

战败束缚总清算给中日关系带来多方面的影响。主要体现为以下两个方面。

1. 恶化中国周边安全环境，拉升"擦枪走火"的概率

安倍政府将中日战略博弈从东海扩大到印太安保战略区域，力图通过增加战略博弈领域、拉长博弈战线、拉拢战略利益攸关国投入博弈等路径，达到多方牵制和弱化中国对日战略优势的目的。日本海上自卫队和海上保安厅舰艇将在南海海域频繁出现、以构建海空一体化多边监视网为目标，或为美军舰机保驾护航，或与沿岸国海军联合训演，或集结多国海警演练"海上执法"，合纵连横与中国展开多种方式的战略博弈。

日本自卫队使用武力的门槛降低，或将与美军进一步提高使用武力威胁手段的频率和烈度，加剧台海、东海和南海紧张局势，恶化中国周边安全环境，拉高中国与日美之间在海空域"擦枪走火"的概率。日美任何一方挑起的局部摩擦都有可能被迅速扩大升级。日本从"和平国家"蜕变为能战国家，自卫队从美军的后勤支援晋升为具备"互操作"能力的战友，成为美军在印太地区最可靠的盟友。在具备法制保障之后，日本使用武力的可能性，与自卫队军事实力的增长成正比。这些都不利于改善中日、中美及中日美关系。当然，不可忽视，在非传统安全、经济领域，中日仍存在互利合作空间，对于稳定双方关系具有重要作用。

2. 对中日关系发展前景的影响

"后安倍政府"能否对安倍政府战败束缚总清算所留下的法制、体制、顶层设计及同盟军力建设等"遗产"进行再清算，是思考现行对华战略能否延续下去的重要参考。过去 20 年间，日本历届政府有关中国的安保政策没有发生戏剧性的变化。在 15 年前自民党小泉政府发表的《日美安全保障协商委员会联合声明》内，涉中国事项在日美 18 项"共同战略目标"中占有 3 项。[1] 十年前民主党菅直人政府制定的《防卫计划大纲》规定，既要与中俄

---

[1] 「共同発表日米安全防衛協議委員会」、2005 年 2 月 19 日、http://www.mofa.go.jp/mofaj/area/usa/hosho/2+2_0502.html［2005－03－30］。

"在非传统安保等领域构建和发展合作关系","也要与同盟国等合作进行积极干预,使中国在国际社会采取负责任的行动"。① 显然,尽管自民党与民主党为夺取政权竭力厮杀,但无论谁上台,在制衡中国的安保政策上都会把安保政策的稳定性和同盟利益置于中日关系之上。更何况目前的态势是自民党在政坛格局中一党独大。所以,对日本内阁更替也不宜寄予过高希望甚至抱有幻想。

如前所述,宪法、国会、体现宪法原则的安保法制,是支撑日本战后体制的主要基石。在宪法第九条相当程度上被架空、安保法制脱胎换骨、执政党拥有国会议席多数的现状下,战后体制的主要基石岌岌可危。在这个意义上可以说战后体制几近名存实亡。日本媒体 2020 年 5 月 3 日民调结果显示,高达 78% 的日本受访者反对安倍优先实施修宪(NHK),58% 的受访者反对修宪(《朝日新闻》)。日本国民也期盼"后安倍政府"改弦易辙,反对下届首相"继承安倍政府的路线"的受访者多达 57%(34% 赞成),反对修改自民党党章让安倍第四次连任党总裁的受访者高达 66%(26% 赞成)。② 但是,民意能否如实反映到议会政治制度上,拭目以待。

以上观点是笔者对安倍政府在 2012—2016 年实施战败束缚总清算的阶段性看法,但是要对日本未来和中日关系发展前景做出全面判断,还有待于综合分析 2016 年以后安倍政府在印太战略框架下实施的战略设计,解读日美在印太地区的战略对接及其践行效果,探究日美政府在具备"战争法制保险"之后的其他选项。

(作者李秀石,上海国际问题研究院国际战略研究所,原文刊于《日本学刊》2020 年第 3 期)

---

① 「平成 23 年度以降に係る防衛計画の大綱について」,http://www.kantei.go.jp/jp/kakugikettei/2010/1217boueitaikou.pdf[2018-12-28]。
② 「安倍政権の継承『しない方がいい』57%」,『朝日新聞』2020 年 4 月 27 日。

战后日本产业结构调整的进程与政策

刘天纯

战后日本经济的迅速发展是同它适时地调整产业结构密切相关的。日本是产业结构改革最快、变化最大的国家之一。日本国策研究会会长稻叶秀三在一篇文章中指出:"从最近的日本产业和经济动向来看,我们不应该忘记的是,日本产业灵活的转化比预料进行的要快,关于这一点,我们反复说过。""产业和企业经营动向如此令人眼花缭乱地变化的事实是不可忽视的。"[①]"正由于日本如此灵活变化,它才能成为走在世界前列的国家。"

那么,战后日本究竟如何实现产业结构改革的呢?本文仅就战后日本调整产业结构的进程和政策两个方面作一些介绍和分析。

一、战后日本调整产业结构的进程

战后四十年来,日本改革产业结构大体可分为三个阶段:第一阶段从1945年至1955年十年恢复时期;第二阶段从1956年至1973年重化工业发展时期;第三阶段从1973年至1985年向知识、技术集约型工业转化时期。

(一)第一阶段的产业结构改革

战败使日本经济陷入瘫痪状态,给国民生活带来了深刻的危机。首先,

---

① 稻叶秀三:《二十一世纪的中心政策是技术革新》,《新国策》,1984年10月1日。

表现在许多工厂倒闭,尤其战前的军需工厂生产几乎完全停顿,当时工矿业生产降低到战前(1934—1936年)的30%,而生产资料的生产仅是战前的10%。① 直到1946、1947年,许多工厂开工率还没有达到设备能力的10%。在日本工业部门中,损失最大的是动力工业,其中石油精炼丧失了58%,机械工业破坏率达42.2%。

其次,表现在由于工厂倒闭或停产而大批解雇工人,从战败投降到1945年10月上旬止的两个月里,被解雇的工人达410万人,还有720万陆、海军军人,除一部分留在国外,其余全部复员,加入失业大军;再有从国外撤回的国民150万人,总共有1 000万人以上的失业者。

再次,表现在粮食危机方面,1945年大米产量是明治以来最低的(约4 000余万石),1945年至1946年度青黄不接的时候,约有1 000万人挨饿。通货膨胀、粮食黑市价格飞涨达到空前惊人的程度。

面对上述战败后的严重困境,人们都在寻找解脱困难的途径和办法,根本出路在于恢复和发展生产。发展生产,就必须进行产业结构的变革。为此,日本政府通过执行以农业为先导方针,调整产业结构,大力发展农业,到1951年,日本农业生产已达到了战前水平。在调整时期日本产业结构的变化是:第一产业和轻工业的比重相对提高了,在整个国家经济中地位加强了。农业和轻工业的迅速恢复,改变了战前日本产业结构过于偏重军事工业的畸形状态,改善了粮食和日用品供应不足状况,并且吸收了大批劳动力,对解决失业问题有一定帮助。同时,也为日后重工业、化学工业发展提供了资金,开辟了广阔的商品市场。经过1945—1955年恢复时期的努力,就使日本逐渐恢复到工业农业国的产业结构。第一产业净产值在国民收入中的比重从17.8%上升到26%,第二产业的比重则从46.5%降至31.8%,第三产业则由41.7%上升为42.2%。②

(二) 第二阶段的产业结构调整

这个阶段是从1956年到1973年,是采用现代化科学技术,建设重化工

---

① 都留重人:《现代日本经济》,1980年版,第1页。
② 一桥大学经济研究所:《日本经济统计》,岩波书店,1962年,第11页。

业型产业结构,实现日本国民经济现代化时期。

自朝鲜战争爆发之后,特别是1955年以来,不论日本国内政局和经济形势以及国际局势尤其亚洲形势都发生了巨大变化;再加上日本农业和轻工业生产已恢复到战前水平,因此第一阶段所建立起来的以农业、轻工业为主体的产业结构,已经不适应经济建设发展的需要了。这就要求日本再次改革产业结构,把现有的农业、轻工业型产业结构改变成重、化工业型结构。

第二阶段产业结构变革的具体表现是:日本重、化工业迅速发展,1955年到1960年日本重化工业在整个工业中的比重,由44.6%提高到56.4%。①日本制造业年平均增长率为17.5%,钢铁工业为19.9%,有色金属为19%,机械工业为28.5%,而纺织工业和食品工业则为9.7%和5.7%。据统计:1966年日本的小轿车、台式电子计算机、彩色电视机、聚乙烯和合成纤维等的产量分别为87.8万辆、2.5万台、52万台、55.6万吨。到1973年则分别增加到447.1万辆、996万台、875.6万台、16亿2万吨。②

总之,这个时期三种产业在国民经济中地位发生了极大变化:以净产值计算,第一产业从1955年的占国民经济的22.8%,下降到1970年的7.8%;第二产业由1955年的30.5%,上升到1970年的38.1%,到1974年达到40.4%;第三产业由所占国民经济的47.8%,上升到1970年的54.1%。③如果从就业人口和国民收入部门构成来看,其变化如下表④:

1955—1970年日本就业人口和国民收入部门构成变化表

(千人、()内为%)

类别	年份	合计	第一产业	第二产业	第三产业
就业人口部门结构	1955	39 261	16 111(41.0)	9 220(23.5)	13 933(35.5)
	1960	43 719	14 240(32.6)	12 762(29.2)	16 717(36.2)
	1965	47 633	11 733(24.6)	15 243(30.2)	20 653(43.4)
	1970	52 042	10 066(19.4)	17 651(33.9)	24 325(46.7)

---

① 《东洋经济》周刊1978年8月25日,第186页。
② 矢野诚也:《日本经济预测》,钻石社1973年版,第183页。
③ 经济企划厅调查局:《经济要览》1980年版,第150-153页。
④ 《东洋经济》周刊,1978年8月25日。

续表

类别	年份	合计	第一产业	第二产业	第三产业
国民收入部门结构	1955	100	22.8	30.8	46.4
	1960	100	14.9	36.2	48.9
	1965	100	11.2	35.8	53.0
	1970	100	7.8	38.1	54.1

从上表可以看出,第一产业在就业人口和国民收入部门构成中的比重大大降低了。由于对农业实行一系列切实可行的政策,尤其通过提高农业科学技术水平,取得了产量增加而劳动力减少的效果。第一产业就业人口从 1955 年的 1611 万,减少到了 1970 年的 1 000 万人左右,在部门构成中所占的比重,也由 41% 下降到 19.4%。

第二产业在就业人口和国民收入部门构成中的比重有了大幅度上升。在这个阶段里,钢产量增加了 10 倍、铝 10 倍、石油制品 19 倍、电视机 100 倍、小汽车 159 倍。造船业居世界第一位,化纤、卡车、水泥、钢铁、合成橡胶等产量均占资本主义世界第二位。由于重化工业发展,使第二产业就业人口和国民收入部门构成中的比重大为提高,就业人口从 1955 年的 920 万人,增加到 1970 年的 1765 万;在部门构成中的比重,也由 23% 提高到 33.9%;在国民收入部门构成中的比重,由 30.8% 提高到 38.1%。

第三产业在就业人口和国民收入构成中的比重,也有所提高。就业人数由 1955 年的 1 390 万,扩大为 1970 年的 2 430 万人;部门构成比重也由 35.5% 提高为 46.7%;在国民收入部门构成中的比重同时期也由 48.3% 提高到 54.1%。

第二阶段的产业结构适时确立,对实现国民经济现代化,改变国家经济和技术落后面貌发挥了重大作用,这是应当充分肯定的。然而,随着社会经济的发展,这个重、化工业型的产业结构又暴露不少新的矛盾和问题,需要进一步改革和调整产业结构。原来第二阶段产业结构的基本支柱有三条:一是靠政府及外来大量投资来维持,也可称为"外资主导型";二是产品主要靠外销,也可称"出口主导型";三是生产主要靠消耗大量钢铁、石油化学原料,也可称为"大量消耗资源型"。发展工业所需的资源、资本和市场都主要靠外国,这种对外极端依赖型的产业结构自然会束缚和左右着日本经济发展速度和规模。所以,必须再行改革这种受外来因素限制和制约的重、化工业型产业结构。

(三) 第三阶段的产业结构调整

这个阶段从 1973 年到 1985 年,即向"知识集约型"产业结构变革。这次改革的目的是以"知识集约型"产业为主导,提高第三产业,大力推进社会经济发展。

尽管日本政府在战后不同时期里,密切注视时代的变化,适时调整产业结构与政策,但是其政策变化仍然赶不上时代的变化。日本首相中曾根在一次报告中指出,日本正面临着一个重大转折时期。他说:"第一个变化就存在于我国经济的发展本身之中。明治以来你追我赶式的现代化时代已经结束。我们必须依靠自己的智慧和努力去创造一个迄今为止任何国家都没有经历过的未知的社会。所谓价值观的多样化,青少年犯罪之类现象,是包括我国在内的各发达国家共同存在的;从中可以觉察到整个高度产业社会的价值体系、技术体系乃至生活方式发生着文明史面临转折点的动向。再加上我国人口的高龄化正以别国所没有的高速进展着,它正在不仅对雇佣、养老金等产生影响,而且对人一生的生活方式、社会结构,总之是对我国整个经济和社会产生广泛的影响。第二个变化在我国所处的国际环境上深刻地表现出来。由于美国影响削弱,苏联的军事力量剧增等原因,国际政治不稳定。此外,在经济方面,到达了成熟阶段的各发达国家苦于失业和通货膨胀,它们的发展力量和灵活性衰减了。所谓石油冲击使得今后世界长期稳定确保能源的前景变得不明朗起来,所有这一切,也给发展中国家的经济投下了阴影。在这种背景下,各国之间贸易摩擦加剧,保护主义抬头的征兆出现,一贯支持自由地开展国际交流的国际性机构和制度也发生了动摇。国际秩序在深刻的动摇和摩擦之中进入了改组的时代。"因此,"需要全面地重新研究有关经济管理的历来的日本经济管理。"[1]

---

[1] 中曾根康弘:《以新的富裕为目标的经济管理,争取实现高度情报社会的五项原则》演讲,1983 年 5 月 16 日。

日本政府面对着新的变化,要改革的事很多,但是推动生产发展,促使经济繁荣的关键仍然是改革产业结构。这次改革产业结构的目标是由日本产业结构审议会于1971年5月提出的。审议会在《关于七十年代通商产业政策的方向》的报告中指出:"五十年代和六十年代,是偏重重工业和化学工业的政策,是建立在追赶欧美国家的观念基础上的,今后的产业结构应是节省能源、资源,充实社会资本,加强防止公害……指向'知识集约型'产业结构,以取代过去侧重重工业和化学工业的政策。"经过石油危机打击后,日本政府的产业结构审议会于1974年9月又提出《产业结构长远规划》的报告,更进一步提出建立"充实福利和生活型","节省资源、能源型"的发展相对占优势地位的技术集约型产业,尤其是电子计算机化;"以新的国际分工方式,对发展中国家进行经济协作,确保国际市场的能源和资源";"保护环境、按地区配置产业,限制用地用水,使运输保持通畅等等","在此基础上,提高加工程度水平和技术集约程度水平的知识集约型产业的比重,同时求得各产业的高级化"。基于上述目的,日本政府利用各种行政手段和经济手段在全国的经济建设中,逐步对产业结构进行改造,经过努力取得很大进展。

现在仅以可见到的产业结构的变化概述如下:

首先,缩减了对重工业和化学工业的投资和经营规模。如1973年至1977年,粗钢生产量由12 000万吨,减少到了10 065万吨;而知识集约型工业大幅度增加了,如电气机械工业增加12%,运输机械(除船舶工业)增加了16.1%,药品工业增加50.4%,精密机械工业增加了68.9%。[1]

其次,三种产业的产值也发生了变化。由于主动调整各种产业的地位,各种产业的投资和经营的范围有了变化,1977年日本第一产业净产值在国民收入中的比重已下降到4.5%,第二产业下降到39.4%,第三产业的比重上升为59.1%。[2]

再次,从新的产业结构在就业人口和国民收入部门构成中的变化来看:第一产业在就业人口和国民收入部门构成中的比重,仍在大幅度下降。就

---

[1] 《东洋经济》周刊,1978年8月25日,第186页。
[2] 《日本国势图绘》1981年版,第82页。

业人口比重，由 1970 年的 17.4% 下降为 1977 年的 11.9%；国民收入比重，由 1970 年的 7.8% 下降为 1977 年的 4.7%。第二产业就业人口比重由 1970 年的 35.2% 下降为 1977 年的 34.8%；国民收入比重，由 1970 年的 38.1% 下降为 1977 年的 35.4%。第三产业的就业人口比重，由 1970 年的 47.4% 提高为 1977 年的 53.3%；国民收入比重，由 1970 年的 54.1%，提高为 1977 年的 59.8%。总之，日本"从 1956 年以 9.6% 的增长速度持续发展，到 1976 年，基本实现国民经济现代化"。

再从日本出口产品轻量化看产业结构的变化。

日本出口的重点正在迅速改变为以电子设备为中心，产业结构的上述变化必然给日本的出口巨大影响。日本的产品出口是以美国和东南亚为主，原来以钢铁、汽车和一部分家用电器为主；但进入 80 年代后办公机器、磁带录像机和半导体产品的出口急剧增加。例如，1983 年度的出口总额为 1 527 亿美元，其中汽车出口 265 亿美元，钢铁出口 130 亿美元，然后是磁带录音机为 71 亿美元(其中录像机占 80%)，超过了以往出口三大主力之一的船舶(65 亿美元)。接下来的顺序是：办公机器 58 亿美元，科学光学仪器 56 亿美元，半导体等电子零件 42 亿美元。

从出口产品重量来看，在以重工业和化学工业为目标的 60 年代，出口产品的份量重，而经过第一次、第二次石油危机后，发生产业结构变化，趋向轻量化。出口产品的主力已由钢铁变为汽车，又从汽车转为半导体，因此其出口产品的重量由"吨"变成"公斤"，又从"公斤"变成"克"。[①]

总之，日本战后四十年的实践证明，能够由战败国一跃进入"经济大国"，正在向"科技大国"迈进，成为现今世界上第一流经济和科技强国，其原因是多方面的，而上述事实表明，不断改革和调整产业结构，以适应社会经济发展，促使生产和贸易始终保持着旺盛状态，无疑是一个不可忽视的重要因素。那么，为什么战后日本能够实现三次大规模的产业结构改革呢？这同政府实行的各种产业政策和经济措施是有直接关系的。

---

① 刘天纯：《日本产业革命史》，吉林人民出版社 1984 年版，第 303 页。

二、日本的产业政策和经济措施

(一) 实行优先发展重点产业的保护政策

日本政府于 1946 年末提出并在 1947 年初开始实行重点生产方式政策，也就是优先发展重点产业的保护政策，即用美援物资在日本倾销后所得的资金，设立复兴金库，把有限的原料、资金、外汇等，保证分配给重点企业如煤炭、钢铁、电力等基础工业。

美国曾以"占领地区救济基金"和"占领地区复兴基金"名义，向日本政府提供 21 亿美元的援助。1950 年 6 月，朝鲜战争爆发，日本从美军"特需"（美国军事订货和驻日美军及其家属的消费支出）的收入得到一大批资金，从 1951 年到 1953 年共计为 22.2 亿美元。这些资金对战后日本经济恢复发挥了一定作用。

同时，日本政府还推行了价格补贴和低利息贷款政策。政府决定：重点产业部门的产品，在公定价格低于生产费用时，差价额由国家补贴，使重点企业不受损失，这是一种保护政策。据统计：1946 年价格补贴预算达 121 亿日元，1947 年增加到 239 亿日元，1948 年又增加为 625 亿日元。低息贷款也是供给重点产业使用的，以复兴金融金库贷款为例：从 1947 年 1 月至 1949 年 2 月的两年间提供的贷款为 1 239 亿日元，其中向煤炭产业提供的贷款占 36.5%，电力工业占 15.7%，化学工业占 7.6%（其中化肥工业占 60%），海运业占 3.4%，钢铁工业占 1.8%。这五个部门占贷款总额的 65%，其中用于设备投资的贷款占 73.4%。[①] 到 1949 年 3 月末，复兴金融贷款结存额 1 330 亿日元中，煤炭业占 35.9%，电力占 17%，海运业占 10%，肥料业占 4.6%，水产业占 3.5%，钢铁业占 2.8%。

由于政府实行了上述保护政策，重点产业得到了迅速的恢复与发展。如：煤的产量 1947 年比 1946 年增加了 10 倍之多，普通钢产量 1947 年产量

---

① 有泽广巳、稻叶秀三：《战后二十年史资料》，日本评论社 1967 年版，第 61 页。

比 1946 年增加了 3 倍,同时期生铁也增加 2 倍。到 1948 年末工矿业生产已恢复到战前水平的 72.9%。再从各项产业部门增产情况来看:以 1933 年为生产指数 100%,钢铁生产指数从 1945 年的 27.3%增长为 1949 年的 108.5%;煤炭产量从 1946 年的 68%增加到 1948 年 12 月的 129.6%;化学工业产量从 1945 年的 33.7%增加到 1949 年的 202%;电力和煤气从 1945 年的 109%增加为 1949 年的 195%。① 全国工业总产值从 1950 年的 11 890 亿日元,增加到 1955 年的 23 600 亿日元,5 年中增加 1 倍,大大提高了劳动生产率。②

(二) 实施积极的农业政策

战后日本面临的头等问题是全国性的饥荒,恢复和发展农业的任务十分迫切,为此,日本当局从 1946 年开始推行以"农地改革"为核心的土地改革运动,到 1950 年完成。农民总共获得 193.8 万町步土地,占改革前全部出租土地(237 万町步)的 80%。实现上述目标,主要是由政府在占领者支持下,强行收买地主土地,低价转卖给农民,并规定获得土地的最高额。因而,可以说农地改革的实施,在一定程度上调动了农民的生产积极性,解放了生产力,再加上那些年风调雨顺,使日本农业 1946 年至 1948 年连续三年大丰收。到 1952 年,日本粮食总产量达到 1 650 万吨,恢复到战前水平。到 1955 年,仅大米产量就达到 1 238 万吨,比 40 年代末、50 年代初增加了三分之一以上。③

总之,由于农业的恢复与发展,到 1955 年日本基本解决了吃饭问题,同时也推动了以农产品为原料的纤维工业的恢复与发展,从而加速了战后轻工业发展步伐。因此,1946 年日本政府决定重建纤维工业,1950 年把轻工业作为合理化投资的重点,在整个投资中占 18.4%。

还应指出,农业在恢复与发展的同时,非但没有增加劳动力,相反有一大批农业劳动力转向工业,适应了战后工业迅速发展的需要。第二次世界

---

① 守屋典郎:《日本经济史》,第 395 页。
② 大内力:《现代经济论》上卷,第 282 页,经济企划厅调查局编《经济要览》,1959 年版。
③《农民新闻》(日文版),1978 年 4 月 15 日。

大战前,农业劳动力占就业人口总数的 50% 或 60%,即使在战后一段时间内仍占 40% 左右。但是,1955 年农业人口为 3 700 万,此后逐年下降,1980 年为 2 140 万,占总人口的 18.3%;农业劳动力在日本就业人口总数中占的比例,也由 1963 年的 23% 下降到 1966 年的 19.4%。①

为了解决粮食危机和发展农业生产,日本政府还适应各个时期农业生产的变化,认真实行粮食管理制度。在 20 世纪 40 年代开始建立、后来又不断改革的日本粮食管理制度的主要内容有:

第一,规定粮食全部由国家统购统销,日本政府每年规定一次无限量收购大米、小麦的价格,而且强调这作为农民的义务。对大米确定双重价格制度,即生产者米价(参考生产费用、物价及其他经济情况决定)、消费者米价(参考家庭经济费用、物价及其他经济情况决定),生产者米价一般高于消费者米价。② 也就是说国家收购价格高于市场出售价格,是"倒挂"的价格体系。

第二,建立粮食管理特别会计。其收支账目中除列有国内生产的大米、小麦之外,还包括进口粮食,在进口的农产品中大宗仍然是大米。购买粮食所需资金通过发行粮食证券(政府发行的短期证券)、挪用国库结余金(无利息)来筹集。对实行两种米价而出现的赤字,由国家财政填补。因此,政府严密控制粮食的进出口,以保护国家农业发展和农民的利益。

上述粮食管理制度,对解决战后粮食危机有一定的积极作用,对恢复和推动农业发展也有一定好处。但是,农业产品尚不够充足。

自 1950 年以来,日本政府为了保证农产品有更大的增产,采取更加支持农业的价格政策,也就是大幅度提高大米的收购价格。例如:1945 年政府规定每 60 公斤大米的收购价格为 3 704 日元,1946 年米价等于 1945 年的 2 倍,同时期一般物价(东京消费物价)只上升了 27%。③ 提高米价不仅刺激了农民的生产积极性,也有利于农业机械化和化肥化,因为农民的收入增高,就有可能扩大生产,改善耕种方法,提高产品数量与质量。事实是到 1955 年,日本大米产量达到 1 238 万吨,比上年增产三分之一以上。

---

① 日本外务省:《日本概况》,1983 年版,第 51 页。
② 参阅《粮食管理法》。
③ 参阅《日本农业年报》,第 17 集

由于战后一直实行上述粮食管理政策,日本政府对粮食购销进行了大量财政补贴。如:1976 年每 60 公斤大米政府收购价格为 16 575 日元,销售价格为 13 451 日元,政府每经营 60 公斤大米亏空 3 000 多日元,1977 年粮食购销的亏空即达 7 300 亿日元。这说明,政府从其他开支中,支出大量资金来支持日本农业的发展,使农民收入增加。近年来,农民个人收入有了显著增加,每家农户的年收入业已超过了城市一般工人家庭的水平。如 1980年,每家农户的年收入(450 万日元),比全国每个工人家庭收入(平均收入是 420 万日元)高出 7.6%。每家农户的收入指数以 1960 年为 100%,按名义收入计算 1970 年为 340%,到 1980 年则为 1 109%。

随着经济的发展和人们收入水平的提高,战后日本国内对食物的需求也日益多样化。过去,日本是主要食米国家,而战后逐渐出现稻米消费下降,而畜产品、食糖、蔬菜、动植物油、水果的消费量大幅度增加。结果大米消费量不超过 1 200 万吨,造成大量库存,仅以 1968 年为例,稻米的库存量即达 240 万吨。为了满足这个新出现的食物多样化的需要,日本政府从 1970 年起,执行一种农业生产的调整计划,以保持对国民食物供应的平衡。结果使农业结构也出现了变化:

第一,农业生产兼业化,兼业农户增加。到 1978 年,日本专业农户只占农户总数的 12.9%,而兼业户竟占 68.6%。

第二,农业生产副食化。由于日本人食物多样化,而且要求高质量副食品。尽管日本没有良好的牧场,但是到 1979 年日本的畜产品的产量在农业总产量中仍占第二位,达到 25.6%。迄至 1981 年 2 月,日本有奶牛 210.4 万头,菜牛 228.1 万头,猪 1 006.5 万头,鸡将近 28 600 万只。柑桔、生菜、草莓之类水果和蔬菜也大量增加。

第三,不追求完全自给化,适当进口或出口所需农产品。在世界上对食品供应有两种主张:一种力争农业完全自给,以自给化为目标;另一种不强调完全自给,而是兼营进出口。日本采取后一种。1960 年,日本粮食的综合自给率为 90%,大米 102%,小麦 39%,大豆 28%,蔬菜 100%。[①] 到 1980

[①] 日本农林大臣官房调查科:《1974 年农业白皮书附属统计资料》。

年,日本的食物需要量有 75% 可以自给。而国内需要量仍然大幅度持续上升,这就增加了外国食物进口率。按进口额计算,1980 年达 270.28 亿美元,占日本进口总额的 17.7%。主要进口货是饲料(玉米、高粱)、鱼类(冻虾、对虾、鲜鱼)、禾谷(小麦)、肉类(牛、猪、羊肉)、食糖和油籽(主要是大豆)。同时,日本农业也将某些加工品出口,但与进口相比,微不足道。据 1981 年统计,日本农产品出口仅占全部出口的 1.5%。

总而言之,上述农业结构的变化是受一定条件制约的。首先,日本耕地少,无法满足全部食物自给,耕地面积只占总面积的 14.8%,平均每人 7 分地;其次,日本国民饮食习惯变化,对面食和副食的需求量增大,对米的消费减少,出现大米产量过剩,小麦、饲料供应不足现象;再次,国际市场上农产品价格长期低于国内,对进口农产品有利。同时还由于日本大量向美国等伙伴国家出口工业品,出现巨额顺差,引起伙伴国家国际收支不平衡,出现巨额赤字,从伙伴国家进口农产品也有助于缓和这一矛盾。

(三) 政府推行一系列的金融政策

战后日本政府实行了不少金融保护政策,从 1955 年之后,日本政府又确定了"以私人设备投资为主导,出口优先"的发展经济的金融财政政策:

首先,实行《对外汇兑管理法》,根据该法的精神规定国家的统一汇兑率是,1 美元等于 360 日元。而当时大多数日本企业的产品价格高于这个汇率,如棉布:1∶250 至 1∶400 左右;船:1∶500;汽车:1∶510;生丝:1∶420;无线电器 1∶550 等。推行新的汇率管理法,就会刺激日本各企业提高劳动生产率,加快企业合理化运动,降低产品的成本。同时,政府严格控制进口,以确保重工业、化学工业所需的原料和能源的进口,这样国内的基础工业就会得到迅速发展。

其次,政府通过国家银行、金融金库对所要发展的产业实行优惠贷款。战后日本企业对外来资金依赖性很大,因此政府的优惠贷款是日本企业产业结构变革的一大支柱。如:复兴金融公库贷款主要对象是政府确立的重点产业部门如——煤炭、电力、钢铁、海运、肥料等。到日本经济进入高速发展阶段后,政府仍然贯彻其对重点产业优惠贷款的方针,只不过其重点产业有所变化。在政府优惠贷款支持下,使私人的设备投资有了很大发展。1956年,日本私人设备投资猛增到13 770亿日元,比1955年增加16%。1959年私人设备投资超过21 000亿日元,1961年接近40 000亿日元,1964年达54 000亿日元。1956年到1966年,私人设备投资平均每年增加22.2%。

在政府推行对私人企业优惠贷款政策同时,也加大了政策性投资,这就更加有利推动经济发展。政府的投资,从1961年的15 000亿日元提高到1964年的25 000亿日元,年增长率达21%。同时,私人投资1961年比1960年猛增37.9%,达到39 000亿日元,1965年达到50 800亿日元。从而使生产力的水平迅速提高,仅1961年一年,工矿业生产就比1960年增加21%。国民生产总值也迅速增长,1961年比1955年增加77%,年增长率高达10%。

为了促进对外贸易,贯彻"出口第一"的方针,政府于1960年6月,制定《贸易汇兑自由化计划大纲》。到1962年实现石油、煤炭等产品的贸易汇兑自由化。1964年8月,日本成了《国际货币基金协会》的成员国,接着又加入《欧洲经济合作组织》。

再次,政府通过实行照顾性税制、免税、减税和国家补贴等手段,引导产业的结构变革和发展。战后日本的财政收入主要靠税收,分为国税和地方税。在国税中,包括收入税(即所得税和收益税)、财政税、消费税和流通税四类。地方税中,又分为都道府县和市町村税,按普通税和目的税大类征收。

日本政府的税收政策可以概括为:"寓禁于征,寓奖于免。"根据此精神,1952—1955年间,政府减免"东洋人造丝公司"一项重要产业税达20亿日元;1955年下半年,减免"东京电力公司"的收入税73.6%,减免"富士钢铁公司"的收入税56.5%,减免"钟渊公司"的收入税32.5%。振兴技术和设备现代化的减免额为1 067亿日元,振兴出口和发展工业的减免额为2 506亿日元。据日本政府公布,1961年到1970年,减免税累计额达25 819亿日元。1970—1971年危机之后,日本政府减免了"法人税"15 008亿日元,"所得税"15 462亿日元,两项合计相当于该年度国税总额的34%。

同时,政府实行有目的国家补贴,来保证重点产业的发展。如为了尽快恢复钢铁生产,政府1947年到1950年给钢铁企业补贴价格金额为988亿日元,相当于政府付出的总补助金额的30%。1949—1950年,又支付钢铁业所需进口矿石补助金110亿日元。这些补助金占生铁价格的87.1%、钢材价格的73.3%。早在1951年建立起的对机械产品进口补助制度中规定其产品价格一半由政府支付,这就大大促进了机械工业的发展。

在出口贸易中,日本政府也实行双重价格补助,即出口成交价格与国内市场价格的差额由政府补助。例如:1960年到1975年硫胺的出口价格只等于国内价格的75%,亏损的25%由政府补助。

最后,发行公债,也是扶持重点产业的发展的手段之一。1965年,政府发行国债1 972亿日元,到1977年,国债发行额达到84 800亿日元,1979年国债发行额为152 700亿日元,国债占政府预算收入的39.6%。虽然政府所发行的公债并非全部用在发展产业上,但它对促进工业生产增长,保证重点产业结构沿着政府所期望的方向发展,也起了一定的促进作用。

(四) 政府制定"经济计划",干预国家经济建设。

一般说来,作为资本主义国家的经济是无统一计划的,其发展受价值规律左右。但这并不等于说国家对社会经济发展毫无作为,其实正相反,资本主义国家对经济干预愈到现代愈增多,例如,制定经济计划就是干预社会经济的重要手段之一。

战后初期,"日本经济安定本部"曾制定《经济恢复五年计划》(1948年),并提出两个试行方案。1951年,日本自立经济审议会曾制定《自立经济三年计划》。尽管上述计划是在美军占领的特殊历史条件下提出的,不可能完全实现,但这说明了日本政府干预经济的意向。

到1955年,开始经济建设时期,日本政府为了保证经济按照以耐用消费品为先导,以重、化工业为中心的方向发展,加强了推行"经济计划化"。因此,把原来的经济审议厅改为经济企划厅,同年12月由该厅制定了《经济自立五年计划》。严格说,这是战后日本政府第一个综合性的长期经济计划。同年,还公布了《关于合成树脂工业的发展》和《石油化学工业的扶植政策》。1956 年公布了《机械工业振兴临时措施》,1957 年公布了《电子工业振兴临时措施法》、《关于日本合成橡胶株式会社临时措施法》等。从此开始,日本经济纳入了经济计划轨道。1957 年制定了《新长期经济计划》(1958—1962 年度)。根据这些计划,可以看出日本政府把重、化工业作为国家工业发展目标,并决定以通商产业省为中心发挥政府的行政指导作用。

1960 年 10 月,日本政府又提出《国民收入倍增计划》,规定从 1961 年起的 10 年间,使国民生产总值和国民收入都增加一倍。这个计划的重点是推进以重、化工业为中心的生产集中与资本积累。具体规定:设备的现代化,批量生产专门化和产业联合公司化;确保对工矿业设备投资 10 年内达 16 万亿日元;确保进口海外原料、燃料的价格低廉和稳定;整顿现有工业的环境,开发新的工业区;振兴科学技术,建立新的产业;实现中小企业现代化。同时还计划,日本国民收入在 10 年间平均每年增长 7.2%,工矿业生产每年增长 9%,出口额每年增长 10%。

接着,又制定了 1964—1968 年度的《中期经济计划》、1967—1971 年度的《经济社会发展计划》、1970—1975 年度的《新社会发展计划》、1979—1985 年度的《经济社会七年计划》等等。

上述的经济计划,是政府及有关部门提出的,虽说不等于法律,没有绝对的约束力,这一点同社会主义国家的计划经济有本质不同。但是,也不能说这些计划对日本国民经济发展,对各厂家的生产不会产生影响。因为制定这些经济计划时进行过充分的调查,所提出的目标是有客观根据的,同时官方又相应地采取各种手段来保证计划实现。

三、余论

战后日本的产业结构改革及其所实行的一些经济政策,对推动日本社会生产的发展起了重要作用;同时也引起其他的社会就业结构、消费结构、贸易结构等相应发生变化,对整个社会生活都产生了很大的影响和刺激。通过对战后日本产业结构改革问题的研究,使我们不但看到了适时调整产

业结构的重大作用,而且加深了对以下两点的认识:

第一,产业结构与诸多结构(就业结构、消费结构、贸易结构等)的辩证关系。一般说来,产业结构体系决定和影响着其他结构的变化和发展。但另一方面,就业、消费、外贸等结构的发展和变化,反过来又刺激和影响产业结构的变化。虽说生产决定消费,而消费的需求内容又在一定程度上左右着生产和外贸。这也是不可忽视的。

第二,制定灵活的各种产业政策,是保证产业结构适时调整的根本。在战后一个时期里,一些国家曾批评日本的"产业政策",如美国曾批评日本的产业政策在世界上扩散了不好的影响,后来由于美国自己也制定了维护美国利益的产业政策,才停止了这种批评。上述论述表明,如果没有一系列维护本国经济利益的产业政策,日本在战后世界里不仅不能发展如此迅速,恐怕经济独立地位都难保证。所谓"产业政策"体现在各个方面,如上文中所论述,包括贷款、税收、进出口政策等,而特别重要的是要具有灵活性,因时因情况而变化,不能期望一种政策一成不变地贯彻始终。因此,要十分注意世界产业社会的新动向,以便随时制定相适应的产业政策,从速调整本国的产业结构,求得在激烈的国际经济竞争中生存和发展;否则就将陷入被动局面,这就是战后日本产业结构改革的最大经验教训。

(作者刘天纯,中国社会科学院研究生院,原文刊于《历史研究》1987年第5期)

石桥湛山的经济思想及其在战后日本的影响

张 健

战后日本进行宏观经济管理的重要理论之一是凯恩斯主义。战前,凯恩斯主义在日本的传播并不广泛,1941年才翻译出版了凯恩斯的代表作《就业,利息和货币通论》,当时日本已进入战时经济体制,因此没有得到应用。战后,凯恩斯主义在日本迅速普及,第一个利用凯恩斯主义理论分析日本经济,并制定经济政策的就是石桥湛山。石桥湛山(1884—1973年),早年学习哲学和宗教,1908年11月进入东京每日新闻,1911年转入东洋经济新报社,从事经济评论工作35年。战后,石桥湛山转入政界,先后担任过大藏大臣(1946年5月—1947年5月)、通产大臣(1954年12月—1956年12月)和总理大臣(1956年12月—1957年2月),其经济思想,有"石桥经济学"之称,并被认为是把凯恩斯主义理论应用到日本的"嚆矢"(高桥龟吉语)。

一

战败以后,日本通货膨胀严重,1945年8月批发物价指数是3.36(以1934—1936年平均为1),至年底增加到6.74,1946年2月又增加到7.93。[①]工业生产急剧下降,1945年工业生产指数下降至60%(以1934—1936年平

[①] [日]大藏省财政史室编:《昭和财政史——从终战至媾和》第19卷"统计",东洋经济新报社,1978年,第42、407页。

均为100),1946年再降至31%,其下降速度是世界历史上罕见的。因此,既要控制通货膨胀,又要恢复生产,成为战后初期日本经济政策上的主要难题。1946年2月,币原喜重郎内阁(1945年10月9日—1946年12月22日)公布了《经济危机紧急对策》。它宣布:冻结金融机关一切存款,以旧日元兑换新日元,每个家庭的户主限兑换300元新日元,家属每人限兑换100元新日元,月薪工作者每月薪金限支付500元新日元,其余强行存入银行。同时实行"三三物价体系"(3月3日实行,故名),对生产资料和生活资料的重要物资,实行严格的统制价格。

对此,石桥湛三发表了题为"新日元经济之前途"的演说,对收缩通货提出尖锐批评。他说,冻结存款,势必使企业更加减产,失业人数更加增多,生产更加难以恢复。他强调说,只有"增加生产",才能"挽救财政"。《经济危机紧急对策》果然未能有效地控制通货膨胀,币原内阁不久亦倒台。1946年5月22日,吉田茂第一次组阁,石桥湛山为了"强行采取自己的主张",乃决定"亲自进入政界",并被吉田茂选为大藏大臣。7月25日,石桥湛山在众议院发表了著名的财政演说,第一次引用凯恩斯主义理论分析战后日本出现的通货膨胀。他说,凯恩斯所谓的"真正的通货膨胀",是在经济已呈现充分就业、所有的生产要素(人和设备)已充分使用的情况下,再去增加有效需求时所发生的现象。他说,战后日本的失业现象大量存在,生产设备的闲置现象也非常严重。因此,在这种情况下所发生的物价上涨决不是"普通意义上的通货膨胀",决不能用通货紧缩的政策来解决。他把战后日本所出现的物价上涨看做是由战争和战败所引起的经济秩序破坏而产生的饥馑和恐慌。他认为,在这种情况下,如果采取通货紧缩政策,物价水平或许可以下降,但生产也会更加缩小,国民收入也会减少。因此,他说:"在国家有失业者,存在着闲置生产因素的情况下,财政政策最重要的是动员这些闲置生产因素,使之重新参加生产活动。为了达到这个目的,即使财政上发生赤字和增发货币亦无不可,而且这才反倒是真正意义上的健全财政。"[1]

---

[1] [日]《石桥湛山全集》编纂委员会编:《石桥湛山全集》第13卷,东洋经济新报社,1970年,第186—202页。

石桥湛山担任大藏大臣大约一年,1947年5月17日被盟军总部解除公职。在解除公职期间(1947年5月17日—1951年6月26日),石桥湛山以《战后日本的通货膨胀》为题完成了长篇论文(恢复公职后发表),更加详尽地论述了他对战后日本经济形势的看法和对于解决控制通货膨胀与增加生产这对矛盾的基本观点。根据凯恩斯主义理论,他为通货膨胀下的定义是:"由通货(有效需求)过度的膨胀所引起的物价的过度上涨。"他说,通货膨胀是两个"过度"起作用的结果,前者没有导致后者不是通货膨胀,同样,后者不是前因所致也不是通货膨胀。他举例说,由于震灾、火灾而使物资缺乏,导致物价上涨,这不是通货膨胀。因物资减少而造成的物价上涨,收缩通货不仅是无益的,而且有害。物资不足,再收缩通货,只能进一步妨碍物资的供给和生产的恢复,这犹如用治疗伤寒的方法去治疗肺炎,只能使病情进一步恶化。他认为,战后日本经济是患了物价上涨和物资缺乏的并发症,而二者同时治疗是困难的,即抑制物价,则妨碍生产;增加生产,则需增发通货。在这种情况下,他主张,作为一名医生,应该首先医治更危险,或给患者的痛苦更多的那种疾病。不言而喻,他要首先增加生产,即使暂时增发货币,使物价稍有上涨也在所不惜。在这篇论文里,他还特别注意到解决失业问题的重要性。因为,按照凯恩斯主义理论,"真正的通货膨胀"是在充分就业的状态下进一步增加通货(有效需求)时所发生的。他解释道,首先,在充分就业的情况下,通货继续膨胀、物价继续上涨,这就是通货膨胀。而同样是通货在膨胀、物价在上涨,但是在不充分就业的情况下发生的,这叫做通货再膨胀,正是它把经济推进到充分就业的状态。他说,通货膨胀和通货再膨胀二者有着严格的区别,当时日本一些学者和经济官员认为在日本出现的所谓通货膨胀,而实际上应该指的是通货再膨胀。其次,关于通货收缩和通货紧缩,他解释道,前者是二次大战后英国出现的新名词,意即在通货膨胀停止之后,经济向反方向发展,在充分就业的范围内收缩通货,物价下降。而后者则是尽管经济没有充分就业,但通货继续收缩,物价继续下降,这将出现不景气,二者不但亦有着严格的区别,而且对经济和国民生活的影响迥然不同,前者起着抑制通货膨胀的作用,而后者则使前者走向相反,与通货膨胀同样是有害无益的。此后,石桥湛山在解释担任大藏大臣时期的经济政策时又说，"我决不主张通货膨胀。我所提倡的应该说是通货再膨胀"，并谴责一些人滥用通货膨胀一词，把为增加生产而使物价稍有上涨也叫做通货膨胀。他在《战后日本的通货膨胀》一文中最后说，理想的经济是既没有通货膨胀，也没有通货紧缩，在稳定的状态下实现充分就业。然而，当今的社会与这一理想相距甚远，不仅日本，整个世界也苦于这两个问题。他说，"我的结论是，我们所选择的道路是突飞猛进的增产之路，为此，就是引起通货膨胀、物价上涨，也决不踌躇"。

二

在这种财政经济思想的指导下，石桥湛山在经济政策上实行所谓"生产第一主义"的"积极政策"。在石桥湛山主持编制的 1946 年财政预算中，一般会计预算初为 561 亿日元，此后共追加了 7 次，达 1 191 亿日元，其中各种公债、借款 445 亿日元，占 37.3%，连同其他非常税收加在一起，"赤字预算"达 632 亿日元，占 53.1%。在岁出方面，1946 年度开始设立价格调整补助金，同年即支出 102 亿日元，占一般会计岁出的 8.9%，在各项财政支出中仅次于"终战处理费"（379 亿日元，占 32.9%）。在如此庞大的财政预算下，石桥湛山推行的"积极政策"主要是：第一，对中心产业的特别促进政策。所谓中心产业，首先指煤炭。1946 年日本煤产量为 2 274 万吨，仅及战前的一半，成为恢复整个工业生产的障碍。这项政策不久由东京大学教授有泽广巳正式提出为"倾斜生产方式"，并由经济安定本部和此后的片山哲内阁（1947 年 6 月 1 日成立）推行全国，为战后日本经济的复兴起了重大作用。第二，尽可能为产业的复兴提供资金。他说，我们的观点是，资金的使用必须加以限制，但不能由于缺乏资金而妨碍生产的"勃兴"。在他的主持下，1946 年 8 月 1 日，政府拨款 100 亿日元，设立"复兴金融资金"（简称"复金"），在日本兴业银行内设立"复兴金融部"，向重点产业放贷款。1947 年 1 月，"复金"又以发行债券的形式扩大，成立"复兴金融金库"，进一步扩大对企业的贷款。"复金"优先对重点产业的贷款，连同价格调整补助金一起，形成所谓"倾斜金融方式"，保证了重点产业复兴所需要的资金。此外，他废除了币原前内阁实行的封锁旧日元、"500元生活费"等做法,撤销了新旧日元的区别,开放了被冻结的存款。同时,还在全国大力开展所谓"救国储蓄运动",以减少财政上的赤字和增加复兴产业的资金。

石桥湛山所推行的这些"积极政策"未必是完全成功的,特别是政策实行之初,物价上涨有增无减,但也应看到,其原因是多方面的。从主观上讲,第一届吉田内阁任期短暂,1947年5月石桥湛山即被解除公职,其经济政策的效果不可能在一年之内全部反映出来。然而,石桥湛山的经济政策被此后的片山哲内阁(1947年6月1日—1948年2月10日)和芦田均内阁(1948年3月10日—1948年10月14日)基本延续下来,而且使1947—1948年的工业生产一直稳步上升,至1948年12月,工业生产指数已恢复到战前的72.9%。同时,物价上涨的速度亦大大减慢。可以说,从1948年末开始,日本经济已进入稳定时期,这与石桥湛山当初的财政经济思想和各项政策有直接的关系。从客观上讲,石桥湛山担任大藏大臣期间,是美国对日占领政策转变之前,正值战后初期美军着手各项改革、大力削弱日本经济能力之际,日本政府本身的权力受到极大的限制,这些都妨碍了石桥湛山贯彻其经济政策的能力。因此,评价石桥湛山的经济政策,不仅要看其任期内的实际效果,而且要看经济的长期和总体发展;不仅要考虑到经济本身,而且要考虑到国际国内各种影响经济政策的具体条件。

三

1948年末至1949年初,美国对日占领政策发生了重大转变,即由从经济上削弱日本变为扶植日本,以实现其控制亚洲地区的战略目标。1948年12月18日,占领军公布《稳定经济九原则》,要求一举刹住通货膨胀,其九原则包括:紧缩财政、制定平衡预算(第一项)、严格限制金融贷款(第三项)、加强物价统制(第五项)等。占领军的通货紧缩政策是由美国底特律银行董事长约瑟夫·道奇具体推行实施的。1949年2月1日,道奇到达日本,3月7日,他发表声明,阐述了对日本经济的看法。他认为,经济的真正稳定和发展,必须建立在"以健全的方法从财政通货方面解决国民所面临的各种问题"。他说,"打开通货膨胀的水龙头是政府,不得不关闭它的也是政府。通货膨胀必须首先在根子上切断"。也就是说,首先要从政府的财政预算上紧缩支出,增加税收,使财政收支平衡。他承认日本的经济矛盾是"消费能力过大"和"供应不足",但他认为,首先应控制消费能力,增加生产则必须建立在"健全的财政和通货政策"的基础上,他强调说,"决不允许扩大生产而增加国家的赤字"。在道奇的主持下,1949年度的财政预算实行所谓"超平衡预算"(要求要有黑字),并停止了"复兴金融金库"的贷款业务。

对此,石桥湛山认为是"毫无道理的"。他说,"不能认为财政单单是收支相抵即为健全。认为预算是超平衡的,财政就是健全的,这种想法是只见树木,不见森林。真正健全的财政,应该是编制出健全的国民经济,比如,没有失业者、没有电力不足之类的现象。遗憾的是,对于今日之日本财政,在这个意义上,我不认为是真正健全的财政"。

"道奇路线"实施之后,通货膨胀果然被迅速制止。但是,由于财政紧缩,资金严重缺乏,日本发生了严重的"稳定恐慌",使经济在尚未完全恢复的情况下出现了危机。1949年4月,日本工业生产指数是79.3,5月即降至76.2,此后至1950年初一直徘徊在80左右,甚至下降。工人实际工资水平随之下降,1949年工人实际工资指数的最高峰是3月的259(以1946年8月为100),此后至7月降至233。① 危机期间,全国有1.1万家企业倒闭,开工率普遍下降,以制造业为例,1949年下半年全国仅有67%的企业坚持生产,其余均处于停业状态。失业人数1948年末全国共有26万人,1949年达34万人。② 购买力水平大幅度下降,有效需求严重不足,商品滞销,存货总额达1 000亿日元。"道奇路线"实施之前,石桥湛山在批评通货紧缩政策时就曾大声疾呼,告诉人们要"警戒"由通货紧缩政策所引起的"稳定恐慌"。他解释说,"稳定恐慌是通货膨胀停止、通货价值下降时所发生的恐慌"。这是"突然抑制通货膨胀、制止物价上涨而又不采用其他手段所必然要发生的现象"。而这种现象不仅于国、于民绝对无益,而且会使其受到意想不到的

---

① [日]森田优三:《通货紧缩的发展过程》,《经济评论》1950年1月号。
② [日]有泽广巳监修:《昭和经济史》下册,日本经济新闻社,1980年,第85、86页。

损失。"道奇路线"实行后日本发生的稳定恐慌现象,证明石桥湛山的预言是正确的。只是在朝鲜战争爆发后,"特需"才使日本经济完全摆脱了稳定恐慌,由需求不足一变而为供不应求,不仅 1 000 亿日元的库存物资销售一空,而且工业生产直线上升,1950 年 10 月一举突破战前水平,其他主要经济指标(除进出口贸易外)也于 1951 年突破战前水平。正是在这个意义上,"特需"被喻为战后日本经济恢复中的"天祐"和"神风"。

此后,石桥湛山在出任通产大臣和总理大臣时,仍然主张一定程度的通货膨胀(即其所谓的"通货再膨胀")。1955 年 9 月,他在题为《如何养活 8 000 万国民——战后经济政策的回顾与展望》一文中说:"从过去的历史看来,经济顺利发展的时候,每年有 2% 至 3% 的物价上涨是正常的,相反,如果下降则不是正常情况。"1955 年 1 月,石桥湛山在谈到其担任通产大臣的抱负时说,我的"第一目标是充分就业"。他说,"经济上最重要的问题是'人',日本必须要使人有充分的工作"。1956 年 12 月,他担任总理大臣之后,于 12 月 14 日会见记者时又说,"我的经济政策的目标是实现充分就业。为此,应首先增加职业,扩大经济规模"。他说,"应该强有力地采取充分就业的政策"。他指责一些人害怕通货膨胀,是患了"通货膨胀神经病"。他选择了池田勇人担任其内阁的大藏大臣,并说,当他自己担任吉田茂内阁的大藏大臣时,池田曾在他之下担任事务次官,他认为池田是"编制预算的专家,除他之外,没有合适的人选"。正当人们热切地盼望着石桥湛山全面实践自己的经济思想的时候,他却因病不得不于 1957 年 2 月辞职。然而,正如盐野谷九十九(名古屋大学名誉教授)所说的,"石桥内阁不幸短暂结束了,然而此后石桥君的凯恩斯派的精神,由池田内阁作为'经济增长重点主义'而继承了,构成了现在的'经济大国日本'的指导理念"[①]。

四

1955 年日本经济开始起飞,此后近 20 年日本经济高速增长,其间日本

[①] [日]长幸男编:《石桥湛山——人与思想》,东洋经济新报社,1974 年,第 162 页。

政府为了刺激生产,财政预算规模扩大,结果实际国民生产总值增长飞快,同时物价水平上升亦较为明显,而失业率却很低。

50 年代以后,特别是 1955 年日本经济高速增长开始之后,日本经济发展的实际状况与石桥湛山的经济思想有许多相似之处。1955—1975 年,日本的财政预算规模从 1.7 万多亿日元扩大到 36.1 万多亿日元,增长了 20 倍,每年占国民生产总值的比重大都在 1/5－1/4。1951—1973 年国民生产总值年均增长率为 9.46%,同期消费物价指数年均上升率约为 5%,这在主要资本主义国家中均为最高的。1950—1975 年日本的失业率平均为 1.33%,这在主要资本主义国家中又是最低的。所有这些,都与石桥湛山在战后初期所提出的扩大财政规模、"生产第一主义"、尽可能实现充分就业,而对物价上涨则不严加苛求的经济设想是一致的。小坂善太郎在评论石桥湛山的财政经济思想与战后日本经济发展的关系时说:"以充分就业为目的的投资与政府和私人的设备投资相平衡的生产上升,不会发生通货膨胀,这种观点成了当今高速增长理论的基础。已故首相池田勇人当时在石桥藏相之下任次官,他所提倡并实行的收入倍增、高速增长论,其萌芽在战后初期的石桥财政。而且,即使是现在提倡稳定增长的佐藤内阁,也同样实行高速经济增长,因此,当时的石桥财政是划时代的。"

当然,石桥湛山是个地道的凯恩斯主义信徒,而凯恩斯主义本身并不是资本主义经济的万能良药。同时,我们也应该承认,凯恩斯主义理论在战后日本经济的恢复和发展中确实发挥了一定的作用。战后初期,日本工业生产低下,物价飞涨,失业严重,这些都与 30 年代世界经济危机时期凯恩斯所面临的时代有不少相似之处。石桥湛山认真研究了战后初期日本的经济形势,才决定将凯恩斯主义理论引入日本经济的实践中去,并取得了一定的成绩。经济发展的历史实践证明,还没有一种资产阶级经济学说可以永恒地去指导任何地区的经济发展。经济实践的发展、经济条件的差异,要求人们选择和运用不同的经济理论去加以指导,当所有的经济理论都无能为力的时候,那么,新的经济理论的产生也就为期不远了。

(作者张健,天津社会科学院日本研究所,原文刊于《世界经济》1988 年第 1 期)

社会政策视域下的日本农村振兴路径[①]

周维宏

农业生产受到基本的自然规律的制约,比如土地肥力的递减规律和食品消费的边际效应[②]等,造成了农业在近代以来的产业经济发展进程中始终处于一种弱势的地位。生物工程技术出现重大突破之前,农业严重依赖土地资源和气候资源,并在产业化的进程中落后于其他产业,最终导致了农村地区日益衰败、城乡及工农差别日益扩大。就日本农业的发展情况而言,具体体现为农业生产总值占国民经济(国民生产总值,GDP)的比重日益下降和农业人口不断向外转移剩余劳动力。(参见表1)

表1 日本农业在国民经济中的地位变动

(单位:%)

	1960年	1970年	1975年	1985年	1995年	1999年
GDP中的农业占比	9.0	4.2	3.8	2.3	1.4	1.1
总户籍中的农户占比	29.0	19.7	15.4	11.5	7.5	6.9
总人口中的农民占比	36.5	25.4	20.7	15.9	12.0	8.7

资料来源:農林水産省『ポケット農林水産統計』、「食糧、農業、農村白書付属統計表」、2017年。

[①] 基金项目:山东省高校人文社会科学研究计划项目"日本村落营农组织的实践及对我国农民专业合作社发展的启示"(编号:J17RA204)。

[②] "土地肥力递减规律"即土地利用报酬递减规律,最早由英国的古典经济学家李嘉图加以系统说明和运用。"边际效用递减法则"又叫做"戈森定律"。边际效用或者边际收益,指的是消费者从一单位新增商品或服务中得到的效用(满意度或收益)。这个概念是从19世纪经济学家们解决价格的基本经济意义发展而来。

二战结束后,世界经济经历了一段相对稳定的发展时期,农村的贫困问题得到世界关注,并掀起了一场世界范围的农村振兴运动。1960年前后,主要发达国家先后制定了关于农村和农业的基本法律,将消灭农村贫困作为政府的主要法定目标之一。① 就日本而言,20世纪50、60年代进入了经济高速发展阶段,并于1961年制定了亚洲第一个农业宪法——《农业基本法》。在该法第一条中即模仿欧美各国,明确提出政府的农业政策目标是"改善农业与其他产业的生产力差距,提高农业生产力,并增加农业就业者的收入,使其能与其他产业就业者享受平等的生活"②。

实现农村振兴的路径,通常分为经济产业政策和社会政策。两者的主要区别在于,经济产业政策立足于市场经济的基本规律发挥作用,而社会政策则主要起反向调节作用。更形象地加以说明,即经济产业政策重点在于如何做大蛋糕,而社会政策重点在于如何分配蛋糕。学界对日本农村振兴的经济产业政策进行了较多研究,笔者也在日本农村经济研究中进行了长期关注,认为其发展路径可以总结为农业现代化、农村工业化和农业六次产业化等方向。③ 但是,学界鲜见从日本农村振兴的社会政策角度展开研究,故本文尝试在社会政策视域下对日本农村振兴路径展开研究。

农村振兴的社会政策,通常从形成一定的社会理念出发,通过在该社会理念指导下制定和实施相应的社会政策,以达到一定的农村社会振兴效果。本文将据此对战后日本主要的农村振兴社会政策进行总结和探讨,大致将其归纳为"农民经济组织的农村垄断地位政策"、"农村公共服务健全政策"和"农业社会产业地位政策"三大项。

---

① 如最早的是瑞士的《农业法》(1951年),尔后有德国的《农业法》(1955年),荷兰的《促进农业、渔业产品生产和销售及适当价格的形成以及谋求这些产品消费者利益的新法案》(1957年),法国的《关于农业发展方向的法律》(1960年)等。
② 『農業基本法』第一条、1961年6月12日法律127号。
③ 如《简论日本近代化过程中的农村工业思想》,《日本问题》1989年第2期。《现代日本农村改革历程回顾》,《中国农村研究》2014年第6期。《试论战前日本农村工业的发展——战前农村工业调查资料分析》,《日本学论坛》2002年第1期等。

一、"农民经济组织的农村垄断地位政策"路径分析

笔者认为,日本最基本、最重要的农村振兴社会政策是给予农民经济组织以特殊的农村经济垄断地位。这也是战后日本社会出现最早又往往最容易被忽视的产业振兴政策。

(一) 理念

是否给予农民经济组织对农村经济的垄断地位,其基本社会理念依据三个相关基本推理:(1) 农村贫困;(2) 贫困的农民能力有限,需要组织;(3) 即便农民组织起来,也难以抵挡城市资本的入侵,需要给予一定的垄断地位。

这三个理念当中,日本社会在战前就已经对前两者达成了共识,只有第三点在战后才达成。农村贫困可以说是持久的社会话题。在古代,山上忆良①的《贫穷问答歌》广为流传;明治维新后,长冢节的农民小说《土》②对该问题予以深刻揭露。20世纪20、30年代,日本出现全面的农村经济危机,对该问题达成了社会共识。到1931年,日本农民的收入急速下降至20年代的50%左右,1932年的收入最低,甚至不及1925年的1/3,③农村经济陷入极度贫困中。造成这种情况的主要原因,在于20年代世界性的经济萧条、日本政府穷兵黩武政策下优先发展重工业和日本对殖民地农业的掠夺性搜刮。其中通过残酷手段掠夺殖民地农业,严重挤压了日本国内的农业发展,日本政府从1932年开始组织农村地区进行"农村经济振兴"(日语"经济更生")运动,提出的振兴农村的主要策略不外乎发展农村工业。日本政

---

① 山上忆良(660—733),日本奈良时期诗人、汉学家。
② 长冢节,日本明治时期诗人、小说家。茨城县人,出生于有权势的富农家庭。1900年师从诗人正冈子规学诗。正冈子规死后,常与伊藤左千夫编辑的《马醉木》和《阿罗罗木》等诗刊撰稿,发表《万叶集卷之十四》《东歌余谈》等诗论,1905年发表《关于写生诗》等。后来热心小说创作,1910年在《朝日新闻》上连载描写贫苦农民悲惨生活的长篇小说《土》,成为杰出的自然主义小说,农民文学的代表作。
③ 『昭和国勢総覧』、東洋経済新報社、1976年、180頁。

府开始大力扶植农村的经济组织——以地主为核心的农村"产业组合"从事农副产品的加工工业。鼓励农村成立"产业组合",标志着日本政府认识到农民需要组织。但是,二战前的日本政府,除了对农业给予部分税收优惠外,并未赋予农民经济组织任何特权,遑论垄断地位。

二战结束后,美国占领当局不仅继承了对农村贫困的认识,并进一步推导出贫困的农村是日本法西斯主义的温床的结论,遂下定决心推动史无前例的日本农村土地改革,基本消灭了大地主和佃农为核心的旧体系,平均地权,完成"耕者有其田"和以自耕形态为主体的农村土地制度构建。为了巩固新的土地制度,防止小农经济分化,占领当局将战前的"农民需要组织"的理念进一步扩大,通过立法推动建立新型农民经济合作组织——"日本农业协同组合"(简称"农协")。正是在这一过程中,日本提出并实现了第三个理念:农民经济组织需要有一定的农村经济垄断地位。

第三个理念的实现是一个自然形成的过程。根据1947年的《农业合作组织法》(简称"农协法"),日本成立了农协组织,并在很短的时期里促成农户达到100%的加入率。当一个经济组织达到了如此高的组织率时,很显然意味着实现了垄断。日本在战后是如何对待这种垄断组织的呢?1947年的农协法第二章第二节第八条明确规定:"合作社就个人垄断之禁止和公正交易之确保的相关法律(昭和二十二年法律第五十四号。关于以下该条、第十一之四十九第一项第五号、第七十二条的八之二以及第七十三条的二十四称之为《个人垄断禁止法》)的适用,这些载于个人垄断禁止法第二十一条和第三条(的免除条件)视作合作社所具备的必要条件。"①从法律条文的提及和明确给予农协组织的反垄断豁免权可以看出,执政当局明确地表达了赋予农民经济组织某种垄断地位是必要的理念。

(二)制度

通过1947年的农协法,以法律形式明确了农协的垄断地位。在这一社会政策下,日本农村在战后形成了两大社会制度体系:第一,农村行政和农

---

① 『農業協同組合法』、1947年11月19日、法律第132号。

协组织的双重治理;第二,农协对农村经济领域的全面垄断。

在第一种社会制度体系下,确保了农民在农村政治中的主体和独立地位。根据战后的地方自治制度,日本形成了市町村三级地方自治行政结构。与之相对应,农协内部构筑了从市町村到县、国的三级联合组织,基层农协还建立了青年、妇女等各层级和不同门类的组织。于是,不仅政府的农业政策需要完全以农协组织为主要对象,地方行政在农村地区也主要为农协组织成员服务。

在第二种制度体系下,由农业从业人员构成的农协组织,在拥有100%加入率的前提下,不仅在农业生产领域占据主导地位,还垄断了农村的其他经济领域。例如,在农协的统一管理之下,农协基本实现了在一村范围内农业经营中的五统一:统一作物品种、统一种子培育、统一种植技术、统一收获和统一销售等。在农协的组织下,通常被形容为"零散小农"的以户为单位的农民家庭经营,形成了以村为规模的联合集体经营。这就促成了农业生产规模从每户一公顷左右的零散状态,扩大到以村为单位的联合,经营规模大多在数百甚至上千公顷,足以匹敌农业先进国家的大农场经营规模。这种在私有制前提下、充满了社会主义性质的合作方式,既保持土地私有,又变相扩大规模经营,可以说是日本农村农业体系的一大创举。在此基础上,在农村的商业领域,农协系统的销售和采购组织掌握了全体农户大约90%的生活资料和生产资料的购销,从而进一步把农村商业利润保留在农协组织和农民手里。通过全国中央组织,农协还建立了农协银行和保险等金融业务机构,把农村金融和保险等重要行业也牢牢控制在手中,从而有效地阻止了城市资本对农村金融行业的入侵。农协甚至还获得了可以将农村金融资金投入城市、海外商业和金融产业的资格,为农民的资本谋取更大利益。事实上,无论过去还是现在,商业和金融保险业都是农协组织的最大利润来源,也是农协为农民增加收入的最主要渠道。

(三) 效果

"农民经济组织的农村垄断地位政策"作为最早的一项农村振兴社会政策(农地改革除外),赋予了农民组织对农村经济的垄断地位(在100%的加入率情况下,免除适用反垄断法)。这虽然明显违背了市场经济规律,却对农村振兴起到了巨大的(主要是经济方面的)效果。接下来从农业、农村商业和农村金融保险业等领域分别测算其效果。

第一,农业方面。农协组织对农业的垄断,建立了农民自己的组织,形成了固定地承接政府农业振兴政策的受益平台,保证了政府的农业政策不会被任何中间人或其他阶层所劫持和侵占。所以它的功效涉及历年日本政府的农业政策,已经很难一次性加以计算。日本政府的农业政策措施主要包括历年的农地改良支援事业、农业科技服务、农业关税和农产品保护价格等,其中所包含的利益无疑是巨大的。加之,农协在农业经营中的主导地位使得日本农业的实际经营规模得到了很大扩展,由平均一公顷左右的小农户规模,通过农协的五统一模式,实际达到了村级规模的农协统一经营,其规模并不亚于欧美的农场规模,农业经营规模提升所带来的经营效益之巨,无疑是难以计算且不可忽视的。

第二,农村商业方面。100％的农户加入率促使农协建立了内部购销系统(农协经济联合会),并大致承担了农户90％左右的生活资料和生产资料的采购和主要农产品的销售。农协基本垄断了农村的商业领域,这使得农村地区很难见到外来资本的商业设施,免除了农民受城市商业资本剥削的可能。农协为农民节约了商业成本支出,就相当于为农民创造了农业之外的收入。除此之外,农协的商业服务还为农民带来了当地的就业岗位和收入。

第三,金融业和保险业方面。有资料显示,日本农协银行在 2016—2018 年度最新经营目标是存款总额达到 100 万亿日元。[①] 假设银行业的利润率为 10％,就意味着农协组织每年大约会有 10 万亿日元的资本收入。这不仅是农业组织的最大一笔收入,也是农民、农村的重要收入。这种金融资本性收益,建立在农协对农村经济的垄断地位之上,如果没有这种"垄断"将直接导致日本农民损失高达 10 万亿日元的经济收入。此外,这种"垄断"还附带了农协银行工作人员的岗位及其为农民创造的就业收入。可见,农协

---

① JAバンクの中期戦略|JAバンクhttp://www.jabank.org/about/senryaku/[2018－09－10]。

的金融业对农村振兴的经济效果是巨大的。日本农协的保险业情形也大致如此,2017 年保费等经常收入达 5.7 万亿日元,经常利润 0.2 万亿日元,基础利润 0.7 万亿日元,总资产达 58 万亿日元,雇员 6382 人,[①]已经成为农协和农村的重要经济利润来源。

二、"农村公共服务健全政策"的路径分析

所谓城乡差别,除了产业差别、基础设施差别等之外,公共服务水平的差别也是一个显著的领域。公共服务包括教育、医疗、社会福利和公共行政服务等。随着社会经济的发展,日本政府从 20 世纪 60 年代起逐步向农村返还社会进步带来的利益,不断健全农村的公共服务,以保证城乡实现同步发展。这种发展模式构成了日本农村振兴路径中的又一个特色。

(一) 理念

城乡之间最根本的区别,主要体现为人口密集度的区别。所以,最抽象的城乡是根据单位面积的人口数量来进行划分的(不含部分城市的机场、港口等特殊地区)。由于市场经济奉行效率主义,传统的做法大都在人口集中的城市地区优先发展公共服务,日积月累,形成城乡公共服务的极大差距。如何反其道而行之,制定相应的社会政策并进行公共服务的社会调节?首先需要社会经济整体上发展到一定高度,有能力进行反向调节,从而平衡城乡公共服务水平;其次需要具备城乡平等和地方主义的理念。关于前者,日本社会在战后进入高速发展时期,具备了初步的能力。至于后者,日本社会在 20 世纪 50 年代后期受到世界发达国家的影响,并形成了社会共识。这种共识体现在两项主要制度的建立和完善上。一是完善了地方自治制度,二是制定了体现城乡平等精神的《农业基本法》。

日本早在二战前就对地方自治制度有了认识并初步实施,但并未在整

---

① ディスクロージャー|JA 共済、http://www.ja-kyosai.or.jp/about/annual/[2018-09-10]。

个社会达成共识。二战前,日本政府主导下的地方自治制度是虚假的,其主要标志是地方自治体长官的任命权掌握在内务省的官僚手中,自治形同虚设。战后,在占领当局的指示下,日本重新制定了自治法,实现了按人口数量设立市(5万人以上)町(1万—5万人)村(1万人以下)等自治行政体系,作为自治体的市町村相对独立,与都道府县乃至国家之间是平等关系,体现了地方平等和独立的地方主义精神。

如前文所述,城乡平等主义的理念成为社会共识的标志,体现于20世纪50年代末讨论、60年代初制定的《农业基本法》。当时欧美各国在社会经济发展以后,开始关注城乡差别,人权思想和平等主义理念在世界范围内日益流行,日本社会也紧跟这一思想潮流。除此之外,日本最大的在野党社会党在议会中的政治作用也不可忽视。在"55年体制"的"一个半政党"中作为"半个政党"存在的社会党始终在议会中占有1/3议席,引领了日本社会的社会主义思潮和地方主义精神。与此同时,这一时期的日本地方政治诞生了一批标榜地方革新运动的地方自治体长官,如东京都知事美浓部亮吉、大阪府知事黑田了一等,再结合农协为主的农民运动的社会党阵营方,日本紧随西方启动了城乡平等理念的立法程序,颁布了《农业基本法》。该法在第一条明确规定,政府农政的主要目标就在于实现城乡平等。

(二) 制度

地方主义主张地方自治和地区均衡发展,城乡平等也主张区域均衡发展。这两种理念通过新的自治立法和农业立法,在战后的日本社会形成了消除城乡公共服务差距的共识,并进一步从两个方面完善了健全农村公共服务的制度。

1. 公共服务的分级责任制

从日本公共服务的职能分工可以看出,其分级责任制的主要特征在于,国家提供资金和技术,地方都道府县提供服务,并将具体服务向市町村级倾斜和普及。(参见表2)

表 2 日本社会公共服务职能分工示意表

领域	安全	基础设施	教育	卫生	福利
国家	外交 国防 司法	高速公路 国道 一级河流	大学 私立大学扶持	医生资格 药品许可	社会保险
都道府县	警察	国道 府县道 二级河流 港湾 公营住宅 市政规划	高中、特殊教育 中小学人事工资 扶持私立中小学、 幼儿园	保健所 儿童福利	农村生活保障
市町村	消防 户籍 居民登记	市政建设 市町村道 低级河流 港湾 公营住宅 下水道	中小学 幼儿园	国民健 康保险	城市生活保障 老人保健福利 儿童福利 上水道 垃圾粪便处理

资料来源：鱼谷增男编『現代地方自治の基礎知識』、株式会社行政、1994 年、63 頁。

2. 地方财政的国家支付转移

为了保证公共服务制度的实施，日本制定了中央财政向落后地区转移支付的政策。以日本九州地区大分县的町村财政收入构成为例，仅 20 世纪 90 年代至 21 世纪头 10 年，作为非工业地区的大分县，每年从中央转移的支付税收平均达到了地方财政的 1/4 左右。（参见表 3）

表 3 日本大分县市町村财政收入构成表

（单位：%）

	1996 年	2002 年	2003 年	2004 年	2005 年	2006 年
地方税	26.3	26.4	26.2	26.2	27.1	29.1
地方让与税	2.1	1.1	1.2	1.6	2.1	2.9
地方交付税	25.9	26.5	25.4	23.7	24.8	25.0
国库支出金	10.2	10.7	11.5	11.6	12.2	11.3
府县支出金	7.7	5.7	5.8	6.0	6.3	6.2
地方债	14.0	13.9	13.3	11.0	12.1	11.1
其他	13.8	15.7	16.5	19.9	14.8	14.4

资料来源：焦必方、孙彬彬：《日本现代农村建设研究》，复旦大学出版社 2009 年版，第 17 页。

(三) 效果

健全农村公共服务的社会政策,其振兴农村最大的效果恰恰是增加了农民就地从事非农行业的就业机会、稳定了农民的非农收入。日本从1970年开始对农村实施各种振兴措施,农民户均收入逐步超过了城市职工家庭的户均收入,日本在经济收入上消除了城乡差别,扫除了农民贫困问题。个中原因,过去的研究往往强调农村工业化,即农民从事非农兼业活动起到了很大的作用。除此之外,健全农村公共服务的社会政策,也起了核心的作用。

从表4的统计数据中可以看到,日本农民在1955—1970年之间出现了明显的兼业化倾向。一方面是自营兼业不断减少的同时,雇用兼业不断增长。自营兼业中,以农业为主兼业为辅的第一种兼业农户从37%减少到10%,以农业为辅兼业为主的第二种兼业农户从40%减少到20%;雇用兼业中,第一种兼业农户从62%增长至89%,第二种兼业农户从56%增长至78%;另一方面,雇佣兼业中长期职员就业占有相当大的比例,在第一种兼业农户中占20%左右,在第二种兼业农户中占25%左右。长期职员就业主要是做农村公共服务机构的雇员,并且这种职位的数量随着农村公共服务健全政策的实施而不断增长。由此可见,健全农村公共服务确实对农村非农就业起到了举足轻重的作用。

表4 兼业农民的不同分类

(单位:%)

	雇用兼业					自营兼业
	合计	长期就业			打工③	
		小计①+②	职员①	工人②		
1955年						
第一种兼业	62.5	35.3	18.2	17.1	27.1	37.5
第二种兼业	56.5	45.0	23.1	21.9	11.5	43.5
1960年						
第一种兼业	70.2	43.0	18.8	24.2	27.2	29.8
第二种兼业	64.5	49.3	23.6	25.7	15.2	35.6

续表

	雇用兼业					自营兼业
	合计	长期就业			打工③	
		小计①+②	职员①	工人②		
1965年						
第一种兼业	87.5	40.5	18.8	21.7	47.0	12.5
第二种兼业	76.2	53.2	27.3	25.9	23.0	23.8
1970年						
第一种兼业	89.5	40.3	16.0	24.3	49.2	10.5
第二种兼业	78.3	54.6	22.9	31.6	23.6	21.7

资料来源：晖峻衆三『日本の農業150年』、有斐閣ブックス、2003年、189頁。

而且，健全农村公共服务的社会政策，极大地促进了农村地区的社会服务和生活环境的改善。表5是2004年日本农村和全国生活环境设施完善的平均水平的比较，仅从需要大量投入的环境整治角度出发分析公共服务的效果可以看出，除污水处理一项还存在较为明显的差距外，在其他各项生活环境设施上已经非常接近全国一般水平。

表5　日本农村和全国生活环境设施完善的平均水平（2004年）

	道路完善率	道路硬化率	上水道普及率	污水处理率
全国平均%	55.1	75.9	97.0	72.0
农村%	52.1	67.9	93.3	47.2

资料来源：日本农林省《食料・農業・農村白書》2004年版，第92页。

三、"农业的社会产业地位政策"的路径分析

日本社会历来是把农业作为一项普通的经济产业来看待。因此，日本政府的农业政策，即便是主张城乡平等的《农业基本法》，也是将如何提升农业的经营效益作为主要方向。但受到土地、气候和机械、市场等因素的制约，提高产业效益的农政路线只解决了部分问题，并没有彻底解决农村的振兴。20世纪80年代以后，日美贸易摩擦加剧，造成了依靠传统的价格和关税保护农业的产业政策难以为继，旨在全面改革多边贸易体制的乌拉圭回

合国际贸易谈判也倾向禁止对农产品生产进行直接补贴,日本需要新的社会政策理念来引领农村振兴方向。90 年代末,日本社会开始重新认识农业的地位和作用,形成了更多地把农业看作一种"社会产业"的理念,即农业是一种经济产业,同时也是具有社会公益属性的经济产业。通过赋予农业此种"社会产业"的地位,日本政府就可以理直气壮地通过多种形式的社会政策,大张旗鼓地要求全社会支援农业,从而为日本农政开启了一个新时代,开辟了新农村振兴的社会政策通道。

(一) 理念

为了促成全社会能够对农业属性达成新的共识,日本政府求教于科学界。2001 年日本最高学术机构"日本学术会议"应政府的专门要求,经过认真讨论,最终正式发表了关于农业社会功能的最新咨询意见。[1] 这项咨询意见中详细论述了农业的具体社会功能(参见表 6),其核心在于强调农业除经济产业功能以外的三大新功能:(1) 粮食安全保障,(2) 生态环境保持,(3) 传统文化维护。

表 6 "日本学术会议"关于农业社会功能的新表述

农业功能	1. 稳定的粮食供应使国民对未来安心			
^	2. 完成物质的循环,对环境有好处	1) 农业完成物质循环系统	(1) 通过控制水循环对地区社会做贡献	防洪
^	^	^	^	防泥石流
^	^	^	^	防水土流失
^	^	^	^	保持地下水
^	^	^	(2) 减缓环境负担	净化水质
^	^	^	^	分解有机物
^	^	^	^	调节气候
^	^	^	^	防止资源过度积累和消耗

---

[1] 「地球環境・人間生活にかかわる農業及び森林の多面的な機能の評価について(答申)」、日本学術会議、http://www.scj.go.jp/ja/info/kohyo/pdf/shimon-18-1.pdf [2018-08-10]。

续表

农业功能				
2. 完成物质的循环，对环境有好处	2）二次（人工）自然的形成和维护	(1) 保护新生态系统的生物多样性	保护生态系统	
			保护遗传资源	
			保护野生动物	
		(2) 土地空间的保全	优质农地的动态保护	
			提供绿色空间	
			保护日本原始风景	
			形成人工景观	
3. 生活生产空间一体化和地区社会的形成和维护	1）地区社会文化的形成和维护	(1) 地区社会的振兴		
		(2) 传统文化的保存		
	2）都市性紧张的缓和	(1) 人性的恢复		
		(2) 体验性学习和教育		

资料来源：日本農林水産省编《食料·農業·農村白書》2004 年版第 205 页资料翻译，制表。

日本民间智库三菱综合研究所也曾尝试对农业的多功能属性进行货币评价（参见表7）。

表7 农业社会功能多样性的货币评价

功能项目	评价手法	评价值
防洪	代替法	34 988 亿日元/年
河流水位稳定	代替法	14 633 亿日元/年
地下水涵养	直接法	537 亿日元/年
防止水土流失	代替法	3 318 亿日元/年
防止泥石流	直接法	4 782 亿日元/年
处理废弃有机物	代替法	123 亿日元/年
缓和气候	直接法	87 亿日元/年
保健休闲安神	旅游成本法	23758 亿日元/年

资料来源：日本農林水産省编《食料·農業·農村白書》2004 年版第 206 页资料翻译，制表。

这一评价结果表明，日本的农业除了提供农产品外，其他的多功能价值约为 82 085 亿日元，大致与一年的农业生产总值（2004 年日本农业生产总值为 87 863 亿日元）相当。这意味着，日本农村和农业，具有加倍的社会价值,值得全社会多付出当年农业总产值约一倍的金额用于对农村的扶持。

根据上述意见,日本政府在制定《粮食、农业、农村基本法》(简称"新《农业基本法》")之时,有别于过去一味强调农业的经济产业功能,更突出强调日本农业今后要重点发展生态农业、观光农业和休闲农业,以体现农业的更多社会功能。这也意味着,日本农业作为一种社会产业的属性成了全社会的新共识,使农业和农村将得到了政府和社会更多的保护和扶持。

(二) 制度

《粮食、农业、农村基本法》的制定,不仅仅是法律名称的改变,同时也意味着农业是社会产业的地位与理念成了社会共识。日本政府认为,农业不仅为日本社会生产基本的产品——粮食,还具有多种新的附加价值。比如国防产业的价值——为社会提供粮食安全,文化产业的价值——为社会保持传统文化,以及环境产业的价值——为社会提供绿色生态环境。可见,日本在进入21世纪后,围绕上述农业新附加值,开辟了新的农村振兴社会政策路径。这些路径可以分为两大类,即农民生活保障制度和促进城乡交流制度。

1. 农民生活保障制度

20世纪90年代以后达成的WTO国际农业贸易规则,严格禁止对农业生产进行直接补贴,但允许一定程度的"绿箱"政策存在,即可以对难以维持的农业生产进行一定程度的生活补贴。日本政府在社会产业的理念指导下,依据国际农业贸易原则,制定了多项对农民生活提供保障的制度,名目繁多,但根本目的都在于稳定农民收入。目前仍在执行的制度主要有:(1) 农业多功能直接支付制度。2014年制定,主要以农业多功能用途为名目,对农地的利用和改良活动进行直接补贴。① (2) 山区农村等地区的直接支付制度。从2000年起,日本制定了对山区农村的农业生产及其他建设项目进行资金直接援助的制度,其中重点帮助山区农村引进新型农业生产方式,并对其进行资金支援。该制度的宗旨为:维持特定山区农村的农业经

---

① 参见日本农林省官网主页 http://www.maff.go.jp/j/nousin/kanri/tamen_siharai.html "多面的機能支払交付金"部分。

营,防止农地荒废;所采取的主要手段为:针对平地农业和山地农业的收入差别,直接向农业经营者支付一定的补贴。同时,为防止被人误解为生活补贴,需要和实际农业经营者就具体的农业项目签订合同,并规定至少要连续从事农业活动五年以上才能按合同进行支付。对申请补贴的农户,要求其农地面积在一公顷以上,申请金额限制在 100 万日元以下,单价依据为补足与平地农业差额的八成以内。①(3)环境农业直接支付制度。2011 年制定,主要以有机农业的名义,对从事有机农业生产活动的农户进行补贴。(4)稳定农业经营收入对策支付制度。2014 年修订,将之前的大米生产稳定补贴等多项补贴政策统一并扩大,涵盖了几乎所有的农业生产,对具有一定生产资历的农户在经营收入出现减少时进行补贴。

2. 促进城乡交流制度

从农业为全社会做贡献、全社会都来支持农业的角度出发,日本出台了一系列城市支援农村的制度,主要包括推广农村教育制度、鼓励市民到农村居住的制度及激励年轻人在农村就业的制度等。

第一,"青少年农山渔村交流计划"。2008 年"日本地区活性化联合总部"指导各地制定了"青少年农山渔村交流计划",计划动员中小学生到农村去野营,每年有 120 万(相当于全年级)的小学生去农村体验生活,以便把农业休闲、观光和体验产业变成各地尤其是山区农村的基本产业之一。为此,日本政府给予了专项经费补贴。

第二,农村移居住房制度。1998 年 4 月,在农林水产业国会议员的动议下,日本第 142 届例行国会以议员立法的方式制定了《关于促进优良田园住宅建设的法律》,并于当年 7 月 15 日施行。该法律明确规定,为了国民能过上健康和富裕的生活,必须促进在山村地区建设优良田园住宅。所谓优良田园住宅,指的是在山村地区和城市郊区等地建设有良好自然环境的别墅式建筑、占地面积在 300 平方米以上、建筑面积在 30% 以下、容积率在

---

① 参见日本农林水产省官网主页 http://www.maff.go.jp/j/nousin/tyusan/siharai_seido/index.html"中山間地域等直接支払制度"。

50％以下、楼层在 3 层以下的住宅。① 此类建筑分为三种形态：田园通勤型——为城市上班族定制的郊区别墅住宅，自然游住型——为城市上班族定制的远郊度假别墅，休闲式退休生活住宅——为退休者定制的永久居住式乡村别墅。该法律还明确要求地方政府有义务帮助农民取得建筑用地的许可。通过对这些山村房地产的开发，为当地人口保持和农民增加经济收入提供了可靠保障。

第三，地区振兴协作队员制度。协作队员通常是受日本政府资助被派往发展中国家的青年志愿者。制度规定，从 2009 年开始，日本政府在国内也招募愿意定居农村的青年人，并给予三年的生活津贴。根据统计，志愿者的人数年年增加，2016 年已达 4 000 多人。②

(三) 效果

对于社会产业理念之下的农村振兴社会政策，可以从事例和数据两个方面来分析它的成效。

1. 农民生活保障制度

第一，农业多功能直接支付制度。表 8 是从 2011 年到 2016 年的农业多功能直接支付制度的规模统计。③

表 8 近年农业多功能直接支付制度的相关统计

年份	市町村实施件数	实施面积(公顷)	实施市町村数
2011	6 622	17 009	773
2012	12 985	41 439	885
2013	15 240	51 114	918
2014	15 920	57 744	931
2015	4 081	74 180	872
2016	3 740	84 566	888

---

① 《優良田園住宅の建設の促進に関する法律》，1998 年 4 月 10 日于 142 届国会通过，于当年 7 月 15 日正式施行。
② 据日本 NHK 电视台 2018 年 8 月 4 日专题节目报道资料统计。
③ 農林水産省「多面的機能支払交付金」，http://www.maff.go.jp/j/nousin/kanri/tamen_siharai.html[2018-06-25]。

由上述统计数据可见,该制度的实施件数从 2011 年的 6 000 余件逐年增长,至 2014 年发展到 1.5 万余件,虽然 2016 年又回落至不到 4 000 件,但实施面积已从 2011 年的 1.7 万公顷增长至近 9 万公顷,实施的自治体行政单位稳定在 800 家左右。

第二,山区农村等地区直接支付制度。该制度自 2000 年正式实施,至 2009 年连续执行了 10 年时间。(参见表 9)每年得以实施的项目大致为 3 万件,总金额达 500 多亿日元。其中较为著名的例子是和歌山县有田市的千田东山村集落,拥有山地 78 公顷,全部是旱田,主要种植柑橘。由于该集落长期种植的品种陈旧退化,没有任何市场竞争优势,从 2003 年开始,在直接支付制度的支持下,全面引进中国温州的优良柑橘品种,实现了品种改良,成功打造出高糖度、高产量的柑橘品牌,从而建立了水果种植上的新的独家竞争优势。[①]

表 9　2000—2009 年山区农村等地区直接支付制度的实施情况

年份	合同数(件)	农地面积(公顷)	金额(百万日元)
2000	26 119	541 026	41 937
2001	32 067	631 915	51 417
2002	33 376	654 797	53 830
2003	33 775	661 715	54 584
2004	33 969	665 093	54 905
2005	27 869	653 723	50 246
2006	28 515	662 772	51 347
2007	28 708	664 540	51 698
2008	28 757	664 463	51 791
2009	28 765	663 775	51 772

资料来源:農林水産省「中山間地域等直接支払制度」,http://www.maff.go.jp/j/nousin/tyusan/siharai_seido/index.html[2018-07-11]。

---

① 農林水産省「高付加価値型農業の実践を行っている事例」,2009 年 9 月,http://www.maff.go.jp/j/nousin/tyusan/siharai_seido/s_torikumi/h2108/index.html[2018-06-15]。

第三,环境农业直接支付制度。日本从2011年起着手实施环境农业直接支付制度。在2012—2014年间实施案件数出现了较大增长,年均达1.5万件。此后有所下降,保持在年均三四千件。与此同时,该制度所覆盖的面积却在不断扩大,已达年均8万公顷以上。涉及的实施行政单位一直保持稳定,大约为900个自治体。(参见表10)

表10　环境农业直接支付制度的实施情况

	实施件数	实施面积(公顷)	市町村数
2011	6 622	17 009	773
2012	12 985	41 439	885
2013	15 240	51 114	918
2014	15 920	57 744	931
2015	4 081	74 180	872
2016	3 740	84 566	888

资料来源:農林水産省「環境保全型農業直接支払交付金」,http://www.maff.go.jp/j/seisan/kankyo/kakyou_chokubarai/mainp.html[2018－07－11]。

第四,稳定农业经营收入对策支付制度。要求政府对农业收入减少进行补偿的申请案件总数大致稳定在10万件左右,以认定农业从业者为主(10万件以上),包括部分集体单位(4 000件左右)和一部分新参加农业生产的个人和法人(600件左右)。(参见表11)

表11　2016—2017年度稳定农业经营收入对策的加入申请统计

	合计	认定农业者(件)			集落营农		认定新规就农者(件)		
		小计	个人	法人	件数	构成户数	小计	个人	法人
2017年	105 884	101 557	93 081	8 476	3 664	106 772	663	651	12
2016年	109 533	104 855	96 919	7 936	4 080	122 713	598	589	9
对上年比	－3 649	－3 298	－3 838	540	－416	－15 941	65	62	3

资料来源:農林水産省「平成29年度の経営所得安定対策等の加入申請状況について」,http://www.maff.go.jp/j/press/seisaku_tokatu/antei/170929.html[2018－07－15]。

2. 城乡交流制度

第一,"青少年农山渔村交流计划"。关于每年120万小学生到农村体验生活对农村振兴的成效,有一个著名的事例。新潟县阿贺町是一个山区农村,位于新潟、福岛两县交界,境内有日本水流量最大的河流阿贺野川,再加上多条支流和山谷形成了独特的山区景观,森林覆盖率高达90%以上。优良的水质灌溉着1 200公顷的山区水田和850公顷的山地,出产著名的"越光"水稻。在直接支付制度的援助下,该地区建立了绿色观光促进协会,组织农户建成130户农家乐旅馆,开发了12个野外体验项目和12个室内体验项目,通过和城市小学签订合同,使小学生城乡交流项目(稻田收割体验、水库捕鱼体验和森林采集体验等)的收入超过了农业收入,成为阿贺町农民的重要收入来源。

另外,日本农村接待城市居民体验农村生活的统计数字显示出市民农园出现了增长。接待城市居民的农园在20世纪90年代以后急剧增长,2016年是1992年时的约6倍,总面积也增长了约六倍,地块数量增长了约两倍多。(参见表12)

表12 1992—2016日本开设市民农园的统计

年份	农园数(个)	地块数(块)	面积(公顷)
1992	691	未统计	202
1995	1 496	81 676	448
2000	2 512	137 683	810
2005	3 124	156 718	1 072
2010	3 811	180 521	1 306
2015	4 233	189 895	1 381
2016	4 223	188 158	1 371

资料来源:http://www.maff.go.jp/j/nousin/nougyou/simin_noen/zyokyo.html。

第二,农村移居住房制度。2005年,日本国土交通省为了测量城市居民在农村地区购房居住的规模,做过一次详细的问卷调查。调查数据显示,在农村居住的城市人口规模出现成倍增长之势,目前维持在500万人左右,在不远的未来或将达到1 000万人,约占农村人口的1/3左右。

表 13　日本城市居民的城乡两地居住规模现状和趋势

年份	城乡两栖城市人口数(万)	占农村人口比例(%)
2005	100	2.5
2010	190	4
2020	680	17
2030	1080	29

资料来源：焦必方、孙彬彬《现代日本农村建设研究》，第 315 页。

上述制度的实施效果如何，还有一个整体的统计数据可以佐证。《日本经济新闻》2013 年 10 月 23 日的报道显示，经济合作与发展组织（OECD）对关税、补贴等保护措施带来的收入在各国农业收入中所占比重进行了计算，日本在 2012 年为 55.9%，与上年相比同比上升 4.5 个百分点，是 OECD 成员国平均水平（18.6%）的三倍。这意味着，日本农户一半以上的收入来自政府补助，亦即日本政府倍增了日本农民的收入，这一结果基本符合民间智库对农业多功能货币评价的结论。

四、结语

本文尝试性地从社会政策视域的角度，分析总结了日本农村振兴的几种主要路径，可以得出以下几个结论：

第一，和经济政策比较，社会政策的实施并不完全符合市场经济的规则，所以需要一定的社会共识和社会财政能力。本文通过对理念、政策和成效展开分析认为，在日本农村振兴过程中，往往是经济政策先行，在经济政策失效时才开始启动社会政策。日本的农村农业经营早在二战前就面临严峻的局面，但战前日本政府优先考虑发展农副产品加工工业、提高农产品附加价值，这一政策并没能解决农业农村所面临的问题。战后美国占领当局强力推动了农地改革并广泛组织农协组织，促使农民百分百地加入，从而实现了自然垄断。经历了民主改革的日本社会形成了容忍农民经济组织垄断的社会环境。因此，研究日本社会的农村振兴社会政策，在某种意义上能够给我们提供弯道超车的经验，并有助于我们提前启动社会政策。

第二，日本农村振兴社会政策的理念形成，如农民经济组织需要垄断地位的思想、地方自治和地方主义以及农业"社会产业"地位思想都源自国外思想的启发。例如，日本作为一个资本主义国家，对农民经济组织垄断农村经济，日本思想界始终将其看作社会主义思想。这一看法显然是受到欧洲社会主义思想潮流的影响和社会党运动、农民运动的推动。这给予我们提示：后进社会需要及时了解和学习发达国家的社会思想和社会政策，从而有助于自身提前形成相应的社会观念。这也正是我们从事国外社会研究的出发点和目标所在。亚洲其他的资本主义国家和地区（如韩国和台湾地区），也是从日本社会引入了农协理念，并模仿日本形成了农民经济组织对农村的垄断地位。

第三，社会政策需要一定的社会财政能力支撑，但是否具备认知能力不是一个自然的过程，而是一种社会平等理念影响下的运动过程。从上述日本社会的发展过程来看，尽管农民是弱势群体，但通过组织和运动，能够使日本社会在社会发展进程中及时发现农村问题，并将红利反哺给农村。战后初期的农地改革，赋予了农民经济组织在农村的垄断地位，使得农民在整个社会中拥有了代表组织，具有较强的发言权。20世纪60年代以后，日本农民享受了社会进步带来的红利，90年代以后更全面得到社会的重点保护。一直以来，日本社会对于农协的垄断地位、农村环境建设工程、农业保护的理念和政策，都有过反对声音，目前的安倍政府也计划对农协进行全面改革，以削弱农民经济组织在农村的垄断地位。但面对有组织和有代表的农民阶层的反对，这些改革计划都难以推行。日本的经验对中国农村的振兴不无启发意义。加强中国农民的自我意识和组织建设，是未来中国乡村振兴中需要予以重视的一环。

（作者周维宏，北京外国语大学日本学研究中心，原文刊于《日本学刊》2018年第5期）

政府的比较优势变化与日本经济的长期萧条：
一个宪政转轨的政治经济学分析

莽景石

如果我们将 1945 年第二次世界大战结束后到目前为止的日本经济的动态演化视为一个历经不同发展阶段的长周期，那么以上个世纪 70 年代中期为转换点可将这一长周期划分为两个阶段。在前一阶段，战后恢复时期结束后出现了持续的高速增长以及相应的结构变化，完成了向工业化经济的转变，成功地解决了"后发展问题"；在后一阶段，经过始于外部冲击的低速增长后出现了股价、地价急剧上升的虚拟经济膨胀，至 90 年代泡沫破灭又历经了"失去的十年"，面临着严峻的"发展后问题"。本文的研究目的在于提出一个关于宪政转轨的政治经济学分析框架，用以解释这种长周期中不同发展阶段的经济绩效差异。

我们的核心论点是，由于初始条件的制约，后发展国家的工业化，不可能像西方国家那样是一个各种条件成熟后的自然发展过程，政府的作用是市场机制不能替代的，但政府的作用受到制度环境，特别是宪政制度（假如存在宪政制度）的制约。战后初期的宪政转轨以及这种转轨的外生强制性质，决定了日本政府比西方国家的政府具有更强的讨价还价能力，在向工业化经济转变的过程中具有比较优势，但在完成转变之后这种比较优势开始趋于消失，政府的比较优势变化成为决定上述日本长周期变动以及相应的经济绩效差异的制度变量。我们希望对这一假说的论证，有助于说明后发展国家宪政转轨与经济绩效的关系，尽管这仅仅是一个以日本为研究对象的案例分析。

一、东西方宪政转轨的不同后果：官僚制多元主义国家的产生

宪政制度是一种为人民认可并接受其约束的游戏规则，人们在这种游戏规则下从事包括经济活动在内的各种活动，经济增长的最终源泉是制度创新和技术创新，而这些都是在给定的宪政制度下完成的，经济改革仅仅是宪政转轨的一部分（杨小凯，1999）。从世界历史发展中可以观察到的事实表明，宪政制度的建立以及对宪政制度的可信承诺的确给经济绩效带来显著的正面效应，但是这种宪政制度的建立在西方国家和东方后发展国家之间存在着很大的差异，如果我们把日本视为后发展国家中惟一建立了宪政制度并成为工业化经济的国家，情况同样如此。

西方历史上最初的、实际上也是人类历史上最初的宪政转轨，始于1688年的英国"光荣革命"。诺斯和温格斯特从产权经济学和交易成本经济学角度研究了"光荣革命"前后的政治制度变化对英国工业革命的影响，认为政府对宪政规则的可信承诺是经济发展的关键，是扼制机会主义行为和减少交易成本的条件。在这种可信的承诺下，理性国家不仅为公民提供各种服务，而且国家本身也由法律进行统治（North and Weingast，1989）。英国"光荣革命"以及其后各西方国家的宪政转轨导致立宪民主国家的产生，政府行为受到法治的约束，并从商业经济领域逐步退出，有限政府的权力受到限制使其对宪政规则以及经济秩序的承诺变得可信，从而使西方国家的经济在科技进步下获得持续发展。

与上述西方的宪政转轨相比，日本的宪政转轨显著不同，前者是内生自发的，后者是外生强制的。在西方的宪政转轨开始乃至其后很长一段时间，东方的后发展国家仍然处于一种传统政治哲学主导下的国家治理状态，这一历史对比本身就说明在东方后发展国家内部不会自然地产生宪政思想及其导致的宪政制度。大体而言，仅仅是在19世纪后半叶，西方的宪法性权力的概念才传入日本，并导致了日本的法律传统发生了明显的近代断裂。在日本，目前的宪政观念和宪政制度并不是从对本土的前近代思想和实践

的提炼或调试性回应中产生的;在日本的哲学、宗教、法律传统以及文字记载中,没有任何宪政政治的迹象会导致诸如独立的法院、被告人权利、公民自由或民选立法者等制度的产生(比尔,1996,中译本)。

在第二次世界大战以前日本的工业化和现代化过程中,尽管社会上出现了对统治者的宪政压力,还颁布了明治宪法,开设了议会,实行了内阁制,但所有这些和宪政转轨之间很难观察到有任何实质的联系。日本的宪政转轨是在战争失败下于1945年秋季在美国占领军的主导下强制进行的,新宪法草案则是由盟军总司令部的一群军官们起草的,在做了一些很小的修改后,由日本政府以天皇提出修正案的形式通过,并从1947年5月3日起生效。美国占领军主导的宪政转轨以及这种转轨的外生强制性质,决定了日本政府内部权力分配、职能性分离程度以及政府行为取向与西方国家的差异。

战后日本的宪政转轨,由于其外生强制性质,并没有导致西方式的立宪民主国家的出现,从而也没有导致政权在两大政党或多党之间轮流更迭。战后自民党连续执政长达38年(1955—1993年)。在战后日本宪政转轨后,实际出现的是一种具有权威主义倾向的官僚制多元主义国家,政治基础则是自民党与官僚之间长期、稳定的结盟。

官僚制多元主义国家的概念由青木昌彦(1992,中译本)首先提出,在日本经济的比较制度分析中被广泛应用。这里"多元"的含意是,在日本政府与企业的关系中,按产品市场划分的民间经济主体可以通过行业协会与政府内部相应的职能部门保持一种稳定的信息交换渠道,从而拥有参与政治决策过程的机会。在官僚制多元主义国家中,政府内部是分权的,其构成单元可以划分为两类,一类是职能部门(如经济产业省、国土交通省等),另一类是协调部门(如财务省主计局)。各职能部门的管辖权通常是规定明确并相互独立的,在各自管辖领域内与民间利益集团保持密切关系;协调部门不与民间利益集团直接接触,而是对各职能部门之间由于与民间利益集团保持密切关系而产生的利益冲突进行协调。在这种博弈重复进行的过程中,对各利益集团的利益裁定实际上逐渐演变为由行政过程来完成,而不再由政治过程来完成。由此我们也许可以判断,在日本的公共政策形成过程中,官僚比作为政党政治家的议员具有更多的权势和更大的影响。

值得注意的是,在政府与民间利益集团的关系上,日本和西方国家之间存在着很大差异。在日本,这种关系突出地表现为政府与工业部门的利益集团结盟,各民间利益集团之间的利益裁定,是在市场调节的基础上由分权的官僚机构进行的,而与分权的官僚机构直接保持信息交换的则是各种行业协会,这种行业协会(钢铁协会、汽车协会等)是以产品市场为基础形成的,这与西方国家的以要素市场为基础形成的民间利益集团(产业工会、职业工会等)是完全不同的。至于企业所有者与工人之间的利益协调,很大程度上是由企业经营者在企业这一层次上裁定的,因为日本的工会是企业内工会,而不是西方国家那样的跨企业工会。从这一点上我们可以观察到,经过宪政转轨后在日本形成的官僚制多元主义国家,是发展导向的,而不像西方国家那样是秩序导向的,生产者的利益始终置于政府的优先考虑中。

二、三权分立、诉讼成本与讨价还价能力:政府比较优势的形成

在后发展国家,一方面是实现工业化的制度资源稀缺,另一方面又存在着通过从先发展国家引进技术、资本迅速实现工业化的可能性,前者构成了实现工业化的阻碍因素,后者造成了很高的工业化利益预期,因此形成了两者之间的紧张关系。如何消除两者之间的紧张关系,决定了后发展国家的政府具有一种强烈的发展冲动,而且在政府行为取向上通常倾向于利用行政力量而不仅仅是市场力量进行加速实现工业化的资源配置,在很大程度上战后日本政府也是如此。显然,政府的发展冲动和行为取向在实际的政治经济过程中能否实现,或者多大程度上获得实现,在存在着政府以外力量制约的条件下,取决于政府相对民间部门的讨价还价能力。

政府的讨价还价能力是由它希望实施的政策的容易程度划分的,如果一个政府能相对容易地实施它希望实施的政策,这种政府就有较强的讨价还价能力,而做不到这一点的政府,讨价还价能力就较弱。影响政府的这种讨价还价能力强弱的有两个制度因素:其一是立法、司法、行政三权分立的程度;其二是诉讼成本的大小及其在政府与民间部门之间的相对重要性(奥

野正宽,1998,中译本)。在严格的三权分立政府中,政策的推行按照立法机构明确规定的法律和法规进行并受到司法程序以及规则方式的制衡,这种政府的讨价还价能力较小,因为如果民间部门认为三类机构中某一类机构制定的政策不可接受,它可以求助于其他两类机构。另外,民间部门是否可以求助于制衡机制,特别是求助于司法程序,取决于诉讼成本的大小,如果和政府部门的诉讼成本相比民间部门的诉讼成本过高,则民间部门难以求助于司法程序,这时政府就具有相对强的讨价还价能力。

由于宪政思想并非出自本土,加上宪政转轨是外生强制的,在日本实际出现的是一种以自民党与官僚的长期结盟为基础的相对集权的政治结构,三权分立在很大程度上是不充分的,法律在处理经济事务中的地位和作用始终低于甚至远低于行政操作的地位和作用,而且民间部门的诉讼成本过高,形成了实际政治经济过程的官僚制控制,表明战后日本的宪政转轨具有不完全性。正是由于这一点,宪政转轨一方面使日本政府对宪政秩序的承诺变得可信,另一方面又使日本政府具有较强的讨价还价能力,从而形成了日本政府的比较优势。

大规模的宪政转轨,为战后日本向工业化经济转变提供了可能成功的制度环境,而相对集权的政治结构以及实际政治经济过程的官僚制控制,使日本政府在发展战略层次上做出重大决策成为可能,这就是在战后日本工业化的初始阶段不利的要素禀赋条件下选择了重化工业化战略。这一战略选择事实上构成了日本政府实施产业政策的前提,使日本政府在制定法律或政策时不必周折于事前谈判而专注于事后谈判,从总体上看降低了政府决策成本。

由于战后日本政府是通过与大企业(主要是重化工业部门的大企业)的长期关系实施其政策的,政府的讨价还价能力和比较优势自然是在政府与企业的关系上体现出来,而且主要是在一项法律或政策制定后的事后谈判中体现出来,特别是日本还存在着行业协会这样独有的事后谈判或讨价还价的中介,激励政府努力提高讨价还价能力。三权分立不充分以及民间部门诉讼成本过高,导致日本政府缺少激励因素去制订定义狭窄的事先规则,相反,制订一种定义宽泛的事先规则才符合日本政府的利益。因为这样日本政府可以在事后利用自己的讨价还价能力通过事后规则达到最符合其偏好的结果（如行政指导）。政府与企业的关系，在美国是一种抗衡关系，在日本则是一种协调关系，特别是日本政府通过非政府机构的行业协会来协调这种关系，而非政府机构在对当地信息做出反应的能力方面显然优于集权化的政府机构。比起政府直接干预，这种协调方式降低了交易成本，提高了经济效率，在引导经济沿符合政府战略意图的特定政策方向发展方面，特别能体现日本政府的比较优势，从而取得了更好的经济绩效。其原因如下：首先，在后发展国家工业化的初始阶段，政府可以根据先发展国家工业化过程的经验，对产业结构将来的变化路径和技术上的可能性进行正确的判断，从在先发展国家业已发展起来的各个产业部门中选择特定的产业部门作为发展和扶植的对象，对于具有高互补性的产业基础性公共产品，亦由政府集中供给，这样会提高该产业的生产率，产业部门选择得越恰当，经济增长率则越高；其次，由于市场失灵的存在，各个产业部门的发展将会产生多种均衡的可能性，既有可能是生产规模不断缩小的悲观的均衡，也有可能是生产规模不断扩大的乐观的均衡，这时如果政府出面协调各产业部门的发展预想，将会有效地促进各个产业的发展从悲观的均衡移至乐观的均衡；再次，在转变为工业化经济之前，后发展国家通常对缺乏国际竞争能力的战略性产业部门实行保护、扶植政策，政府通过对这些部门的资金重点分配或通过政策性的价格调整，促使资源向这些产业部门集中，将会形成一种产业发展的激励机制，加速这些产业部门的发展。

  在向工业化经济转变的过程中，为了工业部门的增长，日本政府与工业部门的利益集团结盟，但是在铸造一个对整个社会利益都必要的产业结构时，日本政府对特殊利益集团的掠夺进行了有效的控制，避免了政府为特殊利益集团所"俘虏"，从而使政府与企业的关系成为一种重要的促进增长的制度资源。在这种条件下，增长的成果不仅限于在工业部门内部分配，而是超越了工业部门（实际上是工业部门中的大企业，特别是重化工业部门和出口工业部门中的大企业），使本来处于比较劣势的农业、中小企业等更为广泛的利益集团均沾，从而使更为广泛的利益集团都能通过利益代表组织与相应的政府职能部门的信息交换获得参与公共政策形成的机会。也许我们可以从战后日本由后发展经济向工业化经济转变时期的高速增长和收入分配公平中得到关于这一点的实际印证。

三、发展之后：政府为特殊利益集团俘虏与"失去的十年"

日本在完成向工业化经济转变的上个世纪70年代，以第一次石油危机的爆发为转折点，高速增长时期结束。大体上从这一时点开始，日本经济增长的内外条件发生了重大变化。从国内条件看，以农村的过剩人口及其向城市的流动为基础的曾经有力地支持高速增长的总需求扩大机制已经达到极限，劳动力的供给制约日益突出；从国际条件看，国际货币体系由固定汇率制过渡到浮动汇率制，国际市场上初级产品价格上涨，日本经济不断受到日元升值的压力。

以上这种内外条件的变化迫使日本进行增长方式的调整，1985年"广场协议"后尤其如此，基本目标是扩大内需，但这种增长方式的调整并不成功。实际上日本经济仍然在"生产第一主义"的传统轨道上运行，据东京的德意志银行首席经济学家估算，1986—1991年，日本的新增设备投资约为3.6万亿美元，目的是将生产成本减少40%—50%。大规模的设备投资得到政策的实际上的鼓励，这一期间日本政府在货币政策上多次降低中央银行贴现率，利率达到了前所未有的低水平，过低的利率激励了借款者不仅仅进行设备投资，还进行投机性投资。这一期间的财政政策倒不是扩张性的，政府支出没有特别显著的增加，政府收入则由于税收的自然增长大幅度增加，导致国债对GDP的比率逐年下降，但这对金融机构来说，等于国债这种投资对象的供给减少，加剧银行之间的贷款竞争，进一步助长了借款者的投机性投资，其后果是不可避免地造成了整个社会的供给过剩和泡沫经济的形成，长期萧条随之而至。在完成向工业化经济转变之后，日本政府为了生产者的利益，仍然拒绝基本政策方向的调整，失去对变化了的发展阶段上的宏观经济形势的把握能力，政府的比较优势趋于消失。

日本政府的比较优势趋于消失的一个基本原因是，在完成向工业化经济转变之后，日本已不再是追随者，产业结构与先发展国家的产业结构日益趋同,以引进和模仿为基本内容的所谓"后发优势"不复存在,进入了以经济和政治不确定性为全部特征的新格局。在这种新格局下,民间部门的自由竞争比政府的干预更有效率。民间部门可以充分地利用当地信息,独立地进行多样化的试验来完成新技术、新产品的开发,其向整个经济的扩散,则通过竞争者的进入经由超额利润向平均利润的转化获得实现,从而实现比政府干预更优的资源配置。相应地,更具有比较优势的国家制度安排不再是官僚制多元主义的而是立宪民主的,因为后者在国家退出商业经济领域的条件下,通过维护法治和秩序为民间部门的创新提供自由竞争的环境。但是,由于战后日本宪政转轨的外生强制性及其导致的宪政转轨的不完全性,在完成向工业化经济转变之后,政府已经为特殊利益集团所"俘虏",在很大程度上丧失了自主性,官僚制多元主义的国家制度安排没有适时地朝更为立宪民主化的方向演进。

因此,日本政府的比较优势趋于消失的根本原因在于政府本身为特殊利益集团所"俘虏"。一般说来,后发展国家的政府与民间部门的协调关系很容易导致一个陷阱的出现,即在资源集中的部门发生垄断利益,激励该部门为自身利益而持续地争取政府支出,结果形成了特定产业部门与国家机构之间的互惠关系,政府为特定利益集团"俘虏"(奥野正宽,1999)。日本正是这种情况,在向工业化经济转变过程中形成的政府与企业的关系,在完成这种转变之后已演变为政府与特殊利益集团的共谋,形成了相对消费者而言的生产者"内部人控制"。在政府被"俘虏"的情况下,已经不能像在向工业化经济转变过程中那样避免特殊利益集团的掠夺,而这是日本政府得以发挥比较优势的必要条件。一个典型的案例是,为实现重化工业化战略而设计的金融制度在"失去的十年"中陷入困境后财务省与金融业的关系。在金融机构产生大规模的不良债权后,财务省一方面通过财政投融资注入股票市场和实行超低利率使金融机构获得实际上的补贴,另一方面向公众和股东隐瞒不良债权的真实信息,拖延不良债权问题的解决,同时财务省的官员相应地得到包括退休后到这些金融机构任职在内的各种好处。这样使得不良债权规模不断增大,进一步加深了萧条,最终以向金融机构注入巨额政府资金的形式掠夺了纳税人的利益。泡沫经济时期日本的吉尼系数急剧攀升,1992年达到0.439,甚至超过美国,而且还有继续升高的趋势,日本收入分配平等的神话正在破灭(橘木俊诏,1998,中译本),这并非偶然。

综上所述,日本政府与特殊利益集团的共谋形成的生产者的"内部人控制",造成了整个社会的供给过剩,这是日本长期萧条的根本症结所在,而日本政府为特殊利益集团"俘虏"使其比较优势趋于消失,已经无力促使经济由萧条走向复苏。由此我们可以理解以下的这一事实,在"失去的十年"中,尽管日本政府采取了几乎低到零的低利率政策,以及大规模的扩张性财政政策,但这种刺激总需求的政策始终难以奏效,而日本完成向工业化经济转变后政治结构的变化还进一步降低了这种刺激总需求政策的效果。这种政治结构的变化就是官僚制的地位相对降低,政策的制定和执行过程变得越来越政治化,政党政治家(族议员)比以往更多地介入这一过程。但是,由于政党政治家通常是以选区"地盘"的利益为媒介来获取包括再次当选的可能性在内的各种政治性租金,他们在公共资金分配过程中地位的提高,并不意味着宪政民主化程度的提高,反而极易导致资金流向"地盘"或由利益集团导向,从而使政策失效。由此我们可以观察到,由战后日本宪政转轨的不完全性决定的政治结构及其变化本身,也日益制约着日本政府发挥其传统的比较优势。

克鲁格曼(1998,中译本)在一篇影响甚广的文章中描绘了长期萧条中日本经济的困境:经济已陷入"流动性陷阱",人们将抑制投资和消费而持币观望,导致需求不足,但扩大政府支出刺激需求要承担政府债务累积带来的巨大风险,进行经济结构改革则会提高供给能力。在宏观经济政策失效的情况下,他开出的政策处方是实行"管理型通货膨胀",将实际利率降到负值,即形成人们的通货膨胀预期(克鲁格曼,1998,中译本)。尽管克鲁格曼的分析十分恰当,但正像前面论述的,日本"失去的十年"以及这一期间宏观经济政策失效的制度性原因,是在完成向工业化经济转变之后政府为特殊利益集团所"俘虏",从而导致政府的比较优势趋于消失,因此日本经济摆脱长期萧条的根本出路不可能是通货膨胀,而只能是改革。但是,到目前为止我们观察到的是日本的经济改革举步维艰,原因在于政府为特殊利益集团"俘虏"情况下形成的利益关系难以打破,日本需要的不仅仅是经济改革,还需要目前已经在不同程度上进行了的或呼声日高的行政改革、政治改革、司法改革、社会改革的配合,我们可以将其理解为后发展国家在完成向工业化经济转变之后的宪政再转轨。

四、小结

我们通过对战后日本不同发展阶段经济绩效差异的原因进行分析,论述了由战后日本宪政转轨的外生强制性决定的政府的比较优势的变化及其影响,得出以下初步结论,我们希望它们具有某种程度上和某种意义上的普适性。

1. 后发展国家的传统政治文化资源,不会导致在其社会内部像西欧那样在一定的历史条件下自然地发展出宪政思想和宪政制度,其宪政制度只能是引进的、移植的,在极端的情况下,宪政转轨是外生强制的,由此决定了后发展国家宪政转轨的不完全性,其后果是不会导致出现一个像西方国家那样的三权分立的代议制政府,而是产生一个权威主义性质的,至少是权威主义倾向的官僚制政府。

2. 后发展国家即便在宪政转轨后,三权分立可能仍是不充分的,民间部门诉讼成本昂贵,政府比实行严格的三权分立的西方国家的政府具有更强的讨价还价能力,在由后发展经济向工业化经济转变的阶段,通过特定的协调机制转化为战略选择能力、资源集中能力、事后谈判能力,比西方国家的政府具有更大的比较优势,从而获得更快的增长。

3. 由后发展国家宪政转轨的性质决定的政府比较优势,在完成向工业化经济转变后或经济发展到一定阶段后将趋于消失,政府继续传统的干预,将对经济绩效产生负面影响,并且无助于解决"发展后问题",改革成为一种必然,但由于改革的体制对象起源于后发展国家宪政转轨的性质,内在地决定了改革不可能仅仅是经济改革,而必定是内含了经济改革的宪政制度改革。

参考文献:

奥野正宽(1998):《对政府与工商界关系的一种比较制度分析》,载青木昌彦、金滢基、奥野正宽主编(1998):《政府在东亚经济发展中的作用:比较制度分析》,中国经济出版社。

奥野正宽(1999):《现代日本的国家体制与制度改革》,[日]《经济研究》第7期。

比尔(1996):《日本和朝鲜的宪政与权利》,载亨金、罗森塔尔主编(1996):《宪政与权利》,北京三联书店。

橘木俊诏(1998):《日本的收入分配差距》,[日]岩波书店。

克鲁格曼(1998):《掉进陷阱中的日本经济》,[日]《This is 读卖》第9期。

青木昌彦(1992):《日本经济的制度分析:信息、激励与博弈》,[日]筑摩书房。

杨小凯(1999):《经济改革与宪政转型:西方研究中国经济的两派不同观点之间的争论》,《北京大学中国经济研究中心简报》第47期。

North, D. and B. Weingast (1989): "Constitutions and Commitment: The Evolution of Institutions Governing Public Choice in Seventeenth - Century England", Journal of EconomicHistory, X LIX.

(作者莽景石,辽宁大学比较经济体制研究中心,原文刊于《世界经济》2002年第8期)

日美核能合作的历史缘起（1945—1955）

尹晓亮

战后以来,日本与美国在和平利用核能领域的"合作协定"①经历了四次签署与两次修订②,两国核能关系呈现出从"核限制"到"核援助"再到"一揽子同意制"③的演进路径。作为迄今世界上唯一原子弹"轰炸国"与"被炸国"之间的核能合作,不仅内嵌于日美同盟关系之中并对其演进起着特殊作用,而且为日本拥有潜在核武装能力创造了初始条件。追溯与研究日美核能合作的历史缘起,既能深度把握日美在核能领域上"合作中对立"和"对立中合作"的博弈型同盟结构,又有助于揭示两国在核能合作中各自的真实诉求。

对于日美核能合作的研究,国内学界鲜有给予充分关注,尚未系统纳入

---

① 本文系作者主持的国家社科基金重点项目"战后日本核政策研究"(16ASS002)的阶段性成果,并得到南开大学亚洲研究中心资助。日美核能合作协议的日文是《原子力の非軍事的利用に関する協力のための日本国政府とアメリカ合衆国政府との間の協定》,英文是"Agreement for Cooperation Between the Government of the United States of America and the Government of Japan Concerning Peaceful Uses of Nuclear Energy"。
② 即:1955年协定、1958年协定(1963年修订)、1968年协定(1973年修订)、1988年协定。
③ "一揽子同意制"是里根时期为修复与日本及欧盟的友好关系所实施的对外核能合作方针。即:预先设定一定的条件范围,在该范围内有关核燃料后处理的一切活动美国则全部予以承认,无需对个别事项逐项进行一审批。该制度的确立对日本而言具有三个意义:一是日本在核燃料后处理领域的自主性大幅提升,二是奠定了日本长期稳定发展核能产业的基础,三是该制度使日本成为了世界上唯一可进行后处理的非核武国家。参见:参见"United States Policy on Foreign Reprocessing and Use of Plutonium Subject to U. S. Control", NSDD 39, June 4, 1982, National Security Decision Directives, Ronald Reagan Presidential Librar.

"日本史研究"的范畴。与之相对,国外学界则从美国原子能法、交涉过程、国际法、核不扩散等角度对该问题进行了深入分析。森川澄夫结合美国《原子能法》123 条款,重点阐述了日本在"1955 年协定"中的权力、责任与义务。① 李炫雄、田中慎吾详细考察了"1955 年协定"的交涉细节与签署过程。② 松井芳郎以"国际法与核能和平利用的关系"为视角,分析了"1955 年协定"和"1968 年协定"的签署背景、内容与意义。③ 关于"1988 年协定"的研究,学界主要从核不扩散的角度,考察了日美就"日本能否独立进行核燃料再循环利用"等问题所进行的交涉与妥协。④ 此外,宋基姆运用比较方法论述了美国对日核政策区隔于韩国的历史背景与现实意义。⑤

国外学界的研究成果,尽管以不同的视角、资料和方法对合作协定进行了分析,但对两国核能合作的历史缘起尚存以下三个问题未予清晰解答。其一,美国从"垄断者"向"供给者"的核角色转变及其对日核政策的战略诉求是什么? 其二,日本与美国进行核能合作的逻辑起点是单纯为了"和平利用",还是存在"军需伪装"? 其三,日本最初与美国签署核合作协议是"被动接受"还是"主动谋求"? 显然,若不厘清上述问题,则将难以理解人类历史上迄今唯一被原子弹轰炸的日本为何会在战后短短 10 年内,与原子弹轰炸国的美国进行核能合作,更难以理解战后日本将"作为核电的原子能"与"作为核爆的原子能"进行结合的历史原点及其内在机理。

形式上,日美核能合作属于"供给侧"与"需求侧"之间的互利合作,而且

---

① 森川澄夫:《米原子力法 123 条と日米原子力協定》,《ジェリスト》1955 年第 93 号,第 9—18 页。
② 代表性著述参见李炫雄:《原子力をめぐる"日米協力"の形成と定着:1953—1958》,龍溪書舍,2013 年,第 1—290 页;田中慎吾:《日米原子力研究協定の成立:日本側交渉過程の分析》,《国際公共政策研究》,2009 年第 13 卷,第 141—156 页。
③ 松井芳郎:《原子力平和利用と国際法:日米原子力平和利用協力協定を中心に》,《法律時報》第 50 卷,第 46—59 页。
④ 代表性著述参见武田悠:《日米関係の変容と原子力開発問題》,《国際政治》,2010 年第 120 号、第 130—142 页;山村司、須田一則等:《米国の核不拡散政策が日本の核燃料サイクル政策に与える影響に関する研究》,日本原子力研究開発機構,2014 年、第 48—62 页;遠藤哲也:《日米原子力協定(1988 年)の成立経緯と今後の問題点(改定版)》,日本国際問題所発行,2014 年、第 1—93 页;猿田佐世、平野厚木等:《日米原子力協定:日本の再処理とプルトニウム保有への米国の懸念》,《原発教科書》,新曜社,2017 年,第 204—210 页。
⑤ Kim S C, "Endangering alliance or risking proliferation?: US-Japan and US-Korea nuclear energy cooperation agreements" *The Pacific Review*, vol. 30, no. 5 (2017), pp. 692-709.

规定只限于核能的"和平利用"。但是,在现实中由于核能具有"军事利用"与"和平利用"的双重属性,致使日美核能合作既涉及能源安全与经济发展,又关涉国家安全与地缘政治。进而言之,在挖掘和研究日美最初核能合作的形成及其原因时,不能只囿于从"和平利用"的单一视角进行考察,还应将核能的"军事利用"这一属性纳入分析框架。在此基础上,分析"核供给"的美国为试图主导世界核能发展趋势而进行的战略构想与制度安排,研究"核需求"的日本对核能的认识、诉求及其行动选择,不仅有利于深度理解美国的"核供给"与日本的"核需求"在合作中存在的异质性,而且有助于揭示日美核能研究合作的历史缘起及其内藏逻辑,进而在学术上拓展与深化国内"日本史研究"的边界与内涵。

一、从垄断者到供给者:美国核角色的转变与对日核政策

第二次世界大战在瓦解以欧洲为中心的传统国际秩序的同时,孕育并推动了以美苏对立图式为中心的新国际秩序。美国成功研制原子弹及其对日核轰炸中所凸显的破坏力,标志着人类开始进入恐怖的核时代,预示着核武器这个"恶魔"随时可能被人类从潘多拉盒中打开。原子弹作为"绝对的武器"[①],不仅深刻影响着冷战格局的形成与演进[②],而且在地缘政治中甚至"改变了所有的问题,也改变了所有的答案"[③]。正因如此,二战后美国对核技术与核材料的垄断意识愈发强烈[④],并试图通过制度安排梗阻核扩散路

[①] 伯纳德·布罗迪所著的《绝对的武器》中认为,原子弹的诞生对于人类而言就是"绝对武器",它修正了过去五十年中所形成的传统国家安全理念。该书的详细内容参见 Bernard Brodie, ed., *The Absolute Weapon: Atomic Power & World Order*, New York: Harcourt, Brace, 1946.
[②] William H. Kincade, "The United States: Nuclear Decision Making, 1939 - 89," in Regina Cowen Larp, ed., *Security with Nuclear Weapon? Different Perspectives on National Security*, Oxford University Press, 1991, pp. 24 - 32.
[③] 西奥多·索伦森著,复旦大学世界经济研究所译:《肯尼迪》,上海译文出版社1981年版,第577页。
[④] 即使在二战尚未结束时,美国为不使核技术、核材料泄露到德、日、苏等国,以便在战后威慑可能与其争夺世界霸权的竞争对手,在资金预算、技术合作、铀矿资源管控等方面采取了非常苛刻的核保密措施。参见 Richard G. Hewlett and Oscar E. Anderson, *A New World: A History of the United Atomic Energy Commission: Vol. 1: 1939 - 1946*, Pennslvalnia State University Press, 1962, pp. 285 - 288.

径以期确保自身的绝对核优势。

在国际层面,美国一方面终止了与英国、加拿大等国家的核能合作,另一方面试图通过政策设计谋求将核能的"军事利用"与"和平利用"进行一体化的国际垄断。1946年6月14日,美国在联合国原子能委员会第一次会议上提出了旨在控制国际原子能的"巴鲁克计划",由于该计划的主要思想是"先建立有效管制,然后处置现存核武器",本质上并不能确保销毁美国现存的核武器,①因此遭到了苏联等国家的强烈反对。在国内层面,8月1日,美国制定了旨在确保有关原子弹设计、制造、工艺、流程等秘密技术资料不被泄露的《原子能法》(亦称"1946年原子能法")。② 该法一方面为美国对核能实行国内控制奠定了法律基础,在内容上反映了美国的一种信念,即:只要能够维持核垄断,就能在与苏联争霸中处于优势地位,进而有利于维护自身国家利益。

当然,美国对日核政策在二战结束初期不可能僭越以垄断为核心思想的政策框架。美国对日占领政策的终极目标是从政治、经济和军事等方面,彻底改造日本,以确保其无力再次挑战与威胁美国的国家安全。③ 其中,消除日本的核武装能力则是美国对日占领政策的重要环节。1945年8月11日,杜鲁门为彻底掌握日本原子弹研制的具体情况,派遣了由45名专家组成"原子弹调查团"和11名专家组成的"科学情报调查团",负责对日本军事开发的组织与活动内容进行调查。④ 调查团抵达日本后,一方面寻访日本陆军研究项目"仁计划"⑤及海军研究项目"F计划"⑥的相关人员,另一方

---

① Larry G. Gerber, "The Baruch Plan and the Origins of the Cold War", Diplomatic History, vol. 6, no. 1 (January 1982), p. 75。
② U. S. Department of State, TheInternatinal Control of Atomic Energy: Growth of a Policy, Publication 2702(1946), P. 19.
③ "Report by the State-War-Navy Coordinating Subcommittee for the Far East," June 11, 1945, Foreign Relations of the United States (FRUS), The British Commonwealth, The Far East, VolumeⅥ, pp. 551-552.
④ 吉冈斉:《原子力の社会史:その日本的展開》,朝日新聞社、2011年、第56頁。
⑤ "仁计划"项目名称就以具体负责该项目的日本著名核物理学家仁科芳雄的第一个字的日语发音命名(ni)的。
⑥ "F计划"是以"原子裂变"的英文单词"fission"的首字母"F"命名的原子弹研制计划,该计划持负责人是核物理学家荒胜文策。

面调查了日本理化研究所、东京帝国大学、京都帝国大学等相关核设施。最终调查结论主要体现在两个方面：一是认为日本在战时的核研究领域并未取得突破性进展；[1]二是认为在遭受原子弹轰炸后，日本政府对于核能的关切骤然提升。[2]

同年9月22日，美国出于对日本核能研究活动的担忧，盟军总司令部向日本下达"第3号指令"，即：禁止日本媒体对广岛、长崎两地遭受核轰炸的惨状进行舆论报道；全面禁止日本从事一切原子能研究的活动。[3] 10月31日，美国联合参谋本部向盟军总司令部发布新的指令，要求扣押日本核能及其相关研究的全部设施，限制核能研究人员的相关活动。[4] 11月19日，盟军总司令部从日本理化研究所、大阪帝国大学、京都帝国大学收缴了四台回旋加速器，将其拆毁后全部投弃于海。[5] 此举不仅使得以中曾根为代表的日本保守政治家倍感屈辱，并向美国表达了强烈不满，[6]而且美国亦有部分研究人员指责此举属于野蛮行径。[7] 然而，美国是在何种情况下、出于何种考量解除了对日"全面核限制"政策呢？事实上，冷战大幕的开启、朝鲜战争的爆发、所谓"共产主义（赤化）威胁"等因素的交织叠加，促使日本在美国全球战略中的利用价值陡然上升。美国认为在防止中国台湾、韩国、印尼等被"共产主义侵蚀"的过程中，日本能为其担当"不沉的航母"、"桥头堡"、"生产工厂"等重要作用。由此，如何使日本的地缘政治价值为己所用便成为美国的当务之急。

---

[1] 小沼通二、高田容士夫：《日本の原子核研究についての第二次世界大戦後の占領軍政策》，《科学史研究》第31卷、1992年、第138—145頁。
[2] "*Summary Report，Atomic Bomb Mission，Investigating into Japanese Activity to Develop Atomic Power*，" September 30, 1945, Box no. 1, Formerly Top Secret Nuclear Physics Correspondence File 1947 - 1951.
[3] 外務省特別資料部編：《日本占領及び管理重要文書集》第1卷、東洋経済新報社、1949年、第84頁。
[4] "*WX79907*，" October 31, 1945, Formerly Top Secret Nuclear Physics Correspondence File 1947 - 1951, National Archives and Record Administration, Box no. 1.
[5] 理化学研究所史編集委員会：《理研精神八十八年》、独立行政法人理化学研究所、2005年、第11頁、第106—109頁。
[6] 中曾根康弘：《自省録：歴史法廷の被告として》、新潮社、2004年、第42頁。
[7] 吉岡斉：《原子力の社会史：その日本的展開》、朝日新聞社、2011年、第57頁。

显然，美国"要想得到日本的忠诚"①，仅承袭战后初期的对日占领统制政策是难以奏效的，只有将其身份从原来的敌对国转换为同盟国，并将之纳入自身的全球战略，才能有效地利用其地缘政治价值。鉴此，美国迅速调整了对日占领政策，表现在核政策上则是将"全面核限制"调整为"有限核自由"政策。事实上，美国在1948年的对日媾和草案中，依然保留了占领初期禁止日本一切核能研究的内容，②但在1949年11月的草案中则删除了禁止条款。朝鲜战争的爆发，不仅迅速提升了日本的战略价值，③而且加速推动了美国对日单独媾和的进程。以杜勒斯为首的美国国务院主张必须尽快实现媾和，拉住日本留在西方阵营，进而为其对外战略服务。同时，日本在希望美国承诺对日安全保障的时机、地点与内容的基础上，更加切盼签署媾和条约以结束美国的占领状态，恢复国家独立。1951年9月8日，美日正式签署《旧金山和约》，条约并无禁止或限制日本从事核研究的内容，此举标志着美国对日"全面核限制"政策的解禁。当然，条约的生效并不意味美国在核能方面给予日本完全的自由决定权。12月17日，美国联合参谋本部明确指出，日本独自进行核武器研发将违反《日美安保条约》，若使日本重建令美国满足的军备能力，可在核能领域特别是军事利用方面签署协定以使双方均能接受。④ 由上，美国对日核政策从"全面核限制"转向"有限核自由"是其推行全球战略的现实选择。那么，美国以"核垄断"为核心的政策思想为何转变为"核分享"、"核援助"呢？进而言之，美国为何在核角色上从"垄断者"转为"供给者"呢？

尽管美国试图通过制度安排谋求对原子能的绝对控制与垄断，但其对现实情况的判断上却存在"两个失误"，即：一是"低估了"苏联工业基础潜力

---

① マイケル．シャラー著、市川洋一訳：《"日米関係"とは何だったのか：占領期から冷戦終結後まで》、草思社、2004年、第56頁。
② 田中慎吾：《対日講和における核エネルギー規制条項の変遷：日本に与えられた自由とその限界》、《安全保障》、信山社、2015年、第217—236頁。
③ 坂元一哉：《日米同盟の絆：安保条約と相互性の模索》、有斐閣、2000年、第16—17頁。
④ Memorandum for Robert A. Lovett from Omar N. Bradley, "Atomic Energy Controls in Japan," December 17, 1951, box 27, Geographic File 1951-1953, RG 218, NARA.

与制造原子弹的能力,二是"高估了"原子能保密的有效性。[1] 1949年8月,苏联第一颗原子弹的成功爆炸对美国而言是"令人头晕目眩的一击"[2],它打破了美国在世界上唯一拥有核武器国家的地位,宣告了美国核垄断政策的彻底失败,预示着未来核武器在速度与规模方面将日益扩散的严重性。另外,苏联在原子能的民用发电方面也取得了重大技术突破,并于1954年成功建成世界上第一座用于和平发电的核电站,成为第一个利用原子能发电的国家。与之相对,让美国烦恼的是曾经支撑"曼哈顿计划"的资本、人力、建筑、设备以及核原料等在战后如何安置、利用与维持。进而言之,美国在原子能领域面临"两个困境":一是在军事战略方面,如何应对核垄断政策失败后世界核扩散的困境;二是在和平利用方面,如何将原子能的军事利用转化为具有商业利益的核能产业的困境。显然,上述"两个失误"与"两个困境",表明美国的"1946年原子能法"已无法适应当前世界原子能的发展形势,特别是随着核扩散使得核秘密的价值不断缩水的情况下,美国如果继续奉行核垄断政策,国际原子能市场的主导权有恐被苏联获得。由此,美国在形式上将核角色"垄断者"调整为"供给者",并试图通过新的制度设计控制国际原子能。

其一,提出"和平利用原子能"构想。1953年12月8日,美国总统艾森豪威尔发表了"和平利用原子能"演说,并提案设立以原子能的"和平利用"为目的的国际原子能机构。具体构想是主要相关国家将自身保有的铀及核分裂物质交给联合国下设的国际原子能机构,该机构负责上交物质的保管、贮藏及保护工作。[3] 其二,修改以垄断思想为核心的原子能法。原来的原子能法是在1946年美国独占原子能的时代所制定的,该法案规定禁止与其他国家进行核能技术交流,为美国对原子能实行国内控制奠定了基础。

---

[1] 贝特朗·戈尔德施密特著,高强等译:《原子竞争1939—1966》,原子能出版社1984年版,第129页。

[2] 麦乔治·邦迪著,褚广友等译:《美国核战略》,世界知识出版社1991年版,第53页。

[3] *United States "Atoms for Peace" Proposal*: *Address by President Eisenhower to the General Assembly*, *December 8, 1953*, in Trevor N. Dupuy and Gay M. Hammerman ed., *A Documentary History of Arms Control and Disarmament*, *Document on Disarmament*, T. N. Dupuy Associates, 1973, pp. 358 – 365.

1954年2月17日,美国为开辟在核能领域中的国际合作,允许民间资本进行市场化参与,艾森豪威尔总统向国会提议修改"1946年原子能法"。8月30日,经过修订后的新原子能法(亦称"1954年原子能法")正式生效,这为美国展开双边原子能合作奠定了法律基础。① 根据《1954年原子能法》第123条规定②,美国可与其他国家开展核能国际合作,但合作协定必须规定核材料及设施禁止用于制造核武器及其他军事目的。③ 其三,提供核材料援助计划。在第九次联合国大会上,美国提出"以签订双边合作协议的方式向同盟国提供100kg浓缩铀,用于实验用原子能反应堆"④。尽管该方案引起了世界瞩目并赢得了诸多国家赞许,但是美国这项"分享计划"绝非无条件地提供浓缩铀,而是要求核能需求国必须与美国缔结严格的合作协定,进而以"和平利用"原子能的名义在技术、核材料方面绑架各国的核能发展,以期谋求继续维持在世界核能领域的主导地位。

　　综上,无论美国在国内层面修订原子能法还是在国际层面设立国际原子能机构,也无论美国扮演"垄断者"角色还是"供给者"角色,在本质上其并没有超越冷战思维,"和平利用原子能"的构想只不过是其试图控制国际原子能发展的另一种垄断形式的逻辑表达。进而言之,美国核角色的转变并不是基于真正为了人类和平而进行的具有价值理性的转变,而是试图谋求核优势地位而进行的具有工具理性的转变。同样,美国对日核政策从"核轰炸"到"核限制"再到"核援助"的演进,既是美国全球核战略的内在要求,又是将日本核能发展路径绑架于美国战略的必然产物,更是对约束日本核政策取向的因应考量。

---

① Gerard H. Clarfield and William M. Wiecek, *Nuclear America : Military and Civilian Nuclear Power in the United States , 1940 - 1980* , Harper & Row, 1984, p. 187.
② 迄今为止,美国与其他国家间所缔结的原子能合作协定均是基于美国原子能法第123条,因此这些两国间原子能协定一般被称为"123协定"。
③ U. S. , Department of State, *America Foreign Policy (cited as AFP)* , 1950 - 1955 , Washington, D. C. : U. S. Government Printing Office, 1957, Vol. 2, pp. 2861 - 2877。
④ 原子力委员会:《昭和31年版　原子力白書》第7章,原子力委员会ウェブサイト,http://www.aec.go.jp/jicst/NC/about/hakusho/wp1956/index.htm、2019年5月17日。

二、从被炸者到需求者：日本的核认识及其选择

日本作为迄今人类历史上唯一被原子弹轰炸的国家，理应彻底反省战争责任，真诚地进行战争谢罪。然而，日本却非但不反思遭到核轰炸的根本原因，反而对原子能形成了"天佑论"、"无核战败论"、"产业革命论"等独特的解读方式与认识逻辑。其一，原子弹"天佑论"。一般认为，美国对长崎、广岛的核轰炸由于造成了致命的伤害与破坏，进而加速了日本投降进程。然而，在当时的诸多政治精英看来，美国的对日原子弹轰炸竟是"天佑"日本。1945年8月12日，米内光政海相对其信赖的部下高木惣吉海军少将表示："美国投放原子弹和苏联参战在某种意义上说是'天佑'日本。国内矛盾因此而尚未表面化就能收拾残局，实属万幸。"[①]当然，米内所言及的所谓"国内矛盾"主要是指日本共产主义的发展使得日本当局担忧天皇制国体将遭到共产主义者的破坏与颠覆。近卫文磨亦认为美国对日进行原子弹轰炸"对于抑制军部简直就是天佑"。[②] 同样，作为宫廷政治家、"近卫影子"的木户幸一也认为美国的核轰炸促使了日本尽快结束战争，有利于维系皇室利益与国体。[③] 那么，日本政治家为什么对原子弹轰炸存在"天佑"日本的独特认识逻辑呢？

第二次世界大战末期，以陆军首脑部为中心的主战派反对接受《波茨坦公告》，主张小矶国昭提出的"决战媾和论"。1944年10月，日本在莱特岛战役中惨败于美国之后就"战和问题"进行了激烈的讨论。陆军首脑认为"当前阶段若选择通过无条件投降来获得和平，则将导致国体变更，无论如何应决战到底"。[④] 1945年2月，梅津美治郎上奏昭和天皇称："因为美国的战争方针就是要破坏日本的国体，让日本本土成为战争焦土，故绝不能考虑与美国和谈。"[⑤]5月，陆军大臣阿南惟几以"日军仍然占领着敌人广阔的土

[①] 实松譲编：《海軍大将米内光政覚書》，光人社，1978年，第153—154页。
[②] 矢部贞治：《近衛文麿》，弘文堂，1952年，第567页。
[③] 外務省编：《終戦史録4》，北洋社，1977年，第134—136页。
[④] 外務省编：《終戦史録2》，北洋社，1977年，第54页。
[⑤] 外務省编：《終戦史録2》，北洋社，1977年，第47页。

地,而敌人仅是踏上了日本的小岛"为理由,反对以日本失败为前提考虑终战条件,①并要求铃木贯太郎首相做出决战到底的表态。8月9日的"御前会议"②上,梅津宣称"已经做好本土决战准备"。③ 可见,日本陆军首脑部在连续的战争失败中仍然固执于"即使日本各大城市化为焦土,亦不可投降"的执拗态度。但是,从国力而言,日本的能源、舰船、飞机等战略物资已无法继续支撑战争。④ 1945年6月8日,日本召开"御前最高战争指导会议"⑤,会议资料中有一份重要决策报告《我国国力的研究》。该报告认为"日本的战争能力将丧失殆尽。从目前敌人的空军力量、大量燃烧弹攻击的威力来看,全国的城市已毋庸赘言,即便是村落,亦将被毫无遗漏地烧光,这并非难事,且无需太长时间"⑥。平沼骐一郎、广田弘毅、近卫文麿、若槻礼次郎等,也反对"本土决战必胜论",⑦认为陆军的"本土决战"方案只会导致日本陷入"无法保障皇室之安泰、国体之护持这一最低要求的惨境"。⑧ 近卫在上奏文中判断"若继续作战,形势必致最坏结果",即便"战而失败","国体仍无需担忧",但由"战而失败"引发"共产革命"则"国体堪忧"。⑨

核爆炸的惨状深刻影响了日本最高决策层及其战争意志。铃木贯太郎首相在震惊之余认为"除终战之外别无他选"。⑩ 昭和天皇在皇室和国体面临危亡之际,放弃将《波茨坦公告》作为结束战争之"交涉基础",转而希望

---

① 外務省編:《終戦史録2》、北洋社、1977年、第248頁。
② "御前会议"是指在国家在战时进行重大决策时由天皇亲自参加的最高国务会议。昭和天皇前期共召开过十五次御前会议(1938年1月11日—1945年8月14日)。
③ 外務省編:《終戦史録4》、北洋社、1977年、第149頁。
④ 有关二战末期日本战争物质及其能力的相关文献参见:1. 稲葉雅夫他編:《太平洋戦争への道:開戦外交史・資料編》、朝日新聞社、1988年、第574—578頁;2. 三和良一、原郎:《近現代日本経済史要覧》、东京大学出版会、第134—135頁。3. 参謀本部所蔵:《敗戦の記録》、原書房、第58—59頁。
⑤ 会议正式成员仅由首相、陆相、海相、外相、参谋总长、军令部长等出席,其他幕僚不出席。
⑥ 木户幸一:《木户幸一日记》下卷、东京大学出版会、1966年、第1208—1209頁。
⑦ 若槻禮次郎 《明治・大正・昭和政界秘史 古風庵回顧錄》、讀賣新聞社、講談社、1983年、第441頁。
⑧ 木户幸一:《木户幸一日记》下卷、东京大学出版会、1966年版、第1209頁。
⑨ 歷史教科書教材研究会編:《歷史資料大系》第15卷、学校図書出版、2001年、第616—617頁。
⑩ 鈴木貫太郎:《鈴木貫太郎自伝》、日本図書センター、1997年、325頁。

"尽快终止这场无望获胜的战争"。① 8月14日,天皇最终做出了所谓结束战争的"圣断"。当然,天皇做出终战决断的真正原因在于考虑到如果不尽快接受《波茨坦公告》而进行本土决战的话②,"国体危机"、"赤化危机"等严峻形势将无法收拾,而并非是天皇曾在御前会议上标榜的"无论自己将被如何处置,都想救万民于水火"的言辞。③ 在1945年8月12日的皇族会议上,对于反对媾和的朝香宫提出"若不能维护国体,是否选择继续战争?"这一问题,天皇的回答是"那是当然"。④ 显然,与国民生命相比,天皇内心真正持守的是"国体优先论",而非"国民优先论"。

综上,所谓原子弹"天佑论"的认识逻辑实质上是美国的核轰炸促成天皇做出终战"圣断",使陆军不失体面地遵从"圣断"而结束战争,避免了本土决战,进而最终弱化了所谓"共产主义革命危机",保障了日本天皇制的存续。而且,美国通过原子弹的轰炸也给了日本主动"拥抱战败"的机会,进而使得"试图以国民的生命为代价护卫自身名誉的日本军事势力得以存活⑤,更为重要的是天皇制的保留导致日本根本不可能对战前与战后的历史进行明确而完美的割断。而且,对于习惯于崇拜、学习、追赶强者的日本而言,美国的核轰炸在某种意义上就是对其发出建立同盟关系的邀请函,并促进了日美同盟关系的形成。⑥

其二,"无核战败论"。1945年8月15日晚,铃木首相在对国民发表讲话时号召并鼓励日本国民要"致力于这次战争最大缺陷之科学技术的振兴"。⑦ 17日,文部大臣前田多闻在上任伊始便强调日本将来必须重视"科技立国战略",原因在于二战中"我们败给了敌人的科学,这已被投到广岛、

---

① 外務省编:《終戦史録4》,北洋社、1977年、第57—59頁。
②《波茨坦公告》尽管要求日本无条件投降,但是并没有并没有提及取消天皇制,公告中的第12条为"日本得依人民自由表示之意志成立一保障和平及负责之政府",其内容中就蕴含着日本天皇制是可以商量的,客观上给天皇制留下了生存空间。当然,公告既是这是诱降日本这一种手段,也是日本愿意接受投降的重要原因。
③ 由利静夫、東邦彦:《天皇語録》、講談社、1974年、第219頁。
④ 寺崎英成等:《昭和天皇独白録》、文藝春秋、1995年、第150頁。
⑤ 中尾裕次编:《昭和天皇発言記録集成》下、芙蓉書房出版、第385頁。
　三浦俊彦:《戦争論理学　あの原爆投下を考える62問》、二見書房、2008年、第257頁。
⑥ 吉岡斉:《岐路に立つ日本の核政策》、《平和研究》20巻、1996年、第78—79頁。
⑦《鈴木首相放送　新生活精神を涵養》、《朝日新聞》1946年8月17日。

长崎的原子弹所证实"。① 9月5日,战后第一任首相东久迩在国会施政方针的讲演中,竟然也将"原子弹的出现及其对日本的轰炸"视为日本战败的主要因素。② 另外,昭和天皇在战后也毫不隐晦地将战败原因主要归结于"过于重视精神,忽视了科学"。③ 他在给皇太子的信中,在谈及战败原因时再次强调"我国的军人过于重视精神而忘掉了科学",并强调"科学和精神都很重要"。④

"无核战败论"成为驱动战后日本政府积极推动核能研发的强劲动力。怀揣国家主义、强权观念与大国梦想的中曾根从巢鸭监狱被释放后便称:"我在战时进行海军动员中,在高松见到了广岛上空的蘑菇云。那时,我就感觉到下一个时代必将是原子能时代。"⑤当然,中曾根所言及的"原子能时代"绝不是和平利用的核能时代,而是作为军事利用的原子能。1951年1月,为促使美国取消对日本核研究的限制,中曾根向美国特使杜勒斯提出"解禁日本核科学研究的限制"的请求。⑥

《旧金山和约》生效后,吉田茂首相曾积极着手策划在科技厅下设置中央科技特别研究所,以研发包括核能在内的新技术,但由于此种机构存在发展为军事性研究机构的可能性,并有可能被官僚控制科技研究,故而暂时搁置。随后,日本产业界也开始积极开展研究核能利用的工作。⑦ 对于核能的利用取向上,中曾根在国会上的解释是:"当然不可直接利用核燃料制造杀人武器,但不应禁止使用同位素制造新型钢铁用于机关枪。"⑧此外,首相鸠山一郎在被外国记者问及美国要求在日本储存核武器的可能性时,竟然回答为"如果'通过武力实现和平'是合理的,我们就必须允许美军在日本领

---

① 《科学立国へ 五小委員会を設置》,《朝日新聞》1945年8月20日。
② 小森阳一:《天皇の玉音放送》,五月书房、2003年、第84页。
③ "我认为战败的原因有四点。第一,对于兵法研究不充分……。第二,过于重视精神,忽视了科学。第三,陆海军的不一致性。第四,缺乏有常识的主要人物。"参见:寺崎英成:《昭和天皇独白録》,文艺春秋、1995年、第99页。
④ 別冊宝島編集部:《昭和天皇 100の言葉》,宝島社、2015年、第126页。
⑤ 中曾根康弘:《政治と人生:中曾根康弘回顧録》,講談社、第75页。
⑥ 《平和条約のためにダレス特使に要望する事項》,中曾根康弘《天地友情:五十年の戦後政治を語る》,文藝春秋、1996年、第140—142页。
⑦ 日本原子力産業会議編《原子力年表(1934—1985)》,中央公論事業出版、1986年、24页。
⑧ 中曾根康弘:《政治と人生:中曾根康弘回顧録》,講談社、第170—171页。

土上储存核武器"①。显然,该言论与"如果其他国家有核武器,我们(日本)理所应当也该拥有"的观点在逻辑上是一致的。② 对此,山冈淳一郎直言不讳地指出日本不放弃发展核能的真实意图在于右派政治家、国家主义者拥有"核武装的渴望"。③

由上,日本政治精英并未对遭受核轰炸进行深刻反思,而是将原子弹作为政治工具和战败借口。日本将原子弹具有"科学史上空前残虐的效果"与"过于重视精神忘掉科学"这二者进行并列关系的政治表达,是意图将战败原因归结于"科学不如人",进而将国民对顶层政治家战争责任的批评引导到"无核战败论"的轨道上。显然,"无核战败论"就是"科学技术决定论史观",本质上是日本统治阶层规避战争责任、疏泻国民情绪的策略手段,也是对日本国民的精神愚弄。"无核战败论"的认识逻辑表明,日本的投降不是"大义"的败北与精神的败北,而是技术的败北。换言之,如果日本拥有核武器的话,日本不会战败更不会投降,弦外之音流露出的是对原子弹的渴望。

其三,原子能产业革命论。对于原子弹的轰炸,日本在呼吁原子弹的残虐、非人性和破坏性的同时,政界、学界和舆论界开始强调原子能利用的科学性、革命性和产业性,甚者认为日本大力发展核能产业是其成为世界一流国家的必要条件。首先,日本报界极力宣扬"原子能产业革命论"。1945年8月15日,《每日新闻》同时刊载了《残虐的原子弹》与《作为能源的核能》两篇文章。④ 16日,《读卖新闻》和《朝日新闻》都强调了原子能产业化利用的社会意义。《读卖新闻》在第二版右上方刊登了原子弹爆炸信息,在同一版面的左下方则刊登了以"原子能的产业化利用带来产业革命"为主的报道,即:"原子弹基础原理不仅会带来军事革命,而且它将如第二次产业革命般令人震撼,原子能不久将彻底改变陆海空军的输送方式。"⑤同日,《朝日新闻》刊文认为,原子能的产业化利用将开创人类的新时代,必将带来世界历

---

① 太田昌克:《日本核政策的概念扭曲:在美国"保护伞"下的矛盾性和一致性》,《和平与核裁军杂志》,2018年4月,第5—6页。
②《米驚かせた"核武装論"池田・佐藤元首相が打診》,《朝日新聞》2005年8月1日。
③ 山岡淳一郎:《日本はなぜ原発を拒めないのか:国家の闇へ》,青灯社、2017年、第1—240页。
④《毎日新聞》1945年8月15日;《読売新聞》1945年8月15日。
⑤《読売新聞》1945年8月16日。

史的转折,原子弹相关技术不仅可用于军事,也能用于一般生产,这是人类划时代的事件,该报期待核能替代石油、煤炭等化石能源。①

其次,日本学界也致力于解禁美国对日本核研发的限制活动,主张日本进行自主的核研发。千谷利三认为"如果正确地使用(原子能),会给人类的幸福做出不可估量的贡献。希望人类的睿智可以促进伟大原子能的正确使用,彻底地抑制错误使用"②。1945 年 10 月 15 日,仁科芳雄基于为制造、检测用于生物学、医学、化学、冶金等领域的放射线物质等理由,向盟军申请制造和使用回旋离心机。③ 1951 4 月,伏见康治在日本学术会议上提案,呼吁在媾和条约中取消禁止核能研究的条款。④ 在第 13 次日本学术会议上,茅诚司等科学家积极倡导日本应尽快加强原子能研究,填补日本在原子能利用领域的空白。

再次,日本政界重视核能的产业利用,但并不排斥核能的军事利用。日本政界认为继以煤炭和蒸汽为动力的第一次产业革命和以电气技术为中心的第二次产业革命之后,"以原子能为中心的第三次产业革命的浪潮正在席卷全世界"⑤。1947 年,社会党吉川末次郎在参议院大会上强调"正是原子力的发现才日益创造着一个新的世纪,原子能才能让世界真正地实现和平主义"。文部事务官清水勤二在文教会上称"日本攀登像原子能这样尖端的科学研究被禁止了,能否跟上世界科学是战后让大家都忧虑的问题"。⑥ 1953 年,日本政府为了进一步了解核能相关知识,向美国表示希望能得到核能相关的材料。⑦ 1954 年,对于"比基尼事件",吉田茂内阁不仅未公开谴责美国,也未要求美国停止相关核试验,其内阁成员冈崎胜男外相反而在国会上称"这种实验,不单单对美国,对每一个'自由主义国家'的安全而言,都

---

① 《朝日新闻》1945 年 8 月 16 日。
② 千谷利三:《世界原子炉めぐり》,技報堂、1955 年、第 213—214 頁。
③ 中根良平等編集:《仁科芳雄往復書簡集》第Ⅲ卷、美鈴書房、2007 年、第 1171—1172 頁。
④ 吉岡斉:《原子力の社会史ーその日本的展開》、朝日新聞社、2011 年、第 56 頁。
⑤ 林克也:《幸禰をつくる科学》、蒼樹社、1954 年、第 291 頁。
⑥ 第 001 回国会文教委員会、文教委員会議事録第四号、第 24 頁。
⑦ "Telegram from the U. S. Embassy in Tokyo to the Department of States, 894. 1901/10 - 1953," October 19, 1953, Box no. 5665, Central Decimal File, 1950 - 1954, RG59, General Records of Department of State, NARA.

是必要的"①。显然,日本政界并不排斥核能的"军事利用"。

综上,日本对核能的"天佑论""无核战败论"以及"产业革命论"等认识逻辑,决定了其从"被炸者"角色向"需求者"角色的快速转变,而这种转向具有很强的内生性、主动性与自主性。美国对日投放原子弹后,核能的"双刃剑"属性逐渐渗透到日本的认识结构之中。一方面日本社会存在对"原子能恐惧"的面相,但另一方面由于报界、学界和政界从产业化方面积极评价和大肆宣传,使得核能的"和平利用神话"逐渐被民众接受。② 日本被原子弹轰炸的经历,不仅未能压制其对核能产业化利用的期待,反而刺激了其对核能研发与利用的执拗追求。当然,对于保守政治势力而言,在日本发展核能的逻辑起点中,就潜在地带有"谋求制造核武器能力"的军事意图。

三、供给与需求的合作交易:"日美核能研究协定"的签署

冷战开启后,美国对"轻武装、重经济"的"吉田路线"甚是不满,③认为该路线在安全上是"坐享其成",在本质上是"弱者的讹诈",故而主张"应尽早采取步骤引导日本增强军力"④,进而"发挥其战略价值"。⑤ 当然,美国的对日政策调整,对于未被整肃的日本军国主义分子、国家主义者而言,既是推动日本"重新武装"进而恢复军事能力的绝好机会,也是利用美国重新回归日本政坛的天赐良机。

1953年7月,美国特使邀请中曾根参加由基辛格组织的哈佛大学国际问题研讨班。对于此次访美,中曾根回忆认为最大的收获是"亲身参观了美

---

① 第19回国会衆議院外務委員会会議録》第33号、昭和29年4月10日、第15頁。
② "第五福龙号事故"发生后,尽管在日本全国有组织的范围内掀起了反对核试验运动,但并没有改变政界发展核能的政治意志。
③ 読売新聞戦後史班編:《昭和戦後史"再軍備"の軌跡》、読売新聞社、1981年、第174—256頁。
④ *Report by the Joint Strategic Survey Committee to the Joint Chiefs of Staff*, December 28, 1950, *Foreign Relations of the United States* (FRUS), 1950, East Asia and the Pacific, Volume VI, p. 1389.
⑤ *Memorandum by Mr. Robert A. Fearey of the Office of Northeast Asian Affairs*, Tokyo, February 5, 1951, *Foreign Relations of the United States* (FRUS), 1951, Asia and the Pacific, Volume VI, Part1, pp. 857–858.

国的核设施"与"在旧金山见到了在加利福尼亚大学留学的嵯峨根辽吉"①,他通过前者坚定了追求发展核能的信念,通过后者得到了"确立国策、制定法律与编制预算、召集学者"的核能发展建议。② 据当时在美国接待中曾根的山本英雄③回忆:"中曾根对原子弹、特别是对小型原子弹的开发极具兴趣。因为他反对'吉田路线',是重新武装论者,或主张日本也要研制核武器。"④尽管美国在日本新生代政治家身上颇下功夫,但由于日本拥有被核爆的经历与记忆,对于能否将其纳入核援助对象一直存有顾虑。然而,对于艾森豪威尔提出的"和平利用原子能"的构想,日本却出乎意料地进行了积极回应,⑤并快速从资金预算、舆论引导和机构设置等方面为发展核能迅速进行了政治安排。

其一,推动并通过核能预算案。保守政党中的积极推进派认为,日本学术会议在原子能开发问题上尽管有动力与需求,但易引起异议,耗费大量经费。⑥ 中曾根认为"美国核角色的转变"是"紧急的非常事态",在此情况下如果将开发核能的主导权让渡于左翼控制的日本学术会议,将形成马拉松式的论争,唯有以政治权力作杠杆才能在制度、资金等方面打破发展核能的约束困境。⑦ 1954 年 3 月 3 日,"保守三党"⑧向国会提出修正预算草案,要求以 2 亿 3500 万日元作为"制造原子炉的基础研究费与调查费",该修正案并未明确具体用途,但几乎未经讨论的情况下,于 3 月 4 日在众议院获得通过。⑨ 事实上,中曾根所在的改进党作为小党是难以在国会推动核能预算案的,但是当时自由党在国会议员席位并未超过半数,容易形成"扭曲国会",内阁提出的预算和法案若得不到改进党的支持就难以通过。中曾根抓

---

① 嵯峨根辽吉(1905 年 11 月 27 日—1969 年 4 月 16 日)是东京大学著名的物理学教授。二战期间,他曾经参与日本的原子弹研究工作。
② 中曽根康弘:《政治と人生:中曽根康弘回顧録》,講談社,1992 年,第 166 頁。
③ 山本英雄是当时日本原旭公司驻纽约的特派员。
④ 佐野眞一:《巨怪伝:正力松太郎と影武者たちの一世紀》,文藝春秋,1994 年,第 510 頁
⑤ 田中慎吾:《"日米原子力研究協定"への道程 1951—1955》,《同志社アメリカ研究》2016 年第 52 号,第 8 頁。
⑥ 武谷三男:《原子力発電》,岩波新書,1976 年,第 13 頁。
⑦ 中曽根康弘:《天地友情:五十年の戦後政治を語る》,文芸春秋,1966 年,第 167 頁。
⑧ 具体是指自由党、改进党、日本自由党。
⑨ 原子力開発十年史編纂委員会:《原子力開発十年史》,日本原子力産業会議,1965 年,第 26 頁。

住了自由党的软肋,利用吉田内阁预算案尚未通过的时机,突然提出预算修正案,目的是胁迫自由党同意接受"核预算突袭"。至此,日本为发展核能研究提供了资金上的保障。

其二,成立原子能利用准备调查会。针对美国核角色的转变,1954年5月,日本成立了以调查与决策为主要工作的原子能利用准备调查会。6月,调查会确立了建造国产小型实验用原子能反应堆的基本方针。① 12月,日本派遣了由15人组成的原子能和平利用海外调查团,分成四队前往美、英、法、印、瑞、丹等14个国家,调查各国核能行政组织体制,了解核能利用情况。② 1955年5月,海外调查团归国后向内阁提交了《原子能和平利用海外调查团报告书》,建议日本首要目标应是"建立以天然钚为燃料的多目的原子能反应堆,再建造使用浓缩铀的小型研究用反应堆进行辅助",希望"在适当的条件下接受美国提供浓缩铀"。③ 另外,报告团为了使日本能够尽快与美国进行核能合作,在报告书中竟然伪造了真实情况,将"只有美国设置了原子能委员会"谎称为"世界各国的(原子能)统一管理机构几乎都是采取的委员会形式",其目的旨在通过营造发展核能紧迫性气氛,促使日本尽快设置原子能委员会。④

其三,舆论诱导。舆论媒体在现代社会被称为立法、行政、司法之外的"第四权力机关",其影响力和渗透力被誉为"无冕之王"。1954年3月1日,日本的捕鱼船"第五福龙"号在马歇尔群岛附近进行捕鱼作业时,遭到了美国在比基尼岛进行氢弹爆炸实验时产生的有害物质的辐射。⑤ 日本政府企图控制公开事态,但《读卖新闻》于16日对此进行了独家报道。⑥ 导致日本社会反核运动日趋激烈,随之反美情绪急剧上升,美日关系一度恶化到战后以来的低谷。⑦ 美国担心日本从此脱离日美同盟走向"中立化",为消弭该

---

① 日本原子力産業会編:《原研10年史》、日本原子力研究所、1966年、第16—17頁。
②《原子力委の設置、裏に偽装報告:55年初の海外調査団》、《朝日新聞》2011年7月17日。
③ 森川澄夫:《米原子法123条と日米原子力協定》、《ジェリスト》1955年第93号、第11頁。
④《原子力委の設置、裏に偽装報告:55年初の海外調査団》、《朝日新聞》2011年7月17日。
⑤ 近代日本研究会編:《戦後日本外交の形成》、山川出版社、1994年、第262—263頁。
⑥ 木村朗、高橋博子:《核の戦後史》、創元社、2016年、第246—259頁。
⑦ 木村透:《さらば原子力》、同時代社1998年、第49頁。

事件造成的不利影响，艾森豪威尔派遣"原子能和平使节团"访日，开始积极向日本宣传"原子能和平利用"。① 同时，美国中央情报局也加强了与《读卖新闻》社长正力松太郎的联系，试图借用其在舆论界的影响力，达到在日本推行符合美国核战略的意图。正力也欲借美国之力，谋求登上首相宝座，二者之间的合作自然是水到渠成的。② 为应对日本国民反核运动及其带来的对美反感，正力利用报纸、电视等媒体大肆美化宣传原子能的和平利用。1954年《读卖新闻》以"终于捉到了太阳"为主题，持续向日本民众宣传和平利用核能的各种成果。而且，美日在东京共同举办了"原子能和平利用博览会"，六周内共吸引40万观众，随后还在日本各地巡展，渲染核能对人类的益处。③ 在媒体对核能和平利用的美化宣传下，"将带来伟大产业革命"的"核能梦想"稀释、淡化甚至屏蔽了日本民众对"核爆恐惧的历史记忆"。④

在上述基础上，美国将日本确定为第一批原子能援助国家成员，并于1955年1月11日正式通过驻日使馆向日本提交了一份"建设试验原子炉的援助计划"。⑤ 25日，美国向日本驻美大使井口贞夫就对日援助实验用原子能反应堆问题进行了非正式询问。⑥ 当然，日本对于美国的核援助计划给予了积极评价。3月11日，日本外务省认为从国际局势、日美关系、能源资源等角度分析，实现日美核能合作事关国家利益，⑦一并回应称："日本政府准备在适当的条件下，尽快与美国政府就建造试验原子反应堆的技术援助达成双边协议。"⑧必须指出的是，日本虽然出于自身需求希望与美国缔结

---

① 佐藤正志：《"原子力平和利用"と岸信介の核政策思想》，《経営情報研究》2015年第2号，第30—31頁。
② 山岡淳一郎：《原発と権力》，筑摩書房2012年，第55—57頁。
③ 吉見俊哉：《夢の原子力》，筑摩書房，2012年、第133頁。
④ 佐野眞一：《巨怪伝：正力松太郎と影武者たちの一世紀》，文藝春秋1994年，第516頁。
⑤ 国際協力局第3課《原子力問題資料》1955年5月6日、外務省公開史料《日米間原子力の非軍事的利用に関する協力協定関係》第2巻。
⑥ 井口认为："从当今日本形势分析，采取以联合国为中心的和平利用路线是推进日本核能研究内外皆宜的选择。"在米大発省宛《濃縮ウラニウムに関する配分の件》，外務省公開史料《日米間原子力の非軍事的利用に関する協力協定関係》第2巻、1955年1月21日、B'0081。
⑦《原子力問題資料》1955年5月6日、外務省公開史料《日米間原子力の非軍事的利用に関する協力協定関係》第2巻。
⑧ United States, Japan, Other Bilateral Treaties, Peaceful Uses of Atomic Energy, March 19, 1955 - March 7, 1958, National Archives, 611.9497/5 - 2455.

合作协定,但是并不意味着其言听计从于美国所设定的合作框架,而是谋求最大限度地摆脱美国的核约束以保持其自主性。

其一,围绕"秘密保护条款"问题的确认。在美国核浓缩铀的援助方面,日本学界有两种意见。一是以东京大学藤冈由夫为代表的"积极接受论"。藤冈认为在世界核能快速发展的今天,日本应该尽快接受美国的核援助。[1] 二是以大阪大学的伏见康治为代表的"慎重接受论"。伏见认为,"现在的日本,应该确立自主的研究体系"[2]。日本学术会议也认为美国所提出的核能合作必须在"美国原子能法"的框架中进行,由于该法条款中存在"原子能秘密保护条款",因此如果美日签署包含秘密保护条款的协议势必有违日本学术会议提出的公开、自主、民主三项原则。同样,日本政府也担忧一旦缔结两国合作协定,美国将向日本提出难以接受的制约条件甚至日本会被卷入由美国主导的军事研究之中。为此,日本政府以"原子能三原则"为由,通过驻美大使馆向美国询问了有关"秘密保护条款"问题。对于日本的忧虑,美国表示"不会向日本提供需要秘密保护的机密情报,而只是要求日本保障其提供核物质的安全"[3]。

其二,围绕删除"协定第九条内容"的交涉。在美国看来,"美土协定"既是美国签署的第一个核能协定,也是与其他国家签署协定时的标准文本。19日,日本收到了美土核能协定的全文。[4] 24日,日本立即组织相关省厅进行商讨汇总相关意见后强烈要求日本政府删除协定中的第九条。[5] "美土协议"第九条规定:"当事两国期待更高层的合作,使最初的合作协定拓展

---

[1]《第22回国会衆議院予算委員会公聴会議事録》第1号,1955年5月19日,国会会議録検索システム,http://kokkai.ndl.go.jp/SENTAKU/syugiin/022/0516/02205190516001.pdf,2019年12月15日。

[2]《第22回国会衆議院予算委員会公聴会議事録》第2号,1955年5月19日,国会会議録検索システム,http://kokkai.ndl.go.jp/SENTAKU/syugiin/022/0516/02205200516002.pdf,2019年12月15日。

[3]《濃縮ウラニウムの配分に関する件》1955年4月29日,外交史料館公開史料《日米間原子力の非軍事的利用に関する協力協定関係》第1巻。

[4]《米国提供の核分裂性物質受入問題》1955年5月23日、収藏于外務省戦後外交記録《日米間原子力の非軍事的利用に関する協力協定関係》第2巻。

[5]《米国提供の核分裂性物質受入問題》1955年5月25日、収藏于外務省戦後外交記録《日米間原子力の非軍事的利用に関する協力協定関係》第2巻。

到发电原子炉的设计、建设以及操作。为此,当事两国将随时为原子能动力合作再进行进一步的协商"。① 日本政府也认可该条款将限制自身未来核能发展的自由,会把日本的核能发展绑架在美国身上,②因此主张当前能合作应只限于"针对小型研究用的反应堆合作",不应谈及核能动力合作,故应删除第九条。③ 6月1日,日本向美国提出替代方案,即"由于本协定具有法律约束力,因此第九条内容不要放置在本协定的框架内,而应以会议记录的形式予以处理"。④ 事实上,日本认为协议款框架中,"美日是否签订动力原子能合作的权限"主要在于美国,而日本的方案则侧重表达这一权限在于日本。对于日本的要求,美国表示难以接受。2日,美国向日本驻华大使井口解释道:"核能合作协定的目的是在美国原子能法的框架下,向需要核材料与研究用原子炉的友好国家进行相关销售。协定签署后,日本无需从美国租赁或购买多余的核分裂材料及其设备。"⑤在美国看来,日本若无利用原子能发电的意愿,即使删除第九条也无关大局,但难以理解日本为何要求在正式协议文本中删除第九条后又以合作纪要的附件方式保留第九条。⑥ 日本则向美国重申删除第九条的原因在于,当时日本政府在国内的政治环境中权力较弱,反对派的实力不可小觑,若不修改则在国会上恐将引起争议。

除了上述争议外,日本还在协定名称、协定时效等方面向美国提出了异议。⑦ 在协议名称上,美国确定的是"非军事利用原子能合作协定",而日本主张改为"和平利用核能合作协议",以期在形式上淡化核能的军事作用。在协定期限上,日本认为"10年有效期"过长,为避免其发展核能的自主性

---

① 《米国提供の核分裂性物質受入問題》1955年5月25日、収蔵于外務省戦後外交記録《日米間原子力の非軍事的利用に関する協力協定関係》第2巻。
② 《第22回国会衆議院外務委員会会議記録》第14号、1955年6月1日、第10—11頁。
③ 国際協力三課:《米国提供の核分裂性物質受入問題》1955年5月25日、収蔵于外務省戦後外交記録《日米間原子力の非軍事的利用に関する協力協定関係》第2巻。
④ "Japanese Agreement for Cooperation," June 1, 1955, Box420, Lot57D688 RAEM 1944 - 63, RG59, NACP.
⑤ "Japanese Atomic Bilateral," June 2, 1955, Box420, Lot57D688 RAEM 1944 - 63, RG59, NACP.
⑥ "Japanese Agreement for Cooperation with Japan," June 7, 1955, Box420, Lot57D688 RAEM 1944 - 63, RG59, NACP.
⑦ 《ウラの多い日米原子力交渉》、《エコノミスト》第33巻25号、1955年、第27頁。

长期受到美国约束而提出修改为"5年有效期"。① 对于上述要求,美国起初以与其他国家交涉也采用了同样的协定方案为由表示拒绝,但经过多轮磋商,美国基于维护和加强日美同盟关系的考量,对日本做出让步,承诺在两国核能合作中不涉及"秘密条款"内容,允许删除"第九条"并将之另附交换公文,同意将有效期缩短为5年。

由上,美国核政策思想的转变是日美核能合作的前置条件,日本对原子能的需求与渴望是日美核能合作的内在驱动。作为核能"供给者"的美国与作为"需求者"的日本,在实际合作过程中呈现出了"合作中对立"、"对立中合作"的博弈型同盟结构,日本以各种理由为借口调整了美国提出的核能合作框架、边界与内涵,致使美国未能将美土协定内容照搬于美日协定,进而最大限度地争取了发展核能的自由空间。日本通过双边协议,打破了发展核能的政治限制,获得了研究所用的核物质及其相关技术,创造了自主发展核能的初始条件,进而奠定了"尽管目前采取不拥有核武器的政策,但是始终要在经济与技术上保持制造核武器的潜力,对此不应掣肘"②的军事意图。

四、结语

日美核能合作是迄今世界上唯一原子弹"轰炸国"与"被炸国"之间的合作。美国从"垄断者"向"供给者"的核角色转变并非单纯基于为人类和平利用核能而进行的具有价值理性的转变,而是因其对核技术与核材料无法实现"绝对垄断"情况下而进行的具有工具理性的转变,更是试图控制世界核能发展的另一种垄断形式的逻辑表达。美国对日核政策从"核轰炸"到"核限制"再到"核援助"的发展路径,是在东西两大阵营对立图式的演进、日本地缘战略价值的提升、美国核政策思想的转变等因素的叠加共振中实现的。因此,美国将日本纳入核援助对象国的真实意图既是其全球战略的内在要

---

① 田中慎吾:《日米原子力研究協定の成立:日本側交渉過程の分析》,《国際公共政策研究》2009年3月,第152页。
② 外交企画委员会:《我が国の外交政策大綱》,1969年9月25日,外務省2010年11月29日公开外交記録、第67页。

求,又是试图绑架日本依赖美国发展核能构想的必然产物,更包含有约束日本核武装的因应考量。

日本的"原子弹天佑论""无核战败论"以及"产业革命论"等认识逻辑,不仅体现着其对核能需求的内生性、主动性与自主性,而且决定了日本从"被炸者"角色向"需求者"角色的快速转变。日本在遭受原子弹轰炸后,不仅未能彻底反省战争责任,反而促进了其对核能的执拗追求与渴望。日本与美国进行核合作的真实意图在于打破发展核能的政治限制,摆脱技术落后与核材料匮乏的瓶颈约束,进而不断提升本国的核能利用研发能力。当然,对岸信介、中曾根康弘等战后未被清算且又回归政治舞台的保守政治家而言,日本通过倡导"和平利用"推进核能发电的过程本身也为核武器开发潜在地奠定了物质与技术基础。进言之,日本在推进发展核能时的逻辑起点上,业已存在着"谋求拥有制造核武器能力"的隐秘意图,和平利用中蕴含着"军需的伪装"。

美国"核供给"角色中的主导性与日本"核需求"角色的主动性在"两国供给与需求的合作交易"中同时产生作用,形成了一种"合作中对立、对立中合作"的博弈型政治结构。1955年12月6日正式生效的《日美核能研究合作协定》标志着美国将日本纳入其核政策体系,达到了使日本的核物质与技术依赖于美国的意图,但是日本通过策略性地与美国交涉,在协定时效、合作内容等方面最大限度地摆脱了美国的约束,并成功地从美国得到了研究所用的核材料及其相关技术,这为日本自主性地发展核能奠定了初始条件。然而,"和平利用"与"核武开发"在本质上是一体同源,能否在二者之间相互切换的决定因素取决于"政治意愿"。通过研究日美核能合作的历史缘起,既清晰地钩沉出日美在合作中各自的真实意图,又有助于理解战后日本将"作为核电的原子能"与"作为核爆的原子能"进行结合的内在逻辑,更是客观铺陈了日本在发展核能中除"和平利用"意图之外还蛰伏着"军事利用"的选择性与可能性。

(作者尹晓亮,南开大学日本研究院,原文载于《世界历史》2020年第1期)

经营环境影响下中日韩企业的变革

程永明

随着全球化和区域化进程的不断推进,东北亚区域合作正日益成为学界和相关各国政府、民众争相热议的话题。中日韩三国企业作为东北亚区域经济合作的主体,在其中发挥的作用也日显重要。随着经营环境的不断变化和企业群体的不断成长,中日韩三国企业的经营特点也发生了明显的变化。

一、企业经营目标的变迁

从新中国成立到改革开放前的中国企业,实行的是一种高度统一、集中的计划经济体制和企业组织管理体制。企业缺乏自主经营权,重视的是国家的计划目标,并不是现代市场意义上的利益主体和真正意义上的企业。而在改革开放后,随着政企关系的理顺,企业成了市场经济的主体和真正参与者。不仅各种性质的企业经济体不断涌现,企业的目标也逐渐转为注重自身的利润。一项关于我国国有企业行为目标的实证分析表明,在调查的210家企业中,选择利润增加作为第一目标的企业最多,占总数的45.7%。如加上选择企业成长和提高市场份额作为第一目标的企业,企业数达到170家,占全部答卷企业的81%。[①] 可见,越来越多的企业致力于经济效益

---

① 马建堂:《我国国有企业行为目标的实证分析》,《经济研究》1992年第7期,第20—26页。

的提高。

改革开放前的中国企业,其主要产品的生产和分配实行的是指令性计划,注重的是计划指标下产品的产量和供应量;而改革开放后的中国企业,国家或政府的行政指令日渐退到市场外部,市场作为主体的作用凸显,企业更多的项目、资源、计划、产品要经过市场的程序和规范运行。

计划经济时代下,中国的企业大多由中央各部直接领导,企业的负责人是官本位网络的一个组成部分,企业内部组织构架也是类似政府的行政机构。[①] 随着改革开放后政企关系的调整以及行政体制和政治体制改革的不断完善,政府与企业关系出现了新的变革,政府越来越多地制定规划、监管行为、调控波动,使市场和企业的关系形成良性互动,使中国企业日益成为独立自主的实体。一种产权明晰、责权明确、政企分开、管理科学的现代企业制度正在逐渐形成。

改革开放前的中国企业,缺乏竞争概念和效益意识,时间观念不强,而改革开放后的中国企业,质量意识、效益意识、竞争意识、民主意识等伦理意识明显增强,企业伦理开始与政治伦理分离。企业更多地关注的是企业的成长和市场占有率,重视从扩大规模中获取收益,更注重从经营中获取短期收益,谋求实实在在的利润。

日本企业在经济高速增长时期,也比较注重经营的短期收益,但随着日本经济转入稳定增长,尤其是进入 20 世纪 80 年代后,企业的经营目标也随着发生变化,"长远型经营"和追求企业增长成为企业的主要经营目标。具体表现为彻底追求规模效益,为了扩大事业领域而去扩大事业规模,特别是追求生产规模,生产规模的扩大有力地带动了现代化、自动化设备的活跃投资。日本的企业,大股东主要是金融机构和总公司或集团,大多数股东并不指望短期股价的上扬,而是期待企业的稳定发展。可见,日本的企业并没有以利润最大化作为根本目标,而是以效益最大化、重视市场占有率等与企业的成长、长期发展有关的经营目标。这种战略之所以能够实行,是因为"日本的企业市场是变化的并富有收益机会,而且不存在来自证券市场或金融

[①] 朱金瑞:《当代中国企业伦理的历史演进论纲》,《伦理学研究》2006 年第 4 期,第 74 页。

市场的对收益性或股东利益追求的强大压力"[①]。

　　法国学者米歇尔·阿贝尔将资本主义分为以美、英为中心的"英国型"和以德、日为中心的"莱茵型"。"英国式的资本主义",是以自由竞争作为大原则,进行优先追求短期利益的经营,为无限的发展驱使每个人都参加竞争,以个人的成功作为最大的价值观。"莱茵型资本主义"是重视联合,是集团主义色彩很浓的经营。其经营的着眼点是长期的,重视人和文化的价值观。对此,日本的许多企业家也指出,企业的存在并不单纯是为了盈利,盈利仅仅是通过企业成长发展而使人们生活幸福的手段。

　　但在经历了"失去的十年"后,经济发展处于长期低迷状态,日本企业的经营环境也随之发生了明显的变化。以往忽视资本的属性、不以追求最大利润为目标、不以提高股东回报率为目标,所产生的必然结果是造成资本回报率每况愈下,使企业只有投机价值,而没有投资价值。因此,进入 21 世纪后,一些日本企业除了重视销售额和扩大市场占有率外,也开始注重现实的利润和现金流量。正如日本三和综合研究所认为:"日本经济要想摆脱长期低迷的状况,经营体制必须转换为重视股东,重视股东资本利润率。"例如索尼公司等日本企业开始确定将股东、公司员工和客户三者利益摆在同等重要位置上的经营方针,并把董事会减少到 10 人,引进 3 名独立董事,其目的在于强化重视股东利益的监督机能。[②]

　　企业经营目标的不同必然导致营销策略的不同,以往日本企业坚持规模生产,薄利多销,在汽车、电子等许多领域以其高技术、高质量的产品占领了国内外的大部分市场,而现在的日本企业,已结束了仅仅被动满足市场需求的时代,他们认为仅仅依靠提高质量和改善促销手段来提高市场占有已不会再有大的效果,而是要重视新的消费群体和开辟新的市场来获取企业的收益。在融资方面,日本企业在 20 世纪 80 年代及以前,主要是依靠银行贷款,而现在也开始转向通过企业债券、金融券和企业自筹等多种融资渠道融资。

[①] 加护野忠男:《日美企业管理比较》,三联书店 2005 年版,第 62 页。
[②] 村田修造:《日美经营比较——日本经营的再生》,日本:大学教育出版株式会社,2002 年,第 225 页。

总之,日本企业这种对利益的重视已由过去重视成长带来的利益向长期性、稳定性的利益转变,是一种从成长志向型向利益志向型的转变。

韩国企业在通货危机前,与开放型经济体制下的西欧不同,较之收益性,注重的是规模的扩大和企业的成长,企业把市场占有率或销售额的增长当作企业的最大价值。企业的发展模式多为:规模扩大→金融机构的融资范围扩大→进一步扩大规模。在企业的成长性方面,较为注重经营领域的扩大和海外市场的扩展。但在金融危机之后,由于企业的融资方式由主要以银行贷款为主的间接融资方式转为以资本市场为主的直接融资方式,确保企业一定的利润就显得尤为重要。因此,许多企业由以往注重经营的长期性转为注重经营的中短期性。现在的韩国企业比较注重收益目标,对于收益性小的事业,采取的多是卖掉或合并,以缩小规模,而重点发展将来有收益性的事业,实行的是"选择和集中"。例如,三星电子主要在半导体、手机和液晶三个领域集中经营资源,确保在国际上的竞争力。

由此看来,在经营目标方面,中国企业表现为企业的成长与利润并重,并对企业成长性的关注逐渐增多的倾向,但关注经营的短期性的企业为数不少。而日本和韩国则是由成长型向利益型逐渐转变,开始注重企业的利润,所不同的是日本企业仍然追求的是长期稳定的获益,而韩国企业则表现为优先确保企业的中短期性收益。

二、企业战略特性的转变

中国企业在战略决策方面,大多数是根据经营环境的变化和战略的实施状况适时调整战略计划。中国企业的领导决策行为往往具有如下特点:一是企业决策的综合性,即企业决策往往受到政治因素、计划因素、国家宏观政策的影响;二是企业决策往往是领导集体决策,一旦发生问题,在形式上多为集体负责;三是在做出决策时要权衡各种影响因素和利益体,决策所花时间较长。

在产品开发上,中国企业以往是单一产品化,而现在是关联产业与非关联产业并存。在经营战略方面,中国的主要企业大都是立足于国内市场,但近年来也出现了诸如海尔、联想等国际性企业,正处于由国内志向型向国际志向型的转换。目前,中国企业的资金和技术大都是外部调配,但也注重内部解决。在经营领域方面,中国企业以往一般限定在既定的领域内开展经营,而现在多为多元化经营,但由于考虑到失业问题以及政府鉴于社会稳定的行政干预等因素,中国企业从问题企业或收益性差的企业撤退是不容易的。

日本在战略决策方面,大多数企业并不是凭借经营经验丰富的经营者或管理者的直觉来决定,而是一般要经过周密的分析和系统的调查数据。一般首先由高级管理层次初拟方案,然后经中间管理阶层逐级传达,广泛讨论并征求意见,经充分酝酿后再逐级向上汇报和综合,最后由主管部门拍板定局。这种先自上而下,再自下而上的形式,形成了日本式的U型决策方式。日本的决策方式优点是可以集思广益,群策群力,充分发扬民主,贯彻时比较容易,缺点是决策时花费的时间长,有时议而不决。不过,日本通过采取"事先疏通"的表决方式,在一定程度上弥补了这一缺陷。①

在技术方面,日本由原来以模仿国外产品为主导转向独立开发新产品,并把产品创新作为经营战略的基础,积极改革现有的技术体系。现在的日本企业多立足于自我开发,日本企业能在激烈的市场竞争中立于不败之地,一条重要原因就是企业舍得以高强度的投资进行技术创新和产品开发,从而提高产品的技术水平,加快产品的更新换代。为实现新时代的企业发展战略,日本正致力于消除企业中的保守化和官僚制度化两大障碍,加强开发研究,重视基础研究,使技术创新、产品创新从"改良型"向"飞跃型"转变。②

在企业经营战略上,日本企业由原来以操作为中心的生产方式转变成以战略为中心的经营方式,实行多元化的经营战略。尽管如此,一般都是采取与自身技术优势相关的事业,涉足无关的产业往往被认为风险较大。日本对于盈利小的事业,由以往的消极态度转为能审时度势地退出,但并不迅速。

---

① 崔健:《独具特色的日本企业经营理念》,《现代日本经济》1998年第1期,第42页。
② 曹亚克:《日本企业传统与创新经营理论及其影响》,《现代财经》2001年第3期,第50页。

由于国内市场饱和等原因,立足国际市场的日本企业较多,加之现在国内市场低迷,立足国际市场的企业将会进一步增多。其企业的国际化经营战略也将由原来的扩张型转为服务型,例如本田公司就明确提出"在世界上任何有需求的地方去提供本田公司服务"的经营方针。

在经营决策方面,韩国高层经营者的权限强,决定着企业发展的方向,但高层的指示未必是建立在事前合理性的基础上的。而弥补这一不足,尽量追求事后合理性的重要机构,就是韩国的财阀企业大都成立有"结构调整本部",主要在高层的"直观"的决策指示下,对事业推进前的周密分析和调查和判断。① 大多数海外的韩国企业对母公司的依赖程度较强,在遇到紧急问题的时候,当地的主管不能迅速做出决策,而是要请示母公司,这样往往会延误问题的解决。

20世纪60年代以前,韩国企业缺乏管理的责任感,对个体员工的工作分工并不十分明确,员工的工作范围与职责没有清晰的界定,工作内容通常由分管领导视时而定,经营责任和过失由大家承担。进入20世纪60年代后,韩国企业借鉴美国的经验,采取了新的管理方法——目标化管理,即制定明确的、可以衡量的各种指标,把综合的、模糊的企业目标提炼成可以衡量的业务指标,形成包括全公司范围内的个人——集体职责制度,管理人员和工人都为自己的行为和决策负责。

过去,韩国企业在政府主导的以输出为主的计划经济体制下,以较低的技术和低价格产品的大量生产为基础,强调了量的重要性。但如今顾客的要求越来越苛刻而且多样化,这种量的观念已不再适合于已变化了的新环境。企业竞争力转变为如何最大限度地满足顾客的需求。因此,"顾客第一"、"为顾客创造价值"、"与顾客同在"等成为企业所强调的新的经营理念。② 这就要求企业要用高品质、高附加值的产品来满足更高层次的顾客需求。

在追求量的经济规模和大量生产的经济体制下,韩国企业形成了与之

---

① 王效平、尹大荣、米山茂美:《日中韩企业的经营比较》,日本:税务经理协会,2005年,第66页。
② 石庆华:《韩国企业的组织结构与企业文化的改革方向》,《当代韩国》2000年冬季号,第35页。

相适应的集权制统治和权利主义的官僚体制。企业把股东和企业作为最重要的利害相关者,股东在所有权和经营权未分离的情况下支配企业的经营,而政府和金融机关则成了企业竞争优势的保护伞。但是,在国际化和民主化的急流中,上述状况正在被民间主导的自律经济和自由市场竞争所取代。韩国企业逐渐从过去的集权统治和官僚统治当中解脱出来,形成了以小规模的事业和项目为中心的自主经营体制,追求小规模、灵活、适应性强的生产能力而不是大规模生产,并且为了满足更多的客户的不同需求,要求高技术的专门人才充分发挥其聪明才智。这种变化已成为韩国企业的发展方向。

韩国企业在过去几十年间,大多是通过事业的多元化战略取得迅速发展的。特别是大型企业,在技术和经营方面追求的是非关联多元化成长战略。非关联多元化是企业从事多种事业的经营,形成产品多样化,从而减少行业环境变化对企业的影响的一种战略。在韩国前50位的大企业中,有50%的企业采用这种成长方式。但是,随着市场竞争的扩大和技术的高速发展,使得以有限的企业资源来分散经营多种事业成为企业前进路上的障碍。因此,韩国企业通过对各子公司的竞争力和前景的分析,运用机构重组和并购等形式,明确了企业的发展方向,努力提高企业的关联性和集中性,从而增强了企业的综合竞争力。

从上述内容来看,在战略决策方面,中国是分析型、直觉型和实验型同时存在,相对而言,日本企业属于分析型,而韩国企业的战略决策是建立在企业高层直觉基础上的分析。从技术战略来说,中国企业一般通过合营或合作等方式导入技术,当然注重自主技术创新的企业正在逐渐增多,而日韩企业的核心技术和经营资源大多来源于内部开发。而在对待收益性差的企业方面,中国的撤退比较困难,而日本企业往往采取较为谨慎的态度,撤退不够迅速,相对而言,韩国企业在这方面具有较强的灵活性。

三、企业组织特征的变革

在企业组织方面,中国多采取金字塔式的多层组织结构。从一般职员到管理层,具体的责任和权限也较为明确。在集权化程度方面,中国企业一般是高层决定型,董事长和总经理往往为同一人,权限的集中度很大,各部门管理者的发言权较弱,但市场开拓部门的重要性较大。以往政府主管部门对决策的影响大,而现今主要是董事会对经营的决策具有影响。

相比较而言,日本的企业组织更为成熟一些。首先在组织结构上,正由传统的金字塔型结构向水平的大森林型结构转变,由企业集权制向分权制转变。虽然日本企业高层在问题解决上提供基本的考虑方法,但委托给具体负责决策的部门的倾向性很强。在组织部门中,往往重点发挥技术部门、管理部门的作用和加强他们的力量。另外,实际操作部门尤其是财务、会计部门的影响力强,属于现场主义。

日本企业对管理者等的职务内容、权限等规定未必是明确的,比较抽象,在实际业务中可弹性运用,属于伸缩性分工。

而韩国的企业尤其是财阀企业采取集权性的组织体系。重要的意见决定等,大多凭借经营者的经验和判断,这就使企业的经营决策具有较大的盲目性。比如,BR 公司的最高经营者因对企业的经营采取家长式管理,结果在 1988—1991 年间经营状况不断恶化,1991 年 12 月最终申请破产。再如,DS 公司的社长在公司经营过程中,听不进公司高级职员的建议,一味尊重美国进口商的意见,采用军队式的独裁管理,结果出现了工人罢工的严重事件,从而严重影响了公司的业绩。[①]

韩国企业还有一个非常突出的组织结构特点,即垂直和阶层的控制是以来自企划部、财务部和人事部的强大控制功能体系为保证的。尤其是企划部和财务部,在执行总裁的领导下发挥着重要的作用。韩国企业还非常重视各部门功能的专业化。许多韩国企业在董事长下面特别设置了"结构调整本部",专门负责公司内部资源的配置,具有强大的影响力。还有一些企业非常依赖临时设置的功能性机构,如项目小组、特别委员会和风险资本机构等。

可见,在企业组织的集权度方面,韩国企业高于中国,而中国又高于日本。另外,日韩企业组织较为倚重和发挥技术、财务等部门的作用,而在中

---

① 路遥:《韩国企业成功的文化因子》,《企业改革与管理》2006 年第 3 期,第 60 页。

国企业中,市场开发部门的影响力较大。中国和韩国企业在职责、权限方面的规定较为明确,而日本企业则较为模糊,属于柔性管理,具有灵活性和不明确性。

四、企业管理特点的变化

在改革开放前,中国企业吃的是国家的"大锅饭",职工基本不流动。改革开放以后,随着"三资"企业、股份制企业以及乡镇集体企业等新的所有制形式的出现,用工制度也出现了相应的变化,①全员劳动合同制等新的用工形式开始相继出现。中国现今无论大中小企业,绝大多数采用契约雇佣,以往由工龄决定基本工资的方式也正在积极地向同时注重业绩为主的成果主义转变。中国企业的中层管理者以上人员,一般采取公开招聘或任用转职者较多,其晋升、晋级一般以能力主义(成果主义)为基础,上下的收入差距也较大。

在管理制度方面,以往中国企业强调工人是工厂的主人,提倡职工行为的自觉性,不主张用非常明确的制度来约束人的行为,许多企业的日常工作明显具有随意性,影响了企业运转的有效性和准确性。改革开放后,引进了国外的管理方法,却又产生了另一种倾向,由于过分推崇欧美的管理模式,中国企业中又过分强调管理的明确性,有不少企业制定了一厚本数百条规章制度,动辄处分罚款,使职工产生强烈的压抑感,造成极强的抵触情绪,以至于发展到后来,很多管理措施不能真正推行下去。

按照传统的经营理论,工资作为劳动的激励机制,付出越多收益越高,这样才能调动员工的工作积极性。但日本的劳动激励机制不同于欧美,工资差别小。因此,在企业管理方面,日本人认为经营的核心是长期地、稳定地发展壮大企业的规模和效益,企业短期利润的增加乃至股东的利益都属于第二位的事情。② 因此日本企业的人才战略注重员工的长期发展,与日本企业的长期发展战略相辅相成。日本以往在雇佣制度上,采取的是终身

---

① 周晓梅:《我国私营企业人力资源管理存在的问题与对策研究》,《人口学刊》2008年第6期,第40—42页。
② 吉田和男:《日本型经营体系的功过》,日本:东洋经济新报社,1995年,第137页。

雇佣制度，而在晋升上采取年功序列制。不过随着泡沫经济的崩溃，在当前呼唤自由雇佣与人才竞争机制的日本社会，"终身雇用制"与"年功序列制"变成了企业员工合理流动的束缚而陷入困境。尽管它曾经在特定的时空创造出最大化的生产效率，但在今天却表现得越发不合时宜。① 其他短期的雇佣形式也开始出现，但终身雇佣制度仍在维持着。与此同时，原有的年功序列型的工资、晋升体系，也已无法适应经营全球化的残酷竞争，大多向成果主义和能力主义转变，多数的场合，是基于能力和成果来评价职务或职责。日本各企业正在引进"年薪制"和"定量工作制"，公正地按照个人的能力、创造性和工作业绩给予相应的待遇。同时，也在考虑运用控股公司方式、分公司方式及公司内失业等多种形式，使雇用形式和就业形式向多样化方向发展。

在金融危机后，韩国大企业永不垮的神话破灭，企业经营最大的变化是从业人员人事、劳务制度的变化。为削减负债，企业除集中优势核心产业外，许多企业也开始解雇员工。在员工激励制度方面，由于受早期日本企业管理思想的影响，韩国企业还存在年功序列制，论资排辈现象还在一定程度上存在。以往提拔中高层管理者时，依照韩国传统文化，会优先照顾为公司效力时间长的人员，但随着韩国企业受到西方管理思想的影响，这种制度有弱化的趋势。韩国企业在员工的绩效考核中，也强调能力和业绩，并根据能力和业绩分配奖金，但是奖金分配也会考虑到员工的资历，老员工会得到一定的照顾，这种根据能力和业绩以及年功序列制进行综合考虑的制度主导着韩国企业的文化。②

在人才培养方面，中国企业由过去对 OJT（在职培训）的重视，转为以 OJT 为基础，同时也重视 Off－JT（职外训练）。③ 同样，日本企业此前也是以 OJT 为主，并形成了日本企业内培训的特色，而现在在财务和会计等专门知识部门，也开始重视 Off－JT，但也是通过现场实践的 OJT 后，再引进 Off－JT。作为 OJT 的一种，有一种基于经历开发计划（CDP）的工作轮换制，即隔数年轮换一种不同的工种或业务，使助其职务承担能力和管理能力

---

① 李文祥：《当代日本企业改制困境及其启示》，《东北亚论坛》2005 年第 5 期，第 70 页。
② 廉勇、李宝山：《中韩企业跨文化管理研究》，《河北经贸大学学报》2005 年第 3 期，第 58 页。
③ 鲁燕、于素秋：《日本职业教育的"企业模式"与我国"非大学教育"的对比研究》，《人口学刊》2008 年第 6 期，第 43—45 页。

的养成。[1] 与此同时,重视自己开发的企业也日益增多。在一些企业,关于人才育成,不再称作教育研修培训,而称之为能力开发。不再是企业单向地提要求、员工被动地接受既有的现成教育,而是鼓励员工发挥潜能、自主学习、提高能力。[2] 韩国也是如此。1974年,韩国大企业开始投资于企业内教育,建立实业高中,培训熟练的技术工人。他们还着眼于未来,实施英才教育,以培养韩国未来的科技带头人。韩国已设有多所实施英才教育的英才科技高中,并建立了与之衔接的大学——韩国科技大学,其研究生教育则由韩国科学技术院承担。[3]

在企业情报的公开方面,中国企业目前主要是对限定的情报公开,企业的透明度较差,而日本企业的情报、报导行动,常采取事前说明或非正式的情报交换,在公司内部也通过内部通讯等形式公开信息。而韩国企业在金融危机前,情报公开是封闭的,现在也积极地向公司内外公开情报。

结　语

中日韩三国虽同受儒家文化的影响,同属于东方文化思维,其企业经营有许多共同之处,但各国所属国情的不同、所面临经营环境的不同,其变革也各具特色。进入21世纪后,随着全球化的不断推进,作为市场参与主体的中日韩三国企业,面临的经营形势将更为严峻,更具多变性和挑战性。发展是企业不变的目标,而变革将成为新时代下企业面临的重大课题。

（作者程永明,天津社会科学院日本研究所,原文刊于《现代日本经济》2009年第3期）

---

[1] 太田和男:《经济社会和企业经营的改革》,日本:启文社,1994年,第236页。
[2] 平力群、林丛、刘苗苗:《日本政府对企业人力资源开发支持政策变迁对我国的启示》,《东北亚论坛》2008年第4期,第73—78页。
[3] 王弘钰、于桂兰:《民营企业家的培育模型与东北老工业基地的振兴》,《人口学刊》2008年第2期,第56—60页。

从"增长型社会"到"成熟型社会"：
平成时代日本社会的转型、困境与应对

胡 澎

1989年1月8日，日本昭和时代终结，明仁天皇继位，改年号为"平成"。"平成"这一出自中国古代典籍的词汇，蕴含着"内平外成""地平天成"的美好寓意，体现了日本人对新时代所寄予的期望和美好祝福。同时，这一年对世界和亚洲也是一个标志性的年份：东欧剧变、东西两大阵营对立的冷战格局走向终结，世界进入一个国际形势转折和经济结构调整的新的历史时期。

2017年12月，明仁天皇表达了生前退位的愿望。在平成进入倒计时的时间里，日本多家媒体推出以"平成"为主题的专栏，流露出对平成时代的留恋与不舍。而在中国，日本研究界早在2015年左右就认识到应对平成时代的日本政治、经济、社会、文化进行梳理、研究和思考。刘晓峰在《平成日本学论》一文中提出了"平成日本学"的概念，呼吁把平成时期的日本作为一个相对独立的研究对象，利用人文科学和社会科学的研究方法，在这一新的学术视点上展开研究。[1] 笔者十分赞同这一提法，国际格局变迁、世界金融危机、中国经济迅猛发展等外部因素构成了平成日本社会的外部环境。与此同时，"泡沫经济"崩溃后日本经济的长期不景气、少子老龄化的日益严

---

[1] 刘晓峰：《平成日本学论》，《日本学刊》2015年第2期。

峻、贫富差距的不断拉大、"低欲望社会"①的出现等让平成日本社会困境与危机叠加,令日本民众心理产生不安与失落。针对平成时代呈现出的荣光褪色、繁华不再的种种迹象,日本媒体屡屡使用"失去的10年""失去的20年"甚至"失去的30年"之说。②

与此同时,针对平成时代的诸多困境与民众心态失衡的问题,日本政府和民间进行了诸多探索与改革,这些无疑对东亚国家的社会发展有着重要的参考价值。同时,由于日本在经济、技术、信息、文化等方面已成为中国重要的合作伙伴,平成时代的日本也是中国推动经济发展、社会转型的重要参照对象。可见,对平成时代进行宏观把握、细致剖析和精准解读非常重要,平成时代带给日本人以及日本社会的深刻变化值得探讨。

一、平成时代日本社会的转型

研究平成时代的日本社会,应将其置于二战后日本的历史发展脉络之中。1926年至1989年的昭和年代如果用"毁灭"与"再生"来概括的话,那么"困境"与"探索"应该可以囊括1989年至2019年的平成时代。从1945年至2019年的74年间,日本经历了两次重大转型:第一次是战后改革,使日本从一片废墟跻身于西方发达国家行列,堪称由"弱"变"强"的华丽转身;1989年开启的平成时代,则堪称另一次重大转型,使日本从"增长型社会"转向"成熟型社会"。③ 平成30年间的日本社会,表面看似平稳,内在却潜藏着巨大的危机与挑战。特别是三次国内外环境的改变重塑了平成社会:一是在冷战结束后,美国成为世界上唯一的超级大国,"一强独霸"的局面不

---

① 日本著名管理学家、经济评论家大前研一认为日本经济与社会缺乏活力的根源在于日本年轻一代"没有欲望、没有梦想、没有干劲",日本已陷入"低欲望社会"。参见大前研一《低欲望社会》,姜建强译,上海译文出版社2018年版。
② 相较而言,中国有一种说法似乎较为乐观,认为平成时代日本从未"失去",而是潜心转型、奋发有为的时代。
③ 这里借用英国著名物理学家、诺贝尔奖获得者丹尼尔·盖博在其著作《成熟社会》(1972年)中提出的概念。他认为成熟社会是人类社会发展的一个目标,从追求经济总量的增长、大量消费社会到追求高水平的物质文明,同时,把精神世界的丰富以及生活品质的提高作为最优先追求的目标。参见:D・ガボール『成熟社会——新しい文明の選択』,林雄二郎訳、講談社、1973年。

仅对国际格局构成影响，也深刻影响着日本社会。二是中国虽然在1978年走上改革开放之路，但在国际政治和国际经济舞台上一直欠缺足够的影响力。直到2010年，中日经济实力逆转，日本作为世界第二大经济体的位置被中国所取代，给日本社会和日本民众心理造成了强烈的冲击。三是平成时代的日本在国际社会的存在感和影响力逐步减弱。这三次改变对日本的社会结构、社会机制、社会制度产生了潜移默化的影响。因此，平成时代日本人的行为方式、生活方式、价值观念以及心理结构均呈现出与昭和后期迥然不同的时代风貌。

昭和后期的日本是一个标准的"增长型社会"，之所以称之为"增长型社会"，是因为其包含了经济的增长、人口的增长、人均寿命的延长、国民收入的增长、消费水平的提高、国民受教育水平的提升以及各种社会制度的建构和完善等。例如：1945—1955年是战后日本经济的迅速恢复期；1955—1973年是日本的经济高速发展期，经济年均增长率达10%，是同时期欧美西方国家的2—4倍①；在1968年超越联邦德国后，日本成为仅次于美国的资本主义世界经济大国。1973年石油危机导致日本经济由高速转入低速增长时期，但即便经济增长降速，也有年均5%的增长率。日本经济高速发展的因素有政府提振经济的政策、国内外经济形势的好转、技术革新及设备投资的增大等，但在很大程度上应归功于当时的人口结构。1947—1949年第一次"婴儿潮"期间，日本的总和生育率超过了4.3，年均出生人口约270万人。1971—1974年第二次"婴儿潮"期间，年均出生人口约为200万人。1950—1970年间，日本的总人口由8411万增长到1.04亿，增长了24.4%；育龄人口从5 017万增长到7 212万，增长了43.8%。② 20世纪五六十年代，地方的年轻人口源源不断地涌入东京、大阪、名古屋三大城市圈，为日本的工业化和现代化输送了充足、优质的劳动力。青壮年劳动人口多、高龄老年人口少，社会保障负担较轻的"人口红利"以及终身雇佣制度、年功序列工

---

① 『戦後の日本経済の歩み』，http://www.kyoritsu-wu.ac.jp/nichukou/sub/sub_gensya/Economy/J_Economic_History/High_E_Growth.htm[2019-05-02]
② 『日本の人口年次推移と将来推計』，www.jeiu.or.jp/anshin/topic/.../20171023-115712.pdf [2019-02-15]。

资制度、民间企业和谐的劳资关系等有力地支撑了日本经济发展及城市化进程。

二战后日本经济的发展离不开消费对经济的刺激和引领作用。第一次"婴儿潮"期间出生的"团块世代"是20世纪60年代中期推动日本经济腾飞的主力，也是战后引领日本消费的主要群体。这要归功于池田勇人政府提出并实施的"国民收入倍增计划"，该计划大幅提升了国民收入水平，让民众分享到经济发展成果。到70年代中期，日本迎来了消费社会并实现了"富裕社会"，并于80年代进入"高度消费社会"，国民普遍收入水平高，储蓄率高，购买欲旺盛，海外旅行兴盛。凭借"团块世代"打下良好的经济基础，1971—1974年前后出生的"次团块世代"成长起来了，其消费观念开始从注重实用价值的必需品消费向炫耀性的奢侈品消费过渡。

战后，日本的年金制度、雇佣制度、福利制度不断建立和完善。1961年"国民皆年金"制度的建构以及《老人福利法》《母子福利法》《儿童福利法》《生活保护法》等法律的制定，让日本向着福利国家的步伐迅速迈进。《雇用保险法》《男女雇用机会均等法》《劳动者派遣法》等促进了日本人的就业，保障了劳动者的权益。终身雇佣、年功序列工资制度、企业工会等日本特色的雇佣方式，在强化家、企业、国的一体化方面发挥了积极作用。福利制度、税收制度、就业制度的建构及不断完善，提供了更多的就业机会，缩小了贫富差距，关照了弱势群体，让日本社会趋于平等和公平。同时，均等化的义务教育体系保障了国民素质的不断提升，国民受教育水平居世界前列。总之，平成之前的日本，社会差距较小，新中间阶层占大多数，有"一亿总中流"之说，日本国民从出生到死亡的整个生命周期都感到"安心"，整个社会呈现出一片欣欣向荣的景象。

平成30年，日本似乎彻底告别了经济的"增长"、国民收入的增长，人口甚至转为负增长……平成诞生之际，日本正处于泡沫经济的"鼎盛"时期，一年后迎来了泡沫经济的崩溃，之后国际金融危机、东日本大地震、经济长期不景气、消费低迷等给日本社会带来种种负面影响，因此有"平成不况"即"平成萧条"之说。平成时代的日本在经济上没能继承和延续高速增长时期的荣光，2010年国内生产总值（GDP）又被中国超越，下滑到世界第三位。

但不能否认的是,平成时代的日本已进入高度工业化和城市化的"成熟型社会"。1968—2010 年的 42 年间,日本经济实力一直稳居世界前茅,积累了巨大财富和科技创新成果。日本的医疗费用占 GDP 的比例为 10.7%,在经济合作与发展组织(OECD)35 个成员国中排第 6 位。[①] 日本国民受教育水平一直处于世界领先地位,短期大学的升学率从 1950 年的 2% 上升为 2018 年的 57.9%,大学本科升学率从 1989 年的 24.7% 上升为 2018 年的 53.3%。[②] 平成时代,社会保障制度伴随新出现的社会问题而不断被修订,特别是其护理保险制度的创设,有效化解了老年护理需求不断增长的问题。同时,也为韩国、中国应对老龄化社会提供了思路。平成时代,日本的电影、电视剧、动漫、流行音乐、游戏等大众文化以其独特的"和风"魅力,成为引领东亚国家大众流行文化的风向标;优美的自然环境、人文环境和高品质的服务每年吸引数千万外国游客到访,日本社会的文明程度、社会风气和国民素质为世人所称道。平成时代,日本已彻底告别"大量生产、大量消费、大量废弃"的生产生活方式,进入"适量生产、适量消费、资源循环型"社会。平成时代,日本成为全球环境保护与环境治理的先进国家,民众有较强的环保意识,垃圾分类普及。近年来,"断舍离"风潮的兴起显示出日本年轻一代在探索对环境友好的生活方式,他们向无止境地追求物质富足和占有欲说"不",希望在返璞归真的生活中找寻人生的意义。

"成熟型社会"还体现在内阁的频繁更替以及政党轮换对日本社会和民众的日常生活几乎没有构成影响。平成期间共产生了 23 届政府,诞生了 16 位首相[③],除小泉纯一郎和安倍晋三之外,其他历任首相任职期限长则一年左右,短则数月。1993 年,持续 38 年之久的"1955 年体制"崩溃,长期维持执政党地位的自由民主党与作为在野党的社会党的朝野两党格局结束,自民党两度沦为在野党,联合政权多次出现。然而,内阁更替、政党轮替并未

---

① 「OECD 諸国の医療費対 GDP 比率(2017 年)」、http://honkawa2.sakura.ne.jp/1890.html [2019-02-15]。
② 文部科学省『学校基本調査』、http://www.mext.go.jp/component/b_menu/other/__icsFiles/afieldfile/2018/12/25/1407449_1.pdf[2019-03-01]。
③ 分别是宇野宗佑、海部俊树、宫泽喜一、细川护熙、羽田孜、村山富市、桥本龙太郎、小渊惠三、森喜朗、小泉纯一郎、福田康夫、麻生太郎、鸠山由纪夫、菅直人、野田佳彦、安倍晋三。

带来社会动乱,官僚体制运转正常,社会运行总体平稳。

平成时代,庞大的中产阶级所构成的市民社会不断成长壮大,越来越多的民众投身"社区营造"、养老护理、男女平等、乡村治理等社会活动,成为推动社会发展和进步的重要力量。平成30年间,针对各种社会问题,日本出现了多元化社会思潮并引起社会运动,例如反对修改和平宪法、反对右翼教科书、反对修改教育基本法、反对"重启核电"、反对冲绳驻日美军基地搬迁等,其中不乏上万人的大规模抗议活动。然而,这些社会运动和抗议活动均有序、克制,并未演变成群体性暴力事件,也没有对民众日常生活造成影响……因此,我们有理由将平成时代的日本社会称之为"成熟型社会"。

二、平成时代日本社会面临的困境

看起来很美的"成熟型社会",并不意味着社会发展一帆风顺。恰恰相反,平成时代的日本社会遭遇到前所未有的人口减少、少子老龄化、劳动力匮乏、"地方不振"等诸多社会问题,特别是老龄化问题,严峻程度在国际社会首屈一指。然而,这些问题与困境恰巧是经济和社会发展到一定程度的"成熟型社会"所特有的,即"成长后的烦恼"。

(一) 困境之一:日益严峻的少子老龄化

当总和生育率①长期低于维持人口稳定发展的人口更替水平2.1,即被称为少子化。少子化是当今世界多个国家面临的严峻问题,表现为出生率不断下降、新生人口数量不断减少、低龄人口持续减少等。自20世纪80年代中期开始,日本的总和生育率呈下降趋势,平成元年的1989年跌破1.57,当消息公布时,社会各界为之震惊,各大报纸皆用整版篇幅予以报道,被称为"1.57冲击"。2005年,总和生育率更是降至1.26,再次跌破历史纪录。②2006年以后,总和生育率虽有稍许改善,2012年以后基本维持在1.4上下

---

① 总和生育率:15岁到49岁女性的平均生育率。
② e-Stat 統計で見る日本、https://www.e-stat.go.jp/dbview? sid=0003214662[2019-04-28]。

的水准①,但距安倍政府制定的将总和生育率提升至1.8的目标尚有较大差距。

2008年,日本的人口总量在达到巅峰后开始转向减少。2016年国内新生儿数量仅为97.7万人,首次跌破100万人。② 2017年新生婴儿数量又比上一年减少了3.6万人,成为人口统计实施以来的最低值。新生儿数量减少,那么,未来育龄期女性人数势必随之减少。从目前情况来看,日本迈向更严峻的少子化的步伐似乎很难阻挡。

与此同时,日本自20世纪70年代进入老龄化社会后,老龄化现象日益严峻。截至2017年10月,老龄化率高达27.7%。65岁及以上的老年人口男女分别为1526万人和1989万人,其中,65—74岁的低龄老人有1767万人,75岁以上高龄老人有1748万人。③ 大城市圈的老龄化现象尤为显著。人口老龄化给日本带来种种负面影响,例如劳动力减少、经济增长减速、地方经济不振、社会缺乏活力、消费低迷、年轻人负担过重、社会保障制度不堪重负、国家财政捉襟见肘……长此以往,将影响到日本的综合国力、社会结构、经济发展、产业竞争以及科学技术、人才储备等。2017年,河合雅司的《未来的年表》一书出版后成为畅销书。该书的封面上醒目地印着这样几排字:2020年,有一半的女性超过50岁;2024年,全体国民3人中有1人65岁以上;2027年,输血用的血液不足;2033年,3户住宅中就有1户为空置;2039年,火葬场不足;2040年,一半的自治体消亡;2042年,迎来老年人口的峰值。④

在世界人口都在"变老"的趋势下,日本人口老龄化的状况似乎尤为严峻,其带给日本民众的心理阴影是巨大的。安倍首相在2019年1月的新年贺词中,称现在的日本正面临着一场少子老龄化带来的"国难"。"国难"当

---

① 厚生労働省『第5表 母の年齢、出生順位別にみた合計特殊出生率』,https://www.mhlw.go.jp/toukei/saikin/hw/jinkou/kakutei17/dl/09_h5.pdf[2019-04-28]。
② 日本最开始进行人口统计是在1899年。这一年的出生数为138.6981万人。日本出生数的顶峰时期是1949年,达到269.6638万人。
③ 『平成30年版高齢社会白書』,https://www8.cao.go.jp/kourei/whitepaper/w-2018/html/gaiyou/s1_1.html[2019-02-15]。
④ 河合雅司『未来の年表』、講談社、2017年。

前,日本如果能克服困境,找到应对老龄化社会的良方,那将是对国际社会和全人类的莫大贡献。

(二) 困境之二:贫富差距的不断加大

平成时代,虽然中产阶层占主体的社会结构未发生根本改变,但"上流"与"下流"的两极分化以及中产阶层向中下层流动的趋势较为明显。换言之,"中上"富裕阶层增加的同时,"中下"和"下"的贫困层也在增加。社会呈现基尼系数升高、贫富差距拉大的趋势。1998年,"中流崩溃"的话题被广泛议论。2006年,"差距社会"[1]当选年度新语、流行语,"贫困"[2]这一沉寂多年的词语卷土重来,"儿童的贫困""女性的贫困""单亲家庭的贫困""老年人的贫困"一度成为媒体的热门话题。2008年被称为"儿童的贫困元年",2012年日本儿童的贫困率高达16.3%,即每6个儿童中有1个是贫困儿童。[3] 单亲母子家庭的贫困率更是占到一半。单身女性的贫困率也较显著,平均每3个单身女性中就有1人陷入贫困。贫困女性多为离异女性、老年女性和未婚母亲。另外,1997—2007年之间,日本人每小时的工资水平不但没有上升反而下降了9%,[4]收入减少加剧了低收入群体的生活困难。

据《国民生活基础调查》的数据,每户年均收入在1994年为664.2万日元,到2010年降为549.6万日元。[5] 2012年日本的相对贫困率为16.1%。[6] 近年来,日本领取最低生活保障费的家庭数量在增长,截至2015年底,接受

---

[1] 由收入、财产不同而导致阶层出现,且阶层之间流动困难的社会。
[2] 日本的"贫困"问题指的并非"绝对贫困(absolute poverty)","绝对贫困"强调的是生活的最低限,"相对贫困"强调的是平均水平。而是一种"相对贫困(relative poverty)",即一部分人无法维持本国最低生活标准的状态,享受不到大部分人所享受的习惯和行为。
[3] 内閣府『子供・若者白書』(平成27年版)、https://www8.cao.go.jp/youth/whitepaper/h27honpen/pdf_index.html[2019-01-14]
[4] 「賃金水準世界に劣後」、『日本経済新聞』2019年3月19日。
[5] 厚生労働省 https://www.mhlw.go.jp/toukei/saikin/hw/k-tyosa/k-tyosa10/2-1.html[2019-01-15]。
[6] 厚生労働省『相对的貧困率に関する調査分析結果について』、http://www.mhlw.go.jp/seisakunitsuite/soshiki/toukei/tp151218-01.html[2018-01-15]。

生活保障家庭达163.4万户,总人数为216.6万人,创出新高。① 另外,由于教育费用上涨和父母收入低等原因,利用贷款型助学金的人数较以往有所增加。同时,毕业后不能如期偿还助学金贷款的人也在增多。

平成时代多次提高消费税率也对低收入家庭、特别是经济基础脆弱的单亲母子家庭产生较大影响。1989年4月竹下登政府初次设立了3%的消费税,1997年4月桥本龙太郎政府将其提升为5%,2014年4月安倍晋三政府提升为8%,2019年10月还将提升至10%。近几年,"安倍经济学"产生一定效果,日本的经济状况有所好转,就业机会增多,完全失业率降低,但非正式就业依然呈现扩大化趋势。由此可见,曾以"一亿总中流""收入均等"为傲的日本社会正在下降为机会和结果均不平等的"差距社会"和"下流社会"。②

(三) 困境之三:地方社会的衰退

平成时期,"地方衰退""地方不振""地方创生"等地方社会的话题被广为议论,这与日本人口问题有着密切的联系。平成时代,地方的年轻人口不断向东京、大阪和名古屋等几个大城市集中,导致大城市人口与地方人口向过密与过疏两极化发展,地域差距不断扩大。据内阁府的调查表明,2010年度人均收入的全国平均线为287万日元,收入最高的是东京都,高达431万日元,收入最低的是冲绳县,仅为203万日元,两者之间相差1.1倍。③ 大城市就业机会多,文化生活丰富,对地方的年轻人有着很强的吸引力。另外,首都圈、关西圈、中京圈等大城市圈的普通大学、短期大学、专科学校林立,高等教育发达,也吸引来不少地方年轻人。2010—2017年东京圈净迁入人口中,15—29岁的年轻人占多半,且迁入契机多为大学入学和毕业后在东京圈就职。④

---

① 新华网《日本领取低保户数量超163万 再创历史新高》,2016年3月4日,http://www.xinhuanet.com//world/2016-03/04/c_128771696.htm[2019-05-07]。
② 参考三浦展『下流社会—新たな階層集団の出現』、光文社、2005年。
③ 日本統計協会『統計で見る日本2014』、統計協会、162頁。
④ 总务省统计局:《住民基本台账人口迁移报告(2010—2017年)》。

地方社会的衰退表现在：少子老龄化现象突出、劳动力不足、农林水产业衰退、社会缺乏活力等。年轻人口的减少意味着税收的减少，税收的减少又导致地方财政出现问题。一些地方城市功能向郊外延伸，市中心的商业街萧条，城市空心化现象严重。一些地方支线、公交车相继停止运营，行动不便的老年人出行困难，沦为"购物难民"。年轻人口的减少也带来医疗、福利、护理等服务的减少。另外，缺少年轻人使得当地传统节日的庆典活动难以为继。

地方社会衰退与年轻人口、特别是年轻女性人口的减少有着极大关系。据日本民间研究机构"日本创生会议"2014年5月发表的统计表明，到2040年，全日本1 800个自治体（市区町村等各级地方政府）中有896个市区町村（49.8%）的20—39岁女性人数将减少一半以上，523个市区町村的人口将不到1万人。倘若这些自治体的总和生育率不提高，将来势必会走向衰亡。① 一些大城市的城区也因"定居率低、年轻女性少"而被列为有可能衰亡的城区。偏僻的农村、山村、渔村过疏化现象更为严重。老龄化率超过50%的村落被称为"临界村落"，2006年4月的统计数字显示，全日本临界村落为7 878座，其中1 591座被指恐将"灭绝"。②

(四) 困境之四：民众的"不安感"增强

进入平成后，在全球化、信息化、个体化、城市化等浪潮的冲击下，日本社会开始变得令人不安，特别是平成年间自然灾害频发且危害巨大。1995年的阪神大地震、2011年的东日本大地震、2016年的熊本地震以及2018年的北陆大雪、西日本大雨、大阪府地震等，特别是东日本大地震引发的核泄漏事件至今未能妥善解决，给日本民众心理造成了较大的冲击。以至1995年"震"字入选年度汉字，2004年和2018年"灾"字两度入选。天灾之外还有人祸，平成年代发生的奥姆真理教东京地铁沙林毒气事件、频频曝光的食品安全事件、家庭暴力、企业质量造假等，引发日本民众对家庭和社会的信

---

① 「自治体2040年に半数消滅の恐れ 人口減で存続厳しく」，『日本経済新聞』2014年5月8日。
② 参见野村综合研究所：《2015年的日本：迈入新的崛起时代》，中信出版社2012年版。

任危机。充满风险的社会与不安的心理似乎印证了德国著名社会学家乌尔里希·贝克(Ulrich Beck)所言的"风险社会",他将后现代社会诠释为"风险社会",认为其特征在于人类正面临着威胁其生存的由社会所制造的风险。①

平成时代,日本民众对国家的走向也怀有不安感。例如:1992 年通过了旨在实现向海外派兵的《协助联合国维持和平活动法》(即 PKO 法);1999 年《国旗国歌法》在众议院通过;2006 年《教育基本法》在市民此起彼伏的抗议浪潮下被修改;2007 年通过了涉及宪法修改程序的《国民投票法》;2014 年《特定秘密保护法》在反对与质疑声中生效;同年政府通过正式解禁集体自卫权的决议;2015 年众参两院在汹涌的示威抗议声中强行通过新安保法案;2017 年参议院不顾民众抗议通过修改后的《有组织犯罪处罚法》("共谋罪"法案);重启核电的动向以及围绕修宪与护宪的两派力量相互制衡等,令日本民众对于日本将来能否走一条和平发展的道路产生不确定性。2010 年中国的 GDP 超过日本后,日本民众对中国的军事现代化及经济发展感到"恐惧",国民自信心下降,"焦虑"和危机意识在社会中蔓延。这也是日本民众对中国持好感人数多年徘徊在低位的一个重要原因。还有一部分民众把日本的未来寄于强势政权和鹰派政治家,希望通过强化日美同盟以获得安心感。另外,相当数量的民众特别是年轻一代只关注个人生活,远离或不关心政治,致使民族保守主义思潮逐渐占据日本社会思潮的主流。

在被称为"失去的 10 年"期间,日本政府没有能力改变经济不振的局面,国民收入零增长、消费低迷以及育儿、养老、就业、社会保障等问题令民众对政府感到失望,对未来感到不安。人与人、人与家庭、人与职场、人与地方社会之间关系日渐疏离,互联网的突飞猛进又进一步消解了人们之间的"纽带"关系。2010 年,日本广播协会(NHK)播出的纪录片《无缘社会——32 000 人无缘死的冲击》显示平成期间约有 32 000 人死于"无缘死"或"孤独死"。② 日本正在从由"血缘"、"地缘"和"社缘"构成的家族制度、地域共

---

① 参见乌尔里希·贝克:《风险社会》,何博闻译,译林出版社 2018 年版。
② "孤独死"指死亡时没有任何人看护或知晓,且距被发现有一定时间间隔的社会现象。

同体社会①转变为"无缘社会",越来越多的日本人失去归属感,感到压抑、闭塞和不安。

日本多家机构所做的社会调查、舆论调查也从不同角度佐证了平成时代日本人的不安。例如:东京大学社会科学研究所实施的《工作方式与生活方式的变化的全国调查》②表明,对自己的工作和生活抱有希望的人每年都在减少。同时,对将来怀抱不安的群体在不断增加。日本经济新闻社实施的舆论调查显示,2017 年,有将近 80% 的老年人对晚年生活感到不安。③ 2014 年 8 月,内阁府的《关于人口、经济等日本将来形象的舆论调查》显示,在回答"50 年后的日本比现在光明还是黑暗"的问题时,选择"黑暗"的占 60%,选择"光明"的占 33.2%;对自己未来"感到不安"的占 69.0%,"没有感到不安"的仅有 30.2%。与老年人相比,50 多岁和 40 多岁的群体表现出明显的不安。在被问及感到不安的原因时,前三项分别是担心"自己、家人的健康状况恶化"、"大地震等大规模自然灾害发生"和"社会保障、教育等公共服务水平低下"。④

三、平成时代日本社会困境产生的原因

进入平成之后,日本社会深陷诸多困境,这些困境相互勾连、互为因果,最终形成了一个陀螺式运转的怪圈:少子老龄化导致劳动力人口比率下降→劳动人口减少使得社会负担加重,国民可支配收入减少→消费低迷→经济形势恶化→贫困率上升→晚婚与不婚现象增加→出生率难以回升→少子老龄化现象加重。因此,日本民众对国家和自身的未来产生悲观情绪,就连

---

① 橘木俊诏认为:"血缘"、"地缘"和"社缘"构成传统日本人生活的基础,人与人之间存在强烈的互助精神和共同体意识。参见:橘木俊詔:『無縁社会の正体―血縁・地縁・社縁はいかに崩壊したか』,PHP 研究所,2012 年。
② 2007 年开始的调查,每年实施。调查对象是 2007 年时点 20—34 岁的青年群体和 35—40 岁的中年群体。对同一人同一问题。中央调查社、http://www.crs.or.jp/backno/No667/6671.htm [2018 - 11 - 17]。
③「70 歳以上まで働く 3 割」、『日本経済新聞』2019 年 1 月 21 日。
④ 内閣府「人口、経済等の日本の将来像に関する世論調査」、https://survey.gov-online.go.jp/h26/h26-shourai/[2018 - 11 - 17]。

日本政府也不得不公开承认："在全球经济秩序变化以及金融危机的背景下，日本经济与社会方面的状况仍然严峻。由于看不到清晰的未来，悲观的气氛蔓延。'未曾有之危机'这一词语被经常使用。"①

(一) 晚婚、不婚、不育和"低欲望"

进入平成，在社会多元化、个人主义的驱动下，日本年轻一代的生活方式和思维方式发生变化。日本女性受教育水平和就业率的提高，使男女两性之间的差异不断缩小。日本女性四年制大学的升学率从 1989 年的 36.8% 上升为 2018 年的 50.1%。② 随着职业女性的增加，越来越多的女性不会因结婚或生育而放弃职业。

平成时代，日本的单身家庭数量增加较快。2015 年单身家庭数为 1 842 万户，占全体家庭总数的 34.5%。其中，单身家庭最集中的年龄段为 20 多岁的年轻人，特别是 25—29 岁的男性，单身的占 30.6%。③ 单身家庭的增多不仅带来诸如失业、生病等人生高风险的问题，容易导致贫困，也带来生育率低下的问题。同时，越来越多的日本年轻人对恋爱不积极，晚婚或不结婚倾向显著，平均初婚年龄处于上升趋势。2015 年，平均初婚年龄男性为 31.1 岁，女性为 29.4 岁，与 30 年前的 1985 年相比分别上升了 2.9 岁和 3.9 岁。与此同时，平成时代的婚姻件数持续减少，终身未婚率④急速上升。2015 年，有 23.37% 的男性和 14.06% 的女性终身未婚。⑤ 在东京、大阪等大城市，终身未婚率更高。晚婚直接造成了晚育，2015 年日本女性在生育第一、第二和第三个孩子时的年龄分别为 30.7 岁、32.5 岁和 33.5 岁，与 30 年前的 1985 年相比，分别上升了 4 岁、3.4 岁和 2.1 岁。一些夫妻因为结婚

---

① 首相官邸『社会安心と活力の日本へ——安心社会実現会議報告』，http://www.kantei.go.jp/jp/singi/ansin_jitugen/[2018 - 01 - 15]。
② 内閣府『男女参画白書』(令和元年版) http://www.gender.go.jp/about_danjo/whitepaper/r01/zentai/html/honpen/b1_s00_01.html[2019 - 08 - 07]
③ 国立社会保障・人口問題研究所『日本の世帯数の将来推計(全国推計)』，http://www.ipss.go.jp/pp - ajsetai/j/HPRJ2018/hprj2018_gaiyo_20180117.pdf[2019 - 01 - 16]
④ 终身未婚率：50 岁时未婚的比例。
⑤ 総務省統計局『平成 27 年国勢調査』，https://www.stat.go.jp/data/kokusei/2015/kekka.html[2018 - 1 - 15]。

太晚,干脆不要孩子,更加剧了低生育率现象。

平成时代,日本年轻一代生活方式的变化除了体现在不结婚、不生育之外,还体现在不消费、低消费和低欲望方面。相较昭和后期的"消费社会",有日本学者将平成时代称之为"后消费社会"。① 近年来,日本的家庭总消费支出呈下滑趋势,内需紧缩严重。总务省每五年实施的"全国消费现状调查"显示,家庭外出就餐、购车、买衣服等"平均消费倾向"均明显减少。2018年总务省的"家计调查"显示,两人以上的家庭每月平均花费28.73万日元,已连续5年减少。2009年全日本的百货店营业额连续13年下降。从服装消费来看,2005年人均消费为5 057日元,2011年下降到4 273日元,2016年再度下降到4 225日元。② 与昭和后期一味追求奢华高端品牌的消费观念相比,平成时代的消费观转向了理性消费和个性消费,价格亲民、低调朴素的优衣库、无印良品等快速时尚品牌普遍受到欢迎。年轻一代消费方式在发生变化,越来越多的年轻一代不想参与社会竞争,对物质的欲望较低,消费动力不足,不愿意背负房贷、车贷。2000年以后,在居住方面,选择合租房间、共享生活空间的年轻人在增加。如果说平成之前是"团块世代"奋发有为、引领消费的时代,那么,"低欲望世代"的登场则带来了生活方式、思维方式以及消费观念的变革,令平成时代呈现鲜明的时代特征。

(二)"团块世代"陆续进入晚年并引发护理问题

当今世界不少国家正面临老龄化的问题,特别是经济发达的国家往往老龄化率较为严重。日本是世界第一长寿国,2017年日本女性平均寿命为87.26岁,男性为81.09岁。③ 在世界卫生组织(WHO)2018年的统计中,日本以84.2岁的人均寿命居世界首位。④ 同时,日本也是世界上老龄化最为严峻的国家,老龄化率高达27.7%。随着老年人不断增多,需要护理的

---

① 参见辻井喬、上野千鶴子:『ポスト消費社会のゆくえ』,文藝春秋,2008年。
② 総務省『我が国の個人消費の推移』http://www.soumu.go.jp/johotsusintokei/whitepaper/ja/h29/html/nc112310.html[2019 - 01 - 16]
③ 「平均寿命、男女とも過去最高、2017年厚労省」、『日本経済新聞』2018年07月20日。
④ 『世界の平均寿命ランキング2018—日本の平均寿命は1位』,https://malta - english.com/the - average - life - span - 2018 - in - the - world/[2019 - 04 - 28]

老年人的数量也随之增多。截至 2017 年 10 月 1 日,65 岁及以上老年人口达 3 515 万人,占总人口的 27.7%,其中,65—74 岁"低龄老年人"为 1 767 万人,占总人口的 13.9%,75 岁及以上"高龄老年人"为 1 748 万人,占总人口的 13.8%。① 高龄老年人的增多,意味着需要护理的老年人增多。被认定为需要护理的老年人在 2000 年是 218 万人,之后每年增加,2015 年超过 600 万人。② 另外,患认知症的老年人数量也在不断增长。2012 年患认知症的老年人有 462 万人,占 65 岁以上老年人总数的 15.0%,即 7 位老年人中有 1 人患认知症。③

造成日本人口老龄化的原因有以下几点。一是医疗技术、公共卫生水平的提高。随着新技术和新药品的研发以及新型医疗器械的制造,一些困扰人类多年的疑难病症被攻克,极大地促进了平均寿命的延长。二是总和生育率处于不断下降的态势。低生育率导致 14 岁以下少儿人口数量和所占比重减少,年轻人口减少,老年人口的数量和比重相对增加。三是国民收入水平上升,营养价值高的食品普及,国民身体健康状况特别是老年人的状况有了很大改观,促进了人均寿命的延长。另外,日本人健康的生活方式、饮食结构都对长寿有帮助。四是"国民皆保险"的社会保障制度。五是 2007 年开始 700 万"团块世代"人口陆续退休,进入老年行列。他们曾是 20 世纪六七十年代经济快速发展时期的主力,随着年龄的增长,这批老年人在医疗护理、日常生活和精神生活等方面的需求持续增加。这就意味着"团块世代"将从一直以来支撑日本经济和社会的力量,转变为需要接受医疗、护理和福利服务的群体。据测算,到"团块世代"的老年群体进入超过 75 岁的高龄老年阶段的 2025 年,65 岁及以上老年人将达到 3 500 万人,占总人口的 30%;75 岁及以上老年人将占全日本人口的 18.1%,达到 2 179 万人。65 岁及以上患有认知症的老年人将达到 470 万人,占 65 岁及以上老年人总

---

① 内閣府『平成 30 年版高齢社会白書』、https://www8.cao.go.jp/kourei/whitepaper/w-2018/zenbun/pdf/1s1s_01.pdf[2019-04-28]。
② 「介護の担い手家族から社会全体に」、『日本経済新聞』2019 年 1 月 12 日。
③ 内閣府『平成 28 年版高齢社会白書(概要版)』、http://www8.cao.go.jp/kourei/whitepaper/w-2016/html/gaiyou/s1_2_3.html[2019-03-20]。

数的 12.8%。① 这些原因造成了日本的老龄化现象比其他国家要严峻得多。

长期以来,日本对老年人的护理由家庭成员承担,其支撑基础是老年人与子女共同生活的家庭模式。平成时代,日本家庭规模不断缩小,老年人家庭、单身家庭、夫妇二人家庭数量不断增加,有子女家庭大幅减少。随着日本女性就业率的不断提高,单纯依靠家庭成员(多为女性成员)对老年人的护理、特别是对长年卧床不起老人的照料和护理已不现实。目前,低龄老年人护理高龄老年人的"老老护理"现象较为普遍。据调查,在与被护理者共同生活的护理者中,有 69.0%的男性和 68.5%的女性年龄在 60 岁以上。② 而且,患轻度认知症的老年人照顾患重度认知症家庭成员的现象也并非罕见。

对卧床不起老年人的护理导致家庭成员以及同居者身心疲惫,甚至不得不辞掉工作。据统计,2017 年,以护理、照顾病人为由离职的人约有 9.9 万人。③ 这令本来就劳动力不足的日本雪上加霜。一些家庭不得不把需要护理的老年人放到医院长期住院,此举引发了老年人医疗费用的高涨。另外,由于社区功能弱化,邻里关系疏远,邻里之间很难对老年人的护理提供帮助。近十多年来,独居老年人在寓所内突发疾病而导致死亡的"孤独死"事件时有发生。另外,护理工作强度大,社会地位和工资待遇低,造成养老护理机构中护理人才不断流失,养老护理人手奇缺。2018 年日本的总求人倍率为 1.35,但在护理领域竟高达 3.5。④ 据厚生劳动省在 2018 年 5 月的预测显示,到 2025 年,应对老年人的护理将需要 245 万护理人员,照目前情况来看会出现 34 万人的缺口。⑤ 偏远地区护理机构因招不到护理人员而倒闭的消息不时见诸报端。

---

① 厚生労働省『厚生労働省における高齢者施策について』http://www.moj.go.jp/content/000123298.pdf.[2018-02-05]。
② 内閣府『平成 27 年版高齢社会白書』、http://www8.cao.go.jp/kourei/whitepaper/w-2015/gaiyou/27pdf_indexg.html[2018-10-15]。
③『平成 29 年就業構造基本調査』、https://www.stat.go.jp/data/shugyou/2017/index.html [2018-10-15]。
④「人材不足の介護 支える柱」、『産経新聞』2018 年 11 月 14 日。
⑤「介護の担い手家族から社会全体に」、『日本経済新聞』2019 年 1 月 12 日。

日本老年人口的增加、老龄化程度的加深将给日本社会带来沉重的压力和负担。伴随着15—64岁劳动年龄人口减少,领取公共养老金的人数增加,发放量增大,社会保障费用中的国民医疗和老年人医疗费用将会迅猛增加,政府财政将面临极大压力。

(三) 支撑日本经济社会发展的各项制度出现问题

随着经济形势变化及社会发展,曾经令民众安心的社会保障制度、雇佣制度、教育制度、税收制度等均出现诸多破绽。

首先,传统日本社会"男主外女主内"的性别分工模式依然占据主流,只不过这种性别分工模式被予以现代化的外表包装,"由工薪阶层的丈夫和家庭主妇的妻子以及两三个孩子组成了日本现代家庭",他们首先属于"标准家庭",在此之上,雇佣制度、纳税制度、养老金制度等关系日常生活的社会机制都建构在这一前提之上,并形成了现在的社会模式。[①] 性别分工模式造就了日本女性的"M"型就业模式,也成就了日本男性将个人生活和事业发展与企业命运联系在一起的职业生涯。男性作为"企业战士"勤奋工作、忍受长时间加班加点的工作,女性在结婚后回归家庭,相夫教子。出于对日本经济不断增长、家庭收入不断增加的心理预期,战后日本的离婚率得以在相当长一段时间内都维持在较低水平。

男女性别分工模式及在此基础上形成的制度架构与平成以来的低生育率有着很大关系。尽管20世纪90年代,日本双职工家庭的数量已超过专职主妇家庭的数量,但建立在专职主妇家庭模式之上的福利制度、税收制度、雇佣制度等制约了女性的就业,造成女性在育儿与职业之间的两难选择,也降低了她们的生育意愿。2018年实施的一项调查表明,40—59岁的女性中有34.1%的人认为理想的人生是"工作与家庭兼顾",占比最高。[②] 2012年《就业结构基本调查》显示,25—44岁边工作边育儿的女性占52.4%,同时,有工作意

[①] 落合惠美子:《21世纪的日本家庭,何去何从》,山东人民出版社,2010年,第184页。
[②] 「40—50代女性「両立」の壁「仕事と家庭」5000人意識調査」、『日本経済新聞』夕刊、2019年3月8日。

愿但因生产和育儿无法就业的女性高达113.4万人,①还有为数不少的女性以生孩子为契机离开工作岗位,导致职业生涯中断。

虽然日本政府积极改善法律环境、企业环境、社会环境,出台育儿与职业兼顾的相关政策,希望能构建一个有利于女性生育的环境,但收效并不十分明显。近年来,由于保育园数量和保育员人数不足造成的"待机儿童"②问题更是引发家长的不满。截至2018年4月,等待入托、入园的"待机儿童"为1.99万人,虽比前一年减少24%,但距安倍政府提出的将"待机儿童"人数降为零的目标还有很大距离。孩子进不了保育园,作为母亲的女性就业意愿便得不到满足。低生育率的现实与严峻的育儿困境彰显出日本政府的促进生育政策与"让女性活跃"政策之间存在难以调和的矛盾。

其次,曾支撑日本经济高速增长的法宝"终身雇佣制""年功序列工资制"趋于崩溃。平成元年,正式雇用劳动者占到全体劳动者的80%,之后受经济影响,不少企业缩减正式员工,稳定的正式雇用岗位逐渐被低工资、低保护、缺乏安全感的非正式雇用所取代。应届毕业生遭遇"就职冰河期"与"超级就职冰河期"③,找一份全日制工作十分困难,只能采取"非正式就业",从事小时工、临时工、"飞特族"④、"派遣社员"等非正式工作。总务省《就业基本结构调查》显示,2013年非正式就业劳动者为1 911万人⑤,2018年增长到2 120万人⑥。非正式员工工作不稳定,工资只有正式员工的

---

① 総務省統計局『平成24年就業構造基本調査』、http://www.stat.go.jp/data/shugyou/2012/index.htm[2017-10-15]。
② "待机儿童"问题指需要入托儿童无法入托,只能待在家中排队等待的现象。导致产生待机儿童问题的主要原因就在于托儿所、幼儿园以及幼师数量严重不足。
③ 1993年以后,毕业的年轻人极难找到工作,被称作"就业冰河期一代"。2000—2005年被称为"超级就业冰河期",半数大学毕业生无法顺利正式就业。
④ "飞特族"是从英文freeter发音而来,由英文的free(自由)和德语的Arbeiter(工人)组成,指的是15—34岁之间做兼职或临时工的年轻人群体,也指那些宁愿做兼职或临时工,也不愿意找一份全日制工作的年轻人群体。
⑤ 総務省統計局『平成24年就業構造基本調査』、http://www.stat.go.jp/data/shugyou/2012/index2.htm[2017-03-08]。
⑥ 総務省統計局『労働力調査(詳細集計)平成30年平均(速報)』、www.stat.go.jp/data/roudou/sokuhou/nen/.../index1.pdf[2019-02-17]。

63.9%,①且缺少上升空间。由于不是全日制正式员工,经济难以自立,一些人不得不与父母一起居住,沦为"结婚难一族"。一些人由此丧失了对婚姻和未来的期待。非正式就业问题不仅拉大了同龄人之间的差距,也加剧了少子化的严峻程度。

再次,社会保障制度问题频现。随着领取养老金的老年人增多,年轻一代负担愈加沉重,相当一部分年轻人拒绝加入"国民年金"或滞纳社会保险费,令日本的社会保障制度难以为继。另外,2007年社会保险厅5 000万份养老保险记录遗漏,导致个人信息泄露,以及2015年黑客入侵导致大量信息外泄等,令日本民众对养老保险失去信任。

四、平成时代日本社会的探索与应对

针对平成时代日本社会的多重困境,历届政府都在谋求社会问题的解决方法,社会各界也进行了多种探索和改革。2009年6月15日,在首相官邸召开的"实现安心社会会议"明确了政府要在就业、育儿、教育、医疗、护理五大领域构筑让民众安心的社会制度。《面向安心与活力的日本——实现安心社会会议报告》指出,21世纪日本国家形象的目标就是通过"安心社会"与"共生贡献"来实现一个可信赖、有活力、多元共生、支持奉献的"安心"与"活力"的社会。② 2015年,安倍政府提出了"一亿总活跃社会"③的发展蓝图,具体目标就是实现一个安全、安心、包容、有保障、有活力的社会,让包括女性、老年人、残障人士在内的每个日本国民都保有尊严,拥有劳动机会,在家庭、地域社会或工作岗位实现自己的人生价值。

---

① 厚生劳働省『平成26年就業形態の多様化に関する総合実態調査』、https://www.mhlw.go.jp/toukei/itiran/roudou/koyou/keitai/14/[2018-12-17]。
② 首相官邸『社会安心と活力の日本へ—安心社会実現会議報告—』、http://www.kantei.go.jp/jp/singi/ansin_jitugen/[2018-01-15]。
③ "一亿总活跃社会"的实现途径是"孕育希望的强大经济""构筑梦想的育儿支援""安心的社会保障"这"新三支箭",具体目标是将国内生产总值(GDP)扩大到600万亿日元,总和生育率上升为1.8,护理离职率降低为零。

(一) 营造让民众安心的社会

针对平成时代日本人普遍的不安全感,日本政府致力于打造的"安心社会"具体体现为:对国民的劳动予以公正的回报,让家庭和地域社会之间紧密联系,让劳动与生活互为支持。① 换言之,就是构筑一个让国民能够安心工作、安心生活、安心孕育和养育子女、安心养老的社会。在2019年的新年贺词中,安倍是这样阐述的:"我们要向承担未来的孩子们大胆地投资,对社会保障制度进行改革,使之成为包括孩子们到工作着的一代、再到老年人的整个年龄段的人都能安心的全年龄段型的社会保障制度。"②

进入平成后,日本政府出台了多项鼓励年轻人结婚、生子以及缓解双职工家庭与职业的冲突、完善育儿支援体制的政策与措施,如1994年的"天使计划"、1999年的"新天使计划"、2007年的《工作与生活和谐宪章》等。另外,政府还对《儿童福利法》等法律进行了修订。针对儿童入托难问题,2017年安倍政府提出了"育儿革命"的口号,增加了保育设施,并承诺到2020年彻底解决"待机儿童"问题。2019年4月开始提高保育人员的工资待遇。

针对老年人对养老护理的担心与不安,平成时代日本政府出台了多项法律,并根据时代和社会变迁对既有制度进行修改。例如:《高龄者保健福利推进十年战略》("黄金计划",1989年)、《老人保健法》等福利相关八法的修订(1990年)、《新高龄者保健福利推进十年战略》("新黄金计划",1994年)、《高龄社会对策基本法》(1995年)、《特定非营利活动促进法》("NPO促进法",1998年)、《社会福利法》(2000年修订)、《护理保险法》(2000年实施)、《推进认知症对策的综合战略》(2015年)、《高龄社会对策大纲》(2018年)等。值得一提的是《护理保险法》由政府、社会保险和个人三者共同承担费用,将护理制度从一种社会福利制度转变为一种社会保险制度。

为了回应大多数老年人希望在熟悉的环境生活、养老、接受医疗和护理

---

① 首相官邸『社会安心と活力の日本へ—安心社会実現会議報告』、http://www.kantei.go.jp/jp/singi/ansin_jitugen/[2018-01-15]。
② 首相官邸『安倍内閣総理大臣平成31年年頭所感』、https://www.kantei.go.jp/jp/98_abe/statement/2019/0101nentou.html[2019-03-01]。

的愿望,积极推进地域综合关怀体系的构建。针对养老护理机构工作人员辞职率高的问题,着手减轻养老护理从业人员的负担,改善其待遇,提高其社会地位,确保日本拥有足够的护理人才。另外,针对护理人手不足现象,2015年3月6日,新设"护理"的"在留资格",允许在日本取得"护理福祉士"①资格的外国留学生在日本国内养老机构从事护理工作。同时,在技能实习制度中承认护理一职,对技能实习生打开了从事护理工作的大门。日本政府还加大了对人工智能技术开发和应用的支持,希望将来人工智能机器人、信息通信技术(ICT)等能在日常对老年人的照顾上发挥作用,借此弥补护理人员的不足。

(二) 挖掘潜在劳动力,释放地方活力

日本政府认为,"'安心社会'与'共生贡献'是日本驶向21世纪的两个车轮,要以'安心'支撑的强大经济为亚洲和世界做贡献,同时,要与亚洲、世界共生,必须要增强日本国家安全感。"②针对劳动力不足的困境,提出"改革劳动、促进女性更加活跃、灵活使用外国人才"等政策。日本政府希望构建的是"让年轻人、女性、老年人、残障人士等在内的有劳动意愿的每一个人能充分发挥自己的能力,安心工作,过安定生活的社会"③。这种可持续的"全员参与型"社会,主要表现在以下几个方面:

一是发挥女性的潜在劳动力,弥补劳动力的不足。1985年制定的《男女雇用机会均等法》、1991年制定的《育儿休假法》(后改为《育儿护理休假法》),在法律上保障了女性工作和育儿休假的权利。2015年8月28日,为了促进和发挥女性在职业领域的积极性和能力,国会通过了《关于推进女性在职业生活中活跃的法律》(简称"女性活跃推进法"),具体目标是:育儿休假延长至3年,"待机儿童"人数降为零,女性管理职位比例升至30%。"让

---

① "护理福祉士"是指具备专业护理知识和技术的通过国家资格认证的护理人员。
② 首相官邸:『社会安心と活力の日本へ—安心社会実現会議報告—』,http://www.kantei.go.jp/jp/singi/ansin_jitugen/〔2018-01-15〕。
③ 厚生労働省 http://www.mhlw.go.jp/stf/seisakunitsuite/bunya/koyou_roudou/〔2017-11-22〕。

每一个女性都焕发光彩的社会"是安倍政府的重要施政目标,也是实现"一亿总活跃社会"的重要支柱。

二是延长退休年龄,促进老年人再就业,让健康老年人充分发挥其能力,实现其人生价值。《高龄者雇用安定法》规定企业有义务继续雇用有工作意愿的员工至 65 岁。据厚生劳动省 2015 年的《高龄者就业状况》显示,为 65 岁以上有工作意愿的老年人提供工作机会的企业达到 72.5%,为 70 岁以上老年人提供工作机会的企业达到 20.1%。① 近年来,日本政府还鼓励那些身体健康的老年人在社区发挥作用,支持老年人创办社区食堂、育儿中心、儿童放学后的看管中心等,既满足了社区居民的需求,又能发挥老年人的余热。

三是改革既有工作方式,让社会焕发活力。为了应对少子老龄化带来的育龄人口减少,以及家庭与工作两难的困境,2018 年"工作方式改革"全面铺开。此举纠正了日本企业长时间工作的弊端,贯彻了同工同酬的方针,扩大了就业机会,挖掘了妇女和老年人的潜在劳动力,释放了劳动意愿。从推行的效果来看,工作方式和雇佣制度改革已初见成效,2018 年平均完全失业率为 2.4%,是 26 年来的最低值。②

四是促进地方社会的活跃。平成之初,竹下登政府为应对老龄化以及人口减少导致的地方衰退,出台了振兴政策"故乡创生事业",向全国自治体提供了一亿日元的资金。第二次安倍政府针对"东京单极中心过度集中"的问题,提出了"地方创生"的政策,鼓励地方政府采取积极措施吸引人才,让更多优秀人才流向地方,增加地方的活力。同时,支持城市老年人到地方养老、居住,实现大城市和地方社会均衡发展。

(三) 完善"公平"与"包容"的社会制度

针对平成日本社会收入分配差距扩大、非正式雇用劳动者群体增大以

---

① 厚生労働省『平成 27 年高齢者の雇用状況(集計結果)』、https://www.mhlw.go.jp/file/04 - Houdouhappyou - 11703000 - Shokugyouanteikyokukoureishougaikoyoutaisakubu - Koureishakoyoutaisakuka/271021_1.pdf [2018 - 12 - 12]。
② 「失業率改善 2.4%」、『朝日新聞』2019 年 2 月 2 日。

及中产阶级向底层流动的趋势,日本政府出台了一系列方针政策,力图构建一个公平与包容的社会。具体而言是采取措施,将包括残障人士、贫困者、单亲家庭、外籍劳动者、性少数群体等在内的弱势群体,从孤立无援的境遇下解救出来,使之全部纳入福利制度之中。概括起来,完善公平与包容的社会制度主要体现在以下四个方面。

一是对社会弱势群体予以保护和支持,切断贫困的代际连锁。针对相对贫困问题,日本政府在原有社会保障的基础上,谋求构筑一个包括生活保护制度、就业保险制度在内的安全网,为生活窘困者提供生活保障费[1];对收入达不到一定水准的群体(年收入在270万日元以下)在所得税、住民税上给予减免,并相应减免其国民年金、国民健康保险的缴纳额。2002年8月公布的《支援无家可归者的自立等相关特别措施法》,对无家可归者的自立予以支援。2005年开始,启动了旨在帮助生活贫困者自立的"自立援助项目"。2013年5月,政府通过了《生活保护法》修正案(2014年4月实施)。2013年12月通过了《生活穷困者自立支援法》,2015年4月开始实施"生活窘困者自立支援制度",在全国范围设立了对生活困窘者的咨询窗口,并配有专门的支援人员,对单亲家庭子女和贫困家庭子女提供援助。针对贫困儿童有"儿童抚养津贴"[2]等。2013年6月众参两院通过了《关于推进儿童的贫困对策的法律》(即《儿童贫困对策法》,2014年1月17日实施),2014年8月通过了《儿童贫困对策大纲》。民间也配合政府开展了积极的行动。2012年,为贫困家庭儿童提供免费或低价饮食的"儿童食堂"走进大众视野,经营者有NPO法人、民间团体以及个人等。2019年10月起,将对有3—5岁儿童的全部家庭实施免托儿费,对有0—2岁幼儿的已免除居民税的低收入家庭实施免托儿费。2020年4月起,将在高等教育阶段实施学费等减免制度,向低收入家庭的大学生发放无须偿还的补贴型助学金。此项政策在一定程度上缓解了低收入家庭的育儿困境和子女接受教育的困难,显示了政府力图切断"贫困的代际连锁"的努力。

---

[1] 包括"生活扶助、住宅扶助、教育扶助、医疗扶助、出产扶助、生业扶助、葬祭扶助、介護扶助"。
[2] 以抚养不满18岁子女的单亲家庭为对象,为其子女每月提供13500日元。

二是贯彻同工同酬,关注和保护非正式就业者。2015年修订的《劳动者派遣法》,原则上禁止雇用时间在30天以内的短期派遣,以期保证派遣型劳动者可以有一个长期稳定的就业环境,缩小派遣员工与正式员工之间的收入差距。一些地方政府和民间机构为有就职意愿的劳动者提供培训和学习机会,扩大劳动者职业的上升空间,改进职业能力评价制度,促进非正式就业者向正式就业者的流动。

三是以包容和公平的态度对待外籍劳动者。截至2017年10月,在日本的外籍劳动者约128万人,比前一年增加了18%。[1] 大多数外籍劳动者社会地位较低,待遇低,工作强度大,经常发生"失踪"现象(到工资更高的地方就职)。另外,工作环境不安全,人身伤害事故频发。在少子老龄化的背景之下,针对劳动力不足的问题,日本一直在探讨引进外国人力资源的问题。2018年12月《出入境管理及难民认定法》(简称《入管法》)修正案在众参两院通过,该法案以护理、建筑、农业等14个行业[2]为对象,从2019年4月起新设两种"在留资格",向外籍劳动者有条件打开了大门。据日本政府预计,该制度生效后,未来5年将吸引约34万外籍劳动者进入日本。[3] 外国人在日本工作、生活、子女接受教育、社会保障等方面能否获得与日本人同等的权利,考验日本政府的施政水平以及日本社会是否公平和宽容。这需要日本政府、自治体、企业、市民团体相互协作,共同营造一个多文化共生的社会,即"拥有不同国籍和民族的人们彼此认同各自文化的差异,作为地方社会的一员,建立一种平等的关系并共同生活"[4]。

(四) 探寻"多元协作"的治理模式

以1995年阪神大地震为契机,民间组织和志愿者及时有序开展的救援

---

[1]「外国人労働者128万人　過去最高、厚労省　外国人頼み一段と」,『日本経済新聞』2018年1月26日。
[2] 这十四个行业分别是:护理、建筑清洁、锻造产业、机械制造、电气电子机械产业、建筑业、船舶制造业、汽车维修业、航空业、住宿业、农业、渔业、饮食行业、餐饮业。
[3]「外国人材初年度4.7万」『朝日新聞』夕刊、2018年11月13日。
[4] 総務省『多文化共生の推進に関する研究会報告書』、www.soumu.go.jp/kokusai/pdf/sonota_b5.pdf[2019-01-15]。

工作获得了日本政府的认可,并直接促成了1998年《特定非营利活动促进法》的颁布。此后,非营利组织(NPO法人)大量涌现,在日本的福利、教育、环境、社会治理等领域发挥着积极作用,影响和改变着战后以来中央集权的"官民型"社会。进入21世纪,中央政府、地方政府、非营利组织、市民团体、社区居民之间正在形成一种新型的互助、互动关系——"协动"。

"协动"即"多元协作",指的是不同种类不同性质的组织为了达成一致的社会目的,在保持各自资源、特性的基础上,以平等的立场协力共同采取行动。"协动"主要包括以下要素:各个主体享有共同的目标;主体自主、自律与平等;为了达成目标,各主体之间各有偏重,相互弥补;各主体承担相应的责任;依据求同存异的原则,相互尊重各自特点,达成目标。[①] 进入2000年以后,不少地方政府表现出积极改善与非营利组织关系的姿态,一些自治体制定了"协动推进条例""协动指针""协动推进方针""市民活动支援条例""社区营造条例""自治基本条例"等。有些自治体还增设了"协动推进课""市民协动课"等。更多的是在政策、措施中增加了以非营利组织为对象的内容,向市民提供各种非营利组织的信息,为市民团体活动提供场所,促进市民和非营利组织对社会治理的参与。

政府部门与非营利组织之间的"多元协作"通常表现在:政府负责制定规划,通过委托事业、发放补助金对非营利组织的活动予以资助,也有采取共同举办活动等方式。另外,通过人员之间的交流、人才派遣、提供设施设备等方式,政府与非营利组织进行合作和互动也比较常见。非营利组织也经常进行调查、研究,提供分析和专门知识,并及时向政府提案并监督政策的实施。

"多元协作"推动了日本的行政体制改革进程,为社会治理寻找到一条稳妥的途径。近年来,日本各地积极探索如何通过"多元协作"因地制宜地进行社会治理。例如,千叶县柏市东京大学高龄社会综合研究机构与都市再生机构合作,通过改善居家养老的社会环境,构筑地方关怀体系,开始了"长寿社会的社区营造"事业。西淀微笑网络(NPO法人)为了消除年轻母

[①] 胡澎:《日本非营利组织参与社会治理的路径与实践》,《日本学刊》2015年第3期。

亲们在育儿上的不安,在当地区政府的积极支持下开展了丰富多彩的活动。在区政府内设置了亲子交流的场所,定期举办育儿讲座,提供育儿信息,受到育儿家庭的欢迎。"多元协作"发挥了政府、非营利组织、企业、大学、志愿者以及居民的积极性,为平成日本社会问题的解决寻找到了一条出路。

五、结语

综上所述,平成日本社会面临诸多困境,有些是后现代国家所共通的,如年轻一代生活方式的变迁、低生育率、人口老龄化问题;有些则是日本社会所特有的,如"团块世代"、低欲望的年轻一代、男女性别分工模式、非正式就业等。整个平成时代,日本的政治家、官僚、学者、媒体人都在思考如何走出困境,如何让日本在实现了战后辉煌之后走向另一个辉煌。针对看起来前景似乎不太光明的未来,安倍首相发出了要让日本重归强大的宣言,希望能让日本重拾自信。2018 年 12 月 12 日,安倍首相在答记者问时说他本人选了"转"字作为年度汉字,希望 2019 年日本迎来一个大的转圜。①

2019 年 4 月 1 日,日本政府宣布新年号为"令和",这一取自《万叶集》的年号寓意严冬即将过去,温暖的春天就要来临。进入令和的日本迎来一连串喜事,如 2019 年大阪 G20 峰会、2020 年东京夏季奥运会、2025 年大阪世博会……日本政府和民间都对奥运会和世博会寄予厚望,希望能像 1964 年东京奥运会和 1970 年大阪万国博览会那样为新时代的日本经济和社会注入一针强心剂。

令和时代,"安心""安全""共生""活力"的政策和措施能否消解日本民众的不安与不满,让他们重新拥有梦想与希望? 日本能否重振信心,去实现一个政治透明和清廉的社会,一个和平稳定和更加开放包容的社会,一个有利于年轻人结婚和育儿的社会,一个能发挥现有科技、研发、创新等优势,焕发经济活力并解决日本困境的社会? 同时,在历史问题上日本能否与被侵略的亚洲国家实现和解,并在互利互惠基础上争取更大的合作空间? 这些

---

① 「今年の漢字、首相は「転」」,『日本経済新聞』2018 年 12 月 12 日。

问题不仅影响着令和时代日本的走向,也考验着日本政府的执政能力和国家治理水平。

平成已成既往,不管我们如何定义这个时代,平成时代日本所面临的困境、在困境中的挣扎、应对以及探索都将成为人类社会的遗产,特别是日本少子老龄化问题出现之早、发展进程之快、程度之深是其他国家所不可比拟的,堪称人类历史上未曾有过之难题。因此,其解决方策对于东亚乃至世界都具有重要意义。

(作者胡澎,中国社会科学院日本研究所,原文刊于《日本学刊》2019年第5期)

一战后的德国与今天的日本

汤重南

安倍晋三再任日本首相一年以来,日本在政治右倾化的道路上愈走愈远,离当年发动侵略战争的军国主义则愈来愈近。今天的日本,与第一次世界大战之后的德国有很多惊人相似之处。希特勒当年在经济危机中上台,利用国内复仇主义情绪疯狂扩军备战,一步步突破《凡尔赛和约》束缚,最后走向侵略战争。安倍的亲信、副首相麻生太郎曾公然宣称要向纳粹德国学习,在"不知不觉"中修改日本现行宪法,逐步摆脱战后体制,使日本成为能发动战争的所谓"正常国家"。把今天的日本与一战后的德国进行比较分析,可以使国际社会更清楚地认识安倍执政下的日本未来走向的危险性。

一、当时的德国与今天的日本都面临严峻的经济形势

1929—1933年世界经济大危机加快了德国法西斯夺取政权的步伐。当时德国对外国资本依赖较大,在国际市场上比较脆弱,所以在危机中受到的打击特别严重:工业生产下降了40.6%,出口减少69%,进口减少70.8%,国民收入大幅下降,失业人口高达800万。经济危机引发政局动荡,民众对当时政府应对危机不力十分不满。希特勒和纳粹党充分利用这一形势蛊惑人心,许下种种诺言,提出要对内尽一切办法改善经济状况,对

外用一切手段夺取"生存空间"。1929年,纳粹党员有17万多人,到1932年迅速增加到100万。在当年的国会选举中,纳粹党获胜,成为第一大党。1933年1月,希特勒被正式任命为总理。1934年,兴登堡总统病死,希特勒修改宪法,自任"国家元首和总理",正式确立了法西斯独裁统治体制。

日本的情况也很类似。20世纪90年代,泡沫经济破灭后,日本陷入长期的经济低迷期,被称为"失去的20年"。从1991年到2011年,日本实际年均经济增长率只有0.9%,在主要发达国家中是最低的。始于2008年的国际金融危机,对日本造成很大的冲击。2010年,日本国内生产总值被中国超越。2011年"3·11"大地震以及之后的大海啸、核泄漏事故等,更使日本经济雪上加霜,当年增长率仅为0.3%,2012年也只有1.2%。除此之外,日本的主权债务负担是发达国家中最高的:2012年财政赤字相当于GDP的10.1%,政府债务占GDP比重超过220%。日本还面临严重的人口老龄化问题。2011年,日本65岁以上人口比重上升到23%,总人口从2007年就开始下降。老龄化进程的加快和总人口的减少,使劳动力供给难以为继,社会劳动生产率下降压力加大,严重制约了日本经济长远发展。

20多年的经济低迷和一系列灾害的发生,影响了日本社会的民心民气,这些年日本自杀率居高不下,一些人丧失了生活信心。安倍就是在这种背景下,以振兴日本经济为口号上台执政的。他推行了一整套被称为"安倍经济学"的经济政策,主要内容是实施宽松货币政策,增加政府开支。从短期看,这些政策产生了提振经济之效,也巩固了安倍的执政地位。2013年7月,日本举行参议院选举。安倍极力向选民灌输这样的信息:如果执政党无法控制国会,将严重影响政府振兴经济计划的实施。选举的结果是联合执政的自民党和公民党得票过半,加上此前两党已控制众议院,安倍获得了继续执政数年的政治基础,也得以更加肆无忌惮地推进其政治军事冒险政策。

二、当时的德国与今天的日本国内都弥漫着严重的右倾和极端思潮

一战失败给德国以沉重打击。德国失去了1/8国土和1/10人口,战后

又面临严重经济困难和巨额战争赔款。另一方面,德国军国主义分子并不承认自己是战争失败者(国家未被占领,社会结构未被破坏,军队也是完整地从他国撤回的),不甘心受到凡尔赛体系的制裁,德国社会上下充满对战胜国的不满情绪和仇恨心理。很多德国人相信他们的苦难是《凡尔赛和约》、犹太人和布尔什维克造成的。纳粹党充分利用了这种思潮,大肆鼓吹"种族优越论"、"生存空间论",从而夺取并巩固政权。

再看日本,由于战后对侵略战争从未进行彻底清算,右翼势力得以保存并隐藏下来。例如,安倍的外祖父岸信介曾作为战犯被美国关押过一段时间,出狱不久就重返政坛,50年代甚至成为首相。此外,在某些日本人看来,是非、善恶观念都是随着情况的变化而变化的,没有什么绝对的对与错;战争只有胜利或者失败,没有什么正义和非正义。在这种心理的推动下,日本屡屡发生右翼势力篡改历史教科书、政治人物参拜靖国神社的事件。特别是近些年,日本经济持续低迷,对现实不满的人愈来愈多,右翼、右倾思潮借势发展,影响越来越大。从政治上看,长期执政的自民党本身就属中间偏右阵营。加之近年来对自民党起牵制作用的政治力量逐渐减弱,进一步强化了日本政坛右转的趋势。不仅政坛,日本媒体和民间也都普遍受到右翼、右倾思潮的影响。

安倍就是在日本社会"集体"右转的大背景下当选首相的,因此上台后也极力迎合、利用右翼、右倾思潮,刻意制造紧张事态和战争阴云,作为赢得国民支持的手段。在竞选首相时,他公然表示,为2006—2007年任首相时放弃参拜靖国神社而"悔恨不已"。他还多次发表为侵略历史翻案的讲话,在日本政府举办的纪念"主权恢复"典礼上,安倍带头对天皇和皇后三呼"万岁"。安倍的内阁成员也多具有右翼、右倾的政治倾向。如外相岸田文雄就主张,应允许日本修改和平宪法,拥有集体自卫权,文部相下村博文声称二战期间不存在"强制慰安妇",行政改革担当大臣稻田朋美曾出书否认南京大屠杀和侵略历史。

三、当时的德国与今天的日本都力图挑战和否定战后国际秩序

一战后,欧洲建立起以《凡尔赛和约》为基础的国际秩序,史称凡尔赛体

系。战后德国对外政策的核心目标就是突破凡尔赛体系束缚,获取所谓"生存空间"。希特勒统治德国后,正式走上扩军备战的道路。1933年,德国先后退出世界裁军会议和国际联盟,1935年重新实行普遍义务兵役制,1936年,德军进入莱茵非军事区,未受到英法任何实质性制裁。一次次政治和军事冒险的成功使希特勒威望大增,也助长了其侵略野心。纳粹德国成为第二次世界大战的欧洲策源地。

二战后,美军占领下的日本制定了和平宪法,进行了民主化改造,日本走上了和平发展道路,亚太地区形成了以《联合国宪章》《开罗宣言》《波茨坦公告》为基本框架的国际秩序。这一秩序是反法西斯战争胜利的重要成果,也是维护本地区和平与稳定的重要基石。但日本右翼、右倾势力认为,这一国际秩序是以压制日本为基础建立起来的,只有否定、打破它,日本才能成为所谓的"正常国家"。

安倍上台以来,力图挑战战后国际秩序,摆脱战后体制束缚。对内,主要体现为意图修改和平宪法。安倍在接受美国《外交》杂志采访时说,日本应该修改宪法第九条(即"和平条款"),为自卫队改名并赋予其集体自卫权;并称这是"我国的宪法",中韩两国的态度对修宪"没有影响"。安倍还采取措施加强内阁的权力,设置"国安会",通过《特定秘密保护法案》,使安倍和首相官邸有了极大的权限,也使日本政府的最终决策更易于倾向军事手段。

对外,安倍否认中日之间存在钓鱼岛主权争端,煽动国内民族主义情绪。他声称"不存在要解决的领土问题"、"不能容忍日本领土受到任何挑战",扬言将"站在捍卫日本领土的最前面"。安倍刻意淡化《开罗宣言》《波茨坦公告》的重要性,主张以美国等国对日片面媾和的"旧金山和约"作为国际秩序的基础。安倍还叫嚷所谓"积极和平主义",大幅增加军费,扩军备战。2013年12月17日,内阁会议通过《国家安全保障战略》、新版《防卫计划大纲》和《中期防卫力量整备计划》,这被称作"安倍军事学"的三支利箭,其矛头直指中国,对亚太地区和平稳定也构成了严重威胁。

四、当时的德国与今天的日本扩军备战都受到某些大国的纵容

纳粹德国之所以能一步步突破国际秩序束缚,发动第二次世界大战,在

很大程度上是英法姑息养奸的绥靖政策的结果。当时,英国张伯伦政府考虑让东欧满足德国的部分领土要求,划东欧为德国势力范围,鼓励德国东进。1938年,英法与德意签署《慕尼黑协定》,决定把捷克斯洛伐克苏台德地区划给德国。西方大国想以此"祸水东引",幻想德国进攻社会主义苏联,他们好坐山观虎斗,坐收渔人之利,最终搬起石头砸了自己的脚。

安倍上台后,在外交上打意识形态牌,抛出所谓"战略外交"、"价值观外交"和"积极主动外交"三原则,表示将大力巩固和加强日美同盟,积极参加"跨太平洋战略经济伙伴协定"(TPP)谈判。安倍还频繁展开针对中国的外交活动,构筑"对华包围圈"。安倍政府还通过经济上减免债务、增加援助和投资等手段,竭力拉拢一些国家为其所用。

当年西方大国"绥靖主义"造成的恶果是否会在今天重演?国际社会一定要十分警惕。其实,在日本扩军备战、构筑"对华包围圈"、否定战后国际秩序的行动背后,我们也能看到某些大国的纵容乃至暗中支持,也能看到这种支持背后的"祸水东引"图谋。英法推行绥靖政策时,未能料到德国会把侵略矛头对准自己,今天,某些大国自以为牢牢掌控着日本,对日本复活军国主义的倾向姑息养奸,最终也可能养虎为患。

一位美国作家说过,"过去永远不会死去,过去甚至不曾过去"。2014年是甲午战争爆发120周年,也是日本一些政客预言的所谓"安保年",安倍政府可能会有更多的政治军事冒险行动。国际社会千万不要以为历史不会重演,以为日本国内民意反对战争,日本政客就会畏惧民意,不敢肆意妄为。殊不知,民意是可以被政客操纵的。纳粹上台前的魏玛德国也是一个有宪法保障的民主国家,也存在反对战争的进步力量,但希特勒仍然在选举中获胜夺取政权并发动了侵略战争。要避免历史悲剧重演,国际社会就一定要对日本复活军国主义的倾向保持高度警惕,毫不妥协地与其一系列政治军事冒险行动作坚决斗争。

(作者汤重南,中国日本史学会名誉会长,原文发表于《求是》2014年第1期)

靖国神社·英灵祭祀·国家物语：
近代日本战争记忆的生成与固化[1]

郑 毅

伊势神宫在战前日本社会是国家神道教的主神社，以祭祀天皇家族的祖先神和农业守护神为日本民众所尊崇。靖国神社在战前是完全由国家供养，"社领一万石的别格官币社"的特殊神社，政治地位与经济待遇是仅次于伊势神宫的政治与神道合体的国家神社。靖国神社作为一个地位极其特殊的神道场所，以"英灵祭祀"的神道形式，将为天皇、为"神国"日本对外侵略战争中战死者的亡灵，演绎成了一种全社会的共同信仰和生命价值的追求，成为"国家物语"中的舞台和英灵，成为近代日本军国主义和超国家主义的"圣殿"。在将对外侵略战争正当化和圣战化的过程中，生成和形塑了近代日本社会战争记忆中的荣耀感与圣战意识。

1945年12月15日，美国占领军当局发布了由十三条禁令组成的《神道指令》[2]，严格禁止所有神社进行军国主义和超国家主义宣传活动，靖国神社成为普通宗教法人。《旧金山和约》生效后，靖国神社在日本国内强大的

---

[1] 基金项目：国家社会科学基金重点项目(15ASS004)
[2] Supreme Commander for the Allied Powers Directives to the Japanese Government(SCAPINs) = 对日指令集/SCAPIN - 448: ABOLITION OF GOVERNMENTAL SPONSORSHIP, SUPPORT, PERPETUATION, CONTROL AND DISSEMINATION OF STATE SHINTO (KOKKA SHINTO, JINJA SHINTO 1945/12/15(「国家神道、神社神道ニ対スル政府ノ保証、支援、保全、監督並ニ弘布ノ廃止ニ関スル件」原藏米国国立公文書館，日本国立国会図書館インターネット公開。)

保守势力庇护和支持下，逐渐恢复其特殊的宗教地位，在固化日本近代以来战争记忆方面发挥着不可替代的民族国家战争记忆"存储器"的作用。20世纪80年代由于日本政治家参拜供奉有甲级战犯的靖国神社，引发中韩两国政府和民众的抗议。此后，是否参拜靖国神社成为日本政治家在历史认识问题上的政治特征与外交符号，也成为东亚国际社会关注的国际性焦点问题。深入研究战前靖国神社通过英灵祭祀将对外侵略战争战死者亡灵，演绎成帝国日本"国家物语"的历史过程，是探明日本社会战争记忆内部构造的关键点，也是非常有现实意义的一项研究工作。

一、靖国神社是近代日本社会战争记忆生成的原点

明治政府是1868年取代德川幕府而成立的以天皇为中心的新政权，靖国神社是由明治新政府在1869年设立的"东京招魂社"基础上演变而成的新政权和新国家历史"记忆的场"的合体，在这里新政权的正统性和合法性得以确认，同时又强化形成了一个新的集体记忆。

德川幕府在禁绝基督教之后采用的是佛教国教化制度，佛教与融合了民俗信仰的神社神道并存（神佛习合），对于幕府时代的庶民阶层而言，作为"征夷大将军"的幕府将军要比天皇更为人们所尊崇。为了配合政治中心的转换，明治新政府首选利用日本本土传统神道来衬托天皇的政治权威，神社悬挂的长条旗上开始出现"正一位稻荷大明神"的字样，[①]以谕示天皇的神格地位。为收拢民心，明治政府逆转了神道神社与佛教寺院的宗教地位，新政府中设置神祇官以统辖全国的神社，同时建造新神社以否定德川幕府的宗教价值观。

法国历史学者皮埃尔·诺拉指出："记忆场所存在的根本理由是让时间停滞，是暂时停止遗忘，是让事物的状态固定下来，让死者不朽，让无形的东西有形化（白银的唯一记忆是黄金），将意义的最大值锁定在最小的标记中，显然这是要将这些东西变得引人入胜，记忆之场只能来自它们在持续的意

[①] 稻荷信仰是日本古代一种对谷物神、田神的信仰，稻荷神能召福除灾、招财进宝，是日本下层民众普遍供奉的繁荣富贵之神。

义变动和不可预见的枝蔓衍生中的变形能力。"[1]靖国神社前身东京招魂社设立的根由，就是与近代日本社会战争记忆的生成与固化相关联，也可以说靖国神社是伴随着日本两大政治势力——幕府将军与维新派武士之间内战的一种孪生物，其实质是为了配合政权的更迭而派生出来的政治性宗教力的表现形式，是日本传统神道与新政治权力相结合的一种产物。以鸟羽伏见之战而开始的内战被称为戊辰战争，这一年是公元1868年，以干支纪年为戊辰年。幕府军队与维新派武士之间在鸟羽伏见发生的战争仍然以"戊辰"命名，成为新旧历史转换的一个记忆标志。围绕新旧政权交替，内战一直持续到次年即1869年5月函馆之役而结束。通过这样一场时断时续的内战，实现了统治权由传统武家向天皇家的转移，以天皇为中心的新政权为昭示自身权力受让的合法性与正统性，对为新政权战死者进行招魂祭祀，就成为明治政府的头等要务。新政府一方面向东京的神祇官发出命令，对鸟羽伏见之役以来的战死者进行调查并制成名簿，为举行"招魂祭奠式"做前期准备；另一方面，新政府着手寻找举行仪式的合适场所。最初的候选地是东京上野山中的宽永寺，第二候选地是东京九段坂，即现在靖国神社的所在地。明治政府军方代表大村益次郎率6名军方代表在考察后确定选址该处，东京府将此地列入建筑用地以修建"招魂社"。合祀的对象限定在为"王事"而殉国的亡灵，且合祀范围不仅是戊辰战争的牺牲者，凡今后为了皇室暨为了国家而献身的人都属于合祀的对象，这也就是以此为宗旨而设立作为永久性祭祀设施靖国神社的初衷。

从亡灵合祀范围的限定和设立永久性祭祀为国死难者的初衷来看，靖国神社从设立之初就有别于其他普通的祭祀神社，它被赋予了国家神社的政治地位，而合祀的对象也是强调在为国献身者的政治身份上，靖国神社成为与近代日本民族国家相伴而生的一个特殊宗教设施，成为日本新政权培育国家主义精神的宗教基地，成为塑造所谓"为国献身者英灵"的特殊场所。由于靖国神社被赋予"别格官币社"的特殊地位，这意味着"在维新前后的动

---

[1] 皮埃尔·诺拉主编，黄艳红等译：《记忆之场 法国国民意识的文化社会史》，南京大学出版社2015年版，第21页。

乱中天皇一方的死者,即便是一名士兵也是被与楠木正成(武神)同等对待的破格礼遇"①。借助这样一个特殊的"记忆之场",可以达到还原战争正当性的话语叙述,同时通过这样的"记忆的场"可以实现新政权与社会之间达成一种"默契",社会成员受到一种鼓励忠诚献身的暗示,国家为忠诚献身者提供了成为"神明""英灵"的承诺和渠道,而靖国神社就是承诺实现的见证场所。

"明治时代以后出生的日本国民,只有在靖国神社里才有机会成为国家祭祀的神灵。作为靖国神社祭祀神灵的唯一条件,是要为天皇陛下战死。至于这些人在生前是怎样的人,则一切不必追究,'光荣战死'是成为国家祭祀的神灵的唯一条件。"②

1869年6月29日,由时任明治新政府军务官副知事大村益次郎主持在东京都九段坂"招魂场"举行了第一次的"招灵"仪式。仪式由神官为先导,新政府的高级官员、华族和各藩代表齐聚拜殿前"为3 588名战死者的亡灵举行合祀"③,按照神道仪式完成"招魂祭"标志着"东京招魂社"的建立。"1870年明治政府颁布《大教宣布诏》,急迫地将新制造出来的以天皇崇拜为中心的神道教义确定为国教,由神祇官进行宣传布教。"1871年明治政府进一步明确了神社是"国家的宗祀"(相当于国家公共祭祀设施)的政策,将日本社会以传统民俗信仰为基础的祭神之所,赋予国家层面祭神的性质。1879年,根据日本陆军省的提议,明治政府太政官三条实美答复明确将"东京招魂社"更名为"靖国神社"。④ 为突出靖国神社的特殊宗教地位,明治政府确定靖国神社为"别格官币社"⑤,与供奉有古代武神楠木正成的凑川神社、以藤原镰足为祭神的多五峰谈山神社、以和气青麻吕为祭神的高雄山护

---

① 三土修平:《靖国問題の原点》,東京:日本評論社,2005年。
② 大江志乃夫著,沈志平译:《靖国神社》,世界知识出版社1990年版。
③ 西村明:《戦後日本と戦争死者慰霊:シズメとフルイのダイナミズム》,東京:有志舎,2006年,第71頁。
④ 小堀桂一郎:《靖国神社と日本人》,東京:PHP研究所,1998年。
⑤ 根据明治四年(1871)的《太政官布告》,日本的神社被划分为官币社、国币社、府社、县社、乡社、村社和无格社等不同"社格"。社格的区别在于奉纳的来源和所供的神。府社以下由各级地方提供奉纳;国币社由国库出钱,供奉对于国土经营有功的神祇;而官币社则能够直接享受宫内省的香火,等级最高,主要供奉皇族和皇室崇拜的众神。二战后旧"社格"制度取消。

王神社等同享"别格官币社"地位。靖国神社被赋予如此特殊的宗教地位，标志着它在日本国家神道制度体系中的地位特殊且显赫，同时也是近代日本社会永久性国家层面的慰灵体系确立的标志。

旧幕府政治权力向维新派武士主导的明治政府的权力转移过程，虽然谈不上惊心动魄、血流成河，但毕竟是一场改变了几百年统治方式的变革，国内外各种政治势力对新政府的接受程度，与政治权力变更的正当性与合法性有着直接的关系。如何引导和控制社会内部对这种政治权力更替的历史记忆，是新政府整理变革后日本社会集体记忆的首要政策选项。控制一个社会的记忆，在很大程度上决定了权力等级。为"王政复古"而献身的人被新政府以传统神道仪式，在特定场所"招魂""祭祀"行动的本身，就能给社会以一种荣耀性的记忆暗示，既鼓励和褒奖了社会成员为天皇献身的神圣性，又使社会成员在参与新政府的变革运动过程中形成了一种共同的历史记忆。"征服者所具有的威力以及国家所呈现的魄力都建立在群体想象力基础之上。尤其需要注意，正是由于受到这种想象力的影响，群体才得以建立起来。"[1]东京招魂社最初设立是服务于国内的政治需要，将传统神道祭祀活动转化为国内政治结构中的一个附属物，意味着神道与近代国家政治的结合。而其改名为靖国神社之后，尤其是日俄战争之后，由靖国神社主持的神道活动就从国内政治层面转换为国际政治层面上的"神道政治"了，对外侵略战争的阵亡者亡灵借助靖国神社的合祀而堂堂正正地成为日本社会集体记忆的一部分，并成为向日本全社会灌输的、统一的战争记忆。这种统一的战争记忆暗示或彰显的是为天皇而战、为神国开疆拓土的好战精神，是为帝国扩张而献身的一种荣耀和永恒。

日本在中日甲午战争以及随后侵占台湾的战事中出现第一次大规模的战争伤亡事例，据1895年9月29日的报告，在日清战役及台湾战争中日军战死851人、伤死233人、病死5 385人，合计死亡6 469人（后进一步统计后略有增加）。[2] 这是大日本帝国的第一次大规模对外战争，如何告慰这些

---

[1] 古斯塔夫·勒庞著，刘旭东译：《乌合之众》，台海出版社2016年版。
[2] 高橋哲哉：《国家と犠牲》，東京：日本放送出版協会、2005年。

战死者,如何安抚战死者的遗族、如何在下一次不知何时会发生的对外战争时,再次动员和激励士兵为天皇而战,这些问题是天皇和帝国首脑们必须要面对的问题。

明治政府所采取的对策就是用"英灵祭祀"的方式,将战死者遗族的悲伤和痛苦转化为喜悦和自豪的荣耀感,靖国神社成为明治天皇和帝国政府转化民众情感和忠诚度的"国家装置"。1895年12月15日在靖国神社为"日清战争战死者"举行了招魂式,16—18日连续三天为战死者举行临时大祭典,其中17日明治天皇以主祭的身份亲临大祭典,天皇和皇后都有"币帛料"(香火钱)的奉纳,又从国库中以"特别寄付金"的名义支给一万元,以昭示天下,天皇与臣民一体,天皇对战死者的褒赞之圣意。

神道祭祀活动的泛政治化滥觞于东京招魂社时期,而蜕变在日俄战争之后。

二、日俄战争后靖国神社蜕变成固化战争记忆的国家装置

对接受了近代西方文明的明治政府而言,古代日本社会对战死者亡灵的神道祭祀仍然充满着无限的魔力。

东京招魂社设立之初对战死者亡灵的合祀,是基于"怨灵信仰"和对古已有之的御灵神祭祀传统的继承,而经中日甲午战争尤其是日俄战争之后,这些在对外战争中战死者被赋予荣誉的颂扬、将战死者亡灵捧为"护国之神",以"忠灵""英灵"的名义加以"奉慰"合祀,这与传统的御灵神祭祀已经没有太大的关联性,这种祭祀更强调的是祭祀活动的政治色彩。也可以说,这是与中世、近世的对怨灵、御灵信仰的镇魂传统的一种切断,将其转化成作为天皇制国家的守护神忠魂的一种镇魂。亡灵向英灵的转变过程,实际上是靖国神社在近代天皇制国家政治形态中的地位和作用的一种改变,靖国神社通过对英灵的合祀,在日本社会培育出了一种新的信仰和精神,即靖国信仰或靖国精神。

"日俄战争后靖国神社作为把国民统一起来的精神核心力量发挥了很大作用。在靖国神社供奉的日俄战争战死者的人数,陆军为85 208名,海

军为 2 925 名,合计 88 133 名,相当于日清战争(甲午战争——引者注)的 6.6 倍多,占日俄战争当时适龄参军人数(出生于明治元年至明治十八年)的 1.3%,即在 1 000 名适龄参军人数中就有 13 名战死者。"

靖国神社在近代日本社会中特定宗教地位的陡升,是在日俄战争时期出现的一种政治现象。靖国神社与日本对外战争结合的紧密程度也是前所未有,此后的靖国神社不仅成为国家神道的核心神社,同时也成为日本军队宣誓效忠天皇和庆祝战争胜利的特定场所。靖国神社被天皇和政府刻意塑造成一个固化并升华日本对外战争记忆的特殊装置。

日俄战争时期为强化日本社会全体成员的战争动员和对这场"赌国运"战争的参与度,靖国神社渐渐成为一个聚集全社会关注的战争动员场所。1906 年 5 月 2 日,日本举行了凯旋阅兵仪式,阅兵式后阅兵部队正式参拜靖国神社,这是在甲午战争后所没有的。《陆军凯旋阅兵仪式要领细则》中规定:"出席或参加凯旋阅兵仪式的军人必须参拜靖国神社","参加阅兵仪式的是驻守东京的部队和来自全国的部队代表,光从阅兵场上众多的军旗就可看出其规模在日本军事史上是绝无仅有的"。日本陆军大规模地正式参拜靖国神社后,日本海军也于同日和次年的临时大祭上,派出舰队两次驶入横须贺港,各海军部队也都正式参拜了靖国神社。

靖国神社从最初的仅限于为国内政治斗争而死亡者的招魂、慰灵之地,已经悄然改变为一种工具、一个象征,成为将战死者亡灵与帝国的命运、天皇军队的荣威相结合的表达性艺术再现的一种神圣仪式,其祭祀仪式重点逐渐从"慰灵"转向"彰显"。纪念仪式对于一个社会的集体记忆塑造具有巨大的功效,尤其是以战争胜利者形象的纪念仪式,更易于和乐于被社会群体所记忆。"大众在信仰下往往会表现的盲目顺从和暴戾褊狭,此外他们还会在宗教情绪激发的过程中发动暴力宣传。正因为如此,人类的信仰往往都会被套上宗教的外套。对于大众,英雄人物就是不折不扣的神。"

"'英灵'一词在日本是以靖国神社为中心,用于表彰战死者的祭祀专用语,在日俄战争以后被普遍使用。战死者从靖国神社的角度来讲就是'祭神',在社会上一般称其为'英灵',是赞美其为优秀灵魂的意思。"近代日本国家疯狂地走向向外侵略和扩张的战争之路,整个社会群体对战争的狂热与追捧不是一种偶然的社会现象,它与日本从国家政治层面对战争记忆中胜利和荣耀的选择性记忆有着直接的因果关系,而靖国神社在这种集体的战争记忆塑造过程中扮演了唯一的和不可替代的作用。仪式的参加者和旁观者都从仪式的褒扬对象和集体的荣耀感中,获得作为历史见证人和支持者的满足感,通过这样的仪式强化了社会成员的国家意识和认同感,并为以后的全民参与战争行为寻找到了一条与国家历史、与皇国荣耀相连结的纽带。

美国学者保罗·康纳顿指出:"仪式不是日记,也不是备忘录。它的支配性话语并不仅仅是讲故事和加以回味,它是对崇拜对象的扮演。仪式操演传达和保持了即便是采取支配性话语形式的旧表象。这就意味着,在纪念仪式中被记忆的,是个人和认知记忆的集体式变体以外的东西。"[①]

靖国神社对日本政府借助日俄战争塑造荣耀性的战争记忆给予了充分的配合。1917年12月3日,靖国神社将例行大祭的日期作出变更。在此前的东京招魂社时期,一年四次的大祭日是1月3日(鸟羽伏见战争纪念日)、5月15日(上野之战纪念日)、5月18日(五棱郭开城纳降日)和9月22日(会津藩投降日)。显然这些"例行大祭日是日本内战时'官军'胜利的纪念日,已不适合作为现在把国民统一起来的精神核心力量的靖国神社大祭日了"。靖国神社为凸显日俄战争的国家主义色彩,将日俄战争后举行陆军凯旋阅兵式的纪念日,即4月30日确定为"春祭日",将日俄战争后举行海军凯旋阅舰式的纪念日,即10月23日确定为"秋祭日"。如果说东京招魂社是为内战阵亡者招魂合祀,是出于明治政府树立正统合法性政治地位而服务,是聚合臣民维护天皇统治的现实政治需要,而日俄战争后的靖国神社为对外侵略战争中战死者的合祀和招魂,则是将靖国神社的祭祀活动上升到日本帝国全体社会成员,为支持和参与大日本帝国对外战争提供合理性和正当性的国家意识层面之上,靖国神社的宗教地位已不再是单纯的日本臣民祭祀国内战争亡灵的场所,它已悄然蜕变成为大日本帝国对外侵略战争中的精神支柱和为皇国献身亡灵聚合的圣殿。

[①] 保罗·唐纳顿著、纳日碧力戈译:《社会如何记忆》,上海人民出版社2000年版,第81页。

三、天皇与靖国神社的政治合体："国家物语"

明治天皇（1852—1912）名为睦仁，1867—1912 在位，其孙昭和天皇（1901—1989）名为裕仁，1926—1989 在位。这两人对靖国神社的设立和特殊宗教地位的确立发挥了不可替代的作用。

靖国神社原本是以合祀戊辰战争中天皇一方的战死者而设立的，是为了彰显明治政府合法性和正统地位而创制的特殊宗教设施。明治政府的政治资源和军事力量与此前德川幕府（1603—1867）相比本无特别的优势，天皇家族在名义上的正统地位和部分藩主的效忠，是仅有可资利用的政治资源，显然这些资源并不足以替代德川家族在日本二百余年的"统治惯性"。将传统的政治资源与日本本土宗教——神道相结合，用传统的本土宗教为新政府的正统性注入神秘的宗教神力，不失为一种聚合社会民众的有效途径。明治政府为统合民众充分利用神道神社，在短时间内就创造出了诸多神社，以确立新的神道传统。如以勤皇派象征人物楠木正成为祭神的凑川神社、以护良亲王为祭神的镰仓宫、以崇德上皇为祭神的白峰神宫，重建以丰臣秀吉为祭神的丰国神社和祭祀织田信长的建勋神社等，用新的历史记忆驱除旧的历史记忆，不失为一种快捷的政治手段。"这些神社的创建，既有受厚祀拜者的御灵信仰的传统宗教意识的影响，但同时也有宣传否定德川时代的（道德）价值体系，宣告新时代到来的意图。"东京招魂社设立目的也大抵如此，至今背叛明治政府的西乡隆盛都不曾合祀入靖国神社。

为了彰显天皇与靖国神社的特殊关联性，靖国神社从建立伊始就由陆、海军共同管理，其日常事务由陆军省统辖，其"宫司"（靖国神社的实际管理者）由陆军大将职级的现役武官担任，神社运行的经费由宫内省承担，可以使用皇室专用的 16 瓣菊花纹章装饰，与明治神宫、伊势神宫享受同等待遇。通过这些特殊的安排，用神道的活动和仪式来吸引民众对新政府的关注和支持，这一点从东京招魂社设立之初就在有意识地进行。最初的招魂社被刻意营造成与庶民市井生活相融合的公众场所，据《武江年表》记载，东京招魂社成立之初的几年间,在例行大祭活动期间会有鸣放礼炮、燃放鞭炮(花火)、神乐表演、相扑比赛、赛马等娱乐活动,有浓厚的吸引东京庶民参与娱乐的特征,后来这种庶民娱乐性的祭日活动演化为每年 7 月 13—16 日举行的"前夜祭",也就是在每年中元节期间的"御灵祭"。这表明明治政府对寻求日本社会庶民阶层的政治参与与支持的强烈渴望。同时,在培养和强化日本社会各阶层对明治政府的认同感和归属意识方面,东京招魂社(靖国神社)的招魂、安魂、慰灵、英灵的神格化过程,无疑是发挥了一种催生、聚合、升华的特殊作用。靖国神社宣扬的所谓"靖国精神",可以解读为"'靖国精神'是日本的'国民精神',等同于是'日本精神',其本质是'为君国献吾身'的精神、'为国家欣然流血'的精神、为天皇和国家献身而'牺牲'的精神。如此,以这样的'牺牲'精神而死才能成为'英灵',才会得到国家最大的'感谢和尊敬',而且只有具有这样'英灵'的丈夫或儿子的遗家族,才配得上享有来自国民的'非常的感谢和尊敬'。"

明治、昭和两位天皇在靖国神社的神道政治化过程中是最重要的型塑者,尤其是在日俄战争之后靖国神社的"神格化"时期和侵华战争期间靖国神社的"彰显化"时期,两位天皇的参与度是空前绝后的。

"靖国神社作为天皇、军队与神社完全一体的军事宗教设施"[①]在日本发动的对外侵略战争中发挥过极为特殊的作用。

明治天皇"亲拜"靖国神社合计有 7 次:其中招魂社时代 3 次,甲午战争后的临时大祭 2 次,日俄战争后的临时大祭 2 次。后 4 次"亲拜",天皇穿着的都是陆军大元帅礼服。其子大正天皇"亲拜"靖国神社两次,分别是 1915 年 4 月 29 日供奉第一次世界大战战死者的临时大祭和 1919 年 5 月 2 日纪念靖国神社创建 50 周年祭典。而昭和天皇"从 1926 年即位至 1945 年日本战败投降的 20 年间,亲拜靖国神社达 20 次,平均每年一次"[②]。他"亲拜"时所穿着的也是陆军大元帅礼服。

天皇"亲拜"靖国神社的行为本身具有多重政治意味。首先,按照《明

---

① 土方美雄:《靖国神社国家神道は甦るか!》,東京:社会評論社,1985 年,第 3 頁。
② 据靖国神社编《靖国神社百年史・资料篇》(1985 年版)与《靖国神社百年史・事例年表》(1987 年版)统计得出。

治宪法》的规定,大日本帝国是由"万世一系之天皇统治之";"天皇神圣不可侵犯""总揽一切统治大权",也就意味着天皇是国家唯一的权力中心,是大日本帝国包括世俗权力和宗教权力的统一型领袖。明治政府时期建立的"祭政一体"国家制度,传统的神社、神道被置于以天皇为中心的宗教体系之内,国家神道存在的价值就在于以国家祭祀为中心,颂扬"万世一系的天皇统治"和"万邦无比的国体"。天皇在这样的权力体系中所处的特殊地位,决定了其政治行为所表达的"政—教复合"型的意义。"亲拜"靖国神社达到了将天皇的世俗统治权威与神道的宗教神秘性相结合的目的,在维护皇统和神格化的"国体"方面发挥着不可替代的政治辅助性工具的功能。

其次,明治天皇、昭和天皇身着陆军大元帅礼服参拜靖国神社,可以视为军队与靖国神社的"合体",激发和鼓励日本国民参加对外侵略战争中的积极性和热情,是培育全社会军国主义精神的"洗礼式"。依据《大日本帝国宪法》"海陆军队皆归天皇统帅",天皇以军队统帅者的身份借助靖国神社将天皇的统帅权与为天皇献身的将士的"英灵"结合起来,既彰显了天皇的绝对权力,又表彰了为天皇而牺牲将士的灵魂,还安抚了阵亡者家属的悲怨情绪,达到了收拢民众追随大日本帝国向外扩张的目的,明治时代的日本被刻意塑造成为日本荣耀的光辉历史时期,司马辽太郎所写的《坂上的云》等作品中浓郁的散发出歌颂、留恋明治时代帝国荣耀的历史记忆。对战死者亡灵的所谓"彰显",实际上是将战死作为一种"受人尊敬的牺牲",使亡灵圣化,以此来隐藏起战争冰冷凄惨的实态[①],使人们的

---

① 日本文学家、诺贝尔文学奖获得者大江健三郎曾撰写《冲绳札记》反省和追问二战末期冲绳当地民众被迫集体自杀的悲惨记忆,他"揭示造成这一惨剧的根本原因在于'自上而下的纵向构造',也就是'天皇→日本军队→日军驻守冲绳的第 32 军→冲绳各岛屿守备队'这种纵向构造"。他在讲到一个小岛上冲绳民众集体自杀时,是这样表述的"……村长三呼'天皇陛下万岁',聚集的村民也随声附和。手榴弹引爆后仍然活着的人,则由家人代为绞首断头,一共死亡 329 人。此番强制集体自杀的行动,是由'天皇陛下万岁'这句话引发的,这种情形令我感到异常恐惧。"(大江健三郎著、陈言译《冲绳札记》,上海译文出版社 2017 年版,第 3 页,另参阅岩波书店编、陈言译《记录・冲绳"集体自杀"审判》,上海译文出版社 2017 年版。)

战争记忆停留在"英灵"的圣环之中，而忘记战争残酷真实的一面。① 所谓"英灵祭祀"就是要人们将战死者的荣耀固化在记忆之中，同时将战死者参加的战争实态从战争记忆中抹消。靖国神社合祀战死者亡灵而产生的所谓"九段之母""靖国遗儿"，不仅固化了日本社会的战争记忆，同时用这样一种对死者亡灵的颂扬和死者遗族的褒奖，向日本社会的战争记忆中注入了神圣、英勇的记忆元素，为天皇而战的战争不再是令人反感的事情，为天皇而战、为天皇而死可以成为"英灵"，可以成为全社会战争记忆中的永恒，靖国神社成为日本对外侵略战争的精神策源地和保存战争记忆的唯一国家宗祠。

最后，天皇将"亲拜"靖国神社惯例化的政治行为本身，可以实现将为国献身者的亡灵超度上升为国家政治行为的高度，被纳入靖国神社的亡灵不再是普通世俗意义上的亡灵，而是升华为"为皇国而献身的英灵"，这些亡灵也不再属于个人或家庭，而是属于国家、属于全社会所共有。曾担任靖国神社宫司的陆军大将铃木孝雄说："在这招魂场上举行祭祀，是要把人的灵魂召回到这里，这时候招回来的是人的灵魂。但一旦在这里举行了供奉神灵的'奉告祭'，并把这些灵魂供奉到正殿后，他们也就变成了神灵。如果不充分理解这一点，尤其是遗族总是把亡魂当作自己的孩子看待是不行的，必须把他们看作是神而不能认为是自己的孩子。那些认为人的灵魂与神灵没有多大区别的人，就会出现各种思想上错误的表现。"②

从东京招魂社时期的招魂到安魂，到靖国神社时期的慰灵与表彰，从东京招魂社时期有栖川宫炽仁亲王以东征大总督身份主持招魂祭，到靖国神社时期明治、大正、昭和三位天皇"亲拜"的例行化，为天皇而战、为大日本帝

---

① 1962年日本文部省对家永三郎编写的历史教科书的修改要求中有这样一段事例，"（原书的记述：）作为'圣战'被美化，而日本军的失败和在战场上的残忍行径全部被隐瞒起来，故大部分国民无从知道真相。被置于不得不热心参与野蛮战争的状况之下。（此段记述不合格的理由：）如果要记述'日本军的残忍行径'必须写苏联军的暴行，还包括美国，否则就是片面的记述。"（子安宣邦著，赵京华译《日本现代思想批判》，上海译文出版社2017年版，第196页）
② 铃木孝雄：《关于靖国神社》，转引自大江志乃夫《靖国神社》（中译本）第125页。铃木在1938年4月至1945年1月担任靖国神社宫司。

国而战死者的亡灵,从普通人的灵魂升华为英灵,升华为神。"靖国神社与其他众多只有一个主神的神社不同,供奉在神殿中的数以百万计的亡灵均被视为主神,普通的亡灵升华为神社的主神意味着灵魂永生不灭,成为所谓的'英灵'。"①

记忆的反面就是遗忘。靖国神社"英灵"合祀形式使战死者的遗族将记忆的重点聚焦在"荣耀性的历史",而忽略和遗忘战争本身的悲惨过程与失去亲人的痛苦。所有人对战争本身的忘却,似乎以国家的名义被合乎情理地遗忘了,遗忘本身也就成为了社会的一种默契或共识,至于天皇的士兵为什么会出现在别国的土地上,在那里干了什么,因何而战死,其与对方国家的死者是何种关系等等本应属于战争记忆的内容,民众在战争中的"平庸的恶"都在"英灵"荣耀的光环下显得没有意义,"英灵"成为战争记忆的全部。而靖国神社在日本存在的价值就在于:它在深刻地塑造一种"光荣"的战争记忆的同时,又十分巧妙地将战争记忆中的凶残丑陋的另一面以"英灵"的名义堂而皇之的抹消了。

靖国神社的祭祀仪式不是祭祀人的灵魂的仪式,而是祭祀具有宗教性质的神灵的宗教仪式。靖国神社祭祀的亡灵不是普通意义上的亡灵,而是"英灵"。"英灵"是国家的、是天皇的,按照战前靖国神社宫司铃木孝雄的"权威解释","靖国神社是祭祀阵亡者唯一的'一国之祭庙',也就是说归宿在靖国神社里的是靖国精神,或者叫做'大和魂',它完全是日本的国民精神,换言之亦即'大和魂'永远坐镇在靖国神社里。如果在我们的心中培养这种精神,那么国民之'大和魂'就能得以充分发挥。"

据靖国神社官方 2004 年 10 月 17 日公布的资料,明治维新后历次战争中死亡者的供奉人数为:明治维新 7 751 人、西南战争 6 971 人、中日甲午战争 13 619 人、出兵台湾战争 1 130 人、镇压义和团运动 1 256 人、日俄战争 88 429 人、一战 4 850 人、出兵济南 185 人、"九一八事变"17 176 人、侵华战争 191 250 人,加上其他,共计 2 466 532 人。这二百多万亡灵的背后是上千万的遗族群体和无数个家庭,靖国神社对战死者亡灵的合祀与对亡灵的升

---

① 郑毅:《中韩日"战争记忆"的差异与历史认识重构》,《日本学刊》2016 年第 3 期。

华,等同于以国家的名义对这些战死者灵魂的"收藏"。靖国神社的祭祀形式发挥了将日本民众的家族史与天皇家的皇国史相链接、结合为一种日本式的家国历史记忆,而天皇的"亲拜"则是对日本社会的战争记忆赋予了荣耀性的赞扬与肯定。

"对于战败前天皇统治下的大日本帝国来说,靖国神社是一个巨大的、培养国民'大和魂'的国家祭殿,而这个'大和魂'指的就是国民为天皇献出生命的精神。"对战死者亡灵进行了某种形式的祭祀、纪念等习俗,不是日本社会所独有,东西方古已有之,世界各地的无名战士墓、烈士纪念碑等都是古老习俗与宗教观的一种体现形式。但像近代日本政府那样将战死者亡灵特别是对外侵略战争的战死者亡灵奉为"英灵",且刻意塑造成社会宗教传统的国家,日本或许是唯一的。日本因为从明治维新以后长期持续地发动对外侵略战争,截至第二次世界大战结束时产生了246万被纳入靖国神社合祀的"英灵"。从靖国神社建成到所谓的"英灵奉祭",这一日本社会战争记忆的型塑过程中,表现出一种浓厚的国家主导有意识地将侵略战争合法化、正当化甚至荣耀化的政治意图。明治政府在新政权成立伊始就急迫地通过神道祭祀的途径,为新政府和新的政治权威寻找传统的宗教基础。中日甲午战争尤其是日俄战争之后,靖国神社被打造成了日本近代社会战争"记忆的场",而"英灵祭祀"则成为这个"记忆的场"的记忆主题,战争和"英灵"也就自然而然地成为近代日本社会的"国家物语",民众被动员加入到这场以战争为主题的"国家物语"之中,在战争中既是他国民众的加害者,同时又不可避免地成为战争的受害者。日本社会战争记忆中的受害者意识与加害者意识之间的纠结与困窘,映射的历史倒影正是靖国神社中供奉的"英灵"所暗喻的(侵略)战争合法性意识,与基于战后国际社会对"日本对外发动侵略战争"的共识意识两者之间的冲突。日本政界人物参拜靖国神社之举,是在和平年代对过往侵略历史的一种政治化重塑,如果日本社会的战争记忆仍然聚集在靖国神社的"英灵"之上,如果战争英灵依然是战前"国家物语"的主色调,日本社会的战争记忆就会处在"崇拜战争英灵"和"执着于和平诉求"两种对立的意识中博弈和纠结。正如日本思想史学者子安宣邦指出的那样:"建设'纪念馆''纪念碑'乃是要彰显某一集团的过去记忆,并作为集体记忆而铭刻下来的历史表象化行为。因此，追悼作为国家行为之战争战殁者'纪（祈）念馆、纪（祈）念碑'建设，乃是由国家发出的对战死者记忆的历史表象化行为。而且，如今这种历史表象化的行为试图将国民的战争记忆凝结成一个历史表象的总体，可是结果却反而暴露了国民历史意识的分裂，并进一步促成了这种分裂。"①

尤其在第二次世界大战结束已逾70年的现在，有战争体验的人绝大多数已经过世，当前东亚社会各民族国家战争记忆的保留、传承的主体几乎全是没有战争体验的群体。② 这些族群主体战争记忆的代际传承与各自国家的集体记忆重构过程相同步，如何让无战争体验群体的历史认识与战争记忆的重构过程相伴相生，如何让本国战争记忆的重构与被侵略国家的战争记忆不构成根本的对立，显然不是日本一国的国内政治问题，而是一个开放的国际性政治问题，它甚至可能会关乎两国乃至两个民族之间的相互认识与理解。

靖国神社是近代日本社会在政治体制转折时期与新国家相伴而生的产物，最初它是基于日本社会习俗和传统宗教意识而建成的一个祭祀内战战死者的场所，表现的形式是国家与宗教的关系；随着中日甲午战争和日俄战争的发生，靖国神社成为日本社会固化战争记忆的"记忆的场"，靖国神社与日本帝国的对外侵略战争结成了一种政治与宗教的合体关系。二战结束后，随着美国占领当局对日本国家神道的改造，靖国神社一度脱离了国际社会的视线，甚至在20世纪五六十年代东京审判的乙丙级战犯被先后合祀入靖国神社，国际社会仍视之为日本国内的宗教问题。随着70年代末甲级战犯合祀问题的出现，靖国神社成为日本国内社会生活中的"政治的磁场"。从前首相吉田茂在20世纪50年代开始，日本保守政治人物频频参拜靖国神社，尤其是1985年时任首相中曾根康弘的公式参拜，当时引发了中韩两国的强烈外交抗议，靖国神社又成为日本在历史认识和外交领域与中韩关

---

① 子安宣邦著，赵京华译：《日本现代思想批判》，上海译文出版社2017年版，第214页。
② 日本首相安倍晋三在2015年8月14日的战后70年谈话中指出："现在我国（日本）国内战后出生的一代已经超过了总人口的八成。我们不能让与战争毫无关系的子孙后代承担起继续道歉的宿命。"这种人口比例在东亚其他国家也基本相似。

系紧张的"外交磁场"。显然,靖国神社问题已经不再是日本国内的宗教信仰问题,它在东亚社会中的特殊性使其成为一个国际性的外交问题,这是日本政治人物和民众必须面对的现实。

(作者郑毅,北华大学东亚历史与文献研究中心,原文刊于《吉林大学社会科学学报》2018年第1期,《新华文摘》2018年第7期全文转载)

战后日军残留山西始末

叶昌纲

抗日战争胜利后，某些侵华日军仍然留恋"大东亚共荣圈"的迷梦，不甘失败，以种种形式继续残留在我国的北京、长春、青岛、上海、杭州、汉口以至海南岛等地。这些残留日军在我国解放战争时期，都在不同程度上卷入国民党发动的反共战争，扮演了极不光彩的角色。残留山西的日军就是一个突出的典型。因此，弄清战后日军残留山西始末，对于研究我国解放战争史和近代中日关系史，或许不无小补。

一、日军残留山西问题的酝酿

早在1945年5月，盟军攻克柏林，德国法西斯彻底崩溃之际，侵华日军已经预感末日来临，并意识到战后的日本国土将被盟军占领，从前日本的海外殖民地朝鲜将恢复独立，东北、台湾将归还中国，日本在中国大陆的侵略势力亦将丧失殆尽。在这种形势下，是温顺地放下武器回国呢？还是煞费苦心残留中国，以便等待时机，东山再起呢？这是当时摆在侵华日军面前的何去何从的两条道路。侵华日军山西派遣军（即北支那派遣军第一军，下同）中的大部分人选择了前一条道路，而日伪山西省政府顾问辅佐官城野宏、日军山西派遣军参谋长山冈道武和参谋岩田清一等，却选择了后一条道路，即主张残留山西。

城野宏等之所以萌发战后日军残留山西的思想是因为:第一,山西有阎锡山这样亲日反共的人物及其势力的存在。城野宏等认为,阎锡山战后一定会作为"胜利者"归来,再次成为山西的霸主。阎锡山过去统治山西30年,一直把山西当作他的独立王国,战后他再次成为山西的统治者,对国民党政府来说也完全有可能是一成服从而九成独立,故即使是在战后,中国方面收复失地、驱逐日本人势力的情况下,山西也有可能采取保存日本人势力并与之合作的措施。因此,如果战后日军残留山西并同阎锡山合作,就有可能在有利于日本的情况下,实际利用山西的力量。总之,阎锡山及其势力的存在是战后日军残留山西的"最重要的条件"①。第二,山西拥有一定战斗力的伪军。截至1945年春,日军山西保安司令部所属的能够自成体系、独立作战的伪军总兵力约五万人。该部拥有四个指挥部(师团)、二十四个团(联队)和十八个独立机动大队。在城野宏等看来,拥有如此战斗力的伪军,即使是在日本投降后,日军脱离战斗并完全得不到来自日本的武器和兵员补充的情况下,如果同阎锡山建立合作关系,充分发挥伪军的作用,就其实力来说,也完全有把握确保山西的主要占领区,而这又将为战后日军残留山西提供了有利条件。第三,山西蕴藏着丰富的自然资源。城野宏等认为,战败后的日本,即使被外国占领,也不致被灭亡,相反"复国的希望为期并不太远"②,但重建日本的关键问题是控制资源。衡量战后日军残留中国某地有无实际价值,唯一的也是最重要的标志,就是该地区是否具备可供日本利用的必需而丰富的自然资源。而山西在这方面又有得天独厚的条件。它的自然资源极为丰富,不仅拥有举世闻名的煤炭资源,而且还拥有丰富的铁矿石、石灰石、石膏、硅酸土等等。如果将山西确保在日本人手中,即使是在战后日本丧失中国东北和朝鲜的资源来源的情况下,也完全能够抵偿有余。战后的日本,如果能引进技术人员和机械设备,对山西的自然资源进行开发,那么"将会给日本提供数千万吨的煤炭、矿石和粘结炭、化工原料,并能获得像欧洲大国那样大小的商品市场"③。第四、山西的经济能够独立。城

---

① 城野宏:《山西独立战记》(日文版,下同),雪华出版社出版,第38页。
② 赵瑞:《阎锡山勾结日军的罪恶活动》,《山西文史资料》,第4辑,第58页。
③ 城野宏:《山西独立战记》,第11页。

野宏等深知,阎锡山在山西惨淡经营30年,独立地建成了从重工业到轻工业的一系列工业体系。在山西省之内,能够独立地制造人类生活中基本必需的工业品。机械工业的规模虽小,但从工作母机到大炮也都能够自行制造。同时,在山西,矿石、燃料、棉布、蔴、烟草等几乎一切的工业原料以及粮食等亦能实行自给。此外,在地形方面,山西四周皆山,能够进入山西的通道,只有通过东部娘子关的正太线(即河北正定至山西太原)和通过北部大同、宁武的北同蒲线,西部和南部则隔黄河与陕西、河南相望。山西无论在经济方面,抑或地形方面,也具有脱离其他省区而独立的条件。如果战后日军残留山西,与阎锡山的势力相结合,而把山西置于独立的体制之下也是完全有可能的。正是基于上述考虑,城野宏等萌发了战后日军残留山西的想法。

　　与此同时,阎锡山方面也在酝酿战后日军残留山西的问题。远在1944年秋,阎锡山就制造舆论说:"凡任何一国谋取政权的党团,在对外战争结束之前",没有不是"藉上外力达成他夺取政权之企图"。[①] 1945年8月初,阎锡山同日本北支那派遣军参谋长高桥坦在山西孝义县瑶圃村会晤时,更是直接向高桥坦提出"日本寄存武力于中国"[②]的建议。阎锡山之所以拟在战后留用日军,也是事出有因的。第一,借助日军帮助他抢夺抗战果实和进行反共内战。阎锡山深知在战后恢复其军阀统治,最大的障碍是共产党及其领导的武装。然而,由于"山西军非常软弱,缺乏战斗力"[③],"迫切希望留用日军"[④],以"应付未来的战争与未来的敌人"[⑤],即帮助他"防守山西,抗拒共产党的军队"[⑥]。第二,阎锡山对日本军国主义及其军队极为崇拜。20世纪初年,阎锡山留学日本时期,就深受日本军国主义的熏陶。他在1915年撰写的《军国主义谭》一书中,就曾说:"曩予留学东瀛时,尝欲研究其强盛之

[①] 阎锡山:《会长重要训话辑》,解救工作干部训练委员会印,第43页。
[②] 陈少校:《阎锡山之兴灭》,香港致诚出版社出版,第225页。
[③] 日本防卫厅战史室编、天津市政协编译组:《华北治安战》(下),天津人民出版社1982年版,第129页。
[④] 日本防卫厅战史室编、天津市政协编译委员会摘译:《日本军国主义侵华资料长编》(下),四川人民出版社1987年版,第756页。
[⑤] 阎锡山:《阎司令长官抗战复兴言论集》,第9辑,抗战复兴出版社出版,第111页。
[⑥] [美]唐纳德·G.季林著、牛长岁等译:《阎锡山研究》,黑龙江教育出版社1990年版,第308页。

由,进而考其政教风俗,凡社会所表现,报纸所记载,随在均含有军事意味,纯然军国主义之国。……惟冀于吾国军事前途,有当万一,窃用自幸多矣。"①抗战爆发前后,阎锡山更是不断称赞乃至吹捧日本军国主义及其军队,并以此激励自己的部下,如说什么日本"法西斯少壮军人派之组织不过二三百人,但却是一个真正革命的组织,都有牺牲不顾一切的精神"②、"十万中国兵也顶不了一万日本人"③、在日本军国主义管理之下"能把难能变为易能,变不可能为可能"④,等等。正是在这种思想指导下,阎锡山"故才那样热心、那样肝胆相照、千方百计地要求日军残留与合作"⑤。第三,阎锡山作为一个亲日派军阀,远在辛亥革命后,他就极力与当时的日本建立所谓"亲善友好关系"。1930年秋,阎冯倒蒋失败后,他又托庇日本,避居大连,深受日本的礼遇。卢沟桥事变后,他迫于形势,打着抗日的旗帜,进行过一些抗战活动。但每当他的政权处于存亡危急之秋,又大造妥协投降舆论,甚至在暗中同日军举行所谓"谈判",签订反共军事协定,交换军用物资⑥等。抗战后期,他看到国际形势的发展对日本不利,一方面诡称从前同日军的关系是"交浅而言深"⑦,企图掩盖其妥协投降行径,另一方面又与日伪合谋,采取种种"策伪政策",打入日伪统治区"潜滋暗植"⑧。阎锡山深知,他同日本间的这种关系,对他在战后残留日军是非常有利的。

综上所述,在日本投降前夕,由于种种原因或条件,城野宏等萌发了战后日军残留山西的思想,而阎锡山也迫切希望战后日军残留山西。两厢情愿,这就是战后日军残留山西的共同基础。正如城野宏后来回忆:"残留山西的想法并非是在柏林陷落的一瞬间,突然出现在桌面上的构想。产生这

---

① 阎锡山:《军国主义谭》,单行本"序言"。
② 阎锡山:《阎司令长官抗战复兴言论集》,第2辑,第117页。
③ 陈少校:《阎锡山之兴灭》,第238页。
④ 阎锡山:《阎司令长官抗战复兴言论集》,第9辑(下),第12页。
⑤ 城野宏:《山西独立战记》,第97页。
⑥ 参见白井胜编:《关于岩松义雄对阎伯川工作资料》(日文版),《日中战争》第5集,第449—521、493页。
⑦⑧ 山西政协文史资料研究委员会编:《阎锡山统治山西史实》,山西人民出版社1984年版,第340页。

种想法并日臻成熟是因为存在着那样的客观基础和有血有肉的具体条件。"①

二、战后阎日磋商与残留日军的组成

正值城野宏等和阎锡山酝酿和考虑战后日军残留山西问题时,苏联出兵中国东北,美国也向日本广岛和长崎投下了原子弹,从而将历史推进到了1945年8月15日这个世界大战终结的时刻。阎日双方便迫不及待地将日军残留山西问题提到了议事日程。

日本宣布无条件投降的第二天,阎锡山就通过其妹夫梁𬀩武向日军山西派遣军司令官澄田睐四郎等表示:"今后我们将充分援助你们。"②8月18日,原山西省保安司令部副司令赵瑞秉承阎的意旨,再次请求日军与阎合作。他对城野宏说:"这次我被阎长官任命为省防军第二军军长。部队里的人,都和您有很深的关系,因此请您一如既往地予以指导。"③此后不久,阎的第七集团军司令赵承绶又对城野宏说:"这次日本的失败是政治的失败,而不是军事的失败。失败者的地位只是暂时的,今后的问题是中日如何团结一致,抵抗北方。为此希望得到你们比以前更好的合作。"④8月底,阎锡山在从晋西返回太原而途经平遥火车站时,又要求前去迎接他的山冈道武,把在那里接受检阅的原日军山西派遣军直辖特务队樱部队送给他。阎锡山返回太原后,不仅同日军频繁接触,密谈残留事宜,而且还将滞留太原日侨中的几百名所谓"有识之士"召集到省政府的大礼堂,对他们说:"假如诸位能留在山西,同我们合作,我们将不但保证诸位生命财产的安全,同时在经济上予以报偿,在生活上予以照顾。"⑤

如前所云,城野宏等为了等待时机,重新复活日本军国主义,也主张战后日军残留山西,与阎锡山合作。因此,当上述梁𬀩武第一次向澄田睐四郎

---

① 城野宏:《山西独立战记》,第22页。
② 城野宏:《山西独立战记》,第50页。
③《山西文史资料》,第45辑,第36页。
④《山西文史资料》,第45辑,第37页。
⑤ 城野宏:《山西独立战记》,第58、50页。

暗示阎锡山愿在战后同日军合作的意向之后,澄田睐四郎就对城野宏说:"今后充分运用你长期积累起来的同中国方面关系的时机到来了。请好好干吧!"①而早就酝酿并主张战后日军残留山西的城野宏则一边立即决定让他所控制的原山西省保安司令部的伪军确保占领区,以等待阎军的接收,一边又通过原日军山西派遣军司令部发出命令,令该部队进驻太原附近的西山一带,并以其主力阻挡八路军接收太原。次日,城野宏又亲自出马,煽动原保安司令部的高级官员同阎锡山合作反共,并任命该部参谋长李渤为前敌指挥官,令其负责西山一带的"防务"。

1945年9月初,阎日双方在太原正式开始了关于日军残留山西问题的谈判。出席这次谈判的阎方代表是赵瑞,日方代表是城野宏和岩田清一。谈判是在没有翻译人员参加的极端秘密的情况下进行的。谈判的时间,从每天深夜十二点开始,至次日凌晨四点结束。赵瑞在每天谈判结束后,马上回去向阎报告当天谈判的始末,并接受阎有关第二天交涉的指示;岩田清一也在每天谈判后,回到原日军山西派遣军司令部,向山冈道武报告并接受其指示。谈判就这样持续了五天,并终于达成了日军残留山西的协议如下:第一,日军遵照阎锡山的要求,将日本军人编为部队并置于阎的指挥之下。其方法是以日本人自愿为原则,采取就地退伍,由日军方面负责办理其复员手续;第二,阎锡山对留用的日本军人,一律给以军官待遇,并在日军原有级别的基础上,提升三级;第三,给全体日本军人安排宿舍并准其营外居住;第四,以招聘者优待全体留用人员;第五,协议有效期暂定为二年,将来由阎方负责留用日军的归国事宜;第六,在中日两国交通恢复时,阎方给留用日本军政人员从日本接来家属或给其家属汇款等方便,同时要特别欢迎留用日军同中国妇女结婚。②

协议达成后,阎日双方便共同着手残留工作。其具体做法,第一步是成立"合谋社"③,作为发动和组织日军残留山西的专门机构。所谓"合谋",即阎日双方志同道合、共谋其事之意。该社社长为梁綖武,副社长为阎的内亲

---

① 城野宏:《山西独立战记》,第58、50页。
② 同上书,第40—41页。
③ 参见《山西文史资料》第4辑,第56—75页;陈少校:《阎锡山之兴灭》,第238—239页。

徐祥寿,下设:军事组,专负动员日本人残留之责;经济组,专负收集处理日本人遗留物资和日商经营之责;总务组,专负收发文件、秘书翻译和其他事务之责;文化组,专负对内外宣传解释和安排日本人娱乐之责。第二步是采取措施,动员日军和其他日本人残留。其做法又分为三点:第一,制造残留舆论,宣传残留意义。"合谋社"成立后,城野宏针对某些日本人对残留山西的"怀疑态度"①、与"日本军民愿意留下者和热望归国者之间发生对立"②等情形,炮制了《日本人的立场》③一书,多方兜售,广为散发。在该书中,他极力宣扬所谓复活日本军国主义的可能性、国际形势的发展趋势以及日军残留山西的目的和意义等,并大肆煽动复仇主义,要日本人"卧薪尝胆,为了复国而残留"④。不仅如此,城野宏等还组织不少人分赴太原、榆次、阳泉、忻州以至大同等地,对当地日军进行煽动和欺骗,以打消这些日军的归国念头,并促使他们下定决心,残留山西;第二,成立各种机构,安置或网罗日本技术人员和军人家属。"合谋社"成立后,城野宏等为了解决日本技术人员和日军家属的就业和生活问题,以引诱更多的日本人残留山西,专门设立了"日侨职业介绍所"⑤和医院等机构。曾在 1928 年策划皇姑屯事件而在战时出任山西产业株式会社社长的河本大作,此时还组织了一个"水曜会"⑥,即星期三聚会,作为太原残留人员的核心组织。与此同时,阎锡山方面为弥补"合谋社"所达不到的盲点和死角,也设立了"亚洲民族革命同志会"⑦、"日侨管理处"⑧、"资源调查社"⑨等,以网罗各方面的日本人。第三,宣讲残

---

① 赵瑞:《阎锡山勾结日军的罪恶活动》,《山西文史资料》,第 4 辑,第 59 页。
② 《日本军国主义侵华资料长编》,(下),第 757 页。
③ 陈少校:《阎锡山之兴灭》,第 240 页。
④ 《日本问题文件汇编》,第二集,世界知识出版社 1958 年版,第 134 页。
⑤ 该机构对于自愿留在山西的日本人,先让其进入山西省训练团特训队,进行为期两周的有关阎锡山施政及其他方面的学习,后再让其从事自己所希望从事的职业。
⑥ 《山西文史资料》编辑部编:《华北最后一战》,第 262 页。
⑦ 简称"亚民会",亦称"亚盟会",其负责人徐士洪和城野宏。详见《山西文史资料》第 4 辑,第 60 页。
⑧ 该机构是负责管理日军之外的日本侨民的机关。它负责登记留用日侨、办理户籍事务、设立日侨子弟学校等工作,故实际上代行日本领事馆的职能。详见城野《山西独立战记》,第 71-72 页。
⑨ 该机构以调查资源为名,实则是吸收原日军对共情报和成果的组织。参见城野宏《山西独立战记》,第 74 页。

留政策，以稳定残留日军的军心。"合谋社"成立后，阎锡山方面为发动更多的日军残留山西，针对某些日军对残留山西的疑虑，还利用各种场合，反复宣讲其所谓"残留政策"，即凡系被留用的日军，一律官"晋三级，兵发双饷"①。与此同时，城野宏等也反复强调阎锡山"残留政策"的深远意义，如城野宏说："阎长官这个留用政策，不仅对中国有利，而且对日本将来的复兴也有更深远的利益，凡是不愿回国做亡国奴而具有武士道精神的日本国民，都应该义不容辞地勇敢无畏地留下来。"②

正是在上述组织和舆论准备的基础上，揭开了日军残留运动的序幕，组成了残留日军。最早以有组织的日本人部队实行残留的是"铁道护路总队"③。这是阎锡山通过其亲信徐士洪伙同原日军青岛警察专员古屋敦雄所建立的由日侨组成的残留部队。该部下设四个大队，实际上只有第一和第四两个大队，而第二和第三两个大队只有队长，并无队员。④"合谋社"因以残留日本军人为己任，故在"铁道护路总队"组编之初，并未插手其事。嗣因阎锡山的指使，城野宏方以原五台县合作社顾问井上义雄为队长，编成一个大队（后为第二大队），以阳泉矿务局的工警队长、原日军大队长敷田为队长，编成第五大队，以铃木为队长编成土木工程队，以日里哲郎为队长编成通讯队等。⑤ 此后，城野宏还派原霍县伪军指挥官五城邦一和汤泽正分赴石家庄和北京，煽动那里的日本人残留山西。正是在他们的煽动之下，原在石家庄的几百名日本人和原在北京光行普济会的几百名日本人也先后来到了太原。后者还组成了专事反共的"五台工程队"⑥。另外，在徐士洪的策动下，日本人隅谷也纠集原在北京的日侨一百余人抵太原，组成了"特别警备队"⑦，等等。

通过上述残留运动的初步实践，城野宏和岩田清一等认为正式组编大

---

① 实际上，阎锡山对所留用的日本士兵，不但发双饷，且在后来一律晋升为少尉或中尉。参见《山西文史资料》第 4 辑，59 页。
② 《山西文史资料》，第 4 辑，第 59 页。
③ 参见《山西文史资料》第 4 辑，第 60 页、城野宏：《山西独立战记》，第 75 页。
④ 参见陈少校：《阎锡山之兴灭》，第 242—243 页；城野宏：《山西独立战记》，第 75 页。
⑤ 城野宏：《山西独立战记》，第 76 页。
⑥ 《山西文史资料》，第 45 辑，第 54 页。
⑦ 城野宏：《山西独立战记》，第 77 页。

规模日军残留山西的时机已经成熟,故于1945年年底,拟订了将战后在山西的日军改编为残留部队的计划。按照这个计划,要建立残留日军司令部,并下设九个步兵团,加上特科队、医院、生产机构等,总兵力约一万五千人。① 与此同时,城野宏等人还准备以此为基干组建总兵力为六万人的三种类型的部队,即一、全部是日本人的部队;二、唯指挥官和基干人员为日本人而余皆中国人的部队;三、全部为中国人,但置于日军编制之内并受日军指挥的部队。② 正是在这种思想指导下,1946年年初,城野宏等在太原正式召开残留日军的组编会议。同年2月,原日军山西派遣军下达了组编残留日军的命令。令原日军的各旅团分别组编一个步兵团(联队),在残留日军司令部下设一个直属步兵团,同时在各步兵团中设立特科队、医院和生产机构等。此后,原日军山西派遣军司令部又决定由原日军一一四师团长山浦三郎担任残留日军的司令官。但是,残留日军的组编命令下达后,因原日军中归国派的抵制和反对,故组编计划未能全部实现,而只是将包括铁道护路总队在内的部分愿意残留的日军,改编为六个特务团(后于1947年夏改编为暂编独立第十总队)。加之,留下担任其他职务的日军人员,实际残留山西日军的总数约五千余人。这些残留日军分别驻在太原、榆次、阳泉等地,名义上由山浦三郎领导,但因山浦三郎留驻原防地榆次,故实际上,统归护路司令赵承绶、副司令原日军旅团长元泉馨(后改名为元全福)和岩田清一指挥。与此同时,阎锡山在大同方面也残留了近千名日本人,成立了"大同保安总队"(后改编为"大同教导总队"),并将原日军在大同的战车队改编为"大同坦克车队"。此外,在阎锡山的碉堡建设局、兵工厂和医院等处也留用了为数约几百名的日本工程技术人员和医生等。③

三、残留日军的覆灭

如前所云,早在日本宣布无条件投降之后,城野宏就立即命令原日伪军

---

① 实际上,截至1946年春,阎锡山共留用日本人(包括军人、技术人员和家属),约6千余人。
② 城野宏:《山西独立战记》,第85页。
③ 《山西文史资料》,第4辑,第60、61页;陈少校:《阎锡山之性灭》,第243页。

就地驻防,确保占领区,迎接阎锡山的到来。8月17日,原日军山西派遣军与阎方又达成所谓"妥定事项"①,规定日军仍驻防地候令,万勿将防地让给共军,如共产党派大军前来接收太原,应由日阎双方共同负责堵击,但日军需负主要责任等。正是在日军的密切配合下,战后不久,阎锡山不但迅速抢占了太原、榆次、临汾等山西的大部分地区,并得以向河北省直接运送两个师的兵力,帮助孙连仲抢夺战果和进攻解放军。② 重庆谈判期间,当阎军大举进攻上党地区时,原日军独立第十四混成旅团旅团长元泉馨即将其长治一带的"防区"移交阎军,旋即率所部日军移驻东(观)沁(县)铁路沿线,拒绝解放军接收,并积极配合阎军,对解放区大肆扫荡和袭击。阎军进犯上党地区失败后的1946年1月,以小田切正男为队长的省训团特训队和以藤本参谋长为首的铁道护路总队以及以元泉馨为旅团长的独立第十四混成旅团等残留日军,又密切配合阎军进攻东沁铁路沿线的解放军,企图再次"收复"上党地区,但同样以失败告终。同年七、八月间,以今村方策为团长的特务团第二团和大同保安总队则分别进攻驻防忻州和大同地区的解放军。嗣因大同保安总队作战"有功",国民党中央政府的有关部门还授予该总队长林丰少将以干诚勋章,以示嘉奖。③ 与此同时,元泉馨还以阎军第八集团军副司令的名义,指挥阎军两个师和部分残留日军,进入寿阳和太谷一带,企图一举消灭在这两个县内的解放军及其地方部队。在这次作战过程中,由岩田清一率领的残留日军,竟然在光天化日之下,打着太阳旗和印有"神州疾风连"④字样的日军战旗,极为嚣张。

1947年2月,阎锡山为消灭驻扎在汾阳和孝义两县境内的解放军,而挑起了汾孝之战。这一战斗开始前,阎的军事顾问澄田睐四郎和山冈道武等又积极为阎出谋划策,如建议阎采取"集中兵力,夜间行动,对敌包围聚歼"⑤等作战方法。战斗打响后,山冈道武还亲赴平遥同在那坐镇指挥的阎

---

① 东北地区中日关系史研究会编:《中日关系史论集》,第二辑,吉林人民出版社1984年版,第305页。
②《山西文史资料》,第45辑,第66页。
③ 城野宏:《山西独立战记》,第108、109页。
④ 同上。
⑤ 赵瑞:《阎锡山勾结日军的罪恶活动》,《山西文史资料》,第4辑,第68页。

锡山共商作战计划。在这一战斗中,元泉馨还率领由原日军改编的保安大队一部和装甲部队,直接配合阎军,进攻解放军。但在解放军的英勇还击下,阎日军队在汾孝战斗中再遭失败,并被歼八千余人。

同年5月,在阎锡山的指使下,元泉馨伙同赵承绶又指挥驻阳泉的阎军第十纵队和残留日军特务团第十五团,挑起了阳泉之战。在此战斗中,城野宏始而用火车将阎四十六师、七十一师和残留日军特务团第一、二、三、四团等阎日军运往阳泉,进行所谓"救援",继而又亲率残留日军特务团第一团和阎军第八纵队赶赴阳泉附近之寿阳前线,直接参战。这一战斗失败(阎日军被歼一万余人)后,城野宏撰写了《阳泉失陷的教训》①一文,发至全军,令其讨论,妄图通过总结该战斗的经验教训,再行报复。

不仅如此,在阳泉之战结束后,城野宏等在继续率领残留日军,配合阎军,进攻解放军的同时,集中主要力量加强对阎日军的整顿和训练,如制订《紧急战力扩充纲要》②,以增加中国人士兵;开展"严峻的军事训练"③,以提高官兵的军事素质;免去山浦三郎原残留日军司令官的职务,任命对残留运动更为热心的原特务团第二团团长今村方策为残留日军司令官,以加强对残留日军的领导;将残留日军改编为中央军,并改名为暂编独立第十总队,等等。与此同时,城野宏为实现国民党政府"勾引日本反动派来华"④和阎锡山招募外籍军团"兴城复省"⑤的企图,还煞费苦心地起草了《紧急时态对策》⑥一文,建议蒋、阎等人从日本募集十万名义勇军。为此,城野宏和今村方策等还派残留日军特务团第三团团长永富浩喜赴上海,开辟具体交涉之路。⑦ 此外,阎锡山在无罪释放山冈道武和山浦三郎等人回国时,也叮嘱他们回国后为之招聘"优秀"指挥官⑧等。然而,这些如意算盘,随着晋中战役

---

① 城野宏:《山西独立战记》,第138页。
② 《山西文史资料》,第45辑,第120页。
③ 城野宏:《山西独立战记》,第164页。
④ 《中共发言人关于命令国民党反动政府重新逮捕前日本侵华军总司令冈村宁茨和逮捕国民党内战罪犯的谈话》,《毛泽东选集》(1-4卷合订本),第1333页。
⑤ 孙凤翔:《为阎效命的日俘就歼记》,《山西文史资料》,61-62合辑,第256页。
⑥ 城野宏:《山西独立战记》,第164页。
⑦ 《山西文史资料》,第45辑,第121、122页。
⑧ 同上。

的一声炮响,都统统化为灰烬。

1948年6月,人民解放军为了实行战略决战,在徐向前等率领下,展开了晋中战役。晋中既是阎锡山的统治中心太原所在地,又是他在丢失运城地区后唯一的粮食基地。因此,阎锡山认为确保晋中是维护其政权的关键,否则"退守太原只能坐以待毙"①。故当解放军进攻晋中时,阎锡山经同日人合谋后,决定令其最精锐的"王牌军",即全部日式装备并由日本教官训练而成的亲训师和亲训炮兵团,负隅顽抗。但当该军企图在孝义一带闪击解放军时,却反被解放军所全歼(被歼一万五千余人)。与此同时,由今村方策、城野宏和元全福等率领的阎日混合军抵祁县后,亦因受到解放军的迎头痛击,而被迫折回太谷。后当赵承绶和元全福率部逃至太谷、榆次、徐沟之间的三角地带时,又被紧迫不舍的解放军截击包围,加之,修文以南的铁路已被破坏,故被围的阎日军,除极少数突围之外,余皆被歼。7月15日,元全福在指挥作战时被解放军的炮弹击伤,并因惧怕被俘而自杀。② 残留日军特务团第六团团长被击毙,第三团团长被俘。次日,赵承绶亦被俘虏。至此,在晋中战役中,阎日混合军被歼达七万余人。③ 加之,同一时期,阎日混合军在临汾和忻州两地亦被歼二万五千余人。故阎锡山号称拥有十万之众的野战军已全部土崩瓦解,残留山西的日军也死伤、被俘过半,几近覆灭。

晋中战役后,龟缩在晋中各城镇的少数阎日军如坐针毡,并纷纷逃至太原。但当时的太原已处在风雨飘摇之中,阎锡山政权的倾覆已为期不远,故城野宏等通过与阎锡山的交涉,并征得阎的同意,遂让留在太原的日本人中的非战斗人员、老弱病残者、妇女及其家属先行回国。这样一来,在太原的残留日军只剩下以青年人为主的三千人。④ 这时,城野宏等还将其部下松本广濑派往北平⑤,企图通过他在那里建立若干企业,以便在不久的将来,

---

① 参见杨彬著《太原阎军粮食补给恐慌混乱状况》(载《华北最后一战》)、城野宏著《山西独立战记》第186页。
② 刘海清:《晋中战役概述》,《山西文史资料》,第58辑,第7页。
③ 在晋中战役中阎日军被歼人数就管见所及,还有两种说法:一说被歼灭10万余人;一说被歼6万人。
④《山西文史资料》,第45辑,第142页。
⑤ 松本广濑在此之前,曾被城野宏等派至平、津一带为将来收容残留山西的日本人,做过准备工作。

收容在山西的日本人。城野宏等一边协同阎锡山在太原南郊设立收容站,以收容在晋中战役中败阵下来的散兵游勇,一边又将残留的部分日军改编为绥靖公署教导总队,并整编为三个步兵团和一个炮兵团,准备再战。1948年8月,澄田睐四郎在踏勘太原四郊山水之后,还为阎锡山制定了所谓《太原防御计划》[1],提出依托碉堡、精筑阵地、备足粮弹、固守待援等战略构想,并就火力配备、通讯联络、后勤补给以及策应、支援、预备队等,作了具体规定。此后不久,澄田睐四郎又写成洋洋万言的太原《防御管见》[2],对阎军的给养、械弹补充、战斗指挥等提出了批评和建议。对此,阎锡山听读之后,亲笔批示:"中肯之至"[3],并指示有关人员"会商改进"[4]。10月中旬,人民解放军又发起了为期一月的太原东郊的牛驼寨之战。在这一战斗中,尽管澄田睐四郎和河本大作等亲临前线助威打气,阎日军倾巢出动,垂死挣扎,甚至惨无人道地使用了名为"联二苯"的毒气弹[5],但人民解放军在人民群众的大力支援下,终于击溃了阎日军,夺占了牛驼寨这一军事要塞。这时,残留山西的日军因再次损兵折将,只剩下三百余人。后虽又补充一些日侨,拼凑成所谓今村炮兵大队,但亦不过五百余人而已。[6]

牛驼寨之战结束后,城野宏等深感太原已成孤岛,阎锡山政权的覆灭已迫在眉睫,于是在继续配合阎军,进行垂死挣扎的同时,便进一步考虑自己的出路了。1949年2月,当美国《芝加哥评论及报道杂志》的记者西蒙茨来太原采访时,城野宏急切地向西蒙茨提出,"请(美国)送一些通讯器材和飞机来"[7],以便他们在必要时,同有关方面取得联系,逃离太原。与此同时,今村方策还拟在解放军攻克太原之前,选派一批有战斗力的日本人飞往兰州,以便在那里重整旗鼓,以求一逞。[8] 然而,在人民解放军总攻太原期间,

---

[1]《山西文史资料》编辑部编《华北最后一站》,第255页。
[2]《山西文史资料》编辑部编《华北最后一站》,第256页。
[3] 孙凤翔:《为阎效命的日俘就歼记》,《山西文史资料》,61-62合辑,第256、261页。
[4] 同上。
[5] 城野宏:《山西独立战记》,第197页。
[6]《山西文史资料》,第4辑,第71页。
[7]《山西文史资料》,第45辑,第152页。
[8] 今村提出这个计划,并编造了花名册,后因太原机场被人民解放军攻占,该计划未能实现。详见《山西文史资料》第45辑,第153-154页。

今村炮兵大队被全歼,今村方策本人畏罪自杀。至此,除澄田睐四郎被阎锡山于同年2月无罪释放回国外,城野宏、岩田清一、河本大作等也在太原解放时,一一被俘。战后曾猖獗一时的残留山西的日军,就这样终于和阎锡山政权同归于尽,彻底覆灭。

(作者叶昌纲,山西大学历史系,原文刊于《近代史研究》1992年第3期)

战后初期日本报界的战争责任观

孙继强

2015年是世界反法西斯战争和中国抗日战争胜利70周年,世界各地爱好和平的人们都举行了纪念活动。在铭记历史、汲取教训的同时,也应痛定思痛,对战争责任问题进行分析与探讨,这既是对反人类侵略战争的控诉和反思,也是对世界反法西斯正义战争的回应和继承。世界反法西斯战争胜利后,纽伦堡审判和东京审判这两次世纪大审判,不但具有重要的法理意义,更具有重要的现实指导意义。它们在理论上完善了战争责任追究机制的国际法内涵,否定了以服从国家意志为名参与战争的所谓"受害者"谬论,为战争责任的定性和追究提供了依据。同时,它们还打破了此前"国家责任论"的框架,确立了个人承担战争责任的原则,对犯有战争罪行的德、日法西斯分子给予了正义的审判。

二战期间,日本报界发生整体"转向",为日本军国主义的侵略行径呐喊辩护,成为军国主义推行战争的宣传工具,军事性、煽动性、欺骗性和法西斯性是战时日本报界的主要特征。[①] 中日学界对日本报界的战争责任问题进

[①] 本文为国家社科基金资助项目"战时日本媒体法西斯化研究(1931—1945)"(项目批准号:15BSS018)的阶段性成果。
关于战时日本报界的特征,可参考孙继强《侵华战争时期日本报界战时宣传的特征及评析》,《新闻与传播研究》2014年第10期。

行了一系列探讨,成果颇丰。① 鉴于此,本文不再关注日本报界自身的战争责任问题,而是将焦点对准日本报界对待战败和战后改革等问题的认知和态度。这是因为,对战后初期日本报界对待战争责任的认知问题进行考察,可以从中探求日本的战争责任问题被长期搁置的历史原因,解析战后日本社会出现的试图为历史翻案的修正主义史观形成的社会基础和历史背景。同时,这本身既是对反人类侵略战争的控诉和反思,也是对世界反法西斯正义战争的回应和继承。

日本报界关于战争责任的认知分两个层次展开,一是社会意识投射最为集中、民意反映最为敏感的大众传播重要载体,对日本国家、民族、社会各阶层战争责任的认知,这是建立在他者意识基础上的整体认知;二是社会阶层的一分子和企业经营的个体对自身战争责任的认知,这是建立在自我意识基础上的个体认知。认知决定态度,态度决定行动。战争责任的整体认知和个体认知的内向构建完成后,表现在外在行为上就是对战争责任的追究。

作为日本战后处理其中的一部分内容,战后日本报界对战争责任的问责和追责的转变是在战后初期完成的。"战后初期"是一个宽泛的概念,严格来讲,"战后初期"的始端应为日本正式宣布战败之日,即 1945 年 8 月 15 日。但是,由于日本报界对战争责任认知的原点可追溯至战争末期其关于终战处理的报道,因此,从时间上来看,"战后初期"还应包括《波茨坦宣言》发表之后的一段时间。本文探讨的范围亦涉及 1945 年 7 月 28 日至 1945 年 8 月 15 日这段时间。"战后初期"的终端因研究对象不同而难有统一界定,就本文所考察的日本报界而言,尽管其对人事改革和工会建设等战争责任处理的认知和发展一直延续至 1947 年 "三大争议" 结束,但是,本文所使

---

① 关于战时日本报界的战争责任,中文研究成果可参考安平《日本媒体的战争责任》,《延边大学学报(社会科学版)》2013 年第 4 期;安平《战后日本媒体的历史认知问题》,《日本研究》2009 年第 3 期;山本武利著,赵新利译《日本媒体的战争责任:不彻底的清算》,《中国社会科学报》2015 年 3 月 4 日第 B01 版;诸葛蔚东《解读日本报业中的"渡边现象"》,《国际新闻界》2007 年第 3 期;刘朝华、刘潇湘《日本侵华时期大众媒体战争参与问题探析》,《社会科学家》2013 年第 1 期。日文研究成果可参考塚本三夫《实录侵略战争与报纸》,新日本出版社 1986 年版;茶本繁正《战争与传媒》,三一书房 1984 年版;安田将三、石原孝太郎《朝日新闻的战争责任》,太田出版 1995 年版等。

用的报界报道资料基本截至 1945 年年末。

一、固守政府舆论统制方针

中途岛海战中，日本舰队遭到重创。以此为转折，战局开始向着不利于日本的方向发展，特别是美军开始大规模跨海轰炸日本本土，进而占领冲绳后，日本已难逃战败的命运。为尽快结束战争，1945 年 7 月，苏、美、英三国召开了波茨坦会议，会后发表了由中、美、英三国首脑共同签署的《波茨坦宣言》，敦促日本投降，并确立了苏联对日出兵的方针。在日本战败大局已定的局势下，日本报界却不愿面对现实，而是秉持其战时一贯的报道方针。

第一，在获知日本将接受《波茨坦宣言》的确切消息后，对日本"战败"保持了集体沉默。

对于《波茨坦宣言》，日本政府采取了无视的态度，日本报界也采取了与政府同步的报道方针，认为《波茨坦宣言》不过是"舆论宣传和对日恫吓"，其目的一方面是"昂扬本国国民斗志"，另一方面是"试图离间大东亚诸国间关系"和"日本国内军民关系"。因此，"无任何重大价值，可无视之，并继续为完成战争而迈进"。[1]

日本政府无视《波茨坦宣言》的态度，致使日本丧失了和平投降的机会。1945 年 8 月 6 日，美军在广岛投放了一颗原子弹，广岛瞬间成为一片废墟。然而，日本报界对于原子弹爆炸的反应却是出乎意料的冷淡。《朝日新闻》仅在 8 月 7 日发表了一个简短的消息，称美军向广岛投掷了燃烧弹，"该市及附近地区蒙受若干损失"[2]。8 月 9 日，美军又在长崎投放一颗原子弹，造成 7 万多人伤亡。对此，日本各报依然没有给予应有的重视，而是称"损害较小"，并要求国民做好防空准备，称"战壕是对付新型炸弹的有效方法"，"只要穿着军服之类的服装就不用担心被烧伤"。[3] 此外，报界还叫嚣"决不

---

[1]《美英重庆发表日本投降最后条件声明　三国共同谋略进行广播》,《朝日新闻》1945 年 7 月 28 日。
[2]《广岛燃烧爆炸》,《朝日新闻》1945 年 8 月 7 日。
[3]《进入屋外防空战壕是战胜新型炸弹的方法》,《朝日新闻》1945 年 8 月 10 日。

能屈服于新兵器","现在最重要的是'战斗意志',即克服恐惧心理和誓死不屈的'意志'"①,并主张将战争进行到底。

1945年8月8日,苏联政府召见日本驻苏大使,宣布自次日起苏联与日本进入战争状态。次日,苏军对日发起进攻,加速了日本的溃灭。鉴于此种境况,8月9日,日本召开了最高战争指导会议,并在8月10日凌晨举行的御前会议上,由昭和天皇做出了接受《波茨坦宣言》并向中、美、英、苏四国发出乞降照会的最终决定。

第二,响应日本政府舆论统制诉求,以此确定战败前后的报道基调。

对于接受《波茨坦宣言》可能会引发日本国内舆论混乱及民众情绪不满的情况,日本政府情报机构表示了担忧。事实上,报纸报道确实出现了互相矛盾、互相对立的混乱局面。例如,1945年8月10日下午,时任日本情报局总裁的下村宏召集报社发表了关于时局的谈话,暗示日本政府已接受《波茨坦宣言》。8月11日,日本报界在报道"下村谈话"时,在同一版面上又以相同体例刊登了陆军大臣阿南惟几"告全军将士书",要求全体日本士兵"断然将神州护持之圣战进行到底。即使食草、嚼土、伏于野外,也应断然战斗,相信可死中求活"②。"下村谈话"坦承日本已处于命悬一线的最坏状态,暗示战争即将终结,而"陆相训示"则要求全体士兵发扬"圣战"精神,决一死战。报界这种互相矛盾的报道在战争末期表现得尤为突出,这是日本报界丧失自我主体意识的最有力表现,同时也体现出当时日本国内舆论不统一的乱象,造成一种"右手战斗,左手推进和平工作"③的情况。为此,日本情报局、内务省等部门相继出台了一系列"言论指导方针",确定了时下报界的报道方针和标准。《每日新闻》编辑总长高田元三郎在8月15日谈到该报此后的编辑方针时表示,"我们的道路只有一条,即国体护持、皇国再建,需将一亿国民团结于此,作为报人应为达此目的而挺身奋斗"④,高田的主张可谓

---

① 《一瞬之间广岛变样》,《朝日新闻》1945年8月12日。
② 《坚信死中求活 陆相向全军将士发表训示》,《朝日新闻》1945年8月11日。
③ 下村海南:《终战记》,镰仓文库1948年版,第133页。
④ 羽岛知之:《终战之后的新闻统制》,东洋文化新闻研究会编《新闻资料图书馆纪要》,东洋文化新闻研究会1991年版,第14页。

是对政府的言论指导方针的忠实回应。报界对政府言论政策的响应具体表现在两个方面。

一方面,大谈日本正面临困境,发出"国体护持"的呼声。各报纷纷对战争末期日本的国际国内形势表示了担忧,称日本正面临着"最恶之状态",必须防止"国民连锁式的精神破产"。① 因此,报界呼吁,日本国民"无论面对如何事态均应毫不动摇","一亿国民应以皇室为中心团结起来"②,"发挥陛下赤子之本分"③,保卫日本国体,以"冷静处事、沉着处事""不屈不挠、同心一体"的精神,"怀有神州不灭之信心,燃起国体护持之信念,使各自之小我与悠久之大我达成一致,消除个体之间的对立,实现个体与整体之合意",最终克服"历史性难局"。④ 报界大唱"最恶之状态",其目的并非是唱衰日本,而是试图以此"危机论"引发"国体护持"的主张。毋庸置疑,这与政府的言论指导方针是一致的。

另一方面,对原子弹爆炸的报道呈现出混乱矛盾的双重标准。日本报界高举人道主义道德旗帜,以"全人类及文明的名义谴责美国政府",称原子弹"具有天文学的爆炸力,将导致人类灭亡"。⑤ 因此,美军的行为是"隐藏在人道主义和文明假面后的极其暴虐之鬼畜行为",敦促美国"放弃使用非人道武器"。⑥ 相反,日本报界又极力弱化原子弹的威力,以此消除国民的恐惧心理。日本报界认为,"任何新武器在最初都会发挥威力,但一旦建立了相应对策,其威力就会大打折扣",因此,认为美国使用原子弹的更大威胁在于"试图消除国民的斗志",所以,对敌人最大的报复就是"在工作中默默坚守内心熊熊燃烧的信念"⑦,全力将战争进行到底。日本报界的报道之所以持如此矛盾的双重标准,不过是对政府的言论指导方针的响应。

综上所述,战败前后日本报界的报道尽管存在个体差异,但从整体上

---

① 《不灭之信念与不灭之努力》,《读卖报知》1945 年 8 月 12 日。
② 《大国民之态度》,《每日新闻》1945 年 8 月 13 日。
③ 《奉戴大御心 达成赤子之本分 在最坏事态前应一亿团结》,《朝日新闻》1945 年 8 月 12 日。
④ 《要举国沉着》,《朝日新闻》1945 年 8 月 12 日。
⑤ 《头巾改成覆面式 长崎疏散成功应对新型炸弹》,《读卖报知》1945 年 8 月 13 日。
⑥ 《无视国际法之残虐新型炸弹 帝国向美国政府提出抗议》,《朝日新闻》1945 年 8 月 11 日。
⑦ 《击退敌人之非人道义》,《朝日新闻》1945 年 8 月 14 日。

看,都忠实地遵循了政府制定的"国民舆论指导方针",基本上延续了战时的报道基调,且报道姿态与战时相比也没有根本性改变。

二、转移对战争责任进行追究的视线

1945年8月15日,日本广播协会向日本全国播送了"玉音放送",向民众宣布日本接受《波茨坦宣言》,从而正式宣告了"大东亚战争"的终结。由此,拉开了对战争责任进行清算的序幕。这一天日本各大主流报纸均对日本接受《波茨坦宣言》和天皇表示投降的诏书进行了报道,这意味着日本报界向全体日本民众宣告了"大东亚战争的终结"。需要注意的是,报道中没有使用"战败""投降"之类的词语,而是用颇具积极意义的"终结"一词来代替,甚至称天皇发布停战诏书是"圣断","为万世开启太平之路"①。此外,报界在"战争正当化"和"战后危机论"上大做文章,试图以此来转移关于追究战争责任的舆论视线。

第一,顽固坚持"战争正当化"论调。在日本战败已成定局的情况下,报界依然坚持其战时一以贯之的宣传方针,号召日本民众"静观事态发展,相信军事当局"②,在军政当局领导下开展"本土决战"。8月15日当天的报纸,虽不再鼓吹"本土决战",但美化侵略战争的言论仍大行其道。《朝日新闻》在社论中旧调重弹,继续鼓吹战争的目的是为了解放东亚被奴役民族,支持国家重建,并声称虽然战争已经结束,但日本在战争中形成的思想是"永远值得大书特书的,是体现日本国民性的美好果实"③。毋庸置疑,该思想的实质就是日本为推行战争所制定的路线、方针、政策以及在此过程中所酿成的精神环境。该报顽固坚持上述侵略思想的核心精神动力——"大东亚战争正当化"的论调,认为"虽然随着大东亚战争的终结,大东亚解放的理想走向溃灭,但大东亚战争所燃起的有色人种之烈火是永不熄灭的"④,从

---

① 《战争终结大诏焕发》,《朝日新闻》1945年8月15日。
② 《击退敌人之非人道义》,《朝日新闻》1945年8月14日。
③ 《一亿相哭之秋》,《朝日新闻》1945年8月15日。
④ 《亚细亚之魂不死 团结走向东亚解放之路》,《朝日新闻》1945年8月16日。

而高唱"大东亚解放"的陈词滥调。《读卖报知》更是赤裸裸地宣称,战争的目标是谋求"东亚的解放和十亿民众的康宁福祉,即以人种平等、政治独立、经济互惠、文化交流为四大支柱,构筑东亚恒久和平的基石,为世界和平和人类进步做出贡献"。因此,日本民众要"克服眼前困难,尽一切力量完成皇国护持的使命"。① 同时,该报还谈到了明治以来日本的对华政策,认为战争"牵制了发达的欧美列强妄图分割东亚的野心",是"正义之战,自存自卫之战",并声称"今后该基本理念也将毫不动摇"。② 按照日本报界的逻辑体系,既然战争是正义的,那么也就不存在追究战争责任的问题。如此的报道态度表明,日本报界一贯追随强权政治的报道姿态在战后并未有根本改变。

第二,大肆渲染"精神国防沦丧"危机,主张开展新的"思想战"。日本战败前后的巨大落差给予日本社会的思想冲击是相当大的,尤其是盟国将对日实施占领,这必将给日本战时确立的社会秩序带来巨大震荡。因此,报界在发表美化战争舆论的同时,还对即将到来的社会变革产生了强烈的抵触意识和危机感,宣称盟国对日占领"必将破坏日本国民的精神力"③,因此,"如果政府以及国民不能时刻牢记护持国体、维持民族历史传统,则在自由美名下国民无法挽救大势已去的局面"④,故报界呼吁日本民众应该提高警惕,强化精神国防,"沉着冷静努力打破今后的困境",以此来应对和抵抗盟国对日占领政策给日本社会造成的"精神冲击"。为此,报界对部分日本民众对战后日本改革抱有期待的情绪提出了严厉警告,强调战后改革必将使"我国主权置于盟国最高司令官之下",因此,"今后所有事情将由美英单方面发言权来加以处理,日本的意志即使被完全抹杀也不能有所怨言"。⑤ 这种言论一改前几日避谈战败的做法,而是高唱"无条件投降"论调,其目的无非是试图通过渲染悲观情绪来唤起国民意志的兴起。作为防止"国民精神沦丧"的手段,报界并不满足于悲观情绪的渲染,进而采取了更为直接的做

---

① 《归一于大御心》,《读卖报知》1945 年 8 月 15 日。
② 《支那问题的变化》,《读卖报知》1945 年 8 月 19 日。
③ 《强韧的团结力和整然的秩序》,《每日新闻》1945 年 8 月 16 日。
④ 《直视〈波茨坦宣言〉》,《每日新闻》1945 年 8 月 19 日。
⑤ 《禁止乐观考虑》,《每日新闻》1945 年 8 月 20 日。

法,呼吁民众"应心机一转,必须停止为过去所有一切所束缚的做法"①,开展新的"思想战",并将为防止"国民精神溃灭"而开展的"国民舆论指导"定位为日本"舆论界新的重大使命"。②

第三,极力放大"国体危机",继续鼓吹"国体护持"口号。《朝日新闻》刊发了《一亿相哭之秋》的长篇社论,要求全体日本国民以"大东亚宣言的真髓和日本军队独有的特攻队精神"以及"神州不灭的信念"达成"举国一致、护持国体"的目标,并以"自省自责、自肃自戒"的精神追究国民个人的责任,而"对于君国面临的新事态,内心充满了对天皇和天地神明的愧疚之情。"③为此,该报报道了部分日本民众在皇居前狂呼"天皇陛下万岁"的情景,称民众的呼声是"民族的呼声,是拥戴天皇圣心,向苦难生活勇往直前的民众呼声",由此放言"日本民族并未失败"。④《每日新闻》也在社论中呼吁拥戴皇室,称"皇室安泰是不幸中之大幸。国民恭敬拥戴皇室,无论陷入何等困境,精神上决不可崩溃,应以大国国民的品格和同胞之间互相体恤的温情,迈向新生活"⑤,并"谨遵战争终结大诏、发扬国体精华"⑥。其他各报的论调大同小异,他们关心的并非是因战争而丧失生命的民众,也非因战争而满目疮痍的国家,更非因战争而备受侵略和奴役的受害国,而是如何"铭记诏敕全身投入国体护持"⑦的问题,以及如何回避对天皇战争责任进行追究的问题,同时,对"作为报道机关和报人对国民读者应负的客观责任也没有涉及"⑧。

第四,片面夸大"社会秩序混乱"危机,强调要防止暴动、叛乱等事件的发生,却没有触及战争责任、战争反省以及战败原因等内容。《朝日新闻》主张,日本国民在不得不接受战败事实的同时,还"应该冷静沉着,维持秩序","事已至此,军官民都有自己的辩解,但现在不是互相批判、互相伤害的时候"。同一天的评论专栏《神风赋》也主张,"不要问为何事已至此,也不要

---

① 《刷新气力》,《读卖报知》1945 年 8 月 16 日。
② 《罪己辩》,《朝日新闻》1945 年 8 月 23 日。
③ 《一亿相哭之秋》,《朝日新闻》1945 年 8 月 15 日。
④ 《二重桥前赤子之群》,《朝日新闻》1945 年 8 月 16 日。
⑤ 《铭记过去 展望未来》,《每日新闻》1945 年 8 月 15 日。
⑥ 《贯彻国体护持》,《每日新闻》1945 年 8 月 15 日。
⑦ 《决不可忘记大国民之矜持》,《读卖报知》1945 年 8 月 15 日。
⑧ 内川芳美、新井直之编,张国良译:《日本新闻事业史》,新华出版社 1986 年版,第 70 页。

说责任应由谁承担","现在日本国民的唯一道义是相信国家的组织力"。①《每日新闻》在社论中要求取消关于战争责任的探讨,"责任论可能会在国民头脑中挥之不去,但是我们认为此时不应尝试进行责任论的追究"②,而是应"强烈认识自身之不肖,并强烈感受国家之不幸"③。所谓"自身之不肖"并非是出于战时日本报界对战争的错误报道机制的反省,相反地,是报界认为自身对战争的参与度和协助度的预期和现实之间存在巨大落差而催生的"不肖"。换言之,在报界看来,正因为存在着如上"自身之不肖",所以"丧失了追究战争责任的资格,据此理论提前构筑了一条责任追究的预防线"④,从而试图将关于追究战争责任的所有舆论消弭于未成形之前。

不难看出,"战争正当化"和"战后危机论"相辅相成,共同构成了战后初期日本报界对战争责任认知的基础。"战争正当化"可以消除民众对战争的怀疑和否定,"战后危机论"可以防止日本民众战败意识的滋生和蔓延,"国体护持"口号则能唤起日本民众对国家和皇室的认同感,其最终目的是企图以此掩盖和消弭战争责任的"舆论危机"。个中原因除了试图维护天皇制国体之外,还与报界试图淡化国民对其盲目追随军部、煽动战争狂热、驱使国民参与战争的战争责任的追究有关系。

三、扭曲对战争责任进行追究的内涵

战后初期,日本报界不但通过上述危机转移的方式对战争责任问题避而不谈,甚至明确表示,应消除关于"战争责任"问题的任何讨论。然而,随着战后局势发展的明朗化,对战争责任的追究成为日本报界再也无法回避的问题。在此背景下,日本报界逐渐开始调整报道机制,改变此前一味回避的"消极"宣传策略,进而采取了直面战争责任的"积极"宣传路线。

第一,在坚持"国体护持"论调的同时,提出了"民主主义"口号,并对"战

---

① 《再生之道苛烈》,《朝日新闻》1945年8月15日。
② 《神风赋》,《每日新闻》1945年8月15日。
③ 《铭记过去 展望未来》,《每日新闻》1945年8月15日。
④ 有山辉雄:《占领期媒体史研究——自由与统制·1945年》,柏书房1996年版,第100页。

争责任指导者"给予了有限批判。

1945年8月15日后,各大报纸依然固守"万民赤子忠诚之心""军民一体"的主张,但其内容却有了新的变化,甚至提出了"转换国民思想""建设新日本""确立新世界观"的主张,要求日本民众"努力从事确立世界和平的诸项事业,并为其做出贡献"。① 此外,报界还提出了"民主主义"、"自由主义"的口号,称"现今举世为民主主义大旗所占领,同第一次世界大战一样,'民主主义的胜利'将得以再现",因此,就舆论基调而言,"必须对言论自由予以贤明的考虑"。②

同时,报界还对当时"国体护持"论大行其道的舆情表现出了担忧。在报界看来,一些持"国体护持"主张的政客一味空谈"国体护持"口号,在实际行动上却"无为无策",只能算作"职业性的国体论者"。《读卖报知》认为,"尽管以国体为中心团结国民是当务之急,但同时也应在团结工作中融入现实的内容,并将其充实到政治中,这是不容指导者回避的职责"③,从而主张进行实质性政治变革,促进"民主主义倾向的复兴和强化",同时提出,"如果缺乏国民精神的内在变革及锻炼,民主主义是无法确保的",④从而要求涵养民众的民主意识。该立场不但对战争指导层提出了一定程度的批评,还提出了"民主主义"的主张,尽管仍存在不足之处,但"在当时的状况下,可以说《读卖报知》是最先进的"。⑤

报界之所以出现如此改变,究其原因在于,尽管当时盟军对日占领政策特别是舆论政策并不明朗,但可以预见的是,盟军将对战时日本舆论立法、舆论机构以及舆论姿态进行清算,以此确定战后日本大众传播的体制。因此,提前采取积极的应对措施不失为规避即将到来的"风险"的一种良策。此外,随着日本战败,战时体制也随之瓦解,基于战时体制的言论统治政策也就失去了其存在的基础。新闻舆论生态环境得以改善,沉睡已久的新闻

---

① 《国民思想之转换》,《朝日新闻》1945年8月20日。
② 《言论自由之真正意义》,《读卖报知》1945年8月21日。
③ 《不可打着国体幌子》,《读卖报知》1945年8月22日。
④ 《国民的民主主义的锻炼》,《读卖报知》1945年9月1日。
⑤ 有山辉雄:《占领期媒体史研究——自由与统制·1945年》,第110页。

界民主意识逐渐觉醒,这些主客观条件成了促使日本报界战后转换报道基调的因素。当然,这种改变是渐进式的,具有一定的反复性和极大的局限性。

第二,对日本战败的原因进行了分析,并以此构筑战争责任主体,但其不客观和非理性的分析导致了战争责任主体的模糊不清甚至谬误。报界认为,导致日本战败有三个原因。

首先,反法西斯同盟的军事胜利,特别是"拥有科学史上前所未有的残虐效果的原子弹爆炸"以及"苏联倒戈与皇国为敌"是导致"战争事与愿违"的直接原因,将日本战败片面归咎于美苏对日宣战等外部环境,忽视了日本走向战败是包括中国人民在内的反法西斯同盟开展艰苦卓绝的反法西斯战争的结果,是历史发展的必然趋势。

其次,日本政府制定的战时政策是导致日本战败的根本原因。报界对战时日本政策提出了批评,认为"滥发众多规则法律以及不适合日本统治政策导致国民被完全束缚,一事无成",从而导致"政府、官吏、军人自身不知不觉地将战争引向了战败的方向"。特别是对于战时日本舆论政策,报界更是直截了当地给予了批判,称若今后日本固守具有"德意风格的集体主义式"的言论政策,"则智者、贤者将如此前一样空隐山野,其结果只能是那些能力和操守俱无的宣传家打着思想家和评论家的幌子横行跋扈",从而要求废除军国主义色彩浓厚的舆论政策。但不难看出,报界批评的着眼点并非是否定日本政府军国主义侵略路线、方针、政策。在报界看来,错误的战时政策和无能的战争指导机构未能满足战争的需求是战败的原因之一。

最后,"国民道德低下"是导致日本战败的内在原因。报界在承认政府对战败负有重大责任的同时,又将批判的矛头转向了普通民众,称"事已至此,政府的政策固然不好,但国民道义的颓废也是原因之一"。在报界看来,尽管导致"战败原因不止一个,但无论是前线还是后方,无论是军部、政府还是民众"[1],缺乏"万众一心、举国一家、戮力精进、不断努力"的"国民精神",即"一亿国民敢斗的意志力以及尽忠的精神力"的匮乏,才使得"大东亚战

---

[1] 千本秀树:《天皇制的侵略责任与战后责任》,青木书店1991年版,第146页。

争"以失败告终。这与战争末期日本报界大肆渲染"国民精神"崩溃危机的宣传路线是一致的,"是十五日前后言论报道的延长线"。①

无论报界对战败原因的上述分析是刻意为之还是认知所限,其客观结果是导致了战争责任主体不明,在一定程度上助长了天皇、政府、军部等战争指导层逃避战争责任的恶果。

第三,基于上述模糊战争责任主体的做法,日本报界在关于战争责任的认知问题上与东久迩皇族内阁提出的"一亿总忏悔"②论调如出一辙,偷换了战争责任概念,扭曲了对战争责任进行追究的内涵。

首先,日本报界对"一亿总忏悔"论调给予了肯定倾向的报道,并且,这一倾向成为该时期的宣传主线。报界认为,既然全体国民都负有战争责任,那么"面对现实,这个苦果不能不由全体国民一起来分享",故"军、官、民等全体国民都必须彻底反省和忏悔",并强调"全体国民总忏悔是我国重建的第一步,也是我国国内团结的第一步"。③ 即便是在论及自身战争责任问题时,报界也极力强调,"决不能将责任归于特定的某个人,一亿国民都应该负有战争责任"④。

其次,报界所谓"责任"并非是日本违反国际法和人道主义给中国和其他国家带来战争灾难而需承担的责任,而是指日本没能打赢"大东亚战争"而落到"悲惨命运"的责任。换言之,报界将"战争责任"偷换成了"战败责任",这两者无论是内涵还是外延均有着较大的差别。前者是指,发动战争主体因为战争行为所需要向战争受害者承担的责任,责任的转移方式一般是指向外部的;后者是指,因为战争主体的政策失误等导致战争行为最终失败所需要承担的责任,责任的追究更多是在内部进行的。

最后,"战争责任"和"战败责任"的混淆导致对责任的追究,即报界所谓的"忏悔",也发生扭曲和异变。报界主张的"忏悔",针对的并非是对日本发

---

① 有山辉雄:《占领期媒体史研究——自由与统制·1945年》,第105页。
② 为维护天皇制国体,东久迩皇族内阁上台伊始,便在记者招待会上抛出了旨在掩盖昭和天皇战争责任的"一亿总忏悔"论调,在承认政府、军部对战败负有责任的同时,又指出全体国民亦对战败负有责任,要求全体日本国民进行"总忏悔"。
③《东久迩宫首相的政府见解发布》,《朝日新闻》1945年8月30日。
④《罪己辩》,《朝日新闻》1945年8月23日。

动侵略战争所进行的忏悔,而是对因战争政策错误、战争推行不力而导致日本战败的责任进行忏悔,也即"对战争以战败告终的结果进行忏悔"①。

总之,该时期日本报界的所谓"积极"宣传路线提出了"民主主义"口号,以分析战败原因为切入点,进而将导致战败的各方作为战争责任的主体加以追究,从而实现了与"一亿总忏悔"论调的同步,混淆了"战争责任"和"战败责任"这两个完全不同的概念,其最终目的依然是企图将对战争责任的追究引向错误的方向。

四、开展对战争责任的自我认知及追究

1945年8月30日,盟军总司令麦克阿瑟抵达日本厚木机场,开启了盟军对日占领的新时代。此后,盟军总司令部(GHQ)发出了一系列指令,瓦解日本战时体制,推行民主化改革。对大众传媒,盟军总司令部采取了"直接统治"的方式,即直接发布有关大众传播的政策性文件,解散所有战时成立的言论统治机构,并将部分媒体人士列为战犯进行追责,由此奠定了战后日本大众传播体制的基础。在此背景下,被战时体制所压制的报界逐渐摆脱了政府舆论统制的桎梏,新闻责任开始觉醒,发起了对战争责任的自我认知,并实施了一系列民主化改革,对战时形成的具有鲜明战时色彩的体制进行改革和重构。

第一,对战时报界追随日本军国主义的行为进行了一定程度的反省和自我批判。在获知日本即将接受《波茨坦宣言》的消息后,《每日新闻》西部总社编辑局局长高杉孝二郎便向社长奥村信太郎上书,要求报社就"讴歌战争、煽动国民"的行为"在最大形式上向国民谢罪"②,即《每日新闻》废刊,报社主要干部全部引咎辞职,并率先辞去编辑局局长职务。此后,尽管"国体护持"的口号依然占据报纸报道的主要版面,但同时也出现了"战争责任反省"的声音。其中,最具代表性的便是《每日新闻》的"空白报道"事件和《朝日新闻》的《罪己辩》社论。

---

① 山中恒:《报纸美化战争!——战时国家情报机构史》,小学馆2001年版,第836页。
② 每日新闻百年史刊行委员会:《每日新闻百年史》,每日新闻社1972年版,第211页。

终战诏书的发布打乱了各报社原定的版面组稿计划,但大部分报社均紧急调用其他素材救急,保证了报纸的正常发刊。然而,《每日新闻》却放弃了此种做法。在时任该报西部本社整理部部长山路贞三的建议下,编辑局局长高杉孝二郎决定,对该报的战争责任进行反省和追究,具体在报纸编辑上做了如下安排:1945 年 8 月 15 日出版的《每日新闻》头版刊登了天皇终战诏书以及政府声明,其他版面均以"开天窗"形式空白发行,接下来 5 天内该报版面均做如此安排。在印刷纸张极度匮乏的时期将版面做如此不同寻常的安排,并非是因缺少报道素材。"直到昨天为止还在版面上高喊鬼畜英美,叫嚣焦土决战,今日却要在同一编辑手中发生 180 度大转弯,这种投机行为是良心所不允许的。呼吁'国民从今日开始也要转变',岂有如此恬不知耻的道理? 在版面上刊登终战诏敕等官方发布的声明以及事实进展状况已是我良心所能允许的最大限度了。结果不得不一半以上版面空白了"。① 此举被评价为"作为报社自身最早进行自我反省的具体表现,是应该值得被纪念的"②。

《朝日新闻》也对报界自身战争责任做出了回应。该报于 1945 年 8 月 23 日发表了题为《罪己辩》的社论,要求"与国民趋势、舆论、民意等有着最为密切联系"的报界"决不能对过去自我堕落持暧昧态度,必须要有充足的'罪己'决心",对其战时宣传"虚心坦诚地进行反省"。③ 该社论是战后首次论及报界战争责任的开山之作,被认为是此后兴起的"报界民主化运动的思想先驱"④,"宣告了报界战后史的开端"⑤,《朝日新闻》社自身也将其定位为"舆论人的自我批判""究明报界责任"⑥的宣言。然而,该社论仍存在着诸多不足,其对报界战争责任的认识还存在着极大的局限性。首先,在论及报界化身为战争宣传机器的原因时,社论认为"作为个人,我辈相信不是所有人都是优柔寡断的,但作为组织的一分子进行考虑时,难免会强烈感觉到遵

---

① 每日新闻百年史刊行委员会:《日新闻百年史》,第 212 页。
② 塚本三夫:《实录侵略战争与报纸》,新日本出版社 1986 年版,第 33 页。
③《罪己辩》,《朝日新闻》1945 年 8 月 23 日。
④ 新井直之:《报纸战后史——大众传媒的振兴》,双柿舍 1979 年版,第 5 页。
⑤ 塚本三夫:《实录侵略战争与报纸》,第 35 页。
⑥ 每日新闻百年史编修委员会:《朝日新闻史·昭和战后编》,朝日新闻社 1995 年,第 14 页。

从组织的必要,因此,……服从当时的政策以及我辈所属组织的要求是理所当然的",从而将责任归结为报界的外部舆论环境,这是典型的"受害者"谬论。其次,在论及战争责任的问题时,社论虽然承认报界"责任极其重大",但同时又强调"责任决不能归于特定的某个人,一亿国民都应负有战争责任"①,从而将战争责任归为全体国民,模糊了战争责任主体,属于典型的"一亿总忏悔"论调。

第二,开展人事改革,实现报社干部的新旧交替,一定程度上清除了战时意识形态对报道方针的影响。最先以实际行动对报社自身战争责任做出回应的是《每日新闻》,在高杉孝二郎的积极推动下,1945年8月20日,社长奥村信太郎辞职。8月29日,东京总社编辑总长高田元三郎、编辑主干阿部贤一、大阪总社编辑主干下田将美、主笔上原虎重等人纷纷提交辞呈。"为明确战争责任,完善重建态势",11月1日,《每日新闻》以全体员工的名义发表声明,要求对社长等"所有主要干部进行妥善处理","以促进每日新闻社所有职员的反省"。② 从结果来看,尽管并未实现《每日新闻》废刊的目标,但却促使主要干部辞职,并在一定程度上强化了对自身战争责任的认知。例如,高田元三郎就认识到,"报纸在阻止战争方面未能做出充分努力,连言论自由都未能守住,至少应该承担一半责任"③。《每日新闻》的上述人事改革可谓"媒体人自我追究战争责任"④的具体表现,并由此"拉开了明确战争责任、开展社内民主化运动"⑤的序幕。

此后,《读卖新闻》、《朝日新闻》等其他报社也开展了人事变革,但其过程却并不像《每日新闻》这样顺利。例如,《读卖新闻》论说委员铃木东民等人于9月13日联名向社长正力松太郎递交请愿书,要求"明确战时误导国民的战争责任,更换主笔、编辑局长等"⑥。10月25日,该报再次重申清算战争责任的主张,要求"对战争责任者进行彻底扫荡,并彻底变革充当其根

---

① 《罪己辩》,《朝日新闻》1945年8月23日。
② 山本武利:《占领期媒体分析》,法政大学出版局1996年版,第81—82页。
③ 每日新闻百年史刊行委员会:《每日新闻百年史》,第213页。
④ 茶本繁正:《战争与传媒》,三一书房1984年版,第355页。
⑤ 前坂俊之:《太平洋战争与报纸》,讲谈社2007年版,第21页。
⑥ 春原昭彦:《日本报纸通史》,新泉社1987年版,第235页。

据地的机构制度"，并明确指出报纸负有不可推卸的战争责任。"尽管战争前后报纸处于镇压之下，但其充当军阀、财阀、官僚等特权阶级的马前卒，将国民驱入战争，导致战争扩大的罪行是极大的"，因此，"必须摒弃报纸原有的旧机构、旧制度，将全体职员的意志组织起来，建立新的民主主义机构和制度，以此来制作贯彻民主化思想的版面"①，并要求正力松太郎引咎辞职。然而，正力非但拒绝辞职，甚至扬言辞退闹事分子，由此引发第一次"读卖争议"。在各方的压力下，加之正力松太郎于12月3日被指定为甲级战犯，他最终于12月12日辞去社长职务并被迫承诺实行报社内部民主化。

尽管《朝日新闻》在战后发表了《罪己辩》社论，表达了反省战争责任的决心，但是，战后初期报社内部存在着严重的派阀斗争，指示方针难以在短时间内达成统一，社内人事变革的进程明显落后于《每日新闻》。不过，战后兴起的一系列民主化改革使《朝日新闻》认识到，"明确报纸战争责任，实现报纸企业民主化的自主性运动将成为一股旋风袭击整个日本报界"，因此，该报不但对第一次"读卖争议"中正力松太郎"不肯承认战争责任，甚至做出控告员工最高斗争委员会的暴举"②进行了批判，还开展了报社内部追责运动。在时任东京总社编辑局局长细川隆元等人的推动下，要求社长村山长举和会长上野精一退居二线、全部主要干部辞职的呼声日益高涨，最终，当年10月末，报社干部被迫集体辞职。

这一动向在日本全国范围内迅速展开。据统计，截至1945年12月，战后存留下来的56家报社中有44家报社的主要负责人引退。1946年，其余12家报社也完成了干部更换。③ 尽管这种自下而上的人事更换并不能完全达到清算战争责任的目的，但它在一定程度上清除了战时形成的战争意识形态对报界编辑、报道方针的影响，促进了报界民主化运动的发展。11月10日，《每日新闻》发表声明，对前期的报社内人事更换进行了回顾，称将"以全体职员的反省为基础，明确报纸的战争责任，确立社内民主体制"④。

---

① 《对报纸的断罪》，《读卖新闻》1945年10月25日。
② 《读卖争议的社会问题》，《朝日新闻》1945年11月17日。
③ 新井直之：《报纸战后史——大众传媒的振兴》，第8页。
④ 《本社新的出发　战争责任的明确化与民主主义体制的确立》，《每日新闻》1945年11月10日。

《读卖新闻》在第一次"读卖争议"结束后的当日发表社论,宣布"今日以后《读卖新闻》将真正成为民众之友,永久做人民的机关报"①。《朝日新闻》则在11月7日发布了宣言,承认了该报"没有能够充分履行真实报道、严正批评的重责",宣布"今后朝日新闻的运营,当以全体从业人员的总意为基础,时刻与国民在一起,以国民的声音为声音"②,并认为"报纸所承担的终极使命应是成为一个诞生自劳动人民之间的日本民主主义战线的机关",应成为"日本民主主义化的基础"③。

第三,推进工会建设以加强民主化改革的推进力量,推进战争责任追究的深入发展。战后由于盟军总司令部废除了战时日本政府颁布的所有言论统制法令,言论自由在一定程度上得以复苏,一些谋求言论自由、追求合法权益的组织开始出现。特别是1945年12月,日本国会通过了"工会法",使得工会在各行各业如雨后春笋般涌现出来,报界的工会力量在战争责任的追责过程中也发挥了积极的领导和组织作用。例如,在第一次"读卖争议"中,铃木东民等人在召集职工大会的基础上宣布成立工会,提出了改革社内机构、改善员工待遇、清算战争责任的主张,并领导报社员工开展了一系列斗争。在斗争中,工会采取了较为激进的"生产管理"方式,将编辑、印刷等报社中枢组织置于工会领导之下,从而控制了报纸的宣传路线。经过艰苦斗争,12月12日,劳资双方签订备忘录,正力松太郎同意辞去社长一职,并答应改善员工待遇。更为重要的是,报社承认工会的合法性,并成立了"经营协议会",负责"编辑及业务方面的相关重要事项的协议工作"。④ 可以说,第一次"读卖争议"是在工会的领导下开展的,也是以工会的胜利而告终的。

此后,为加强工会在传媒行业的话语权,在《朝日新闻》工会负责人铃木东民、听涛克巳等人的倡议和推动下,横跨报纸、通讯、广播等行业的工会组织"日本新闻通讯放送劳动组合"(简称"新闻单一")于1946年2月9日成

---

① 《读卖争议的解决》,《读卖新闻》1945年12月12日。
② 《与国民站在一起》,《朝日新闻》1945年11月7日。
③ 《报纸的新使命》,《朝日新闻》1945年11月7日。
④ 读卖新闻百年史编辑委员会:《读卖新闻百年史》,读卖新闻社1976年版,第490页。

立。成立伊始,共有33个工会加入,成员达到22,335人。1946年8月底,扩大为52个支部,人数达到30,977人。①此后,"新闻单一"领导各分工会开展斗争,对战时媒体的战争责任给予了批判,称"言论报道机构在战时积极讴歌宣传战争,或消极掩盖战争真相,导致国民误判此次战争实态,演变为军国主义统治者达成其野心的机构"②。但是,对如何清算战争责任并无具体措施和方案。

在"新闻单一"的支持下,报界工会开展了一系列斗争,特别是以《读卖新闻》、《北海道新闻》和《西日本新闻》为代表的工会斗争(合称"三大争议")取得了一定成效,工会话语权得以提升,对战争责任追究的力度也更为增强。但是,在报社资本和盟军总司令部下属部门民间情报教育局(CIE)的共同打击下,"三大争议"以失败告终,报社编辑权又回到经营者手中。此后,工会内部出现了分裂,大大削弱了斗争力量,报社民主化运动也逐渐转入低潮。

开展对战争责任的自我认知及追究是战后日本报界战争责任认知的一个重要组成部分,它是在开展战后处理的大背景下,在新闻意识觉醒和盟国对日占领政策的刺激下由报界自我完成的,在一定程度上肃清了报社长久以来形成的战时意识形态。但同时也应该看到,战后报界追究战争责任的民主化运动深受盟军总司令部的媒体政策左右,并不能从根本上对战争责任进行追究和清算。

五、战后日本报界战争责任观衍变的原因

战后初期,日本报界先是固守战时宣传体制,不愿面对战败现实,继而以"国体护持"为幌子渲染战败危机,试图以此消除关于战争责任的任何舆论。然而,随着战后局势的明朗化,日本报界不得不直面战争责任问题,但却在报道过程中扭曲和异化了战争责任追究的内涵。最终,随着战后民主化改革政策的实施,日本报界也对其自身的战争责任进行了反思,并实施了

---

① 吉田健二:《日本新闻联盟的结成与新闻单一》,《大原社会问题研究所杂志》2008年第7期。
② 美马孝人:《败战之后日本的劳动运动(6)》,《北海学园大学经济论集》2008年第58卷。

一系列改革行动,对战时形成的具有鲜明战时色彩的体制进行了改革和重构。

日本报界在如此短的时间内呈现出上述的历史变动轨迹,其原因是多方面的,既有因政府、军部等权力阶级对舆论的压制和期许(实际上压制和期许贯穿战时言论管控的全过程)而构筑的政治环境因素,又有在趋利避害思维模式下衍生的利益诉求和精神诉求因素,还与盟国对日占领的国际环境因素息息相关。

第一,日本政府的言论统制政策束缚了言论自由,压制了舆论空间,这是决定日本报界战后报道基调的外部因素。

例如,就广岛原子弹爆炸的报道问题,外务省、军部、情报局等部门曾开会讨论,由于担心如实报道会"对国民心理造成强烈冲击,从而妨碍战争指导",因此,最终决定在广播和报纸上均不得出现"原子弹"字眼,而是用"新型炸弹"代替,并要求报纸着重宣传"混凝土建筑物安全、掩体战壕可抵挡冲击、白衣服对热辐射有效,并强调新炸弹不足为惧"。① 在关于"原子弹"的报道中,各报将重点放在了鼓舞士气上,对炸弹的威力则轻描淡写。

此外,如前所述,1945年8月11日,各报均在同一版面刊登了"下村谈话"和"陆相训示",这两篇主张截然相反的文章报道体例相同,排版顺序一致,由此可断言,当日报道是在日本情报局的严格指导下编辑完成的。这从当时日本情报局的言论统制政策可窥一斑。当时的情报局与报社保持着极其频繁的往来和极为密切的关系,情报局定期召集驻东京各报社编辑局局长开会,以确定该时期的宣传方针和宣传基调。尽管针对"下村谈话"和"陆相训示"的报道,下村宏和阿南惟几曾有过交涉,但最终还是确定了"不可暴露真实底细,而应展现强硬一面"②的方针。应该说,上述版面安排就是情报局指导的结果,"至少从大局上没有偏离新闻指导的基本路线"③。

1945年8月10日凌晨,御前会议决定接受《波茨坦宣言》。对于接受《波茨坦宣言》后将引发的日本国内舆论,政府情报机构进行了预判,认为有

---

① 下村海南:《终战记》,第97页。
② 下村海南:《终战记》,第134页。
③ 细川隆元:《朝日新闻外史》,秋田书店1965年版,第155页。

可能造成"经济、社会、道德混乱"。为应对即将到来的"舆论危机",情报局、内务省等公布了一系列言论统制法令,对报界的报道方针做了规定。

一方面,1945年8月12日,日本内务省警保局颁布了"应对新形势的言论取缔标准",决定对"追究战争责任以及对其给予启发暗示的言论,有可能酿成对既往战争指导、政治、外交等措施进行非难评论或助长不平不满的言论,有可能将责任归为政府、军部、官僚等引起国民不信任或助长不平不满的言论,对政治高层进行和平策动以及对其给予启发暗示的言论"[1]给予取缔。8月13日,又公布了"言论报道取缔方针",制定了"将国体护持作为绝对信念"加以维护的根本方针,并明确规定将"追究既往战争责任、扰乱国内团结"、"挑唆煽动共产主义或社会革命风潮"以及"诱发煽动国民相互敌视"等言论列为被取缔对象,以达到"军官民一致团结,昂扬国民志气"[2]的目的。

另一方面,1945年8月14日,日本情报局公布了"大东亚战争终结交涉舆论指导方针",要求日本国内舆论"保持全体国民团结,护持国体,应对前所未有的困难"。其具体措施之一便是,要求"每个国民承担起招致此前所未有困难的责任,对陛下深表谢意",同时特别强调"对军部及政府的领导层(战争指导责任人)进行批判的所有言论"将严厉取缔。8月16日公布的"情报局联络会议要领",对宣传方针做了更为详细的规定,要求报界"删除战争责任追究以及演技军部战争责任等扰乱国内团结"的言论,针对部分日本人对战争结束抱有期待的现象,该要领要求报界"在不引起恐惧心理的程度内,将终结后的严峻现实向国民彻底周知"。[3]

从日本宣布投降前后的新闻报道来看,"8月15日及此后的报纸极其忠实且富有使命感地执行"[4]了上述言论指导方针。战后初期,日本新闻舆论避谈战争责任、鼓吹"国体护持"、渲染"战败危机"的论调的确与政府言论

---

[1] 粟屋宪太郎:《日本现代史资料2——败战之后的政治与社会》第1分册,大月书店1980年版,第18页。
[2] 内务省警保局:《言论报道取缔方针(昭和二十年八月十三日)》,亚洲历史资料中心,档案编号:A06030096800。
[3] 高桑幸吉:《麦克阿瑟的新闻检阅》,读卖新闻社1984年版,第36页。
[4] 有山辉雄:《占领期媒体史研究——自由与统制·1945年》,第96页。

指导密切相关。

第二,试图逃避对自身战争责任的考量是日本报界一再回避战争责任问题的内部因素。

以日本报界为代表的战时日本舆论界罔顾事实,依靠其传播功能为塑造全民精神总动员、构筑战时精神、统一国民思想、推动战时体制的建立摇旗呐喊,发挥了战争催化剂的作用,负有不可推卸的战争责任。如何清算战争责任问题是战后日本报界所无法回避的一个问题,也是确定战后报界报道方针、言论基调所必须充分考虑的问题。然而,战后日本报界关注的却是如何在淡化全社会战争责任的过程中逃避自身责任、维持自身生存的现实性问题,这一点在其对战败前的报道内容、报道基调的选择上表现得尤为明显。

在日本讨论是否接受《波茨坦宣言》之际,日本报界已经通过各种渠道获知了日本即将战败的消息。特别是日本情报局总裁下村宏在发表"下村谈话"时公开表示局势"已发展到最坏状态",已到了"护持国体,维护民族荣誉的最后一刻"①,暗示战争即将结束。此时,以报界对新闻特有的嗅觉以及作为报人独有的信息敏感度和判断力,报界早已判断出日本即将战败的命运。例如,《朝日新闻》记者细川隆元在与大本营陆军部报道部部长松村秀逸的谈话中就敏锐指出,"此次战争将以失败而告终",并主张日本应及早投降,"投降越早,失败的损失就会越少"。② 然而,面对此局面,报界在报道方针的选择上却丧失了自我主体意识,其关注点聚焦于两方面,一是对外如何同盟国谈判以达到"护持国体,保持民族名誉"③的目的,一是对内如何维护国内秩序的问题。因此,"尽管对战争终结即将到来的客观形势有清楚地把握",但报界却"装出一副毫不知情的样子",极力避免刊登战败及战争责任追究的报道。报界认为,若报道方针发生突变,不但"会给军部和社会造成刺激,还有可能引发国内动乱"④,从而威胁到报社自身的生存,而且也等

---

① 下村海南:《终战记》,第 131 页。
② 有山辉雄:《占领期媒体史研究——自由与统制·1945 年》,第 219 页。
③《护持国体 保持民族名誉》,《每日新闻》1945 年 8 月 11 日。
④ 有山辉雄:《占领期媒体史研究——自由与统制·1945 年》,第 220 页。

于直接否定了战时日本报界的报道姿态,必然会引发对报界战争责任的追究问题。因此,"对于昨天还在鞭策国民为最后胜利而奋斗的日本报纸和记者来说,没有比制作这天报纸更加痛苦的事情了"。①

第三,盟国对日占领政策是影响战后初期日本报界对战争责任认知的国际因素。

战后初期,日本报界开展战争责任的自我认知及追究在一定程度上肃清了报界长久以来形成的战时意识形态,普及了民主主义思想,锻炼了工会的组织能力,"堪称一场革命性变革,它的意义不仅在于对战争的反思,还在于日本的大众传播工作者向民众靠拢了一大步"②。同时,也应该看到,报界的上述活动深受盟国对日占领政策左右。

战后初期,为顺利推行对日占领政策,消除战时日本军国主义思想,培植民主主义意识,盟军总司令部对报社民主化给予了极大地支持。随着国际局势发生变化,美苏冷战开始后,"反苏防共"逐渐渗入美国对日政策之中,表现在意识形态领域就是防止共产主义思想、舆论的传播和渗透。因此,其后盟军总司令部的政策发生逆转,由支持工会变为对工会打压。特别是新任报纸科长英博登·丹尼尔(Imboden Daniel)上台后,更是加大了对工会打压的力度。在"三大争议"中,英博登亲赴北海道,向《北海道新闻》报社重申,"编辑方针和人事权应属社主、管理者或被委任的最高责任人,而不应由政党、工会等其他团体控制",并以"削减纸张供应"为手段,要求该报开除46名工会成员,否则"将关闭《北海道新闻》"。最终,《北海道新闻》发表声明表示,将在盟军总司令部的指导下"加深反省,贯彻革新"③,并对46名工会成员以"违反工会法"为由提起诉讼。"西日本新闻争议"发生后,英博登以工会活动侵犯报社编辑权为由,要求报社解雇5名工会干部。在第二次"读卖争议"中,英博登更是站到了台前,亲自到报社召开大会,明确支持社长马场恒吾开除铃木东民等人的决议。

战后初期,尽管报界战争责任的自我认知和追责取得了一定进展,但这

---

① 内川芳美、新井直之编,张国良译:《日本新闻事业史》,第70页。
② 张国良:《现代日本大众传播史(1945—1990)》,学林出版社1992年版,第16页。
③ 渡边一雄:《北海道新闻二十年史》,北海道新闻社1964年版,第99页。

仅仅是在美国所主导的盟国对日占领政策所允许的框架内进行的,其实质不过是盟国对日占领政策的自我修正,出发点和目的也是为盟国对日占领政策服务的。从实施效果看,对于战后日本报界关于战争责任的自我认知和追责产生了阻滞。

综上所述,造成战后初期日本报界对战争责任的认知出现偏差的原因是多方面的,它既与战时传播生态、政治生态、国际形势、思想意识形态息息相关,又与媒体自身认知能力欠缺、社会责任缺失、经济利益驱动等因素有关,更受战后日本国内、国际局势,特别是美国对日占领政策左右。但是,上述各要素的地位并非是并列的,言论统制政策的干扰和施压以及盟国对日占领政策是外因,趋利避害思维模式下衍生的利益诉求和精神诉求是内因。其中,内因是起决定性作用的。

结　论

战后初期,日本报界对战争责任的认知过度强调自身的"受害者"定位,忽视了其"加害者"的身份。不可否认的是,战时日本的传播生态是恶劣的。为保障对传播渠道的有效控制,掌握话语权,构筑传播网络,作为传播主体的日本政府利用其自身掌握的政治优势和资源优势,根据"总力战"推行的需要,强化了新闻法制建设,建立并逐步完善了舆论控制机构,并综合运用一系列法律外手段加强了对舆论的管控,积极实施言论诱导,打出了一套战时新闻统制的"组合拳"。与此同时,也应该看到,作为侵华战争时期的主要传播载体,日本报界利用强大的传播功能对内宣传政府"国策",统一国内舆论,向国民灌输对外侵略思想;对外承担起国际宣传的重任,为日本发动侵略战争寻找借口,并大加粉饰、歌颂,将侵略战争美化为"解放东亚人民的圣战",甚至直接参与军国主义战争,对占领区的新闻文化事业造成了严重的破坏。在此意义上,报界无疑是难以摆脱"加害者"身份的。

日本报界"受害者"和"加害者"身份的双重定位是研究战时日本报界时不可回避的问题,但两者并非是平行并列的关系,而是有着本质的区别。"受害者"论着力强调客观因素,它是从外来因素对报界影响的角度来加以论述的。从某种意义上讲,大众传媒所信奉的公平公正的职业道德信条与政治的冲突是不可避免的。但是,这并不意味着传播媒介屈服甚至迎合政治是理所当然的。如果战时日本报界以统治阶级的政治诉求和爱国主义为借口而主动大肆宣传报道虚假信息,抛却其职业道德理念,那么,这种理由也是不成立的。战时日本并非所有的报纸都主动迎合军部法西斯势力,一些有良知的报业人士和报纸都曾对强权政治表示过一定的反抗。[①] 这说明,即使在舆论生态比较恶劣的战时,报界仍然有坚守新闻专业操守的空间。这再次证明,"受害者"谬论是站不住脚的。

概言之,战后初期日本报界的战争责任观经历了由消极回避到积极面对、由模糊暧昧到逐渐清晰的过程。在这一过程中,突破和局限、正确和谬误并存,有着明显的历史局限性和不完整性,这也是战后七十年来日本对战争责任认知缺失的一个缩影。

(作者孙继强,南京信息工程大学语言文化学院,原文刊于《世界历史》2016年第3期)

[①] 比较有代表性的反战报纸有:日本共产党中央联盟机关报《赤旗》、菊竹淳主持的《福冈日日新闻》、桐生悠悠任主笔的《信浓每日新闻》以及石桥湛山主持的《东洋经济新报》等。

驳日本右翼南京大屠杀"伪造论"

张宪文

日本自明治维新以后,因国土狭小,资源不丰,在军国主义势力不断崛起基础上,极力推行向外扩张的政策。19 世纪末至 20 世纪上半叶,为了占领中国、掠夺中国资源,日本发动了两次对华战争。在战争进行的同时,日军在中国制造了一系列惨案,不断屠杀中国和平居民,诸如在东北地区制造了许多残害中国民众的万人坑;在华北实施"三光"政策,大规模地制造无人区,强掳中国劳工;在各大城市实施无差别轰炸;在占领区强制推行蹂躏中国女性的"慰安妇"制度;尤其是违反国际公约,实施"细菌战"和"化学战"。更有甚者,日军于 1937 年 12 月 13 日攻陷中国首都南京后,在大约一个半月的时间内,在南京制造了一场震惊中外的人类惨剧,使 30 万爱好和平的南京市民和已经放下武器的中国军人,惨死在日本军国主义者的屠刀之下。

历史的车轮已经走过 70 余年,由右翼势力组成的日本政府当局,至今仍不思悔改,不能正确认识这段历史,并且不断否认其历史罪行,妄称南京大屠杀是中国人制造的谎言,加剧了中日两国的紧张关系。

日本侵略者为什么制造南京大屠杀惨案,而事后却坚决不认账,并不断否认?

日本经过明治维新,逐渐成为军事强国,但它却是资源弱国,试图通过战争占领和消灭地大人多的中国,以掠夺中国的资源财富。面对中日两国的对比形势,在军事上必须采取速战速决的方针。第二次侵华战争初期,日本曾扬言要3个月灭亡中国,并且为了加快战争进程,在中国东部沿海发动攻势,以迅速攻入中国中部地带。然而,仅在上海一地之战,就遭到中国守军的顽强抵抗。日军血战3个月,付出大量伤亡的代价才换取了上海。日军决心报复中国,乃加速军事行动,计划强占中国的首都南京并彻底毁灭这座政治中枢,逼迫中国政府迅速投降。

1937年11月,日本组成了以大将松井石根为司令官的华中方面军,下辖直接攻击南京的部队达10万余人。中国方面决策者蒋介石认为,南京在地形上易攻难守,如日军从苏南方向发动攻势,中国守军背靠长江,会形成被动挨打的局面,但是南京为中国首都,军事上必须采取短期固守的战略方针,绝不可以轻言弃守,否则将失信于全国人民,在国际上也会造成不良影响。经过多次会议商讨之后,乃组成了以唐生智为首的南京卫戍司令长官部,先后调集第66军、第71军、第72军、第74军、第78军、第83军、第2军团及教导总队等精锐主力部队,防守兵力达15万人之多,在总兵力上超过日方。

战役战斗应以消灭敌人和保存自己力量为主要目标。战役的决策者和组织者,在战略部署上既要考虑如何获得胜利,更要考虑万一失败后部队如何安全、有序地撤出战场,进入安全地带。可是在这一关键点上,蒋介石和唐生智没有作出全面、有效的战略部署。他们二人负有不可推卸的责任。战争开始,唐生智在对中外记者的谈话中坚定地表示:"誓与南京共存亡,不惜牺牲于南京之保卫战中。"①这种为国献身的精神虽然可嘉,然而作为战役指挥官不能置15万官兵生命安危于不顾。战前,唐生智不仅未做好战争结束后部队有计划撤退的充分准备,甚至为预防部队擅自渡江北上,乃将江面上的舰船全部撤离。

日军由上海杀向南京,中国在战前辛辛苦苦修建的三道国防工事没有阻挡日军前进的步伐。日军沿途烧杀抢掠,无所不为,甚至发生了"杀人比赛"的野蛮行径。早在日军攻占南京城区之前,在郊区各县即已开始了集体屠杀活动。特别是大批中国军人在战斗中被日军俘获。日军第16师团长

---

① 《大公报》(汉口版)1937年11月28日,第2版。

中岛今朝吾中将在1937年12月13日的日记中记载:"到处都是俘虏,数量之大难以处理",因此"基本上不实行俘虏政策,决定采取全部彻底消灭的方针"。①

由于日军自南、东、西三面形成对南京的包围态势,中国守军虽经坚守苦战,仍完全陷于极端不利的地位。12月12日,唐生智在蒋介石的决策下,命令守城部队分头撤退。果不出所料,各部队形成无序的撤退局面,相当多的部队官兵拥向下关的狭长地区,密集于江边,相互争抢渡船,不少军人掉入江中,惨遭灭顶之灾。这时,日军已占领下关对岸浦口,加之渡江舰船极为缺乏,中国守军完全陷于混乱状态,基本丧失了战斗力。

据史料记载,此次南京保卫战,除少部分中国守军实现了集中撤退,由城东北部和西部撤往浙皖地区,及战场阵亡、分散逃亡者外,大约有八九万官兵脱下军装、放下武器,潜入民间,或避入国际安全区,或流落街头,或成为日本战俘。

日方认为,这部分脱下武装潜入民间的中国残兵,是日军占领南京后的最大威胁和潜在危险,必须坚决将其搜寻出来加以消灭,日军攻占南京周边地区之后,即逐级下达实施"扫荡战"的命令。12月7日,华中方面军下达了《南京城攻占要领》,要求各级部队在占领南京后"在城内分地区进行扫荡作战","各师团以一个联队为基本部队扫荡城内"。② 10日,华中方面军司令官松井石根大将在下达的对南京实施总攻的命令中说:"上海派遣军与第十军,当继续南京攻城战,并扫荡城内之残敌。"③正是在日本军方指挥官的指令下,日军攻陷南京后即在城内展开大规模的扫荡,加上日军将领明确宣布不实行俘虏政策,因此对中方放下武器的残留军人可以任意逮捕并杀害。

日军无法对放下武器的中国军人和一般民众加以区别。虽然采用了察看外貌体征等办法,譬如观察其手上有无老茧、肩上有无扛枪的痕迹或额部有无帽檐痕迹等,但是仍然无法有效地甄别出军人。因此,日军决定大量逮

---

① 张宪文主编:《南京大屠杀史料集》第8册《日军官兵日记》,江苏人民出版社2005年版,第280页。
② 张宪文主编:《南京大屠杀史料集》第11册《日军官兵日记》,江苏人民出版社2006年版,第25页。
③ 同上书,第30页。

捕青壮年男子,许多普通市民、下层体力劳动者被当作中国残留士兵加以逮捕、关押或杀害。据国际安全区的西方传教士、医生和滞留南京的西方主流媒体如《纽约时报》等记者们留下的各类文献材料,以及日方军事文件和高级将领的日记等记载,大批中国普通市民和残留军人被日军抓捕。如日军上海派遣军参谋长饭沼守少将在其12月14日的日记中说:仅"佐佐木支队的一个中队在南京东北部抓获了约2万名俘虏。另有报告称,从飞机上清楚地看到排成四列纵队,前后长达8公里的俘虏队伍正被押送往南京城北部"①。中岛今朝吾中将也在其12月13日的日记中承认:"事后得知,仅佐佐木部队就处理掉约15 000人。"②一批批被抓捕的中国市民和俘虏,绝大多数被关押在长江沿岸乌龙山、燕子矶、幕府山及各城门外开阔地带或仓库。

连续作战的消耗,导致日军给养供应陷于十分困难的状态,特别是食物供应严重不足。在这种情况下,日军开始枪杀大批中国战俘和普通民众。据日后出任日军在华最高指挥官的冈村宁次大将在其1938年7月13日的日记中记载:"到达中支那战场后,在听取了先遣官宫崎参谋、华中派遣军特务部长原田少将、杭州机关长荻原中佐等人的报告后才知道,派遣军前线部队一直以给养困难为借口,大批处死俘虏,已成恶习。南京战役时,大屠杀的人数多达四五万之多,对市民进行掠夺、强奸的也大有其人。"③

大量文献资料证明,日军攻占南京后为了搜捕已放下武器的中国军人,扩大了抓捕范围,逮捕、关押大批南京普通市民,直至一批批被捕的中国民众被集体杀害。这种行为严重违反了国际法和人类的基本道义准则。

上述材料仅仅说明日军制造南京大屠杀惨案的一个重要原因,我们更需要深刻地分析和认识日本军国主义者的本性、民族性以及违背人类本性的深层次原因。南京大屠杀充分显示出日本军国主义的残暴性和野蛮性,

---

① 《饭沼守日记》,载张宪文主编《南京大屠杀史料集》第8册《日军官兵日记》,江苏人民出版社2005年版,第205页。
② 《中岛今朝吾日记》,载张宪文主编《南京大屠杀史料集》第8册《日军官兵日记》,江苏人民出版社2005年版,第280页。
③ 《冈村宁次阵中感想录》,载张宪文主编《南京大屠杀史料集》第8册《日军官兵日记》,江苏人民出版社2005年版,第6页。

甚至其部队指挥官也视残杀中国战俘与民众为儿戏。中岛今朝吾中将在 12 月 13 日的日记中记载:"今日中午高山剑士来访,当时恰有 7 名俘虏,遂令其试斩。还令其用我的军刀试斩,他竟出色地砍下两颗头颅。"①日军在南京还实施了令人发指的性暴行。据当时在宁传教士遗留的文献记载,日军的性暴行达 2 万多起,连老幼妇女、孕妇也不放过。日本军人丧心病狂,失掉人性,是其军国主义扭曲人性长期培养的结果。加上南京战役时日本军方指挥官有意放纵,导致士兵无恶不作,据中岛今朝吾中将日记记载,日军士兵的偷窃行为盛行,甚至连这位师团长的住地也去"光顾"。

  南京大屠杀是发生在 20 世纪 30 年代震惊世界的大惨案,大批受害者留下了相关的口述证言,历史文献也十分丰富,事实清晰。然而,加害国日本的右翼势力却不断地否认南京大屠杀的存在,他们经常叫嚷南京大屠杀是中国人制造的"谎言"。我们很不理解这个科学技术、物质文化已十分发达的东方大国,为什么面对铁的历史事实拒不承认?这需要世人深思。如果说南京大屠杀是中国人伪造的,为什么那么多的当事人、幸存者证明了这一事实?为什么在英、美、德、法、意、俄、西班牙等国的档案馆、图书馆留下了大量有关日本在南京进行屠杀暴行的原始文献材料,其中不乏政府外交文件。美、英等国的主流媒体《纽约时报》、《芝加哥每日新闻报》、《泰晤士报》等,当时连篇报道日军在南京的暴行。日军在南京作恶多端,其指挥官对此毫不掩饰。冈村宁次大将、松井石根大将以及入侵南京的部队指挥官、师团长中岛今朝吾中将等人的日记,详细记录了他们在南京犯下的罪行。如果说中国人说谎,难道这些日本将领也说谎吗?为了批驳日本右翼的种种谬论,深入研究南京大屠杀,自 2000 年起,南京大学南京大屠杀史研究所组织 100 余位学者、教授,花了 10 年多时间,跑遍上述国家包括日本的档案馆、图书馆和各种史料收藏机构,搜集到约 4 000 万字的 8 国文字的南京大屠杀原始文献,这些史料都是日军实施南京大屠杀的铁证。中国人岂能制造收藏在 8 个国家的"谎言",伪造日本军方大将、中将的日记?应该说,真正的谎言制造者是日本右翼势力。当他们知道无法否认南京大屠杀存在的

---

① 张宪文主编:《南京大屠杀史料集》第 8 册《日军官兵日记》,江苏人民出版社 2005 年版,第 278 页。

史实时，又变换手法，在遇难人数的多寡上提出质疑。我们认为这一切都是枉费心机。日本政府的唯一出路是承认历史罪行，真正改过自新，放弃复辟军国主义的迷梦，坚持和平发展道路，与中韩等国友好相处，创造亚洲的新未来。

（作者张宪文，南京大学历史学系，原文刊于《社会科学战线》2014年第8期，《新华文摘》2014年第2期全文转载）